외식업 컨설팅 3.0

외식업 컨설팅 3.0

초판 1쇄	2016년 04월 25일
2쇄	2016년 09월 09일

지은이	조현구 · 김삼희
발행인	김재홍
편집장	김옥경
디자인	박상아, 이슬기
교정·교열	김현경
마케팅	이연실

발행처	도서출판 지식공감
등록번호	제396-2012-000018호
주소	경기도 고양시 일산동구 견달산로225번길 112
전화	02-3141-2700
팩스	02-322-3089
홈페이지	www.bookdaum.com

가격	24,000원
ISBN	979-11-5622-159-3 13320

CIP제어번호 CIP2016008715
이 도서의 국립중앙도서관 출판도서목록(CIP)은 서지정보유통지원시스템 홈페이지 (http://seoji.nl.go.kr)와 국가자료공동목록시스템(http://www.nl.go.kr/kolisnet)에서 이용하실 수 있습니다.

ⓒ 조현구, 김삼희 2016, Printed in Korea.

- 이 책은 저작권법에 따라 보호받는 저작물이므로 무단전재와 무단복제를 금지하며, 이 책 내용의 전부 또는 일부를 이용하려면 반드시 저작권자와 도서출판 지식공감의 서면 동의를 받아야 합니다.
- 파본이나 잘못된 책은 구입처에서 교환해 드립니다.
- '지식공감 지식기부실천' 도서출판 지식공감은 창립일로부터 모든 발행 도서의 2%를 '지식기부 실천'으로 조성하여 전국 중·고등학교 도서관에 기부를 실천합니다. 도서출판 지식공감의 모든 발행 도서는 2%의 기부실천을 계속할 것입니다.

외식업 컨설팅 3.0

조현구 · 김삼희 지음

Contents

프롤로그

- ▶ 외식업 1.0과 외식업 2.0 ⋯ 8
- ▶ 외식업 3.0 ⋯ 9
- ▶ 저성장기의 외식업, 어디로 가야 하나! ⋯ 11
- ▶ '고객'에서 출발하는 컨설팅3.0 ⋯ 12

1부   외식업 컨설팅3.0의 전반적 이해

1장 "외식업 컨설팅3.0이 뭐예요?"
1. 외식업 컨설팅3.0에 대한 이해 … 17
2. 외식업 컨설팅3.0의 수요 요인 … 19
3. 효과적인 컨설팅3.0 수행방법 … 25

2장 "컨설팅은 코칭, 멘토링, 상담과 비교해서 어떤 차이가 있나요?"
1. 경영컨설팅 … 29
2. 코칭 … 32
3. 카운슬링, 테라피 … 35
4. 멘토링 … 36

3장 "컨설팅을 의뢰하는 이유와 만족 요인을 알고 싶어요?"
1. 컨설팅을 의뢰하는 이유 … 38
2. 컨설팅을 의뢰하지 않는 이유 … 39
3. 컨설팅 만족 요인 … 40
4. 컨설팅 불만족 요인 … 41

4장 "컨설턴트의 역할을 올바르게 이해하고 싶어요?"
1. 컨설턴트란? … 42
2. 컨설턴트는 무엇을 준비해야 하나? … 44
3. 컨설턴트가 흔히 범하는 오류 … 50

Contents

 외식업 컨설팅 3.0 프로세스

1장 "컨설팅 '착수' 때는 무엇을 준비해야 하나요?"

  1. 사전준비 … 62
  2. 첫 미팅 … 64
  3. 고객의 니즈와 욕구 파악 … 65
  4. 컨설팅 수행계획 수립 … 70

2장 "'경영진단'은 무엇을 하는 건가요?"

  1. 외부환경 분석 … 73
  2. 내부환경 분석 … 83
  3. SWOT 분석 … 124
  4. 사업타당성 분석 … 128

3장 "전략과제 도출 및 개선대안 마련은 어떻게 해야 하나요?"

  1. 문제와 문제점 … 146
  2. 전략과제 도출 및 해결대안 마련 … 146
  3. 전략과제 도출 및 개선대안 마련(사례 연구) … 172

4장 "컨설팅보고서 작성방법을 알고 싶어요."

  1. 컨설팅보고서의 의미 … 176
  2. 컨설팅보고서의 역할 … 177
  3. 컨설팅보고서의 항목 구성 … 177
  4. 컨설팅보고서 작성 시 유의사항 … 178
  5. 컨설팅보고서의 윤리성 … 180

3부 외식업소에서 원하는 컨설팅 10선

1선 "점포운영에 필요한 자금을 조달받고 싶어요." … 185

2선 "구체적인 '점포운영 매뉴얼'이 있으면 좋겠어요." … 196

3선 "절세하는 방법 좀 없을까요?" … 262

4선 "퇴직금, 4대 보험 등 근로계약의 정확한 적용방법을 알고 싶어요." … 274

5선 "점포 홍보 및 온라인 광고 방법을 알고 싶어요." … 282

6선 "스토리텔링은 어떻게 해야 하나요?" … 303

7선 "메뉴판을 잘 만들고 싶어요." … 319

8선 "POS를 잘 활용하고 싶어요." … 326

9선 "경쟁점포와 차별화하는 방법을 알고 싶어요." … 334

10선 "목표관리를 잘하고 싶어요." … 352

4부 컨설팅보고서 사례연구 … 361

프롤로그

"승승장구하느냐 실패하느냐 오래 지속되느냐 몰락하느냐,
이 모든 것이 주변 환경보다는 스스로 어떻게 하느냐에 달려 있다."
- 짐 콜린즈

▶ 외식업 1.0과 외식업 2.0

'먹는장사 반은 남는다'고 하던 외식업 1.0시장의 식당은 단순히 먹고 살기 위한 생계의 한 수단이었다. 문을 열면 먹고는 살았다. 성실히 하면 돈도 벌 수 있었다. 외식업 1.0시대를 대표하는 60~70년대 외식업은 단순히 먹고사는 문제를 해결하기 위한 자구책 성격이 강했다.

흔히 식당을, 인생 막바지에 하는 일이라고 폄하하던 시절이었다. 그때의 먹는장사는 사업자에게 특별한 문제가 없는 한 망하는 일은 거의 없었다. 열심히 하면 자녀들을 학교에도 보내고 온 가족의 생계를 유지하는 데 큰 지장이 없었다. 당시 동네식당은 손님들의 푸념이나 화풀이를 받아주는 장소로 항상 사람 사는 냄새가 있었다. 그리고 지금처럼 큰 평수에 화려한 인테리어가 필요치 않아 식당을 차리는 데 큰돈이 들지 않았다. 외식업 1.0시장의 화두는 주인아주머니의 손맛이었다. 아주머니의 손맛에 입담이 곁들여지면 더 이상 바랄 것이 없었다. 손맛과 입담은 화려한 인테리어나 고가의 음식보다 흘러넘치는 인정으로 고객들의 마음을 사로잡았다. 당시에는 주인아주머니 한 분이 운영하거나 가족들이 거드는 정도의 식당들이 주류를 이루었다.

60~70년대의 외식업 1.0시장이 지나가고 80년대 들어서면서 외식업 2.0시장이 도래했다. 외식업 2.0시장은, 외식업이 산업의 변방에서 벗어나 산업 주체의 하나로서 자리 잡기 시작한 시기에 태동했다. 외식업 2.0시장은 내가 차려 운영하는 점포

에서, 남이 차려주는 가맹점 형태로 과도기적 성격이 강했다. 프랜차이즈 계약으로 본사와 가맹점의 새로운 투톱시스템이 자리 잡으면서 독자적으로 운영하는 식당을 위협하기 시작했다. 프랜차이즈 시스템은 점포의 규모뿐 아니라 인테리어의 중요성을 강조하며 높은 자본력을 요구했다. 프랜차이즈 본사는 성공한 아이템 하나만으로도 빠른 시간에 사세를 확장할 수 있었고, 가맹점주들은 큰 노력 없이 점포를 열 수 있었다. 가맹본부와 가맹점의 프랜차이즈 시스템은 '외식업 2.0시대'를 여는 길잡이 역할을 했다.

1863년 미국 싱거 재봉틀 회사(Singer Sew Machine Co.)가 효시인 프랜차이즈 시스템은, 그보다 백 년이나 더 지난 1979년에 롯데리아 소공동 1호점을 개점하면서 우리나라에 그 첫발을 내딛는다. 그 이후 외국브랜드가 대거 진출하는 90년대에 피자와 한식 프랜차이즈가 퍼지며 지금의 외식업 2.0시장의 기틀을 마련하는 견인차 역할을 했다. 2000년대에 들어서면서 좀 더 발전하고 세련된 프랜차이즈 시스템이 본격적으로 제 모습을 갖추기 시작했다. 하지만 외식업 2.0시장에서의 창업 역시 외식업 1.0시장과 크게 다르지 않았다.

외식업이 생계를 위한 선택에서 돈을 벌기 위한 어엿한 사업의 하나로 분류되기는 했지만, 지금처럼 철저한 고객중심의 경영마인드가 요구되지는 않았다. 외식업 2.0시장만 해도 1등에서 10등까지 순위를 매길 수 있었다. 열 명이 먹는장사를 하면 1, 2등은 돈을 벌 수 있었고 3등에서 7, 8등까지는 정도의 차이는 있었지만 먹고는 살았다. 9, 10등은 그때나 지금이나 문 닫기는 마찬가지다. 외식업 2.0시장의 후반 즈음에, 화이트칼라 퇴직자들과 일부 청년창업자들에게 외식업종이 손을 흔들기 시작했다.

▶ 외식업 3.0

모바일 혁명으로 스마트폰이 나오기 시작한 2010년 이후로 외식업뿐 아니라 모든 산업 분야에서 마케팅이 급류를 타기 시작했다. 인터넷과 모바일의 급속한 발전은 '입지가 식당 성패의 70%를 좌우한다'는 기존개념을 파괴하기 시작했다. 외식업 3.0

시장은 소비 트렌드를 읽어내는 것이 관건이다. 누가 얼마나 빠르고 정확하게 소비 트렌드를 알아내어 고객이 원하는 가치를 만들어내느냐에 따라 사업의 성패가 결정된다. 외식업 3.0시장은, 고객과 업주의 쌍방향 소통을 통해 목표고객의 필요와 외식업자가 제공하는 제품 및 서비스의 합치를 전제로 한다. 3.0시장에서는 고객이 원하는 음식이나 식당을 모바일이나 인터넷이 찾아주는, 고객이 음식에 접근하는 방법이 달라졌다. 또 음식의 맛과 서비스를 통해서만 만족을 느끼는 것이 아니라 식당의 분위기, 스타일 등 고려요인이 사뭇 다양해졌다. 입으로 먹는 미각의 시대에서 눈과 귀, 손 등 오감으로 음식을 즐기는 시대로 바뀐 것이다. 음식 자체보다는 고객의 감성이나 스타일이 중요한 이슈가 되었다. 3.0시장의 또 다른 특징은 음식과 식당이 국내뿐 아니라 해외에도 영향을 미친다는 점이다.

　인터넷이나 모바일 등을 통해 음식마저도 '해외직구'가 가능하다. 해외 매장에 있는 떡이나 빵은 물론 유동식품까지도 구매한다. 더욱 흥미로운 것은 해외의 유명한 식당을 찾아가 음식을 먹는 것이 해외여행의 주목적이 되고 있다는 사실이다. 대표적인 예로, 대만의 유명한 음식점인 딘타이펑(鼎泰豐)을 들 수 있다. 딘타이펑의 대표 음식인 샤오롱바오(小龍包)의 인기는 가히 세계적이다. 딘타이펑은 1993년에 뉴욕타임즈 선정 세계 10대 음식점에 그 이름이 오를 정도로 유명한 음식점이다. 그곳을 방문한 여행객들은 샤오롱바오의 맛과 딘타이펑의 서비스, 매장 분위기 등을 실시간으로 인터넷에 올린다. 대만을 여행하는 많은 여행객은 타이베이에 있는 딘타이펑에서 그 맛을 봐야 대만을 갔다 왔다고 할 정도다. 우리나라에도 2006년 강남 서초동에 딘타이펑 한국지점이 생기면서 2014년에는 수원에까지 입점했다. 다른 나라의 만두가 언제 수백 개 점포로 늘어나 우리나라의 만두와 찐빵을 위협할지 모른다.

　이렇듯 소비자 스스로 음식과 서비스를 앞다투어 인터넷이나 모바일 등을 통해 알려준다. 바이럴 마케팅의 진수를 보여주고 있는 셈이다. 이 정도면 누가 '갑'이고 누가 '을'인지 알 수 없다. 요즈음 TV프로에서 음식 이야기가 빠지는 채널이 없다. 과거에는 손맛 좋은 요리사가 음식 만드는 방법을 가르쳐 주었지만, 지금은 치열한 음식경연으로 시청자들의 눈길을 끈다. 음식 만드는 방법은 컴퓨터나 모바일로 얼마든지 볼 수 있기 때문에 요리를 가르쳐 주는 프로는 거의 사라졌다. 전자기기가 선생님이다. 이제 음식 관련 프로는 세대 구분 없이 인기 프로가 되었고, 출연자들은 인기 연예인 못지않은 유명인이 되었다.

외식업 3.0시장은 2.0시장과 달리 맛과 가격, 분위기는 기본이고 인터넷이나 모바일 등 각종 미디어를 통해 그 가치를 알리고 있다. 외식업 3.0시장은 소비 트렌드를 알고 그에 적절한 피드백을 하는 시장이다. 고객과의 쌍방향 소통을 통해, 고객의 필요와 욕구에 응답하는 것이 외식업 3.0시장의 전략이자 목표이다.

▶ 저성장기의 외식업, 어디로 가야 하나!

저성장시대를 맞아 고객의 선택에 '복면가왕' 시대가 도래했다. 계급장을 떼고 브랜드가 아닌 가치로 승부하는 시대가 시작된 것이다. 저성장시대의 소비는 사치가 아닌 가치에 따라 얇아진 소비자의 지갑을 열고 있다. 무엇보다도 외식업 3.0시장의 가장 큰 특징은 저성장기 소비자의 '가성비'에서 찾아볼 수 있다. 가성비는 가격 대비 성능을 말한다. 즉 가격에 비해 품질이나 서비스, 고객의 만족도 등이 어떠한가를 말한다. 서울대학교 김현철 교수는 저서『저성장의 시대, 어떻게 돌파할 것인가』에서 10인 10색의 소비성향을 다음과 같이 설명하고 있다.

"고도 경제성장기에는 소비자들 스스로도 제품에 대한 지식이 부족했다. 이 때문에 판매가격 또한 높아진다. 더구나 소비자들도 경제성장으로 소득이 매년 높아지기 때문에 높은 판매가격을 용인하게 된다. 저성장기가 되면 소비자들은 더 이상 높은 가격을 감내하지 못한다. 저가격 제품을 선호한다. 경우에 따라서는 가격 파괴 제품을 선호하기도 한다. 따라서 할인점이나 아웃렛, 이월 상품, 떨이 상품 등이 각광을 받는다. 하지만 무조건 가격이 저렴한 제품만을 선호하는 것은 아니다. 제품에 대한 구매경험이 축적되면서 소비자들은 자신에 맞는 제품을 선택해서 즐기게 된다. 마음에 꼭 드는 상품이 있으면 몇 달 치 월급을 모아서라도 비싼 제품을 구매하기도 하고 제품이 마음에 안 들면 아무리 싸더라도 구매하지 않는다. 고도 성장기에는 10인 1색의 소비성향을 보이다가 저성장기에 접어들자 10인 10색의 소비

성향을 보이게 된다."[1]

이렇듯 저성장시대에는 소비자의 제품에 대한 지식이 증가하고 불경기가 지속되며 SNS세대의 약진으로 소비의 구조조정이 일어난다. 단순히 낮은 가격만을 선호하는 것이 아니라, 프리미엄 김밥집이나 '짜왕', '비비고 왕만두'같이 높은 가치를 제공하면 가격이 높아도 구매하는 성향을 나타낸다.

대기업이 브랜드를 앞세우는 경쟁에서 이제 중소기업이나 자영업자도 도전장을 내밀 수 있는 시대가 도래했다. 이에 대한 대처방안으로 샤오미나 저가항공사 또는 서서 먹는 오레노 식당 같은 품질을 압도하는 절대적인 가격 경쟁력이 있는 제품이 살아남는다. 또 CU 편의점 도시락이나 유통업체 상표(PB, private brand)처럼 최고보다 적정의 품질을 찾으며, 빽다방 커피나 미에로화이바 패밀리처럼 같은 가격과 품질이면 대용량을 찾는 경향이 두드러진다. 그리고 품질과 디자인이 좋으면 이마트 에브리데이의 노브랜드 슈퍼마켓처럼 브랜드가 없는 노브랜드를 선호하는 추세를 보인다.[2]

이렇듯 저성장기의 외식업 3.0시장은 새로운 패러다임의 '가치창조'라는 큰 숙제를 안고 태동했다. 3.0시장은 제품이나 서비스가 아닌, 고객에서 출발한다. 고객이 원하는 가치를 누가 제공하느냐에 따라 외식업의 성패가 갈릴 것이다. 내 고객이 누구인지 알지 못하면 장사를 할 수 없는 시장이 도래했다. 음식 맛이 아무리 좋아도 내 고객의 입에 맞아야 하고, 매장 분위기가 아무리 환상적이라도 내 고객의 감성을 자극해야 한다. 철저히 고객에게 정조준해야 하는 시장이 외식업 3.0시장이다.

▶ '고객'에서 출발하는 외식업 컨설팅 3.0

"컨설팅이란 무엇인가?", "의뢰인들은 컨설팅에서 무엇을 얻기를 원할까?", "그들은 컨설턴트를 누구라고 생각할까?", "5인 이하, 아니 혼자서 소규모로 식당을 운영하는 자영업자는 컨설턴트를 통해 어떤 도움을 받을 수 있을까?"

----

[1] 출처: 김현철(2015), 『저성장의 시대, 어떻게 돌파할 것인가』, 다산북스
[2] 출처: 김난도(2015), 『트렌드 코리아 2016』, 미래의 창

컨설턴트는 때때로 의뢰인의 잠재력을 일깨워 스스로 원하는 목적지에 도달할 수 있게 도와주는 코치이기도 하고, 선생님과 부모님 같은 멘토도 될 수 있다. 하지만 컨설팅을 의뢰한 사람은 해당 사업장의 문제를 좀 더 빨리 해결하기를 원하며 그것을 해결할 수 있는 사람이 컨설턴트라고 생각한다. 아마도 그들은 컨설턴트를 자신들의 특정 목표를 달성할 수 있게 도와주는 해결사로 생각할지 모른다. 또 불가능을 가능하게 하는 마법사로 생각할 수 있다. 그렇듯 컨설턴트는 의뢰인의 당면 과제를 가능한 빨리 해결할 수 있는 대안을 제시해야 한다. 컨설턴트는 전략적 사고를 가지고 목표를 달성할 수 있게 도와주거나, 현장의 문제를 해결해 주는 해결사여야 한다. 돈, 인력, 정보가 부족한 소상공인[3]에게 컨설팅은, 점포운영과 관련하여 시의적절하게 '맞춤형 해결책'을 제시하는 행위가 수반되어야 한다. 그러기 위해서는 경영 관련 지식은 물론 문제해결을 위한 창의적인 아이디어가 절실하다.

컨설팅1.0이 주로 상권과 입지의 '목' 중심의 컨설팅이었다면, 컨설팅2.0은 음식의 맛과 서비스라고 할 수 있다. 이에 반해 외식업 컨설팅3.0은 모든 초점을 고객의 가치에 두고 고객에서 출발한다. 컨설팅3.0은 사업자의 진정한 변화를 의미하며, 경쟁자가 생각하지 못한 차별적이고 창의적인 방법으로 점포를 운영하는 것을 뜻한다. 단순히 자본의 확충이나 인력의 보완, 시설의 개선 같은 외적 요소를 극복하고 모든 사고를 고객의 가치에 두는 컨설팅이 외식업 컨설팅3.0의 기본 마인드다. 따라서 외식업체들이 해결하기 원하는 부분을 집중적으로 다루며 구체적인 대안을 제시하는 것이 이 책의 특징이다.

이 책은 1, 2, 3, 4부로 나뉘어있다. 1부는 컨설팅에 대한 이해를 돕기 위해 일반적인 내용을 담았다. 2부는 컨설팅을 진행하는 프로세스에 대해 설명한다. 착수, 경영진단, 전략과제 도출 및 개선대안 마련, 컨설팅보고서 작성방법 등에 대해 상세히 기술하고 있다. 3부는 외식업체 대표들이 현장에서 가장 해결했으면 하는 10가지 주제에 대해 그 해답을 제공하고 있으며, 4부에서는 실제 컨설팅 사례로 이해를 돕고 있다.

....
3) 도·소매업, 음식업, 숙박업, 서비스업의 경우 상시근로자 5인 미만 사업자를, 광업, 제조업, 건설업 및 운수업의 경우는 상시근로자 10인 미만 사업자를 말한다.

1부

외식업 컨설팅3.0의 전반적 이해

1장
"외식업 컨설팅3.0이 뭐예요?"

1. 외식업 컨설팅3.0에 대한 이해

외식업 컨설팅1.0이 주로 상권과 입지의 '목' 중심의 컨설팅이었다면, 컨설팅2.0은 음식의 맛과 서비스라고 할 수 있다. 외식업 컨설팅3.0은 모든 초점을 고객의 가치, 즉 경영의 사고를 '고객에서 출발'하는 것을 의미한다.

수많은 외식업소들은 펭귄처럼 겉보기에 모두 똑같아 보인다. 단지 당사자만 아니라고 우긴다. 자신만의 특색을 살렸다고 하지만 남이 보기에는 다 비슷해서 자세히 보아도 구별이 쉽지 않다. 마케팅의 구루(guru) 필립 코틀러 박사는 새로이 변화하는 시대를 '3.0시장'이라고 명명했다. 3.0시장은 상품력으로 승부하던 1.0시장이나 서비스나 고객만족으로 승부하던 2.0시장의 연장선이기도 하지만, 그것들과는 본질적으로 다르며 그 파급력은 더욱 지대하다고 했다. 즉 관료주의와 위계적 구조로는 3.0시장을 헤쳐나갈 수도 그 시장을 읽어낼 수도 없으며, 단지 '사람들의 영혼을 움직이는 자'가 시장에 대한 영향력을 높이고 점유율을 넓혀가며 수익도 낼 수 있는 것이 바로 '3.0시장'의 극명한 특징이라고 설명했다.

코틀러 박사의 견해대로 고객의 영혼을 움직이는 자가 되지 못하면, 60여만 외식업체 중 누가 바다에 빠지지 않고 녹아드는 부빙에서 생존할 수 있는 펭귄이 될 수 있을까? 녹아드는 얼음 위에서 살아남기 위해서는 색다른 방법을 마련해야 한다. 그것은 경쟁자와의 차별적인 전략적 사고에 의해 결정된다.

컨설팅3.0은, 전략적 사고로 문제를 해결하고 더욱 발전할 수 있는 차별적인 방법을 제시하는 것을 그 목적으로 한다. 방법은 의외로 간단하다. 고객을 먼저 생각하는 것이다. 내가 아는 제품이나 서비스가 아닌, 고객으로부터 출발하는 것이다. 결국 컨설팅 의뢰인들이 고객을 먼저 생각하게 함으로써 고객이 원하는 가치를 제공하고 더 나아가 고객의 영혼을 만족시킬 수 있는 아이디어를 창출하도록 도와주는 것이다.

현재 시간과 자원, 정보와 인력 등이 부족한 소상공인이 전체 사업자의 87%나 차지하고 있고 그중 외식업체가 22%나 된다. 외식업소들은 문제를 해결하고 영업의 활성화를 기할 수 있는 실질적인 도움을 필요로 한다. 적정마케팅연구소 김철환 소장은 이런 약점이 있는 업체에는 '적정마케팅'이 필요하다고 주장한다. 그는 자신의 블로그에서 다음과 같이 적정마케팅을 설명한다.

"적정마케팅은 자영업자와 소상공인에게 적정한 수준의 노력과 비용만을 요구하는 마케팅이다. 적정기술이 값싼 생산도구를 개발하고 보급함으로써 생산량을 늘려 소득을 증대시키는 것을 목적으로 한다면, 적정마케팅은 값싸고 쉬운 마케팅 기술을 보급함으로써 판매를 촉진해 소득을 증대시키는 것을 목적으로 한다."

김 연구소장의 말대로 외식업체에 맞는 적정한 마케팅을 동반한 컨설팅이 필요하다. 컨설팅3.0은 외식업에 종사하는 사업자들이 "어떻게 고객의 욕구를 찾을까, 어떻게 재무적 약자들이 저비용으로 잠재고객을 단골고객으로 만들 수 있을까, 또 어떻게 제시된 개선방안을 지속해서 실행할 수 있을까?" 등에 대해 답을 제시하고 있다.

> **컨설팅3.0 포커스**
>
> **펭귄 이외는 알아보지 못한다**
>
> 당신이 몸담은 업계는 당신과 똑 닮은 펭귄들로 이미 콩나물시루가 되어 가고 있다. 수많은 펭귄이 국경을 넘고 인터넷을 넘어 당신의 시장으로 몰려들고 있다. 이뿐만 아니라 다른 분야, 다른 업종의 펭귄조차 당신의 시장을 넘보고 들어온다. 변호사가 재무상담가로 변신하기도 하고, 컴퓨터 제조업체가 엔터테인먼트 회사로 거듭나기도 한다. 날이 갈수록 당신의 작고 아늑한 부빙(ice floe)이 다른 펭귄들로 점점 더 복작거리게 되는 것이다.
>
> 이 글을 읽는 당신은 '난 그저 그런 펭귄이 아니야, 난 다른 경쟁자들과는 차원이 달라'라고 생각할지도 모르겠다. 어쩌면 당신 생각이 맞을 수도 있다. 하지만 문제는 잠재고객이 수많은 펭귄 속에 있는 당신을 구별해 낼 수 있는가와 당신만의 차별된 특성을 재빨리 알아봐 주는가이다. 펭귄은 저마다 서로 다른 생각과 서로 다른 감정과 서로 다른 능력이 있다. 하나하나가 유일무이한 존재인 것이다. 하지만 아무도 알아보지 못한다면, 겉보기에는 모두 다 똑같아 보일 뿐이라면 어떻게 하겠는가?
>
> (출처: 빌 비숍, 박선령 역, 『펭귄』, 비전과 리더십, 2011, p17)

2 외식업 컨설팅3.0의 수요 요인

외식업 컨설팅3.0은 주로 자영업자로 구성된 외식업소들의 애로사항이나 문제를 도출하여 그 문제를 해결함은 물론, 메뉴와 서비스를 개발하고 고객과의 소통을 원활히 하는 등의 새롭고 차별적인 점포운영방식을 추구한다.

2.1 고객의 필요와 욕구

컨설팅을 요구하는 고객들은 자신들만의 필요와 욕구가 있다. 경영에서 흔히 말하는 '필요'는 만족이 부족한 결핍의 상태를 의미하는 반면, '욕구'는 어느 대상에 대한 구체적인 획득을 원하는 상태를 말한다. 따라서 외식업을 운영하는 사업주들의 필요(need)는 점포를 운영하는 데 필요한 자금이나 인력, 정보나 지식, 시간 등의 결핍 상태를 의미한다. 반면 욕구(want)는 문제해결을 요하는 구체적인 바람을 뜻한다. 예를 들어 높은 수익률과 시장점유율, 안정적인 구성원 관리, 고객의 마음을 사로잡는 촉진방법 등 일반적으로 점포를 운영하는 데 관리지표인 KPI(Key Performance Indicator) 등의 높은 성과를 올렸으면 하는 바람들이다. 대부분 고객은 이 같은 자신들의 필요와 욕구의 충족을 위해 컨설팅을 원한다.

컨설팅3.0 포커스

당장 내일을 걱정하는 모험기업

'앙뜨레쁘레너' 즉, 모험기업가는 '재무자원이 부족하고, 비제품 관련 분석이나 조사를 도와줄 사람이 부족하며, 마케팅이 기대하는 결과를 낳기까지 필요한 시간이 부족한' 기업들이다. 한마디로 '모험기업들은 당장 내일을 걱정'해야 한다. 이들은 '단기적인 자금흐름이 부족한 상태이며, 장기적인 자금흐름은 생각할 여유조차 없는 것'이다.

- **시간부족**

이는 바빠서 시간이 없다는 의미가 아니고 수익의 발생을 기다릴 시간이 없다는 의미로서 바로 수익이 실현되어야만 사업을 영위할 수 있는 형편이란 뜻이다. 적은 자본에 대출까지 동원하여 창업하는 경우가 대부분이며, 지속적인 자금회전 없이는 기업으로 계속 존재하기가 힘들다. 내일을 기약할 시간이 없는 것이다.

- **자금부족**

일반적인 마케팅을 하고 그 결실을 보는 데까지는 3개월, 6개월 심지어는 몇 년이 걸리는 경우도 있다. 대규모 광고를 하여 브랜드 가치를 높이고 기다리면 자연히 매출이 발생하는 대기업의 마케팅 전략을 따라 할만한 자금은 없다.

즉시 효과를 볼 수 있는 광고나 판촉을 할 자금조차도 힘겨운 창업기업, 자영업자나 소기업들은 판촉, 홍보에 한 번만 실패해도 그달의 직원 급료, 사무실이나 점포의 임대료를 낼 자금이 부족하다는 것이다.

- **인력부족**

마케팅은 매우 전문분야라 할 수 있다. 특히, 소상공인이 전문가들을 영입해서 마케팅을 수행한다는 것은 현실적으로 어려운 형편이다. 이같이 와튼스쿨의 연구는 '돈'과 '사람', '시간' 등 3가지가 부족한 기업들이 마케팅에서 성공하는 방법을 찾아내는 것에 대한 매우 흥미로운 연구였다. 그런데 이 세 가지가 부족한 기업은 모험기업가뿐만이 아니다. 자영업자, 창업기업, 벤처기업 등, 소위 소상공인이라고 부르는 기업 모두가 위의 세 가지가 부족한 상황에서 마케팅으로 성공해야 하는 운명에 처해 있다.

(출처: 강시철 공저, 『Handicap Marketing』, 지식공감, 2014, p20~21)

2.2 고객의 선택적 지각과 무주의 맹시

"사람은 자신이 보고 싶은 것만 본다." 이 말은 BC 49년 "주사위는 던져졌다"라고 외치며 루비콘 강을 건너 로마를 향해 진격했던 카이사르(Caeser)가 한 말로 더욱 유명하다.

사람은 자신이 보고 싶은 것만 보고 그렇지 않은 것은 보지 않는 특성이 있다. 이것을 '선택적 지각(selective perception)'이라고 한다. 이와는 반대되는 의미로 다른 곳에 신경을 쏟느라 눈에 보이는 대상에 집중하지 못하는 현상, 즉 자기가 보고 싶은 것에 집중하느라 정작 중요한 것을 보지 못하는 경우가 있다. 이런 현상을 '무주의 맹시(無注意盲視; inattentional blindness)'라고 한다. 무주의 맹시는 인지심리학 교수인 크리스토퍼 차브리스(Christopher Chabris)와 대니얼 사이먼스(Daniel Simons)가 주장한 개념이다.

무주의 맹시 현상은 아이들보다 어른에게서 더욱 심하게 나타난다. 특히 사회적

지위가 높을수록, 나이가 많을수록, 사업이 잘될수록 심한 것으로 나타났다. 외식업의 경우 선택적 지각이나 무주의 맹시 현상에 빠져 어려움을 겪는 사업주가 적지 않은 것을 볼 수 있다. 자신의 사업장에 산재해 있는 문제에 대해 해결하려는 의욕은 앞서면서도 정작 현상을 바라보는 시각에 문제가 있는 경우이다. 혹 문제의 원인을 알게 되더라도 변화에 대한 두려움이나 문제해결에 대한 확신 부족으로, 경기를 탓하거나 고객에게 책임을 전가하며 관행이나 사업주의 습관에 따라 문제를 방치하는 경우가 적지 않다. 이때 전문가의 컨설팅이 필요하다.

컨설팅3.0 포커스

선수들은 경기 중 반칙 판정에 왜 불복하는가?

우리는 운동 경기를 하는 과정에서 어떤 사람이 상대방이 반칙하였다고 주장할 때 그 상대방은 이를 부정하는 경우를 흔히 본다. 혹은 어떤 선수는 심판의 판정에 불복하여 반칙하지 않았음을 주장한다. 각자의 입장에서는 자신의 주장이 진실이라고 믿는다. 이는 선택적 지각(selective perception)에 의해 설명된다. 이와 관련된 Hastorf and Cantril의 흥미로운 연구 결과가 있다. 프린스턴대학교와 다트머스대학교의 미식축구 선수들이 경기를 하였는데, 신문 기사는 두 팀 모두 상당한 수의 반칙을 한 것으로 보고하였다. Hastorf and Cantril은 그 경기를 촬영한 필름을 두 학교 학생들에게 보여준 후 각 팀의 반칙횟수를 물어보았다. 그 결과 프린스턴대학교 학생들은 반칙횟수가 평균 9.8 대 4.2로 상대방 선수들이 더 많은 반칙을 하였다고 한 반면, 다트머스대학교 학생들은 평균 4.4 대 4.3으로 상대방 선수들이 더 많은 반칙을 하였다고 응답하였다. 이 지각은 관점(viewpoint)에 따라 달라진다는 것을 보여준다. 즉, 사람들은 자신들이 보고 싶은 것은 보게 되고 그렇지 않은 것은 보지 않게 되는 경향이 있는데, 이와 같은 현상을 선택적 지각이라고 한다.

(출처: A. H. Hastorf and H Cantril, "They Saw a Case Study", Journal of Abnormal and Social Psychology 49, 1954, p129-134. 재인용: 안광호 공저, 『소비자 행동』, 법문사, 2011, p171)

보이지 않는 고릴라

실험 내용은 이렇다. 피험자들에게 검은 옷의 선수 세 명과 노란 옷의 선수 세 명이 서로 농구공을 주고받는 짧은 동영상을 보여준다. 정신없이 움직이는 동영상 사이로 공의 움직임을 쫓아가기란 그리 쉽지 않다. 이때 피험자들에게 노란 옷의 선수들이 패스를 몇 번 하는지 정확히 세어보라고 지시하다. 그러나 진짜 실험은 다른 쪽에서 시작된다. 선수들이 공을 주고받는 동안, 커다란 고릴라가 화면 오른쪽에서 천천히 나타난다. 가운데로 걸어서 나온 고릴라는 정면을 바라보며 가슴을 두드린다. 그러고는 서서히 왼쪽으로 사라진다. 화면이 정지된 후, 사람들에게 노란 옷의 선수들이 몇 번이나 공을 주고받았는지 물어본다. 물론 이 질문에 대한 대답은 사실 중요하지 않다. 그리고 원래 의도했던 질문을 던진다. "화면에 나타난 고릴라를 보았는가?"

실험 결과는 놀랍다. 절반 이상의 사람들이 고릴라를 못 보았다고 답한다. 패스 횟수를 확인하라는 과제가 없었다면, 모두 고릴라를 봤을 것이다. 그러나 절반이 넘는 사람들이 패스 횟수를 세느라 화면 가운데서 가슴을 두드리며 포효하는 고릴라를 보지 못했다. 차브리스와 사이먼스는 동일한 실험을 전 세계적으로 실시했다. 인종, 성별, 직종, 계층에 상관없이 매번 50퍼센트 이상의 사람들이 고릴라를 보지 못했다는 결과가 나왔다.

(출처: 김정운, 『에디톨로지』, 21세기북스, 2014, p20~21)

2.3 교환적 관계에서 전환적 관계 정립

장사의 실제적인 성공과 실패는 고객을 '교환적' 관계에서 '전환적' 관계로 형성했느냐에 달려 있다. 즉 잠재고객을 진정한 내 고객인 '진성고객'으로 전환시켰느냐가 핵심이다. 외식업의 경우 잠재고객, 즉 가망고객은 한정된다. 삼겹살집의 가망고객은 배가 고프거나 삼겹살을 먹기 원하는 사람들이다. 횟집과 초밥집의 가망고객은 직장인이나 가정주부 등 생선회를 좋아하는 사람들이다. 또 산부인과 병원의 경우는 신혼부부나 아이를 낳기 원하는 사람이 중요한 가망고객이 된다. 이처럼 가망고객은, 아직 해당 사업장을 한 번도 찾지 않은 신규고객과 과거에 일회성으로 거래가 있었던 고객, 크게 두 부류로 나눌 수 있다.

가망고객을 단골고객으로 만들기 위한 전환적 관계를 형성하는 것이 중요한 이유는, 진성고객을 유지하는 데 드는 비용이 신규고객을 창출하는 비용의 25%밖에 되지 않기 때문이다. 그뿐 아니라 진성고객은 입소문 유포자가 되어 해당 업소의 제2의 영업사원이 될 가능성이 높다. 따라서 제공되는 제품이나 서비스에 대해 그저 대가를 지불하는 단순한 관계에서, 해당 점포나 제품을 홍보하고 소문을 퍼트리는 전환적 관계로 발전하기 위해 컨설팅이 필요하다. 교환적 관계와 전환적 관계의 특징을 다음과 같이 살펴볼 수 있다.

1) 교환적 관계의 특징
- 사업자는 고객의 개성이나 라이프사이클 등 고객에 대해 잘 모른다.
- 고객은 가격과 제품 및 서비스 등에 대해 민감하게 반응한다.
- 고객이 왕래하던 기존 업체와 비교하며 폄하하는 경향이 있다.
- 사소한 불만족 사항을 큰 것으로 생각해 불만을 나타내거나 소문을 낸다.
- 맛이나 서비스, 인테리어 등이 훌륭해도 다른 경쟁업소를 찾는다.
- 고객은 사업자에 대해 관심이나 애정이 없다.

2) 전환적 관계의 특징
- 사업자는 고객에 대해 잘 알고, 고객은 사업자뿐 아니라 업소의 품질, 서비스 등에 높은 관심을 가진다.
- 사업자에게 동류의식을 느끼기도 하고 스스로 사업의 파트너로 생각한다.
- 사소한 문제나 실수에 너그러우며 오히려 제삼자에게 옹호자의 역할을 한다.
- 가격에 민감하지 않으며 교차판매나 상향판매[4] 대상이 된다.
- 고객점유율이 높아 사업자에게 높은 수익을 가져다준다.
- 입소문 유포자(Buzzer)[5]로서 광고보다 더 효과적인 홍보대사 역할을 한다.

---

[4] 교차판매(cross-selling): 어떤 상품을 구입한 고객에게 다른 상품도 판매하는 전략.
예) 칼국수에 찐만두를 파는 방법.
상향판매(up-selling): 어떤 상품을 구입한 고객에게 좀 더 고급의 상품을 판매하는 전략.
예) 칼국수에 소고기 편육을 파는 방법.
[5] 구입한 제품이나 서비스 등에 대해 자발적으로 입소문을 내는 사람. 버즈마케팅의 일환으로 유포자(buzzer)들을 의도적으로 모으기도 한다.

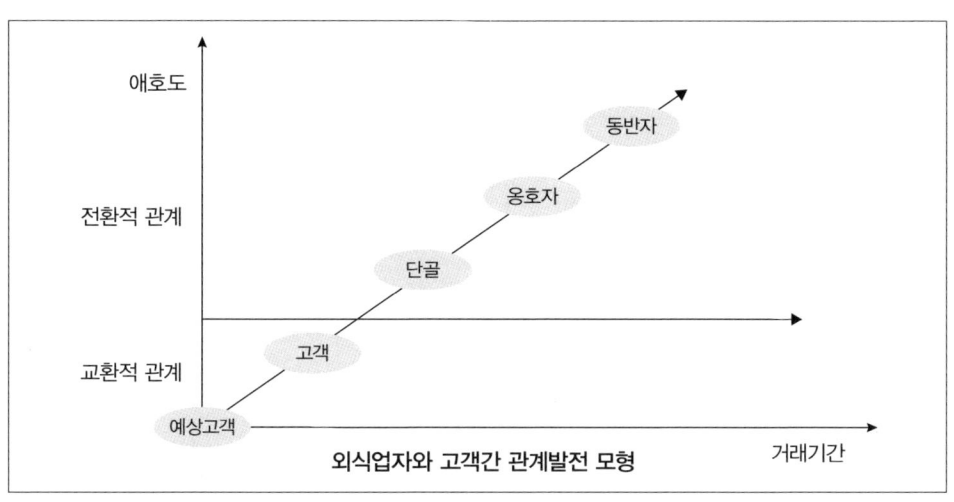

외식업자와 고객간 관계발전 모형

3 효과적인 컨설팅3.0 수행방법

컨설팅의 효과는 결과물에 있다. '문제해결'이 주목적이다. 문제해결을 위해서는 다양한 전문적인 지식과 직관 및 참신한 아이디어가 주효하다.

1) 우선 고객의 '문제'를 정확히 파악한다.

브레인스토밍, MECE 기법, 로직트리(Logic Tree), 피시본(Fish Bone) 같은 인과도표 등을 활용해서 고객의 문제를 정확히 파악하는 것이 중요하다.

2) 정확한 자료를 수집한다.

자료수집방법은 1차 자료조사와 2차 자료조사로 나눌 수 있다. 1차 자료조사는 조사목적에 맞게 설계한 후 직접 조사하는 방법을 말하며, 2차 자료조사는 점포를 운영하는 데 발생하는 제반 자료, 즉 매출현황, 고객 분석자료 등의 내부 자료와 정기간행물이나 서적, 리서치 전문기관에서 발표하는 상업용 자료 등 연구자가 직접 수집하지 않은 자료를 갖고 조사하는 방법을 말한다. 외식업체뿐만 아니라 일반기업들의 경우, 시간과 비용관계로 2차 자료에 의존하는 것이 일반적이며 간혹 목적에 따라 1차 자료조사를 하기도 한다.

3) 전문가 집단을 유효적절하게 활용한다.

1인이 운영하는 외식업소라 할지라도 한 사람의 컨설턴트가 자신의 능력으로 문제를 파악하고 대안을 마련하기란 쉽지 않다. 10평 남짓 되는 작은 식당이라도 점포운영이나 세무관계 등 해당 업소에서 발생하는 모든 일을 컨설턴트 혼자 처리할 수는 없다. 해당 컨설턴트가 정확히 모르는 부분은 해당 전문가를 활용하는 지혜를 발휘해야 한다.

4) 고객이 컨설턴트를 신뢰할 수 있도록 만든다.

컨설턴트가 문제를 해결해줄 수 있을 거라는 믿음을 주어야 한다. 고객은 컨설턴트를 신뢰할 때 비로소 속내를 내보일 뿐 아니라 컨설턴트가 제시하는 결과물에 대해서도 실행할 의지를 갖게 된다.

5) 컨설팅 동안 고객을 적극적으로 참여시킨다.

컨설팅을 진행하는 동안 사업주나 구성원들을 함께 참여시킴으로써 문제의 원인을 더 정확히 알 수 있고 컨설팅 결과물에 대해 실행력을 높일 수 있다. 또 문제를 해결하는 데 필요한 지식이나 정보를 고객이 직접 듣고 이해함으로써 학습효과도 높일 수 있다.

6) 고객에게 맞는 현실적인 대안을 제시해야 한다.

아무리 몸에 좋은 음식이라도 먹는 사람의 체질에 맞을 때 효과를 볼 수 있듯이, 컨설턴트 역시 고객이 수행할 수 있는 수준으로 해결방안을 가공할 수 있어야 한다. 예를 들어 담보능력이 없는 고객에게 낮은 금리의 제1금융권을 추천한다든지, 소비 트렌드를 조사할 때 1차 자료조사에 대해 고객이 비용과 시간에 부담을 느끼는 상황이라면 2차 자료조사만으로 고객의 필요를 최대한 충족시켜야 한다.

7) 컨설팅을 진행하거나 대안을 제시할 때 우선순위를 정한다.

간혹 고객과의 첫 만남에서 대안을 제시하는 경우가 있는데 착수단계에서는 고객의 말을 많이 듣는 것이 우선이다. 대안 제시는 모든 것을 검토하고 분석한 다음에 하는 것이 바람직하다. 대안을 제시할 때는 우선순위를 정해서 하는 것이 설득력이 높다. 예를 들어, 직원이 사업자의 말을 잘 따르지 않는 경우 해당 직원을 그만두게 하는 방법을 제시하기보다는, 사장 자신에게 문제는 없는지, 소통에 다른 문제가 없는지를 파악해서 순차적으로 일을 진행하는 것이 바람직하다.

2장

"컨설팅은 코칭, 멘토링, 상담과 비교해서 어떤 차이가 있나요?"

    컨설팅은 특정 대상에 대하여 해당 분야의 전문가가 자신의 전문지식을 활용하여 문제점을 도출·검토·분석하여 구체적인 '해결방안'을 제시하는 활동이다. 반면 코칭은 고객이 원하는 목표를 스스로 달성할 수 있도록 도와주는 것이다. 컨설팅과 코칭의 가장 큰 차이점은 해결방안을 누가 찾느냐이다. 즉 다른 사람이 찾아주는 것은 컨설팅이며, 자신이 스스로 찾는 것은 코칭이라 말할 수 있다. 일반적으로 컨설팅에는 코칭 기법이 필요하며 비즈니스 코칭에도 컨설팅 기법이 쓰이는 것을 볼 수 있다.
    컨설팅이 무엇(what)에 집중하는 반면, 코칭은 사람(who)에 집중한다. 또 멘토링은 풍부한 지식과 지혜, 경륜을 가진 사람이 조언하는 것을 말하며, 상담(카운슬링)은 전문가로부터 자신의 문제를 해결하고 성숙한 생각이나 행동을 할 수 있도록 도와주는 행위이다. 그 밖에 컨설팅에 도움을 줄 수 있는 것으로 테라피, 트레이닝, 티칭 등을 들 수 있다. 좀 더 상세한 내용은 다음과 같다.

1 경영컨설팅

1.1 경영컨설팅이란?

경영컨설팅은 고객과의 일정한 계약을 바탕으로 해당 분야의 전문적인 지식과 문제해결능력을 갖춘 사람 혹은 조직이, 객관적이고 독립적인 방법으로 고객의 경영상의 문제를 도출해 분석함으로써, 고객에게 실행 가능한 해결책이나 개선방안을 제공하고 독려하는 행위를 말한다.

Larry Greiner와 Robert Metzger는, "경영컨설팅이란 특별한 훈련을 통해 일정한 자격을 갖춘 사람들이 고객과의 계약에 따라 독립적이고 객관적인 태도로, 고객조직이 경영상의 문제들을 확인·분석하는 것을 도와주고 이러한 문제들에 대한 해결안을 고객에게 추천하는 것이다. 또한, 고객이 이러한 해결안의 실행에 대해 도움을 요청했을 때 제공하는 어드바이스 서비스"라고 정의하고 있다(Milan Kubr, 1998: PP 5). 즉 경영컨설팅은 전문가가 고객의 문제를 해결해주거나 자문하는 것을 말한다.

1.2 경영컨설팅의 특징

1) 전문적인 서비스를 제공한다.

경영컨설팅은 해당 사업체의 경영상 발생하는 제반 문제의 해결을 위해 전문적인 서비스를 제공한다. 이를 위해 컨설턴트는 전문적인 지식은 물론 많은 경험과 경륜을 갖추어 접근하게 되며, 고객의 문제해결과 함께 고객의 사업이 지속해서 발전하고 성장할 수 있도록 조언한다.

2) 경영상의 자문역할도 수행한다.

경영컨설팅은 고객이 원하는 경영상의 노하우를 제공하는 자문역할도 수행한다. 고객이 경영을 수행하는 과정을 지속해서 관찰함으로써 경영상의 제반 문제점들을 도출하고 해결하는 데 도움을 주는 역할을 한다.

3) 컨설턴트는 독립적이다.

컨설팅을 진행하면서 기술적, 행정적, 또는 정치적으로 영향을 받지 않으며 컨설턴트의 소신에 의해 독립적으로 이루어진다. 컨설팅 수행 결과는 고객이나 해당 조직과의 친소관계에 상관없이 제공되며 다른 사람의 의사와 관계없이 표현된다.

4) 컨설턴트와 고객과는 공식적이고 한시적이다.

컨설턴트와 고객과의 관계는 공식적으로 일시적이며 한시적이다. 상호 간의 계약으로 컨설팅이 수행되고 나면 그 결과물을 고객이 실행한 결과에 상관없이 서로의 관계는 종료된다.

5) 수집·분석된 자료는 외부로 누설되어서는 안 된다.

컨설팅 과정에서 제시된 고객의 크고 작은 자료와 정보는 누설해서는 안 되며 영원히 비밀이 보장되어야 한다. 그것은 컨설턴트의 윤리이며 의무이고 책임이다.

컨설팅3.0 포커스

경영컨설팅이란 무엇인가

많은 비지니스 오너들과 사업체 경영자들이 경기침체로 어려움을 겪고 있다. 현재의 난관에 어떻게 대처하느냐는 향후 사업의 성공과 실패에 직접적인 영향을 미친다. 때때로 비지니스는 도움이 필요하다. 그 도움이 미래를 위한 비지니스 전략을 짜는 것, 재정 상황을 분석하는 것, 효과적인 마케팅 계획을 짜는 것, 직원 교육, 그리고 유능한 직원을 발굴하는 것 중 어떤 것이든 각 분야의 전문가들을 그때마다 채용하고 때로는 여러 분야의 전문가들을 한꺼번에 둘 만큼 모든 비지니스의 규모가 크지 않은 것이 사실이다. 이것이 바로 소규모 비지니스를 운영하는 오너나 그 매니저들에게 경영컨설턴트가 필요한 가장 큰 이유이다.

경영컨설팅은 특정 비지니스의 경영 상태를 조사해 그 회사의 문제점을 파악하고, 적합한 해결책을 제시해 주는 경영 자문 서비스이다. 사람이 아프면 병원에 가서 치료하듯이, 사업체 혹은 기업도 아프면 치료를 받아야 하는데 그 치료 방법이 바로 경영컨설팅이라 할 수 있다. 경영컨설팅이 제공하는 서비스에는 창업컨설팅, 사업계획컨설팅, 직원의 사기진작, 입찰가 및 가격설정, 리더십 교육 및 경영기법, 사업체 인수·합병 등이 있다. 비지니스의 목적은 현재뿐 아니라 미래에도 계속 돈을 버는 것인데 돈을 벌지 못하게 방해하는 것을 제약(constraint)이라고 한다. 기업의 제약은 여러 부분에서 나타날 수 있다.

예를 들어 재고는 많지만 고객의 납기를 제대로 지켜주지 못해 돈을 벌지 못한다면 공장 운영이나 자재 조달 등에 제약이 있다고 할 수 있다. 또 공장에는 문제가 없는데 판매 영업 능력이 없어서 팔지 못하는 경우 마케팅에 제약이 있다고 판단한다. 아니면 공장이나 영업에도 문제가 없는데 정작 고객이 필요로 하는 신제품을 출시하지 못해 돈을 못 버는 경우 연구개발에 제약이 있다고 한다. 이처럼 어느 비지니스든 부위별로 아픈 곳이 있을 경우 치료를 받는 것을 경영컨설팅이라 한다. 경영전문가의 조언은 자신의 비지니스에 대한 투자이다. 경험과 통찰력으로 다져진 비지니스 경영컨설턴트의 충고를 얻음으로써 규모가 작은 비지니스도 큰 비지니스 못지않은 경쟁력을 쌓을 수 있다. 많은 비지니스 오너들이 전문가보다는 지인이나 같은 분야에 종사하는 오너들에게 이런 도움을 받고 있으나 자신의 비지니스에는 적합하지 않은 것이 있을 뿐 아니라 잘못된 지식도 적지 않다.

경영컨설턴트의 역할은 사업체에서 의뢰한 대로 혹은 전공분야별로 사업체 각 부분의 경영 상태에 대해 조사하고 문제점에 대한 솔루션을 제시한 후 앞서 언급한 여러 가지 서비스를 통해 비지니스의 현재와 미래를 개선하는 것이다. 경영컨설턴트는 고객의 모든 잠재능력을 최대한 끌어내고 가지고 있는 자원을 활용하여 비지니스 문제를 해결함과 동시에 더 큰 이익을 창출하도록 이끈다. 대부분의 비지니스 오너들은 생산성을 높이고 업무의 능률을 향상시키고 순익을 높일 수 있는 방법을 알고 있다. 다만 제대로 파악하고 개선하는 방법을 모를 뿐이다. 비지니스 경영컨설팅서비스를 이용함으로써 비즈니스 오너들은 그들의 큰 목표를 수월하게 이뤄낼 수 있다.

(출처: 「애틀랜타 중앙일보」 2009.07.08.)

2 코칭

2.1 코칭이란?

코칭은, 변화하고자 하는 개인이 자신의 잠재능력을 최대한 발휘하여 원하는 결과를 얻을 수 있게 도와주는 대화 프로세스이며 협력적인 관계를 말한다. 코칭은 간절한 목표나 꿈, 희망 등을 이루고자 하는 의지가 있는 개인이나 조직이 가진 잠재능력을 발견하고 변화행동을 통하여 목표를 성취할 수 있도록 도와주는 행위이다. 비즈니스 코칭의 대가인 존 휘트모어는 "개인의 잠재 능력을 최대한 발휘하도록 하는 것으로 가르치기보다 스스로 배우도록 돕는 과정"을 코칭이라 했으며, 잭 웰치는 "앞으로 코치가 아닌 사람은 승진하지 못할 것이다"라고 하며 직원들을 독려했다. 닛산의 CEO 카를로스 곤 역시 "나는 닛산의 CEO가 아니라 코치다"라고 말할 정도로, 코칭은 개인의 능력을 극대화하고 목표를 이루는 데 탁월한 역할을 한다. 따라서 이러한 코칭이 진행되려면 모든 인간의 잠재능력과 가능성에 대한 믿음이 전제되어야 한다.

2.2 코칭의 특징

1) 코칭에는 3가지의 가정, 전제조건이 있다.
① 모든 사람에게는 무한한 가능성이 있다.
　모든 사람에게 엄청난 가능성이 존재한다는 것을 기본전제로 한다. 다만 스스로 무한한 잠재력이 있다는 것을 인식하지 못하고 발견하지 못할 따름이다. 따라서 코치는 고객이 갖고 있는 무한한 가능성을 끌어내 고객이 원하는 것을 이룰 수 있도록 도와주어야 한다.
② 그 사람에게 필요한 해답은 모두 그 사람 내부에 있다.
　사람에게는 문제를 풀 수 있는 해답이 있다고 전제한다. 따라서 코치가 컨설팅처럼 답을 말해주거나 대안을 제시하면 고객 스스로 변화할 기회를 빼앗기게 되며 목표를 달성할 수 있는 동기부여가 되지 않아 고객은 무력함에 빠지게 된다. 코치는 모든 문제의 해답은 고객 스스로 갖고 있다는 것을 믿어야만 코칭 대화를 성공적으로

이끌 수 있다.

③ 해답을 찾기 위해서는 파트너가 필요하다.
아무리 자신에게 능력이 있고 문제에 대한 해답을 가지고 있다 해도 그것을 끄집어낼 수 있는 그 누군가가 필요하다. 그 사람이 파트너로서의 코치이다. 코치는 코칭의 강력한 도구인 질문과 경청, 그리고 피드백 등을 통해 고객이 원하는 목표를 달성하는 데 도움을 줄 수 있다. 코치의 도움 없이 고객 스스로 사고를 확장하거나 통찰하는 것은 어려우므로 파트너로서 코치가 필요하다.

2) 고객과 코치는 '평등'하다.

고객이 원하는 목표를 이룰 수 있는 해답은 고객에게 있다는 가정하에, 코치와 고객은 협력하여 목표를 달성하는 평등한 동반자 관계이지 불평등한 수직적 관계가 아니다.

3) '존중과 신뢰'를 바탕으로 이루어진다.

고객이 목표 달성을 위한 변화를 실천하기 위해서는 코치와 고객 모두는 서로를 존중하며 신뢰해야 한다. 고객이 코치를 신뢰하고 코치는 고객을 존중할 때 고객에게 내재한 능력을 끌어올려 목표에 이르게 할 수 있다.

4) 결과보다는 '과정'이 중요하다.

코칭은 결과도 중요하지만 그보다 중요한 것이 '과정'이다. 코칭은 변화하는 과정을 통해 목표를 달성하기 때문에, 각 상황 속에서 어떤 노력으로 어떤 사고와 통찰을 얻어 어떻게 변화행동을 하는지 파악하는 것이 더욱 중요하다.

5) '거울보기 경험'이다.

고객에게 현재 상황을 전체적인 관점에서 바라보게 함으로써, 단순한 시각에서 벗어나 자신의 잠재력을 발견해 목표에 이르는 변화에 불을 지피게 된다.

6) '질문'을 통해 답을 찾는다.

"코칭은 질문이다"라고 할 정도로 질문은 고객에게 통찰과 인식의 확장을 일으킨다. 질문은 고객의 무한한 가능성을 인식하게 함으로써 원하는 목표를 이룰 수 있는 변화의 첨병 역할을 한다.

7) 코칭은 몇 단계의 과정으로 진행된다.

코칭은 대개 고객에게 목표를 설정하게 하고 현재 상황을 점검하며 실행계획을 세우게 하고, 그 계획을 실행하는 데 있어 어떠한 난관도 헤쳐나갈 수 있게 돕는 일련의 과정, 프로세스로 진행된다.

8) 코칭은 도구를 사용한다.

코칭을 하는 과정에서 주로 '경청, 질문, 칭찬, 인정, 지지, 격려 및 라포 형성 등'의 도구를 사용하여 코칭 대화를 진행한다.

컨설팅3.0 포커스

"앤디는 내 부인, 또는 큰형 같다."

최경주 선수는 지난 2011년 5월 16일 제5의 메이저 대회로 불리는 미국프로골프투어 플레니어스 챔피언십에서 아시아 최초 챔피언에 등극했다. 개인으로는 3년 4개월 만의 우승이었다.

이날 16번 홀에서 최경주는 최대의 위기를 맞았고, 1타자 선두였던 데이비드 톰스는 페어웨이에 떨어져 그대로 간다면 톰스의 우승이었다. 최경주 입장에서는 '우승은 물 건너 갔다'고 생각되는 절망스러운 순간이었다. 이때 최경주의 캐디 프로저는 다음과 같은 천만 금짜리 코칭을 한다.

"Don't be negative, You never know what's going to happen(마음을 긍정적으로 가져, 너에게도 상대에게도 다음 동작에 어떤 일이 생길지 몰라)."

> 프로저는 최경주 선수가 흔들릴 때 '어떻게 쳐야 할지'를 가르치려 하지 않았다. 그 스스로 문제를 해결할 수 있도록 도와주었을 뿐이다. 결국 최경주는 연장까지 가는 접전 끝에 역전 우승할 수 있었다. 최경주 선수는 통산 8승 중에서 7승을 합작한 캐디 앤디 프로저(60)를 "앤디는 내 부인, 또는 큰형 같다"며, 8년째 함께하고 있다. 이런 코치와 함께하는 사람은 행복하다.
>
> (출처: 조현구, 『WILL코칭모델』, 월토피아, 2013)

3 카운슬링, 테라피

3.1 카운슬링(counseling)과 테라피(therapy)란?

카운슬링은 상담·협의 또는 권고·조언·충고를 하는 것으로, 학술용어로서는 심리학적 교양과 기술을 익힌 카운슬러가 고객의 문제를 해결하고 인격적 발달을 도와주는 것을 의미한다. 일반적으로 상담을 '카운슬링'이라 하고 심리치료를 '사이코테라피'라고 한다.

3.2 카운슬링, 테라피의 특징

1) 카운슬링은 경미한 심리적 문제나 고민을 다루는 반면, 테라피는 심각한 수준의 정신질환이 있는 사람들을 대상으로 치료하는 것을 말한다.

2) 카운슬링은 가벼운 정도의 인격적 문제에 대한 표면적인 처리에 의한 도움을 주는 것인데 반해, 심리요법은 비교적 심층의 인격체계를 변용시키는 것을 목적으로 하므로 장기 실시가 필요한 경우가 많다.

3) 카운슬링은 주로 언어를 주요 매개로 하는 데 비해, 테라피는 언어에 의한 것 외에 유희(遊戲:유희요법)·작업(작업요법)·음악(음악요법)·회화(繪畵:회화요법)·레

크리에이션(레크리에이션 요법) 등의 활동을 통하는 것까지 포함한다.[6]

4) 카운슬링과 테라피가 과거 지향적인 면이 많은 반면, 컨설팅이나 코칭은 미래 지향적이다.

4 멘토링

4.1 멘토링(mentoring)이란?

경험과 지식이 많은 사람(멘토)이 선배나 아버지, 스승의 역할을 하여 지도와 조언으로 그 대상자(멘티)의 가능성과 잠재력을 향상시키는 것으로, 멘토와 멘티의 관계는 수직적이며 상호 간의 인격적 개입이 더 깊게 일어난다. 영어로 '스승'을 의미하는 '멘토'는 그리스신화에 나오는 오디세우스의 친구 멘토르(Mentor)에서 유래하였다. 멘토르는 오디세우스가 트로이전쟁에 출정한 20년 동안 그의 아들 텔레마코스를 돌보며 가르쳤으며, 그의 이름은 '현명하고 성실한 조언자' 또는 '스승'의 뜻을 갖게 되었다. 멘토와 멘티의 관계는 일상생활에서 자연스럽게 형성되기도 하고 기업 등의 조직에서 인위적으로 형성되기도 한다.

4.2 멘토링의 특징

1) 멘토는 정보의 근원이다.

멘토는 멘티가 알지 못하는 일들, 특히 삶에 대한 것들을 알고 있다.

2) 멘토는 지혜를 제공한다.

누가 말했듯이 지혜는 다음에 무엇을 해야 할지 아는 것이다. 멘토는 합당하고 효과적인 방법으로 삶에 진리를 적용한다.

....
6) 출처: 카운슬링[counseling] (두산백과)

3) 멘토는 구체적인 기술과 결실 있는 행동을 촉진한다.

멘티는 이전에 할 수 없었던 일을 실행하는 방법을 알게 된다.

4) 멘토는 멘티의 행동을 계속해서 평가한다.

멘토는 단순히 거울이 아니라 그 이상이다. 그는 비평자이면서 평가자이다.

5) 멘토는 코치 역할을 한다.

코치의 일은 선수가 시합에서 이기도록 선수를 준비시키는 것이다. 멘토의 일은 멘티가 삶에서 승리하도록 멘티를 준비시키는 것이다.

6) 멘토는 방향계이다.

즉 인생에서 내비게이션 같은 역할을 한다.

7) 멘토는 언제나 찾아갈 수 있는 사람이다.

개인적인 문제가 생기거나 위기에 처했을 때 믿고 의지할 사람이다.

8) 멘토는 계획을 수립하는 것을 도와준다.

정신적인 성장을 위한 프로그램을 작성하거나 직업 선택을 위한 계획을 세우거나 교육에 대한 결정을 내려야 하거나 결혼을 고려할 때, 멘토는 멘티에게 실질적인 조언을 해준다.[7]

▷ **컨설팅, 코칭, 카운슬링, 멘토링의 차이점**

구분	컨설팅	코칭	카운슬링	멘토링
목적	문제해결	변화촉진	개인 문제해결	가르침
해답	컨설턴트	본인	본인	멘토
초점	문제원인	미래 결과	과거 경험	개인 성장, 학습

....
7) 출처: 이영권(2006), 『성공으로 가는 길, 멘토링』, 파인트리

3장

"컨설팅을 의뢰하는 이유와 만족 요인을 알고 싶어요."

1 컨설팅을 의뢰하는 이유

컨설팅을 의뢰하는 주목적으로는 전략을 추진할 내부 우수인력부족(68.6%), 비용대비 높은 효과(22.2%), 정부지원을 통한 비용절감(6.7%), 컨설턴트의 신뢰 및 전문지식만족 순으로 나타났다.

▷ **컨설팅을 의뢰하는 이유**

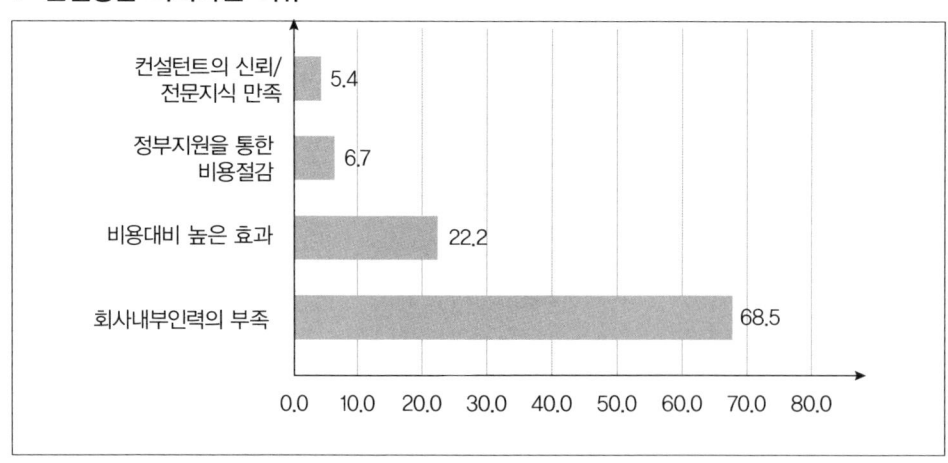

2 컨설팅을 의뢰하지 않는 이유

컨설팅을 의뢰하지 않는 이유로는 컨설팅의 실효성(40.0%)이 가장 높았으며, 그 밖에 컨설팅을 의뢰할 필요성 부재(13.3%), 회사의 영세성(10.0%), 컨설팅사의 신뢰성(9.5%), 컨설팅 정보유출(6.7%) 순으로 나타났다.

▷ **컨설팅을 의뢰하지 않는 이유**

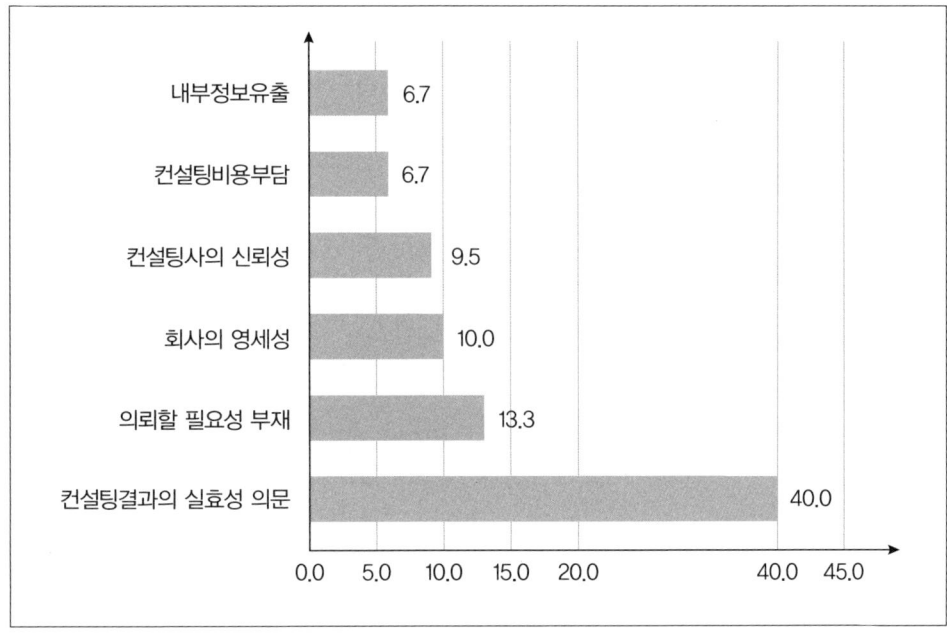

3   컨설팅 만족 요인

　컨설팅 만족 요인으로는 컨설팅 수행과정에서의 성실성이 46.2%로 가장 높았으며, 컨설턴트의 전문능력(23.1%), 컨설팅 수행과정 중 원활한 소통(20.5%), 컨설팅 수행일정의 준수(7.7%), 컨설팅 결과보고서의 우수성(3.6%) 순으로 나타났다.

▷ 컨설팅 만족 요인

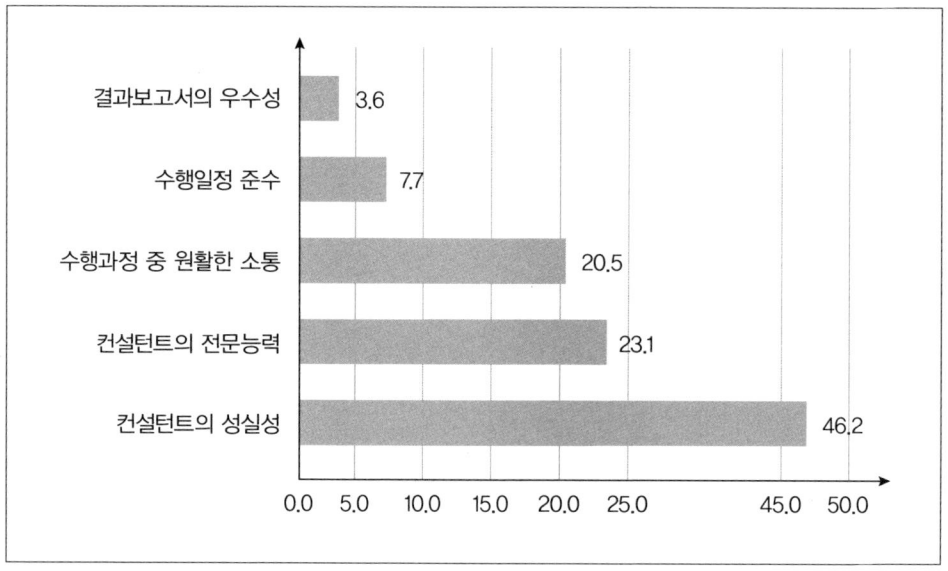

4 컨설팅 불만족 요인

컨설팅에 대한 불만족 요인으로 컨설턴트의 낮은 전문성이 31.0%로 가장 높게 나타났으며, 그다음으로 원활하지 않은 의사소통이 27.5%로 나타났다. 이어 컨설팅보고서의 낮은 품질(20.7%), 수행일정의 미준수(5.7%), 과도한 추가비용 요구(4.6%), 수행과정의 불성실(3.4%) 순으로 나타났으며 그 밖에 기타 요인이 6.9%를 차지했다.

▷ 컨설팅 불만족 요인

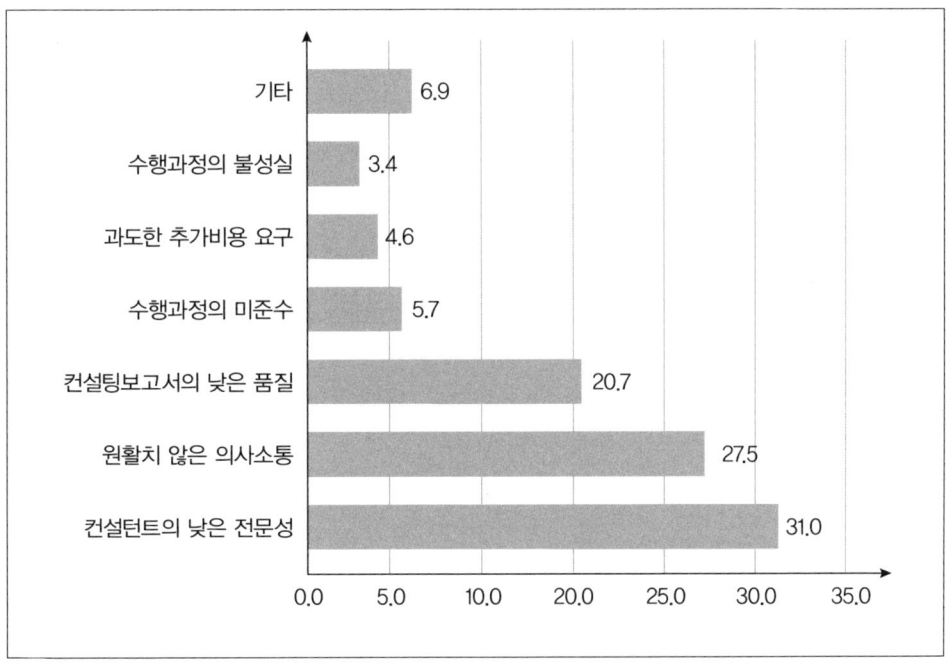

4장

"컨설턴트의 역할을 올바르게 이해하고 싶어요."

1 컨설턴트란?

컨설턴트는 기업이나 공적조직 혹은 개인 등이 해결하기 원하는 문제의 해결책을 제시해줌으로써, 고객이 바람직한 방향으로 나갈 수 있도록 도움을 주는 사람이다. 따라서 컨설턴트는 해당 일에 집행 권한을 갖거나 경영에 책임을 지는 것이 아니라, 고객을 위해 조언이나 자문 또는 전문적인 일을 수행하거나 교육을 통해 고객의 필요와 욕구에 응답하는 사람이다.

컨설팅3.0 포커스

경영컨설턴트란?

환자에게 의사가 있듯이 기업과 고객들의 고민거리를 해결해 주는 사람이 경영컨설턴트다. 일반적으로 컨설턴트란 고객의 문제점을 찾아내고 해결책과 조언을 주는 사람을 말한다. 이 중 경영컨설턴트는 기업 경영에 대한 애로사항을 분석하고 문제해결을 위해 대책을 연구하는 등 기업 경영을 종합적으로 조언해 주는 전문가다. 일부에서는 경영분석가, 경영자문가, 기업분석가 등으로 불리기도 한다. 경영컨설팅의 업무 영역은 경영전략, 인사 및 조직관리, 재무·회계 등 기업 경영과 관련된 분야로 광범위하다.

경영컨설턴트는 주로 전문 컨설팅 기업에 들어가 근무한다. 일부는 개인 컨설팅 업체를 창업하거나 대학교 및 대기업 연구소의 연구원으로 근무하면서 관련 분야의 컨설팅 업무를 수행하기도 한다. 연봉 수준은 기업마다 편차가 있지만 대기업보다 높은 편이다. 능력을 인정받을 경우 5년 만에 억대 연봉자가 될 수 있다. 하지만 프로젝트 중심으로 업무가 이루어지기 때문에 야근과 휴일 근무가 잦으며, 길게는 1년 이상 컨설팅을 의뢰한 고객사로 출장근무를 하기도 한다. 연령대는 30·40대가 전체의 84.9%를 차지하고 있는데 이는 10년 차 이상의 경영컨설턴트가 거의 없기 때문이다. 보통 입사 5년 차 이상이 되면 대기업이나 외국계 기업의 최고재무책임자(CFO) 또는 최고정보책임자(CIO)로 이직하거나 개인 사업을 하는 경우가 많다.

컨설턴트는 전문직으로 평가받아 전망이 밝은 편이다. 최근 평생직장의 개념이 사라지면서 전문성과 사회적 위상, 자기발전성이 상대적으로 높은 직업이 미래 유망 직업으로 꼽히고 있는데 컨설턴트가 그중 하나다. 취업포털 커리어가 자사 컨설턴트 40명을 대상으로 '5년 뒤 유망직업'을 조사한 바에 따르면 금융자산가, 브랜드관리사, 컴퓨터 보안전문가에 이어 '경영컨설턴트'가 4위를 차지했다. 경영컨설턴트는 급여 수준과 직업 전문성 면에서 좋은 점수를 받았다. 또 정보화 사회 속에서 기업이 경영환경에 빠르게 대응하기 위해 전문 경영컨설턴트를 원하고 있으며, 정부도 컨설팅 산업과 같은 지식기반서비스산업을 적극적으로 육성하고 있어 앞으로 경영컨설턴트 수요는 늘어날 것으로 보인다.

경영컨설턴트는 문과계열에서는 경영·경제학과 전공자, 이과계열은 산업공학과 전공자가 많다. '지식이 앞선 사람들'이라고 불리는 만큼 다른 직업에 비해 경영대학원(MBA) 출신자도 많다. 대규모의 경영컨설팅 회사는 매킨지, 보스턴컨설팅그룹(BCG) 등 주로 외국계 회사이기 때문에 영어는 기본이다. 제2외국어도 하나 정도는 준비해야 한다.

대학 입학 후 관련 기업의 인턴십에 참가하거나 경영과 관련한 동아리 활동, 교환학생 등의 경험이 있으면 도움이 될 것이다. 특히 경영컨설턴트는 다양한 사람들과 업무를 수행하기 때문에 사교성과 유연한 커뮤니케이션 능력이 필요하다. 업무상 영업적인 면도 있어 인적 네트워크는 물론 탁월한 프레젠테이션 능력을 중요한 요구능력으로 꼽을 수 있다. 커뮤니케이션과 프레젠테이션 능력을 키우는 데는 반복적인 발표 습관을 기르는 것도 하나의 방법이다. 많은 사람 앞에서 말할 기회를 적극적으로 만듦으로써 자신감을 키우고 체계적으로 말하는 법을 배울 수 있기 때문이다. 또 박학다식해야 한다. 경영 분야는 범위가 매우 넓어 한 분야에만 해박하다고 해서 컨설팅을 할 수는 없기 때문에 폭넓은 상식과 다양한 경험을 하는 것이 좋다.

(출처: 「매일경제신문」 2009.05.09.)

2 컨설턴트는 무엇을 준비해야 하나?

2.1 컨설팅 환경에 대한 이해

고객이 컨설팅을 의뢰하지 않거나 컨설팅을 받더라도 만족하지 못하는 가장 큰 이유는, 컨설턴트가 고객의 문제를 잘 해결하지 못하거나 고객과 원활한 의사소통을 못 하기 때문인 것으로 나타났다. 전문성과 고객과의 소통능력이야말로 컨설턴트가 최우선으로 갖춰야 할 기본적인 요소이다. 그 외에도 수행일정을 성실하게 준수하거나 결과보고서를 알차고 짜임새 있게 준비하는 능력도 필요하다. 컨설턴트는 자신의 지식과 능력으로 고객이 원하는 모든 것을 해결할 수 있는 전능자가 아니기 때문에, 고객의 업종과 매출규모 및 문제의 사안에 따라 해당 분야 전문가를 활용할 수 있는 능력도 중요하다.

2007년 9차 개정된 「한국표준산업분류」에 의하면 우리나라 산업은 대분류 21개, 중분류 76개, 소분류 228개, 세분류 487개, 세세분류 1,145개로 구성되어 있다.

또 2008년 소상공인 업종별 편람을 보면, 한식의 경우 17분류에 요리품명만 해도

200여 종이 넘는다. 서울시와 서울신용보증재단이 발간한 「2014년 서울 자영업자 업종지도」를 보면, 총 78만887개 중 생활밀착형 업종은 29만8,010개에 달한다. 좀 더 세부적으로 살펴보면 처음 접하는 업종이 하나둘이 아니다. 예를 들어, 외식업의 돈가스 가게만 하더라도 누구에게 파느냐, 어디에서 파느냐, 얼마를 파느냐에 따라 만드는 방법이나 가격, 점포의 규모 등 점포운영현황이 모두 다르다.

2012년 기준 중소기업 사업체 수는 우리나라 전체 사업체 중 약 98%(소상공인이 87.7%, 소기업이 10.1%)에 이르고 있으며 업체마다 경영하는 방법이나 처한 상황이 다 다르다. 이와 같은 컨설팅 환경을 극복하고 고객의 필요와 욕구를 충족하기 위해, 특히 외식업과 같은 소상공인이 원하는 결과를 제공하기 위해서는 기본적으로 다음과 같은 전문지식이 필요하다.

2.2 컨설팅에 요구되는 기본 요소

우선 컨설팅을 수행하려면 기본적으로 마케팅이나 회계 관련 지식 등 해당 분야에 대한 전문지식이 필요하다. 또 전문지식 못지않게 중요한 것이 경험이다. 풍부한 컨설팅 경험은 문제해결에 직접적으로 도움이 되며 과거 해당 업무를 해본 경험 역시 매우 요긴하게 쓰인다. 창의력과 전략적 사고는 문제를 풀어나가는 데 없어서는 안 될 요소이며 고객과의 소통 역시 중요한 컨설팅 수단이다. 경청과 질문 역시 고객과의 신뢰와 존중을 만들어 주며 컨설팅을 진행하는 동안 매우 긴요한 컨설팅 도구가 된다. 또 친화력과 설득력, 예의 등은 고객이 해결방안을 실천하는 데 강력한 원동력으로 작용한다.

1) 컨설팅을 위한 기본지식
① 회계지식을 갖추어야 한다.
대기업이나 중소기업은 물론 소상공인이나 창업기업을 컨설팅하려면 우선 회계적인 용어와 그 내용을 알아야 한다. 즉 매출과 원가, 판매관리비 등의 비용, 이익의 종류와 해석, 손익분기점 등을 고객에게 설명하고 이해시킬 수 있어야 한다. 외식업의 경우 깊은 지식이 아닌 기본적인 회계 상식으로도 고객의 욕구를 충족시킬 수 있다. 컨설팅을 수행하는 데 고도의 회계지식이 필요할 경우에는 공인회계사 등의

해당 분야 전문가의 힘을 빌릴 수 있다. 해당 분야의 전문가를 활용하는 것은 극히 당연하고 자연스러운 일이다.

② 마케팅지식은 필수적이다.

회계 지식과 더불어 마케팅 지식은 필수적이다. 의뢰인이 파는 제품이나 서비스를 살 고객이 누구이며, 그 고객은 어떤 특징을 가지고 있고 원하는 가치는 무엇인지 등을 규정할 수 있는 마케팅 지식이 필요하다. 또한, 4P로 불리는 제품(product), 유통(place), 가격(price), 촉진(promotion) 관련 지식은 물론, 소비자들의 태도나 라이프 스타일과 같은 고객의 심리적인 부분에 대해서도 일정한 지식이 요구된다.

③ 점포운영에 대한 매뉴얼을 갖춰야 한다.

외식업소의 점포운영이나 접객서비스 등에 대한 노하우나 매뉴얼을 가지고 있어야 한다. 예를 들어 주방의 위치나 음식의 레시피, 손님의 동선, 메뉴의 구성, 인테리어나 익스테리어의 적절성, 고객과의 접점에서의 응대방법 등 해당 업종이나 종목에 어울리는 것이 어떤 것이 있는지 사전에 충분히 숙지하고 컨설팅에 임해야 한다.

④ 상권 및 입지분석 능력이 필요하다.

점포영업의 경우 상권 및 입지분석은 필수다. 소상공인시장진흥공단 사이트에 상권에 대한 상세분석을 참고로 하되 상권·입지분석 및 해당 점포에 대한 권리분석 등은 관련 서적이나 교육 등을 통해 확실한 학습이 되어 있어야 한다.

⑤ 소비 트렌드를 알아야 한다.

해당 산업이나 업종의 트렌드 분석은 자료조사와 전문서적, 해당 분야 전문가나 실제 해당 사업의 업주들을 만나 이야기를 나누는 방법 등 다양한 접근이 필요하다. 방송, 신문 등에 나온 내용과 실제 시장에서 체감하는 것이 다를 수 있으므로 좀 더 다채로운 방법을 강구해야 한다.

2) 경험

경험은 컨설턴트에게 매우 중요한 요소이지만, 컨설팅을 시작한 지 얼마 안 되는 컨설턴트는 당연히 경험이 일천할 수밖에 없다. 그럴 경우 해당 사업에 경험이 많은 컨설턴트나 사업주, 아니면 해당 업종의 전문가를 만나 대화를 나누는 것도 큰 도움이 된다. 예를 들어 컨설턴트가 직접 해본 업종의 경우 자신감도 충만하고 고객의 문제를 해결하는 데 좀 더 수월할 수 있다. 하지만 경험이 많다고 해서 반드시 좋은 것만은 아니다. 오랜 경험이 나태하게 만들 수도 있고, 선입견을 갖고 컨설팅을 하게 되므로 문제해결에 실제 도움이 안 될 때도 있다. 따라서 자신의 경험을 잘 살려 문제를 해결하는 데 활용할 수 있는 지혜가 필요하다.

3) 창의력

대개는 해당 업종에 종사하는 사람이 그 일에 대해 가장 잘 안다. 문제는 자신의 시각으로만 문제를 봄으로써 창의적으로 사고하지 못하는 경우이다. 예를 들어 한식을 팔다가 양식으로 전환한 사업자의 경우 과거 경험의 잣대로 새로운 사업을 재단하는 경우가 있다. 또 장사 경험이 풍부한 사업주일수록 문제를 해결하는데 자기방식만을 고집할 수 있다. 경험은 문제해결의 지름길로 인도할 때도 있지만 이처럼 창의적인 생각을 가로막을 때도 있다. 컨설턴트도 예외는 아니다. 컨설팅은 고객이 보지 못하는 면을 컨설턴트가 대신 보는 것이라고 할 수 있다. 사업자가 보지 못하는 부분을 대신 보기 위해 컨설턴트 역시 창의적이어야 한다. 창의력은 다양한 컨설팅 현장에서 문제해결의 이정표 역할을 한다.

4) 전략적 사고

'전략적 사고, 포지셔닝, 차별화, 고객만족' 다 비슷한 의미이다. 전략은 일정한 목표를 달성하기 위한 수단이나 계획을 의미한다. 전략 없이 점포를 운영하는 것은 농기구 없이 농사를 짓는 것과 같다. 또한, 전략적 사고는 고객의 마음을 빼앗기 위한 포지셔닝이고, 남과 다른 비교우위를 점할 수 있는 차별화 방안을 의미한다. 전략적 사고는 결국 고객만족으로 이어진다. 전쟁이론가인 카를 폰 클라우제비츠(Carl Von Clausewitz)는 전략은 "병력의 절약이다"라고 했다. 갖고 있는 물적·인적 자원을 얼마나 효과적으로 사용하느냐가 사업을 성공으로 이끌 수 있는 비결이다. 따라서 컨설턴트는 의뢰인이 그들의 고객을 만족시킬 수 있는 전략적 사고를 가지고, 자원을 효과적으로 사용할 수 있는 구체적인 방법이나 툴을 제공할 수 있어야 한다.

5) 소통

컨설팅 불만족 요인의 27.5%가 컨설턴트와의 원활하지 못한 소통이라고 답한 것에서도 볼 수 있듯이, 의뢰인과 소통이 잘되지 않으면 컨설팅 효과도 반감될 수밖에 없다. 아무리 좋은 솔루션을 제시해도 컨설턴트를 신뢰하지 않는 사업주는 실행하지 않는다. 따라서 컨설팅의 제1조건이 바로 소통이다.

6) 경청과 질문

경청과 질문은 코칭이나 상담에만 사용하는 도구가 아니다. 경청과 질문은 소통의 도구이면서도 상대를 설득해 바람직한 길로 인도하는 중요한 컨설팅 방법의 하나이다.

① 경청

상대를 배려하는 경청은 상대의 말을 듣는 것에서 그치는 것이 아니라 상대방이 전달하고자 하는 동기나 정서를 귀 기울여 듣고, 해석한 의미를 상대방에게 돌려주는 것(feedback)을 말한다. 경청은 고객이 말하는 언어적, 비언어적 정보와 그 안에 흐르는 맥락을 파악할 수 있는 강력한 컨설팅 도구이다. 또한, 경청은 수동적으로 듣기만 하는 것이 아니라 고객의 내면으로 들어가서 비판이나 판단 없이 고객의 감정을 진심으로 이해하고 받아들이는 능동적인 행위를 말한다.

컨설턴트가 경청을 잘하기 위해서는 '적게 말하고 많이 듣는' 훈련을 꾸준히 해야 한다. 컨설턴트가 말을 적게 하고 고객이 주로 말을 하면, 고객과 친밀감과 신뢰감이 쌓일 뿐 아니라 고객이 내면 세계를 표출함으로써 바람직한 컨설팅 결과를 낳을 수 있다. 이청득심(以聽得心), 즉 나의 편견과 아집을 접고 귀를 기울여 경청하는 것은 사람의 마음을 얻는 최고의 지혜이다.

② 질문

컨설팅하는 데 경청 못지않게 중요한 것이 질문이다. 변화심리학자인 앤서니 로빈스(Anthony Robbins)는 저서 『네 안에 잠자는 거인을 깨워라』에서 "질문은 마음속에 있는 거인에게 우리가 원하는 것을 알려주는 마술도구이다. 또한, 내 안에 있는 거인을 깨워주는 자명종과 같은 것이다. 의미 있고 값진 삶을 살려면 꾸준히 자신에게 높은 수준의 질문을 해야 한다"고 말했다.

인간의 뇌는 질문에 반드시 답변하는 구조로 되어 있다. 사람은 질문을 받게 되면 생각하게 되고 그 생각으로 인식의 확장과 통찰을 얻게 된다. 인식의 확장과 통찰은 변화의 당위성을 갖게 함으로써 변화를 촉진해 원하는 결과를 얻게 해준다. 컨설팅에서 질문은 고객에게 변화에 대한 강한 동기를 부여하는 강력한 무기가 된다. 강력하고 좋은 질문은 결국 좋은 답을 찾아내 목표에 이르게 한다. 경영학의 아버지 피터 드러커는 노벨상을 탄 사람과 아닌 사람의 가장 큰 차이는 IQ나 직업윤리가 아니라 더 큰 질문을 던지는가 아닌가에 달려 있다고 했다. 그렇게 더 좋은 답을 찾아주는 질문은 고객의 목표를 성취하는 데 지대한 공헌을 한다. 그리고 질문은 상대방을 인격적으로 존중하고 파트너로서 고객이 지니고 있는 가치를 인정할 수 있게 유도한다.

7) 친화력, 설득력, 예의 등

① 친화력

친화력은 누구나 갖기 원하는 능력이다. 친화력은 사람을 무장해제시킨다. 친화력은 신뢰로 발전하는 특성이 있다. 친화력은 사람을 가까이하게 하고 마음을 열게 하며 함께하고 싶은 마음을 갖게 한다.

② 설득력

컨설턴트의 설득력은 고객이 해결대안을 실행하는 단초가 된다. 컨설턴트의 보고서에 따라 고객이 실천하려면 먼저 이해로서 공감을 얻어야 한다. 공감을 해야 그 해결안에 대해 동의를 하게 된다. 설득이 안 되면 아무리 좋은 결과물이라도 고객은 실천하지 않는다.

③ 예의

그 밖에 고객이 큰 업체이든, 1인 기업이든 그들에게 예의를 다하는 것은 컨설턴트의 몸에서 우러나와야 하는 가장 중요한 덕목 중 하나이다. 컨설턴트가 예의를 지키는 것은 잘 봐달라는 아양이나 인사치레가 아니다. 예의는 책임감 있는 컨설턴트의 기본자세이고 고객의 신뢰를 얻을 수 있는 수단이기 때문이다. 그 밖에도 외모나 옷 입는 방법 등 많은 요소가 컨설턴트에게 필요하다.

3 컨설턴트가 흔히 범하는 오류

3.1 적게 듣고 많이 말한다

컨설턴트의 존재감과 권위를 나타내기 위해 고객과의 첫 만남에서부터 말을 많이 하는 경우가 있다. 이건 바람직하지 않다. 그러면 의뢰인이 입을 다물게 된다. 또 의뢰인과 몇 마디 나누다 보면 문제에 대한 답을 말하고 싶은 유혹에 빠질 때가 있다. 몰라서도 들어야 하지만 알아도 듣는 데 충실해야 한다. 잘 들어야 의뢰인이 긴장을 완화하고 편안하게 컨설팅에 임할 수 있으며 컨설턴트에게 신뢰감을 가질 수 있다.

컨설턴트가 말을 많이 하면 예단하거나 핵심에서 벗어나는 오류를 범하기 쉽다. 고객의 문제와 문제점을 파악하기 위해서는 고객의 말을 다 듣고 핵심만을 짧게 말하는 것이 바람직하다. 그리고 컨설턴트가 고객의 말을 자신의 신념이나 고정관념의 틀 속에 넣고 자기중심적으로 들으면 고객의 속내를 알기 어렵다. 컨설턴트는 고객이 하는 말의 실마리와 문맥 등 전후 관계를 파악하며 들어야 한다. 고객의 말 속에 녹아 있는 의도나 욕구 등을 파악할 수 있어야 한다.

또 잘 듣기 위해서는 고객이 하는 말은 물론, 표정과 제스처까지도 관찰하며 들어야 한다. 고객의 말을 잘 듣기 위해서는 상대방의 말이 끝날 때까지 중간에 끼어들면 안 된다. 끝까지 들어야만 행간의 의미를 파악할 수 있다. 예를 들어, 사업장의 문제가 종업원들 때문이라고 주장할 때, 고객이나 종업원들의 이야기를 들어보면 사장에게 문제가 있는 것을 발견할 때가 있다. 고객의 말은 앞부분만 듣거나 귀 기울여 듣지 않으면 근본적인 문제를 발견하기 어렵다. 컨설턴트의 말은 고객과 비교해서 3:7이나 2:8의 비율이 바람직하다.

3.2 '질문기법'을 활용하지 않는다

컨설턴트가 "이렇게 하시면 됩니다"라고 일방적으로 말을 하기보다는 "이렇게 하시면 어떤 결과가 생길 것 같습니까?"라는 질문으로 고객의 답을 유도하면 고객 스스로 설득이 되고 해결대안에 대한 실천 가능성이 높아진다. 질문은 궁금해서 하는 경우도 있지만 상대방을 설득하고 결단하게 하는 매우 중요한 커뮤니케이션 도구의 역할을 한다.

사람은 '질문'으로 문제를 해결하며 발전해 왔다. 특별히 호기심이 많다는 것은 질문이 많다는 것을 의미한다. 아인슈타인 역시 질문에 대한 정의를 명확하게 내리고 있다. "질문이 정답보다 중요하다. 곧 죽을 상황에 처했고 목숨을 구할 방법을 단 한 시간 안에 찾아야만 한다면, 한 시간 중 55분은 올바른 질문을 찾는 데 사용하겠다. 올바른 질문을 찾고 나면 정답을 찾는 데는 5분도 걸리지 않을 것이다"라고.

3.3 고객을 가르치려 한다

깨닫기 위해서는 본인이 직접 해봐야 한다. 해보면 '아하!' 하면서 깨닫게 된다. 그런데 하지 않는 것은 본인이 믿지 못하거나 미리 안 될 거라고 의심하기 때문이다. 고객이 컨설팅 결과물을 실행하기 위해서는 고객 입장에서 이해가 되고 공감이 가야 한다.

지동설을 옹호한 근대 물리학의 아버지 갈릴레오 갈릴레이(Galileo Galilei, 1564~1642)는 "인간은 아무도 가르칠 수 없다, 단지 깨달을 뿐이다"라는 말을 했다. 가르치려 하면 상대는 벌써 저만치 가 있다. 고객이 공감하는 방법으로 이해시켜야 고객이 해결대안을 실천한다. 컨설턴트가 제시하는 방법을 고객이 실천하지 않는 것은, 설득이 되지 않으면서 반드시 그렇게 해야 하는 이유가 가슴에 와 닿지 않기 때문이다.

대기업의 경우는 자영업자와 사뭇 다르다. 많은 돈을 투자하고 회사 차원에서 컨설팅을 받기 때문에 컨설턴트가 제시한 방안의 실행 결과를 최고경영층에 보고해야 한다. 결과는 어떻든지 하기 싫어도 해야 한다. 하지만 외식업에 종사하는 사업자들은 자신이 실행을 안 하면 그만이다. 따라서 의뢰인이 잘 모르면 결론만 얘기할 것이 아니라 과정을 충분하게 설명함은 물론 실행방법에 대한 교육을 곁들이는 것도 이해를 돕는 한 방법이 될 수 있다. 어떤 방식이든 고객이 실행하게 하는 것이 컨설턴트의 의무이자 책임이다. 아무리 해결대안이 좋아도 고객이 실행하지 않으면 의미가 없다.

3.4 작은 것을 빠뜨린다

나는 외식업소를 컨설팅하기 전에 신분을 밝히지 않고 고객의 점포에 들어가 손님으로서 음식을 시켜 먹어본다. 음식의 맛도 보고 주방도 들여다보고 화장실을 들러본다. 사업자와 종업원의 태도와 고객응대방법 등 고객과의 접점에서 어떻게 하는지 하나하나 살펴본다. 아주 사소한 작은 부분에도 더욱 신경을 써서 살핀다. 오히려 큰 문제다 싶은 것은 컨설팅을 진행하는 과정에서 거의 다 도출되며 해결책 또한 쉽게 나올 수 있다. 그런데 작은 문제는 사업자나 종업원 모두 문제가 아니라고 생각하기 때문에 결국 문제가 된다. 컨설턴트가 그런 작은 문제를 해결해야 한다고 말하면 의뢰인은 그것이 컨설팅이냐고 반문하기도 한다.

사실 큰 문제는 개선하기 쉽다. 할 것인지 말 것인지만 결정하면 된다. 하지만 당장 급하지 않고 사소하게 보이는 것은 중요하지 않다는 선입견 때문에 곪아 터질 때까지 인식하지 못하는 경우가 많다. 그 작은 부분을 보는 것이 컨설턴트의 책무이다.

2부

외식업 컨설팅3.0 프로세스

경영컨설팅의 영역은 생산, 마케팅, 인사, 노무, 재무, 회계, 생산, 전략 등 다양하다. 고객이 전 분야에 걸쳐 컨설팅을 원하는 경우도 있고 특정 분야에 국한해서 컨설팅을 요청하기도 한다. 규모가 큰 사업장의 컨설팅은 몇 개월에서 길게는 1년을 넘기는 경우도 있다.

중소기업청 「2013 소상공인 실태조사」(전국 16개 시·도 1만490개 업소)에 따르면, 창업 후 10년 생존율이 24.6%에 불과하며, 창업자의 47%는 3년 이내에 퇴출된 것으로 나타났다. 월평균 매출액 877만 원에, 월평균 영업이익은 187만 원밖에 되지 않았다. 경쟁 상대는 '주변 소형업체'이며, 사업주 외 평균종사자가 0.88명에 이르는 생계형 창업 비중이 높은 것으로 조사되었다. 생계형 창업자의 비중은 2007년에 79.2%에서 2010년 80.2%로 1.0% 증가했으며, 3년 후인 2013년에는 82.6%로 2.4%나 증가했다.[8]

통계청 2014년 도소매 조사에서 확인된 외식업소의 수는 65만890개로, 이 중 한·중·일식 등 일반음식점이 34만3,415(52.8%)곳으로 가장 많은 것으로 나타났으며, 기관 구내식당이 9,709(1.5%)곳, 출장 및 이동 음식업이 560(0.1%)곳, 분식 등 기타 음식점이 11만3,525(17.4%)곳, 주점업이 18만3,661(28.2%)곳으로 나타났다. 이는 2013년 전체 소상공인 283만 명의 23%로 전체 소상공인 중 외식업자가 가장 높은 비율

....
8) 출처: 조현구 공저(2014), 「장사란 무엇인가」

을 차지하고 있다. 이런 현실에서 소상공인들이 자부담으로 컨설팅을 받기에는 다소 무리가 따른다. 소상공인이나 1인 기업, 창업자, 특히 외식업의 경우 컨설팅 기간이나 투입 인원, 금액 측면에서 일반 기업과는 많은 차이가 난다. 컨설팅 영역도 경영 전반에 걸쳐 다를 수밖에 없다.

소상공인의 컨설팅 영역은 점포의 영업환경 개선, 마케팅, 품질 및 서비스 개선, 브랜드 강화, 고객관리, 매출증대방안, 메뉴 및 아이디어 개발, 기타 점포운영 등 경영 전반에 대한 문제를 다루고 있다. 정부는 이런 현실을 감안해서 외식업자를 비롯한 소상공인들의 경영개선 등을 위해 컨설팅 비용을 지원하고 있다. 중소기업청 산하 소상공인시장진흥공단에서는 소상공인들이 받는 컨설팅 비용의 90% 혹은 전액[9]을 지원하고 있다. 이렇듯 대부분의 소상공인컨설팅은 정부 주도로 이루어지고 있다. 물론 일부 소상공인들은 국가의 지원을 안 받고 컨설팅을 받는 경우도 있다. 그러나 이런 경우는 아주 드물다. 국가가 50% 정도를 지원해주는 중소기업의 경우만 하더라도 필요성은 느끼면서도 컨설팅을 받지 않는 기업이 더 많다.

정부가 주도하는 소상공인컨설팅의 경우 금액이 한정되다 보니 컨설팅 기간이 짧다. 컨설팅 횟수가 5회 이내로 국한되어 있어 아무리 소규모 사업체라 할지라도 해당 기간 안에 경영 전반을 다루기란 쉽지 않다. 어쨌든 컨설턴트는 짧은 시간 안에 고객의 문제와 그 원인을 정확하게 파악해서 해결대안을 마련해야 한다. 따라서 그에 적합한 컨설팅 툴과 프로세스가 필요하다. 몇 개월 몇 년씩 하는 경영컨설팅 프로세스의 내용과는 근본적으로 차이가 있다. 착수→진단→대안 마련→사후관리 등의 과정은 대기업이나 소상공인이나 크게 다를 바가 없다. 단, 그 깊이와 범위에서 다소 차이가 날 수 있다. 이 책에서는 기존의 경영컨설팅 방법을 가공해 소상공인, 특히 외식업에 적합한 컨설팅 프로세스를 제공함으로써 그 효과를 극대화하고자 한다.

---

9) 간이과세자 또는 일반과세자 중 업력 1년 이상이며, 연 매출액 4천8백만 원 이하 사업자

컨설팅3.0 포커스

소상공인의 경영능력 강화를 위한 컨설팅

1. 지원 목적
경영전략·마케팅전략·비법전수 및 노하우 등 소상공인에게 컨설팅을 지원함으로써 경영 안정화 및 소상공인 경쟁력 제고

2. 지원 대상
소상공인 또는 예비창업자
- 일반컨설팅: 소상공인 및 예비창업자
- 역량 Jump-up 프로그램 : 일반컨설팅 수혜 업체 중 매출액 감소 또는 영업실적 부진 소상공인(세부요건은 공고문 참조)
- 지원이 안 되는 기업 : 소상공인 정책자금 지원제외 업종

3. 지원 내용

구분	지원 내용	지원 대상	지원 조건	비용
일반 컨설팅	▶ 한계 소상공인에 대한 영업환경 개선 및 매출 증대를 위한 컨설팅 지원 ▶ 업종별 명장·기능장 등 노하우를 컨설팅으로 전수	- 소상공인 (업종전환자 포함) * 소상공인 보호 및 지원에 관한 법률 제2조에 따름 - 예비창업자 * 사업자 등록증 또는 임대차계약서 보유자에 한함	- 연 1회만 지원 - 1회에 2일~5일 중 선택 - 1일 4시간 이상 지원 - 자부담금: 25천 원/1일 * 연 매출액 4,800만 원 미만 소상공인은 무료	컨설턴트 비용: 250천 원/1일
역량 Jump-up 프로그램	▶ 컨설팅 권고안에 대한 연계 지원	- 위기진단(일반 컨설팅) 수혜 업체 중 전년 대비 매출액 30% 이상 감소 또는 2년 이상 매출액 연속 감소한 소상공인	- 위기진단 2일 (자부담 무료) - 연 1회만 지원 - 협약 기간 2개월 - 최대 400만 원 지원 * 부가가치세 및 정부지원금의 10%는 본인 부담 * 연계지원 대상자는 지역본부별 사업계획서 등을 평가 후 선정	

4. 신청 및 접수

소상공인컨설팅 홈페이지를 통한 온라인 신청

- 일반컨설팅: 신청접수 → 사전진단 → 컨설팅 지원 → 사업성과 확인
- 역량 Jump-up 프로그램 : 신청접수 → 위기진단 → 연계지원 → 사업성과 확인

5. 제출서류

- 공통 : 신청서 및 개인정보 제공 동의서(온라인 등록)
- 기존창업자 : 사업자등록증, 부가가치세 과세표준증명원, 사업장가입자명부, 보험자격득실확인서
- 예비창업자 : 사업자등록증, 점포임대차계약서

6. 문의처

- 소상공인시장진흥공단 : 지역센터 1588-5302, 042-363-7832~3
- 소상공인컨설팅 홈페이지 : http://con.sbiz.or.kr
- 중소기업청 소상공인지원과(042-481-4491, 4495), 홈페이지(www.smba.go.kr)
- 정책정보는 기업마당(www.bizinfo.go.kr), 중소기업 통합 콜센터 ☎1357

(참조: 중소기업청,「2016년도 중소기업 지원시책」)

1장

"컨설팅 '착수' 때는 무엇을 준비해야 하나요?"

컨설팅 프로세스의 첫 단계는 착수다. 외식업 컨설팅의 '착수'는 컨설팅 의뢰가 들어오는 순간부터 시작된다. 착수는 컨설팅을 요청한 고객을 만나기 전에, 고객이 하는 업태 및 업종[10]에 대한 현황, 특징, 추세 등에 대해 학습하는 사전준비 단계부터 시작한다. 외식업은 그 아이템이 수백 종이 넘는다. 분야별로 더 세세하게 나누면 수천수만 개도 넘는다. 따라서 의뢰인 업종의 아이템에 대한 시황이나 추세, 고객층, 시장의 크기, 경쟁관계 등 해당 업종의 내·외부환경을 철저히 조사한 후에 고객을 만나야 한다. 그래야 고객이 어떤 질문을 해도 당황하지 않고 대화를 이어갈 수 있다.

준비가 부족하면 고객이 사용하는 단어의 뜻을 이해하지 못해 당황할 수 있으며 자칫 컨설턴트에 대한 고객의 신뢰를 잃을 수 있다. 첫 만남에서 고객이 컨설턴트에 대해 신뢰를 갖지 못하면 그 컨설팅은 사실 끝난 것이나 다름없다. 그 이후 고객은

---

10) 업태는 영업이나 기업의 형태를 말하는 것으로 농업, 임업, 제조업, 서비스업 등으로 나타낼 수 있다. 업종은 영업이나 사업의 종류로 음식업, 숙박업, PC방 등으로 나타낼 수 있다.

컨설턴트에게 얻을 것이 없다고 생각하기 때문에 대화를 잘 하지 않으려 하고 자리를 피하는 일이 발생한다. 컨설턴트는 고객과의 교감을 위해 사전준비를 철저히 해야 한다. 그렇게 사전준비가 끝나면 고객과의 첫 미팅을 한다. 컨설턴트는 고객과의 미팅을 통해 고객의 필요와 욕구를 파악하고 어떤 문제를 해결하기 원하는지 대화를 나눈다. 그렇게 고객의 필요와 욕구를 파악한 후에는 컨설팅 수행방향을 설정해서 수행계획을 수립한다. 컨설팅 수행계획을 세운 후에는, 컨설팅 프로세스 2단계인 경영진단, 즉 본 컨설팅을 진행한다.

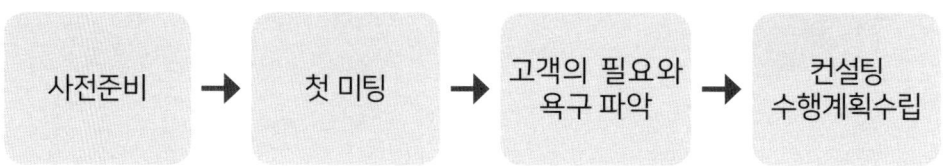

1 사전준비

고객과의 최초 미팅 전에 컨설턴트가 사전준비를 어떻게 하느냐에 따라 컨설턴트에 대한 신뢰와 존중감이 결정된다. 일단 첫 미팅에서 고객이 컨설턴트를 신뢰하게 되면 그 컨설팅은 성공할 가능성이 매우 높아진다. 컨설턴트에 대한 신뢰는, 고객이 현재의 점포운영현황을 있는 그대로 말하게 유도한다. 컨설턴트가 해당 점포의 문제와 문제점을 정확히 알게 되면 해결책 마련이 그만큼 쉬워진다. 그렇기 때문에 사전준비를 철저히 함으로써 의뢰인에게 전문가로서의 이미지를 각인시키는 게 무엇보다 중요하다.

1.1 고객과의 전화통화

첫 미팅 전에, 전화통화와 이메일 등으로 고객이 하는 일에 대한 정보를 얻어 조사하는 일이 컨설턴트가 1차로 해야 할 일이다. 사업을 시작한 지는 얼마나 됐으며,

무엇을 팔고 주력 상품이 무엇인지, 함께 일하는 사람은 몇 명이나 되는지, 해결하고자 하는 문제가 무엇인지 등에 대해 고객으로부터 어느 정도 기본적인 정보를 챙기는 것이 중요하다. 전화통화를 하기 전에 간단한 체크리스트를 마련하면 더욱 좋다. 그렇게 함으로써 첫 전화 접촉을 세련되고 명료하게 할 수 있다.

1.2 시장 환경 분석

해당 업종의 시장 환경을 미리 알아보고 고객을 만나는 것이 바람직하다. 그래야 첫 만남부터 수월하게 대화를 진행할 수 있다. 고객의 내부환경은 사전에 서면으로 받아보든지 아니면 고객을 직접 만나 파악해도 별 무리는 없다. 시장 환경 분석은 거시환경, 산업환경, 고객, 경쟁자, 상권과 입지 및 자사 등이 처한 상황을 분석하는 것이다.

1.3 사전 방문

첫 미팅 전에 미리 고객의 점포를 방문해서 가공되지 않은, 있는 그대로의 상황을 파악하는 것도 좋은 방법이다. 물론 고객의 점포에 대해 선입견이 생길 수도 있겠지만, 체크리스트를 가지고 미리 살펴봄으로써 컨설팅 방향을 사전에 그려볼 수도 있고 해당 점포의 문제점을 파악하는 데 많은 도움을 얻을 수 있다. 사전 방문은 고객에 대한 관심과 문제를 해결하려는 컨설턴트의 의지를 나타내는 부분이기 때문에 컨설팅에 대한 고객의 인식을 더욱 높일 수 있는 기회를 제공한다.

1.4 최선의 자세 견지

5평, 10평의 점포든 100평, 200평이 넘는 점포든, 컨설턴트 스스로 자신의 점포라는 마음을 갖고 임하면 고객은 물론 컨설턴트 자신도 보람과 자부심을 느낄 수 있다. 그래야 도움을 줄 수 있다는 기쁜 마음으로 프로세스를 자신 있게 진행할 수 있다. 컨설턴트가 최선을 다한다는 마음으로 컨설팅에 임하면, 평상시에는 찾기 힘들었던 창의적인 개선책을 만들 수 있다. 애착은 문제에 집중하며 창의적인 대안을 만드는 데 에너지를 쏟게 한다. 이렇게 고객의 문제를 해결하겠다는 컨설턴트의 다짐은, 해당 점포에 적합한 해결책을 만드는 데 많은 도움을 줄 뿐 아니라 고객이 실행하는 데도 자신감을 줄 수 있다.

2 첫 미팅

2.1 단정한 외모와 옷차림

의복은 가능한 정장 차림이 좋으며 땀이 많이 나는 계절에는 땀을 식히거나 몸을 씻고 만나는 것이 고객에 대한 예의이다. 간혹 동네 외출복 차림으로 오거나 땀을 많이 흘려 냄새나는 상태로 컨설팅에 임하는 경우가 있는데, 그것은 컨설턴트로서 기본자세가 안 되어 있는 것이다. 첫인상이 불쾌하면 컨설턴트의 의도와는 달리 고객은 자신을 무시한다고 생각한다. 신뢰나 존중감, 관심이 떨어지는 것은 물론이고 컨설턴트의 말이 더 이상 고객의 귀에 들어오지 않는다. 그다음부터는 고객을 위한 컨설팅인데도 의뢰인의 협조를 구하기가 어렵다.

2.2 전문용어, 외국어, 외래어를 쉬운 용어로 바꾸어 사용

외식업 대표들은, 전직이 대기업 CEO부터 무학(無學)인 아저씨, 아주머니까지 다양하다. 어려운 전문용어나 외래어 등을 사용하면 고객은 소외감을 느끼기 쉽다. 일단 고객이 무시당한다고 느끼면 의사소통에 문제가 생기면서 문제파악에 어려움을 겪게 된다. 컨설턴트는 전문용어나 어려운 단어를 가능한 한 쉽게 가공해서 사용해야 한다. 예를 들어 마케팅 전략 중의 하나인 '포지셔닝(positioning)'이란 단어를 그대로 사용하기보다는 '고객의 마음을 빼앗는 방법'이나 '다른 점포와의 경쟁에서 우위에 서는 방법' 등으로 바꾸어 표현할 수 있다. 또 '전략'이란 용어도 일반인에게는 바로 와 닿지 않는다. 따라서 전략이란 단어를 사용할 때도 '목표를 달성하기 위한 계획' 정도로 바꾸어 말하면 한층 의미 전달이 쉬워진다.

2.3 컨설팅의 진행방향에 대한 설명

컨설턴트는 고객과의 첫 만남에서 컨설팅하는 기간과 시간은 물론 어디서, 누구와, 무엇에 대해 컨설팅을 진행하는지 그 방향을 고객에게 명확하게 설명하는 것이 좋다. 그래야 고객은 컨설팅을 받는 마음의 자세를 견지하고 필요한 자료를 성실하게 준비할 수 있다. 컨설팅을 진행하는 동안 사업자나 직원들과 면대면으로 대화를 나누기도 하지만 경우에 따라서는 서면으로 질의·응답을 할 때도 있다. 서면으로 질의·응답을 하면 사고를 정형화하고 구체화하는 데 도움을 주며 자료를 수치화하는 데 도움이 된다.

2.4 고객과 구성원의 적극적인 참여 유도

컨설팅을 진행할 때 사업자는 물론 직원들도 참여시키는 것이 바람직하다. 문제의 원인이 사장뿐 아니라 구성원들에게 있을 수도 있고 문제해결방법도 그들에게서 나올 때가 적지 않다. 더욱이 컨설팅 결과물을 실행하는 주체가 업소의 구성원들이기 때문에 그들이 컨설팅의 목적과 이유를 이해하고 공유할 때 컨설팅의 효과가 배가 된다.

3 고객의 니즈와 욕구 파악

고객의 '니즈(needs)'는 일반적으로 '결핍된 상태를 채우기 위한 필요'를 의미한다. 예를 들어 배가 고플 때 이를 해결하기 위한 밥이나 국수, 고기 등의 구체적인 음식이 아니라 종류에 상관없이 한 끼의 식사를 말한다. 반면에 '욕구(want)'는 구체적으로 고객이 원하는 것을 말한다. 예를 들어, 김치찌개인지 순댓국인지 삼겹살인지 가장 먹고 싶은 구체적인 음식이 배고픔에 대한 욕구가 된다. 즉 고객이 진정 해결하기 원하는 문제를 발견해 대안을 마련해 줌으로써 고객의 욕구를 충족시킬 수 있다. 고객의 욕구는 고객이 이미 알고 있는 경우가 대부분이지만, 간혹 고객 자신도 모르고 있다가 컨설팅 과정에서 발견되는 경우도 있다.

고객이 진정 무엇을 원하는지, 고객이 가장 우선해서 해결해야 할 것이 무엇인지 알아내는 것이 컨설턴트의 주된 업무이다. 고객의 욕구는 가능한 착수단계에서 발견할 수 있도록 노력해야 하지만 때로는 컨설팅을 진행하는 과정에서 발견되기도 한다.

3.1 문제와 문제점에 대한 고객의 인식 파악

1) 문제

외식업주와 종업원들 모두 자신들의 점포가 당면한 문제와 문제점에 대해 잘 모르는 경우가 많다. '문제'란 어떤 일의 나타난 결과를 의미한다. 현재의 상태와 바라는 것, 즉 목표와 실적의 차이(gap)가 문제이다.

예를 들어 내 점포의 한 달 매출 목표를 3천만 원으로 정했는데 마감 결과 2천만 원밖에 나오지 않았다면, 목표와 실제 매출액의 차이인 1천만 원이 문제인 셈이다. 다시 말하면 현재의 상태(As-Is)는 현재 일이 진행되고 있는 상황을 말한다(2천만 원). 실제 현재 모습, 결과로 나타난 예기치 못한 상황이라 말할 수 있다. 반면 바라는 상태인 목표(To-Be)는 자신이 얻고자 하는 바람직한 상태, 원하는 결과를 의미한다(3천만 원). 그래서 현재 매출(As-Is) 2천만 원과 목표(To-Be)인 3천만 원의 차이인 1천만 원이 '문제'가 되는 것이다.

이 문제를 해결하는 것이 컨설턴트가 해야 할 일이다. 매출을 3천만 원으로 올려서 현재 목표와의 차이 1천만 원을 없애줌으로써 목표와 실적과의 차이가 0이 되게 하는 것, 문제가 0이 되는 것이 문제해결이다.

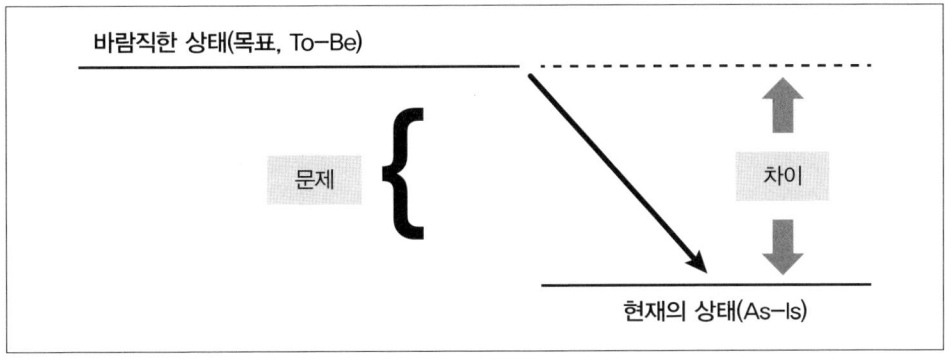

2) 문제점

반면에 문제점은, 문제가 발생하게 된 원인을 의미한다. 문제를 해결하기 위해 반드시 손을 써야 할 '어떤 조치의 대상'이 문제점이다. 여기서 간과해서는 안 될 것은, 문제의 이유가 되는 모든 것이 문제점이 아니라는 것이다. 문제의 원인 가운데 당사자가 '대책'을 마련할 수 있는 것만이 문제점이다.

예를 들어, 공부를 잘 못하는 아이가 있다고 하자. 현재 그 아이의 '문제'는 공부를 못하는 것이다. 그 학생에게 공부를 왜 못하는지 물었다. 학생이 첫째, 몸이 허약해서 둘째, 선생님과 사이가 안 좋아서 셋째, 친구들이 너무 많아서 넷째, 교과 과목이 너무 어려워서 다섯째, 인터넷을 지나치게 많이 해서라고 대답했다고 하자. 다섯 가지 이유 중에 어떤 이유가 이 학생이 공부를 못하는 문제점일까? 첫째 이유는 허약한 몸이 좋아지려면 물리적으로 시간이 걸리기 때문에 아니다. 둘째 선생님과 사이가 안 좋다고 다 공부를 못하는 것은 아니다. 셋째 친구들이 많은 것과 직접적인 연관이 있다고 보기 어렵다. 넷째 교과 과목이 어려운 것은 상대적이다. 다섯째 인터넷을 많이 하느라 공부를 안 했다면 학생이 대책을 세워 노력할 수 있다. 따라서 다섯째 이유가 학생이 공부를 못하는 원인으로 대처 가능한 문제점이 된다.

저자가 컨설팅 현장에서 고객들에게 "매출 하락의 원인이 무엇이라고 생각하십니까?"라고 물으면, 대다수는 경기 부진, 혹서나 혹한, 명절, 휴가철, 경쟁점포의 입점 등이 원인이라고 말한다. 하지만 실질적인 원인은 음식의 맛이나 서비스 질의 하락, 마케팅 부진, 고객과의 소통 부재, 청소·정리정돈 상태 불량 등으로 대책수립이 가능한 것들이 문제의 원인이어야 한다. 의뢰인이 손을 쓸 수 없는 것은 문제점이 아니다. 문제와 문제점에 대한 명확한 이해는 컨설팅의 핵심이며 업주 입장에서도 문제해결의 지름길이 된다. 컨설팅은 목표와 현재의 차이를 0으로 만드는 일이다. 즉 문제가 0이 되는 것이 문제해결이고 그것이 컨설턴트가 해야 할 일이다.

3.2 의뢰인이 고객을 보는 시각 파악

의뢰인들에게 고객의 이미지를 물으면, 좋은 인식보다 아니꼽고 마음이 상해도 왕처럼 대접해야 하는 것 아니냐고 반문한다. 왜 그렇게 생각하는가 물으면 고객은 '갑'이기 때문에, 돈을 내니까, 그렇게 안 하면 안 된다고 하니까 등으로 답을 한다. 그러니 몸은 고사하고 마음이 얼마나 힘들겠는가. 고객을 왕처럼 대접하는 것은 전략의 하나일 뿐이다. 우리는 고객에 대한 해석을 분명히 할 필요가 있다. 고객은 고객일 뿐이다. 고객을 왕으로 대접하는 것이 전략이듯이, 고객이 국수 한 그릇을 먹기 위해 줄을 서서 기다리게 만드는 것도 전략이다.

조선 시대 수많은 궁녀가 임금의 간택을 간절히 원해도, 임금의 눈에 띌 만한 특징이나 매력이 없는 궁녀는 구중궁궐에서 쓸쓸히 생을 마감해야 했다. 반면에 아무리 낮은 신분의 무수리라 할지라도 임금을 사로잡는 매력을 지니고 있다면, 임금은 오지 말라고 해도 하루가 멀다고 그 무수리의 처소를 찾을 것이다. 갤럭시나 아이폰의 신제품이 나오기만 하면 많은 사람이 밤새 줄을 서서 기다린다. 하루라도 빨리 만나보지 않으면 미칠 것 같은데 어찌하랴.

고객을 올 수 있게 해야지 장사하는 사람이 따라가서는 어떻게 손쓸 방법이 없다. 아무리 오만방자한 고객이라 할지라도 자신의 니즈와 욕구를 충족시켜줄 수 있는 제품이나 서비스를 만나면 사족을 못 쓰고 사정을 한다.

판매자와 소비자는 온라인이든 오프라인이든 일정한 시장에서 만난다. 경쟁자보다 앞서려면 고객이 어떤 가치를 원하는지 알아야 한다. 사업자가 고객이 원하는 가치를 얼마나 알고 있느냐에 따라 시장점유율이 달라진다. 컨설턴트는 의뢰인이 고객을 보는 인식을 파악함으로써 사업에 임하는 의뢰인의 태도와 장사방법 등을 파악하는 데 도움을 얻을 수 있다.

3.3 해당 점포의 상권 및 입지에 대한 고객의 인식 파악

상권은 해당 점포에 영향을 미치는 범위를 뜻하며, 입지는 해당 점포가 위치한 조건을 말한다. 즉 상권은 영업에 직접적인 영향을 미치는 범위로 1차·2차·3차 상권 등으로 나누는 반면, 입지는 도로변, 상업시설 등 물리적인 시설로서 보통 임대료 수준에 따라 1급지, 2급지, 3급지 등으로 나눈다. 그리고 상권은 구매력이나 경쟁상황 분석 자료로 사용하며 입지는 임대료나 권리금 등을 산정할 때 판단 요소가 된다. 예를 들어, 대형마트가 오픈하는 11시에서 오후 대여섯 시까지 해당 점포의 매출이 높으면 주거상권이라고 볼 수 있다. 이런 경우 해당 점포가 속한 상권의 소비패턴을 알 수 있다. 또한, 전형적인 오피스 상권은 보통 점심시간인 12시에서 오후 2시까지, 저녁 7시에서 9시까지 가장 높은 매출이 나타나는 쌍봉형 매출형태를 보인다. 상권마다 임대료가 높은 업종으로 그 상권의 특징을 살펴봄으로써 고객의 점포가 상권과 어울리는 업종인지 아닌지를 어느 정도 판단할 수 있다.

의뢰인의 점포가 속한 상권에 대한 인식에 따라 문제해결방식이 달라질 수 있다. 상권에 따라 업종의 민감도가 다르고, 입지나 지역에 따라서도 호불호 업종이 달라진다. 이런 것에 대한 사업자의 인식에 따라 강화할 부분과 포기할 것이 결정되기도 한다. 심지어는 업종전환이 주 이슈로 떠오르기도 한다.

저자는 마포구에 있는 피자집을 컨설팅한 적이 있다. 입지는 그런대로 괜찮았지만 상권 자체가 좋지 않았다. 상권 안에 있는 목표고객이 얼마 되지 않았고 구매력 또한 다른 지역보다 떨어졌다. 그렇다고 다른 상권으로 들어가려니 본사와의 마찰과 제반 비용이 우려됐다. 다른 이유도 일부 있었지만, 그런 상권에서는 도저히 수익을 낼 수 없는 구조였다. 결국, 나는 업종전환을 권했다. 의뢰인도 수긍하고 매장을 다른 업종으로 전환했다. 사업자가 갖고 있는 점포의 상권과 입지에 대한 인식은 컨설팅을 진행하고 대안을 실행하는 데 적지 않은 영향을 미친다.

3.4 문제해결을 위해 의뢰인이 실행한 내용 파악

점포운영상 발생하는 문제들을 어떻게 대처해왔는지 그 내용을 살펴보면 사업자의 점포운영방식은 물론 종업원들의 업무에 임하는 태도를 어느 정도 짐작할 수 있다. 더불어 사업자의 열의와 관심 또한 알 수 있다. 그리고 사업자의 문제해결방식이나 문제를 바라보는 시각을 파악함으로써 장사에 대한 사업자의 철학이나 전략 등도 알 수 있다. 사업자의 이런 시각들은 컨설팅 결과물에 대한 인식과 실천 방향에 많은 영향을 미치게 된다.

3.5 컨설팅을 통해 해결하기 원하는 당면 과제 파악

"컨설팅을 통해 어떤 점이 개선되길 원하십니까?"라고 물으면 대부분 "장사 좀 잘 되게 해주세요"라고 대답한다. 때로는, 사업자가 당면 과제에 대해 깊게 생각하지 않고 답하는 경우도 있다. 물론 처음부터 운영자금 때문에 컨설팅을 받는 경우는 다를 수 있다. 그렇기에 착수단계에서 문제와 그 원인을 찾는 것이 무엇보다 중요하다. 의미 있는 질문을 통해 문제의 원인을 찾아내야 짧은 컨설팅 기간 안에 도움되는 컨설팅을 진행할 수 있다.

4 컨설팅 수행계획 수립

의뢰인과의 첫 만남을 통해 의뢰인이 해결하기 원하는 문제를 파악한 후 컨설팅 방향이 서면 컨설팅 수행계획을 수립한다. 컨설팅 수행계획은 컨설팅을 수행하는 과정을 설명하는 가이드북이다. 따라서 쉽고 논리적으로 작성하여 컨설팅 과정을 의뢰인이 쉽게 이해할 수 있도록 해야 한다. 수행계획서는 컨설팅의 목적과 범위, 시간 및 일정은 물론 컨설팅의 세부내용 및 기대효과 등으로 구성된다.

1) 컨설팅 목적과 개요

고객 관련 정보, 컨설팅 분야, 컨설팅의 목적, 컨설팅 기간과 시간을 적시한다. 컨설팅 분야는 점포운영, 마케팅, 사업 타당성 검토 등 다양하다. 고객과의 미팅을 통해 도출한, 고객이 개선을 원하는 부분이 컨설팅의 목적이 된다.

2) 고객 점포 현황과 당면과제

사전 진단으로 도출한 고객의 경영상의 문제점 및 점포의 현황을 적시한다. 또한, 고객이 컨설팅을 신청한 이유와 문제해결을 위한 컨설팅 방향을 적는다.

3) 컨설팅의 세부 실행 계획

수행일자별로 어떤 내용의 컨설팅을 수행할 것인지 세부 실행 내용을 적는다.

4) 컨설팅 기대효과

컨설팅하기 전의 지표와 수행 후의 기대되는 효과, 즉 목표를 적시한다.

5) 컨설팅 수행계획서 예시

▷ 컨설팅 수행계획서 사례

업체명	해마루 숯불갈비	대표자	장순이
컨설턴트	조현구		
컨설팅 분야	점포운영		
컨설팅 목적	효과적인 점포운영을 통한 매출 신장		
컨설팅 기간	2015.12.01. ~ 2015.12.12.		
컨설팅 세부내용	1. 경영현황 　해마루 숯불갈비의 지난 3개월 평균매출(2천7백만 원)은 선택상권 내 경쟁업체(2천2백만 원)에 비해 다소 높게 나타나고 있지만 매출원가율 41.5%, 판매관리비율 45.0%로 업계 평균보다 다소 높게 나타나고 있다. 그에 따른 영업이익 역시 13.5%로 업계 평균 20%보다 다소 낮은 수치를 나타내고 있음 2. 컨설팅 신청 사유 　1999년에 현 점포를 임차하여 16년 동안 돼지갈비와 삼겹살을 주메뉴로 장사를 해오던 중, 금년 3월부터 매출이 하락하면서 월 매출 3천만 원을 회복하지 못하고 있음. 1차 목표인 월매출 3천만 원을 올리고 보다 효과적인 점포운영에 필요한 교육을 받고자 컨설팅을 신청하였음 3. 문제해결을 위한 컨설팅 방향 　① 단골고객의 생애가치 증대 　② 신규고객 유입 　③ 환경개선 　④ 효율적 점포운영 매뉴얼 교육		

일정 및 세부 실시계획	2014. 12.01	• 컨설팅 협약서 및 성실이행서약서 작성 • 진단보고서 작성을 위한 대표와의 첫 미팅 • 업종현황에 대한 의견교환
	2014. 12.03	• 점포위치특성 파악 및 현지답사 • 운영의 전반적인 현황 진단(매출구성에 대한 특징 및 점포 내·외부 상태 점검 등) • 내부역량진단: 사업장 현황진단 및 대표자 역량분석 • 매출현황에 따른 재무적 진단과 사업성 분석
	2014. 12.05	• 고객응대 및 마케팅 전략 파악 • 1, 2, 3차 상권분석 및 입지조사 • 경쟁점포 및 잠재고객 분석 • 환경분석에 따른 SWOT 전략 마련
	2014. 12.09	• 판촉현황분석 • 사업운영의 '미션, 비전 및 가치'에 대한 의견교환 • 전략과제 도출 및 구체적인 해결방안 모색 • 컨설팅보고서 작성
	2014. 12.12	• 컨설팅보고서 브리핑 • 전략과제의 해결방안에 대한 신청인과의 의견 교환 • 추진사항 점검 및 구체적인 실천항목 확인 • 지속적인 모니터링과 피드백 방안 제시
기대효과		• 문제해결능력 제고 • 점포운영계획 확립 • 고객응대력 향상 • 변화능력 제고 • 창의적 사고 함양

2장

"'경영진단'은 무엇을 하는 건가요?"

경영진단은 고객이 당면하고 있는 문제의 원인에 따른 전략과제를 도출하기 위해 자료를 수집·분석하는 과정을 말한다. 진단 단계에서는 해당 업종에 관련된 거시환경을 비롯하여 고객, 경쟁사 및 상권, 입지 등의 산업 및 외부환경과 해당 사업장과 창업자 역량 등의 내부환경 등을 분석한다. 내·외부환경 분석을 하고 난 후 구체적인 전략 대안을 마련하기 위해 SWOT 분석과 사업성 분석을 할 수 있다.

1 외부환경 분석

외식 사업자가 통제할 수 없는 외적 환경요인은 정치, 경제, 사회·문화, 기술, 매체 등의 거시 환경요인과 고객 및 경쟁업체 등의 산업 환경 등으로 설명할 수 있다. 상권과 입지는 사업과 관련한 외부환경으로 볼 수 있으나, 이 책에서는 내부환경의 사업장 환경 분석에서 다루기로 한다.

1.1 거시환경 분석

거시 환경요인으로는 법, 정치, 경제, 사회·문화, 기술 환경 및 매체 환경 등을 들 수 있다.

1) 법적·정치적 환경

규모가 크든 작든 식당 운영을 하는 데는 각종 법률의 규제를 받는다. 가장 먼저 맞닥뜨리는 것이 위생법을 비롯하여 원산지표시법, 소비자보호법, 공정거래법, 프랜차이즈 가맹거래법, 상가건물임대차보호법, 도시계획법 및 각종 시행령이나 유통법규 등이다. 또한, 재무나 회계와 관련된 회계법과 세금 관련 세법 등이 있다. 해당 법률에는 규제를 위한 법률만 있는 것이 아니다. 소상공인들을 위한 금융 지원이나 창업을 지원하는 법률도 있다.

외식업자는 사업을 영위하는 데 어떤 법률이 어떻게 영향을 미치는지 잘 숙지하고 있어야 한다. 그래야 문제가 발생했을 때 도움을 받을 수 있고 목표를 설정하거나 점포운영계획을 세우는 데도 활용할 수 있다. 법적 환경 외에도 정치적 환경 또한 점포운영에 적지 않은 영향을 미친다. 과거 정경유착으로 비정상적인 독과점적 위치를 확보한 대기업들이 수익성 높은 시장에 아무런 제한 없이 진입하곤 했다. 법과 정치적 상황에 따라 내가 하는 사업에 미치는 영향이 다르다. 때로는 규제를 풀기도 하고 강화하기도 한다. 컨설턴트는 법과 정치적 환경을 토대로 해당 사업장에 도움이 될 것과 해가 될 것을 분석하여 제시해야 한다.

2) 경제적 환경

국가 및 지역의 경제성장은 기업뿐 아니라 소상공인들의 경영활동에 중요한 요인으로 작용한다. 경제성장률의 높낮이에 따라 외식업체의 매출은 크게 영향을 받는다. 경기가 호황일 때는 소비가 증가하지만 그렇지 않을 경우 제일 먼저 식당 매출이 감소한다. 경기가 하락할수록 일반 기업들보다 상대적으로 경쟁력이 떨어지는 외식업체들이 인건비와 원재료비, 이자 등으로 인해 크고 작은 어려움을 겪는다. 매출 감소는 퇴출로 이어지며 악순환이 거듭될 수 있다. 외식업체에 영향을 미치는 환경 요인으로는 재료비, 임금, 이자율, 임대료, 홍보나 광고 등의 마케팅 비용 등이 있다. 특히 소득 변화와 실업률은 외식업체에 직접적인 영향을 미치는 변수로 작용한다. 소득이 줄거나 실업률이 증가하면 가장 먼저 외식이나 매식을 줄이기 때문에 바로 식당의 매출 하락으로 이어진다.

컨설턴트는 이런 급변하는 경제적 환경에 대처하는 방법을 강구해야 한다. 국제적인 곡물 가격의 변화, 수입환경, 소득수준의 변화에 따른 메뉴 개발, 온라인 홍보확대 등 경제적 환경변화에 따라 위기에서 헤쳐나가는 방법을 모색할 수 있어야 한다.

3) 사회·문화적 환경

사회·문화적 환경요인은 상품이나 서비스의 소비 트렌드에 가장 많은 영향을 미친다. 국가나 지역 심지어 상권마다 사회·문화적 차이에 따른 소비 트렌드가 존재한다. 외식업의 마케팅 활동에 영향을 주는 사회·문화적 환경요인으로는 인종, 성별, 종교, 연령, 라이프스타일, 가치관, 사회계층, 주거형태 등이 있다. 이런 요인들은 소비자의 소비행태를 결정하는 데 중요한 역할을 하므로 사업자의 마케팅 전략에 많은 영향을 미친다.

사회·문화적 환경은 같은 국가나 도시 또는 지역이라도 이질적인 집단 사이에서 구매나 소비 행태에 적지 않은 차이를 나타낸다. 예를 들어 같은 지역이라도 연령이나 성별 등에 따라 음식을 주문하는 형식이나 먹는 방식이 다를 수 있다. 예를 들어 10대나 20대 여성의 경우 매운맛을 선호하는 데 반해, 40~50대 남자는 덜 맵고 덜 단것을 선호할 수 있다.

또한, 여론이나 인터넷 문화의 급속한 변화에 따라 사회·문화적 환경이 변화한다. 온라인 주문에서도 모바일 주문이 증가하고 있으며 이에 편승한 모바일 광고 역시 급증하는 추세를 보인다. 따라서 외식업체를 운영하는 사업자는 소비자의 의식구조, 가치관 및 소비행태 등을 면밀히 분석하는 노력이 필요하다. 이것 역시 컨설팅의 과제이다. 컨설턴트는 소비패턴의 변화를 읽고 의뢰인에게 맞는 마케팅 기법을 제시해야 한다.

4) 기술적 환경

간장 소스를 입혀 튀긴 '교촌치킨', 고기 구울 때 고기가 잘 익었는지 알 수 있도록 집게에 온도계를 달아 잘 익은 고기만 골라 먹게 한 집게, 저울이 달린 도마 등과 같은 참신한 아이디어를 동반한 기술개발 등이 매출환경을 바꾸고 있다. 이와 더불어 택배 기술의 발달로 유통구조가 개선되고 있으며, 다양한 판촉을 가능하게 하는 미디어뿐 아니라 모바일 애플리케이션의 지속적인 개발 등은 음식과 관련된 기술 발달에 지대한 영향을 미치고 있다.

많은 외식업체가 음식과 관련된 제반 기술을 받아들여 활용함으로써 경쟁력을 유지하는 도구로 활용하고 있다. 외식업자 스스로 직접 맛과 서비스 기술을 개발하는 것도 좋지만, 주변에 있는 음식과 관련한 기술 변화를 신속하게 받아들이는 것도 중요하다.

전자기기의 발달로 온라인 홍보 방법은 하루가 다르게 발전을 거듭하고 있다. 자금력이 부족한 외식업체일수록 적은 비용으로 홍보할 수 있는 온라인상에서의 판촉 기술이 요구된다.

5) 매체 환경

일정한 규모의 기업일수록 TV, 라디오, 신문, 잡지, 인터넷 등을 촉진 수단으로 삼는다. 반면 대부분의 식당은 주로 전단을 신문에 삽입하거나 가가호호 방문하여 직접 붙이는 방법을 활용하기도 한다. 이제는 비용과 효과 측면에서 인터넷, 케이블 TV뿐 아니라 모바일 등 다양한 매체가 활용되고 있다. 또한, 특징적인 매체 환경의 변화는 판매자와 소비자 쌍방 간 의사소통을 가능하게 한다. 외식업체가 제공한 음식과 서비스에 대해 소비자들은 인터넷이나 모바일 등의 매체를 통해 자신들의 소신을 그대로 전달한다. 이런 쌍방향 매체 환경은 외식업체의 영업을 돕기도 하고 소비자들의 질책으로 곤경에 빠뜨리기도 한다. 이렇게 매체 환경의 변화에 누가 먼저 잘 활용하느냐에 따라 사업의 성패가 갈리고 있다.

1.2 산업환경 분석

외식산업의 환경 분석은 해당 아이템에 대한 소비 트렌드를 파악함은 물론, 목표고객과 그들의 라이프스타일을 파악하고 경쟁업체 및 유사 경쟁업체를 분석하는 것이다. 조사한 내용은 수치로 표현할 수 있게 만들어 놓는 것이 더욱 효과적이다.

1) 고객 분석

고객 분석은 고객이 구매·소비하는 행태를 파악함으로써 영업 전략을 세우기 위한 일련의 과정을 말한다. 고객의 구매행동분석은 고객의 필요와 욕구를 충족시키기 위해 그들의 나이나 직업, 소득, 학력, 주거형태, 라이프스타일 등을 분석하는 것을 의미한다. 즉 고객 분석은 고객이 원하는 것과 고객이 아직 인식하지 못하고 있는 잠재적 욕구를 알아내어 그에 적합한 상품과 서비스를 제공하기 위한 분석활동을 말한다.

고객을 분석하기 위해서는 우선 고객이 누구인지 아는 것이 중요하다. 고객 중에서도 자사의 제품과 서비스를 가장 많이, 자주 구매하는 수익성 높은 고객을 파악해야 한다. 그들의 구매특성을 알기 위해서는 고객군 별로 그 특징을 파악해야 한다. 이런 과정을 고객세분화 혹은 시장세분화라고 한다. 이런 고객세분화를 통해 고객을 규정하고 해당 점포가 가지고 있는 영업 전략을 가장 잘 어필할 수 있는 고객군을 선정(표적시장 선택)한 후, 선정된 고객을 만족시킬 수 있는 전략(포지셔닝)을 구사하는 것이 마케팅 전략의 핵심이다. 이런 일련의 과정을 진행하기 위해서는 먼저 고객군별로 시장을 나누는 시장세분화가 잘 이루어져야 한다.

① 시장세분화의 의미

시장세분화는 고객을 일정한 기준에 따라 몇 개의 시장으로 나누어 자사의 제품이나 서비스가 가장 경쟁력을 발휘할 수 있는 고객을 골라내는 일련의 과정을 말한다. 즉 시장세분화는 정말 거래하고 싶은 고객이 누구인지 결정하는 것이다. 효과적인 목표시장을 선정하기 위해서는 소비자의 필요와 욕구, 구매동기 등을 정확하게 파악해야 한다. 세분시장 간에는 자사 제품에 대한 욕구와 구매행동이 서로 달라야 하고, 세분시장 내에 있는 고객들은 유사해야 한다.

② 시장세분화의 기준

시장세분화는 제품이나 서비스의 성격에 따른 일정한 기준이 있는 것은 아니다. 어떤 제품에 효과적인 기준이 다른 제품에는 그다지 효과적이지 않을 수 있다. 옷의 경우 소득이나 스타일이 매우 중요한 세분화 변수가 될 수 있지만,

소주나 맥주 같은 주류의 경우는 소득보다 음용량이나 음용 횟수가 좀 더 효과적인 세분화 요소가 된다. 외식업의 경우 연령, 성별, 소득, 직장인, 가족규모, 라이프스타일, 추구편익 및 구매행동 등이 그 기준이 될 수 있다. 예를 들어, 해당 상권 내 33평에서 40평대에 거주하는 40~50대 남성 직장인들이 삼겹살을 가장 많이 자주 소비하는 고객군이라면, 그들을 목표시장으로 삼아 포지셔닝을 집중적으로 펼쳐야 할 것이다. 소상공인시장진흥공단 상권정보시스템을 살펴보면 주거형태, 거주평형, 인구밀도, 인구이동현황, 연령별, 성별, 직장인 수 등을 파악할 수 있다. 따라서 외식업의 경우, 업종의 종류에 따라 중요한 세분화의 기준을 정확하게 파악하는 것이 중요하다.

③ 시장세분화의 효과

고객세분화는 목표고객을 알 수 있게 해줄 뿐 아니라 목표고객에게 어떻게 접근해야 할지 그 방법 등을 제시해준다. 그 밖에 다음과 같은 효익을 얻을 수 있다.

- 사업자는 판매기회를 파악해 비교할 수 있으므로 유리한 영업 전략을 전개할 수 있다.
- 외식업자는 해당 고객의 요구에 적합하도록 마케팅 활동을 전개할 수 있다.
- 외식업자는 주 고객의 욕구를 충족하기 위한 아이디어 창출이 쉽다.
- 고객을 세분화함으로써 자원을 보다 효율적으로 배분할 수 있다.
- 고객의 구체적인 욕구를 충족시킴으로써 매출증대를 꾀할 수 있다.
- 차별화를 통해 경쟁자와의 출혈경쟁을 완화할 수 있다.
- 고객만족도를 높여 고객의 생애가치를 유지할 수 있다.
- 상대적으로 적은 비용으로 촉진할 수 있다.
- 경쟁우위 확보로 매출 증대는 물론 비용을 상대적으로 낮출 수 있다.

④ 효과적인 시장세분화의 요건

시장세분화 방법은 다양하지만 모든 시장세분화가 효과적인 것은 아니다. 예를 들어 식당용 간장 구매자를 키가 큰 고객과 키가 작은 고객으로 나눌 수는 있지만, 키가 크고 작은 것은 간장 구매에 아무런 영향을 미치지 않는다. 또 모든 삼겹살 소비자들이 매달 같은 양의 삼겹살을 소비하고 같은 가격을 지불한다면, 이 식당은 시장을 세분화하여 얻을 수 있는 효과는 전혀 없다고 할 수 있다. 따라서 시장세분화가 유용하게 사용되기 위해서는 갖추어야 할 다음과 같은 몇 가지 조건이 있다.

(a) 측정가능성(Measurability)
세분시장의 규모와 구매력, 특성이 측정될 수 있어야 한다. 예를 들어 돼지갈비를 판매하는 식당에서 '돼지갈비를 먹고 그 뼈를 반려동물에게 주기 위해 소비하는 고객'을 세분시장의 표적으로 삼으면 그들의 수와 구매력 등을 측정하기가 거의 불가능하다. 따라서 효과적으로 고객을 세분했다고 말할 수 없다. 시장을 세분화함에 있어 고객의 구매력을 정확히 측정하는 것은 시장세분화의 가장 기본적인 요소이다.

(b) 충분한 규모의 시장(Substantiality)
목표시장이 일정한 수익에 기여할 규모가 되어야 한다. 목표고객은 영업 전략이 추구할 가치가 있을 만큼의 동일고객집단으로 이루어져야 한다. 예를 들어 일식집에서 10세 미만의 아이들을 대상으로 마케팅 활동을 전개하는 것은 수익성이 뒷받침되지 않을 것이다. 하지만 고객들의 개성이 더욱 뚜렷해지고 정보통신기술의 발달로 세분시장의 규모가 점점 작아지는 것은 사실이다.

(c) 접근가능성(Accessibility)
세분시장은 고객에게 효과적으로 도달해야 한다. 즉 접근성이 좋아야 한다. 예를 들어 음식 배달을 하는 업소의 다량 소비자가 밤늦게 야근하는 특성을 가진 30대의 미혼 남성이라면, 거주지와 직장이 특정 지역에 한정되지 않는 한 해당 세분시장은 접근이 어려울 것이다.

(d) 차별가능성(Differentiability)
세분시장의 고객들이 판매자의 제품, 가격, 유통, 촉진 등의 마케팅 프로그램에 다르게 반응해야 한다. 예를 들어 20대 여성이나 40대 여성들이 김치찌개에 유사한 반응을 보인다면 여성을 연령별로 나누는 것은 의미가 없게 된다.

(e) 실현가능성(Actionability)
세분시장을 유인하고 효과적인 마케팅을 전개할 수 있어야 한다. 예를 들어 외식업을 하는 점포에서 고객을 3개의 세분시장으로 나누었을 때, 각각의 세분시장에 맞는 마케팅 프로그램을 개발하고 적용할 수 없다면 이런 세분화는 의미가 없다.

컨설팅3.0 포커스

지역별·연령별·소득별… 잠재고객 잘게 나눠 분석했다

(모바일 시대 생존 비결 5가지. 킹의 사례를 통해 모바일 시대에 기업이 생존하기 위해 필요한 5가지 비결을 정리했다.)

1. 플랫폼에 빨리 적응하라

킹은 인터넷→페이스북→모바일로 계속 플랫폼을 갈아탔다. 특히 페이스북 전용 게임을 만들어 큰 성공을 거뒀는데, 기득권을 포기하고 모바일로 옮겨간 건 당시로써는 쉽지 않은 결정이었다. 페이스북 게임의 또 다른 강자였던 징가(Zynga)는 모바일 플랫폼 전환에 늑장을 부렸고, 2012년 이후 매년 적자를 내고 있다.

2. 고객을 잘게 나누고 분석하라

킹은 많은 소비자 조사를 통해 잠재고객을 지역별, 연령별, 성별, 소득별, 직업별로 분류하고 각 집단의 특성이나 행동 양식을 분석해 마케팅에 활용한다. 예컨대 미국 캘리포니아에 거주하는 25~35세 남성 고객은 한번 게임을 다운받으면 3달 정도 즐기면서 12달러를 쓴다. 그렇다면 마케팅 비용으로 1인당 10달러씩 쓴다고 해도 2달러의 수익을 낼 수 있을 것이다. 킹은 이런 자료를 바탕으로 최대한 공격적인 마케팅을 벌이고, 계속 신규 사용자를 끌어모은다.

3. 고객과 라이프타임 파트너가 되라

캔디 크러쉬는 한 판을 깨면 다음 판으로 넘어가는 게임인데, 현재 845개 판으로 구성돼 있다. 2주에 한 번씩 새로운 판을 한두 개씩 만들기 때문에 앞으로 몇 판까지 늘어날지 모른다. "일생 내내 제공하는 서비스여야 하기 때문"이라는 것이 자코니 사장의 설명이다. KAIST 김영걸 교수는 "킹은 다른 산업이나 다른 기업에서는 단기 소비자로 그치는 고객들을 라이프타임 프로슈머(producer+consumer)이자 파트너로 키우고 있다"고 말했다.

4. 초기에 광고 물량전을 펴라

킹은 연간 매출액의 25%를 마케팅에 투자한다. 인터넷, 모바일, TV, 길거리 광고, 캠페인을 동시에 진행하기 때문에 사용자는 킹의 광고를 24시간 이곳저곳에서 접하게 된다. 킹은 TV 광고를 가장 먼저 시작한 게임업체 중 하나이기도 하다. 왓이즈넥스트 박찬우 대표는 "게임 런칭 초기에 광고를 쏟아내 앱스토어 순위에서 상위권에 오르지 않으면 금세 잊혀버리고 말기 때문에 최대한 다양한 채널을 이용해 물량전을 펼쳐야 한다"고 말했다.

5. 처음부터 글로벌을 지향하라

자코니 사장은 "진정 의미 있는 콘텐츠는 국경이 다르거나 문화권이 다르더라도 모든 사람에게 어필한다"고 말했다. 킹이 창업 처음부터 세계시장을 지향한 이유다. 2003년 창업 당시 직원 6명이 유럽 5개국에 서비스를 시작했고, 지금은 전 세계 200여 개국에 서비스한다.

(출처: 「조선비즈」 2015.03.05.)

2) 경쟁자 분석

장사의 성패는 경쟁구도에 달려있다. 상대의 경쟁력이 나보다 우위에 있으면 나는 장사를 접어야 한다. 과거에는 열 개 업체가 있다면, 1등에서 10등이 가려졌다. 1, 2등은 돈을 벌 수 있었고 7, 8등까지는 먹고는 살았다. 나머지 9, 10등은 그때나 지금이나 퇴출되기는 마찬가지다. 그러나 지금은 0과 1밖에 없는 디지털 시대이다. 1등이나, 2등까지만 살아남고 나머지는 적자를 감수하거나 퇴출 수순을 밟아야 한다. 경쟁력은 이제 과거처럼 이익을 더 남기고 덜 남기고의 문제가 아니라 생존을 결정짓는 잣대가 되었다.

경쟁분석은 다양한 방법으로 나타낼 수 있다. 그 한 방법으로, 경쟁수준을 한눈에 볼 수 있는 지각도(positioning map)를 활용할 수 있다. 지각도는 나의 제품이나 상표의 수준이 경쟁사와 비교할 때 어느 위치에 있는가를 나타내는 방법으로, 고객이 구매할 때 가장 중요하게 생각하는 속성을 기준으로 제품이나 상표의 위치를 간명하게 나타낸다. 즉 지각도는 상품이나 서비스, 브랜드에 대한 고객의 심리적인 위치를 제품속성에 따라 두세 개 차원의 공간에 표시함으로써 대상 간의 상대적인 강점과 약점 및 유사성 정도를 판단할 수 있다.

▷ **지각도 사례: 일정 지역의 커피전문점**

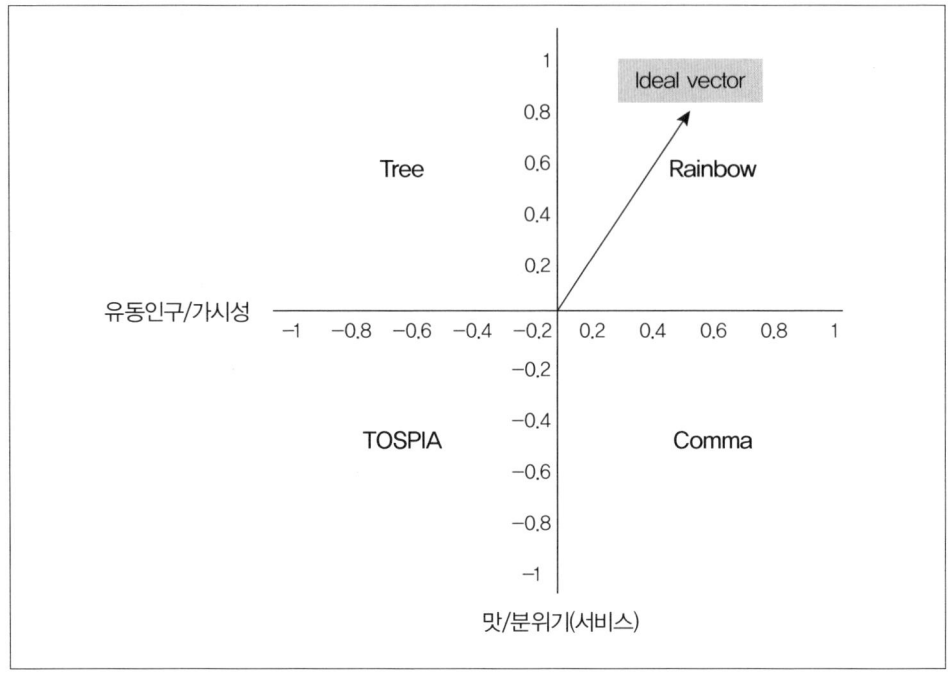

　제시된 지각도 사례에는 고객들이 커피전문점을 지각하는 데 가장 중요한 두 가지 차원인 '유동인구, 가시성'과 '맛, 분위기'에 근거하여 일정 지역의 고객들이 방문할 수 있는 커피전문점들이 있다. 지각도 상에서 'TOSPIA'는 유동인구도 적고 도로에서 잘 안 보이는 이면도로에 위치함으로써 유동인구/가시성 측면에서 부(-)의 평가를 받았으며 맛/분위기에서도 부(-)의 평가를 받고 있다. 'Comma'는 유동인구와 가시성은 정(+)의 평가를 받았으나 맛과 분위기는 'TOSPIA'와 마찬가지로 부(-)의 평가를 받았다. 이에 반해 'Tree'는 유동인구와 가시성은 부(-)의 평가를 받았으나 맛과 분위기는 정(+)의 평가를 받았다. 'Rainbow'는 다른 세 곳과 달리 유동인구/가시성과 맛/분위기 모든 부분에서 정(+)의 평가를 얻고 있다.
　제시된 지각도에서는 고객이 가장 이상적으로 생각하는 'Ideal vecter'에 'Rainbow'가 가장 근접해 있는 것을 볼 수 있다. 이렇듯 지각도는 자기 점포의 상대적인 강점과 약점을 파악함으로써 경쟁우위를 확보하기 위한 대책을 세우는 데 유용한 수단이 된다. 경쟁우위는 곧 차별화를 의미한다. 경쟁우위를 확보하기 위해서는 경쟁자의 핵심역량(강점)과 약점을 알아야 한다. 경쟁분석에서 간과해서는 안 될 것은, 경쟁분석은 상대적이기 때문에 자신의 점포에 유리하게 해석하지 않도록 주의해야 한다. 경쟁점포분석은 객관적인 비교가 무엇보다 중요하다.

같은 아이템의 경쟁업체 못지않게 중요한 것이 대체재이다. 사전적인 의미로, 경제학에서 어느 한 재화가 다른 재화와 비슷한 유용성을 가지고 있어 한 재화의 수요가 늘면 다른 재화의 수요가 줄어드는 경우 서로 대체관계에 있다고 말한다. 이러한 대체관계에 있는 재화를 다른 재화의 대체재라고 한다. 이러한 대체재의 개념은 상대적인 것으로, 예를 들어 같은 상권에 돼지고기 삼겹살과 오리구이는 대체재 관계에 있다고 할 수 있다. 김치찌개를 파는 식당과 김밥을 파는 분식집과는 서로 품목은 달라도 경쟁관계에 있는 것이다. 따라서 대체재를 파는 식당의 특징과 강·약점 및 전략 등을 파악해 적절히 대처하는 것도 경쟁점포분석에 빠져서는 안 되는 부분이다.

2 내부환경 분석

외식업체의 내부환경 분석은 해당 '사업자 및 사업장'에 대한 현황을 분석하는 것을 말한다. 사업자 역량은 해당 점포를 운영하는 데 있어 사업자가 가지고 있는 역량을 말한다. 사업자의 역량을 분석함으로써 강점은 키우고 약점은 보완한다. 일반 기업과 달리 점포를 운영하는 데 이는 매우 중요한 요소이다. 기업은 보통 개인들의 역량보다 시스템에 의존하지만, 자영업은 사업자의 의사결정이 곧 사업의 성패와 직결되기 때문에 사업자의 점포운영능력을 분석하는 것은 매우 중요하다.

또한, 사업장 분석은 해당 점포와 관련된 상권이나 입지, 원재료의 수급, 수익성 등을 경쟁사와 비교하여 자사의 상대적인 강점과 약점을 분석하는 것을 말한다.

2.1 사업자 역량 분석

사업자 역량 진단은 해당 업종에 대한 대표자의 능력을 알아보는 것이다. 다시 말하면 외식업 사업자가 해당 업종에 대한 핵심역량을 가지고 있는지를 의미한다. 사업자 역량 진단은 강점(핵심역량)은 더욱 키우고 약점으로 나타나는 것은 전문가나 아웃소싱 등으로 보완하는 것을 말한다.

1) 경영자는 해당 업종에 대한 강점을 가지고 있는가?

경영자의 적합도라고 할 수 있는 부분이다. 해당 업종이 사업자에게 잘 맞으면 그만큼 경쟁력이 높다고 할 수 있겠지만 그렇지 않을 경우 문제를 야기할 수 있다. 예를 들어 사업자가 내성적이고 남 앞에 서는 것을 싫어하는 경우, 얼굴에 미소를 머금고 손님들과 눈을 맞추면서 사근사근 안부를 묻고 하는 것은 여간 고역이 아닐 수 없다. 따라서 처음 창업을 준비할 때 사업자의 강점을 발휘할 수 있는 업종인지 잘 따져보고 사업을 시작해야 한다. 만일 그렇지 않을 경우 사업자가 잘하지 못하는 부분은 과감하게 종업원이나 다른 전문가에게 맡기는 지혜가 필요하다. 예를 들어 사업자가 대인접촉을 꺼리고 음식 만드는 것을 좋아하면, 사업자가 주방으로 들어가고 접객은 소질이 있는 다른 사람에게 맡기는 것이 바람직하다.

2) 경영자는 경영에 필요한 지식을 얼마나 가지고 있는가?

리더십, 마케팅 전략, 점포운영능력, 노무·재무관리, 고객접점에서의 서비스 능력 등은 조그만 식당을 운영해도 사업자로서 필요한 부분이다. 사업자의 경영 관련 지식과 그것을 알리는 노력에 따라 경영성과는 아주 달라진다.

3) 경영자의 사업수행능력은 어떠한가?

해당 업종의 경험, 제품에 대한 품질개선능력과 기술력, 해당 업종을 경영하는 데 필요한 자격증 등은 실제 사업을 수행하는 데 결정적인 역할을 한다. 예를 들어 감자탕전문점의 경우 돼지뼈는 어느 부위를 사용하며, 어떻게 삶는 것이 맛이 좋고, 감자탕의 맛을 돋우기 위해 얼마나 숙성된 묵은지를 사용하는지 등에 관한 식견은 사업을 해나가는 데 매우 중요한 경영 노하우가 된다.

4) 사업 관련 인적네트워크는 잘 구성되어 있는가?

막연히 지인이 많은 것이 중요한 것이 아니라 사업과 관련하여 상의하고 도움을 받을 수 있는 사람이 필요하다. 경쟁업체도 중요한 도우미가 될 수 있다. 예를 들어 카드지급수수료율을 인하하기 위해 공동전선을 펼치거나 정부기관 등에 사업과 관련하여 업체들의 의지를 전달할 때도 없어서는 안 될 협력자가 된다. 또 종업원 관리나 세금·회계에 대해 의논하고 도움을 요청할 수 있는 노무사, 세무사 등도 훌륭한 인적네트워크가 된다. 기타 가망고객 중에 아파트대표자나 부녀회장, 동우회 회원, 직장인들의 회식에 결정적인 역할을 하는 사람 등이 사업과 관련하여 좋은 인적네트워크가 될 수 있다.

5) 경영자의 아이디어 창출능력은 어떠한가?

사업을 영위하는 데 무엇보다 중요한 항목이 아이디어 창출능력이다. 품질, 기술, 서비스 등의 평준화로 고객은 여간해서 다르다는 인식을 하지 못한다. 많은 식당이 나름대로 특징을 갖고 있다고 해도 고객이 볼 때는 다 고만고만하다. 무엇이 더 좋고 어떤 차이가 있는지 잘 알지 못한다. 고객은 '아! 그 집'하고 차별화된 식당을 찾기가 쉽지 않다. 남과 다른 그 무엇을 찾아내는 아이디어야말로 무한경쟁시대의 핵심역량이다. 세상에 없는 엄청난 것을 발명하고 개발하는 것이 아니라 우리 주위에 맴도는 작고 하찮은 것에서부터 새로운 것을 발견하는 노력이 필요하다.

6) 경영자의 커뮤니케이션 능력은 어떠한가?

경영학의 아버지 피터 드러커(Peter Ferdinand Drucker, 1909~2005)는 "기업에서 발생하는 문제의 60%가 잘못된 커뮤니케이션에서 비롯된다"고 말하며 소통의 중요함을 역설했다. 특히 손님과의 소통이 최일선에서 이루어지는 외식업의 소통은 경쟁우위를 확보할 수 있는 가장 강력한 도구의 하나가 된다. 사업자와 직원 사이의 소통은 물론 고객과의 소통 역시 점포매출을 좌우하는 촉매제가 된다. 아무리 마케팅 능력이 출중하더라도 말 한마디, 눈짓 하나에 고객의 마음을 사로잡기도 하고 고객을 잃기도 한다. 원활한 소통만큼 사업자와 종업원이 하나가 되어 매출을 끌어 올리는 주요 무기도 없을 것이다.

2.2 사업장 분석

사업장 분석은 상권과 입지, 수익성 및 운영현황 등과 관련하여 해당 점포의 상대적인 강점과 약점을 분석하는 것을 말한다.

1) 상권분석

> **컨설팅3.0 포커스**
>
> **묻지마 상권은 없다**
>
> "오늘은 '상권'에 대해 말씀드리려 합니다. 사실 상권이 좋다 나쁘다를 말하는 것만큼 어려운 것도 없습니다. 워낙 변수가 많아요. 업종에 따라 다르고 지역에 따라 다릅니다. 한마디로 상권은 살아 움직이는 유기체예요. 상권은 점포에 들어올 수 있는 고객의 지역적 범위를 말합니다. 상권은 사람의 마음처럼 움직이는 속성이 있어요. 고정적이지 않습니다. 따라서 상권분석은 명당자리를 찾아내기보다는 위험 요소를 하나하나 제거해가는 활동이라 보는 게 좋습니다. '절대 상권'이나 '묻지마 입지'는 없습니다. 설혹 있다 해도 그런 곳은 권리금이나 보증금이 굉장히 높아요."
>
> "보통 역세권이고, 사무실이 밀집해 있으며 이동 인구가 많으면 좋은 것 아닌가요?"
>
> "맞습니다. 하지만 그것도 업종에 따라 다릅니다. 심지어 가게 하나 차이에도 권리금이나 월세가 달라요. 사실 상권분석은 전문가들도 쉽지 않은 부분이에요. 권리금이나 임대료와 연결되기 때문에 면밀한 분석이 필요합니다."
>
> (출처: 조현구 공저, 『장사란 무엇인가』, 청림출판, 2014, p85)

"상권·입지 분석은 어떻게 할 것인가?" "장사가 잘 되고 임대료가 적은 상권이나 입지는 어디인가?" "유동인구가 많고 접근성과 가시성이 좋은 입지는 어떻게 선택하나?" "좋은 입지나 상권이 의미하는 것은 무엇인가?" "발품을 판다는 것은 무슨 의미인가?" 등등은, 장사를 시작하려는 사람이나 현재 장사를 하고 있는 사람들 역시 항상 궁금해하는 사항이다. 상권을 분석함으로써 경쟁자와 비교하여 자신의 점포가 어느 곳에 위치하고 있는지를 알 수 있다.

① 상권이란?

상권은 해당 점포의 영업에 영향을 미치는 지리적인 범위를 뜻하며 판매액의 비율에 따라 1차 상권, 2차 상권, 3차 상권으로 구분할 수 있다. 지리적인 범위를 규정짓는 상권은, 업종과 그 업종의 품목에 따라 고객층이 달라진다. 상권에 대한 해석은 보는 각도에 따라 다를 수 있기 때문에 참고사항이지 절대적인 것은 아니다. 그럼에도 불구하고 상권이나 입지분석이 중요한 것은, 매출에 절대적인 영향은 물론 권리금이나 임대료 등에 많은 영향을 미치기 때문이다.

(a) 1차 상권

1차 상권은 해당 점포 이용고객의 60~70%를 포함하는 지역적 범위를 말한다. 1차 상권은 고객의 1인당 매출액이 가장 높은 지역이기도 하다. 외식업의 경우 업종과 취급하는 품목에 따라 다소 차이가 날 수 있지만, 1차 상권은 해당 점포로부터 고객의 거주지까지 300m 전후로 걸어서 약 6, 7분 정도면 적당하다. 따라서 1차 상권의 범위를 물리적으로만 생각하기보다는 걷기에 다소 부담이 되는 지역까지를 1차 상권의 한계점으로 보면 큰 무리가 없다. 그리고 점포를 정할 때 가능하면 1차 상권의 끝자락보다는 2차 상권의 목이 좋은 입지를 선택하는 것이 좋고, 2차 상권의 가장자리보다 3차 상권의 전면에 나온 입지를 선택하는 것이 바람직하다. 그래야 점포가 눈에 잘 띄고 고객을 흡입하는 데 유리하다.

(b) 2차 상권

2차 상권은 이용고객의 10~20% 전후가 방문하는 범위를 생각하면 된다. 해당 점포에서 300m에서 600~700m 전후를 생각할 수 있다.

(c) 3차 상권

3차 상권은 1, 2차 상권 이외에 있는 고객의 범위를 말하며 매출의 약 5% 전후를 차지한다.

사업자는 일단 점포의 입지를 결정한 후에는 2, 3차 상권보다 1차 상권에 집중하는 것이 바람직하다. 또한, 상권에 상관없이 가망고객을 단골고객으로 만드는 데 주력하는 것이 매출을 높이는 데 더욱 효과적이다.

② 상권 유형별 분류와 특징

상권은 유형별로 도심, 역세권, 오피스 상권, 대학가, 아파트단지, 주택가, 유흥가 등의 상권으로 구분할 수 있으나 절대적인 것은 아니다. 상권은 도시계획이나 재개발 또는 주요 시설 등의 이전으로 언제든지 바뀔 수 있다.

(a) 도심형 상권

도심형 상권은 주로 시내 중심가에 위치하며 유동인구를 유입할 수 있는 관공서나 대형마트, 영화관 등의 집객시설이 집중되며 대중교통이 편리하고 20~30대 젊은 층이 몰리는 경향이 있다. 특히 다른 지역 상권보다 장사가 잘 되는 편이므로 점포의 임대료가 높고 업종 간 경쟁이 심한 편이다. 따라서 처음 장사를 시작하는 창업자의 경우 극심한 경쟁으로 어려움을 겪을 가능성이 높기 때문에 특별한 주의를 요한다. 도심형 상권에는 임대료가 높아 테이크아웃점이나 패스트푸드, 회전이 빠른 음식이나 주점, 편의점, 커피전문점 등이 주로 입점한다.

(b) 역세권

역세권은 전철이나 기차역 등의 진출입로를 중심으로 상업지역이나 업무 및 주거지역으로 형성되는 세력권을 말한다. 역세권의 범위는 명확하게 구분 짓기는 어려우나 일반적으로 도보로 5분 전후 거리로 역세권을 중심으로 반경 300~500m 이내 지역을 말한다. 김밥이나 우동 및 패스트푸드 등과 같이 손님 회전이 빠른 업종이나, 치킨집이나 퓨전주점, 편의점, 커피전문점 등이 주로 입점한다.

(c) 오피스 상권

오피스 상권은 오피스 밀집지역으로 테헤란로, 역삼역 주변, 중구 시청 일대 등을 전형적인 오피스 상권으로 분류할 수 있다. 패스트푸드점, 문구점, 김밥전문점, 편의점, 커피전문점 등이 주로 입점하며, 이면도로에는 주로 식당과 일반주점뿐 아니라 고급 주점들도 입주하고 있다.

(d) 대학가 상권

각 대학교나 기숙사를 중심으로 형성되는 상권으로 방학 때면 매출이 급격하게 감소하는 경향이 있다. 하지만 유흥가와 함께 도시형 상권으로 발전한 건대역 상권이나 홍대 상권 등은 대학가 상권과 도심형 상권의 혼합형 상권으로 주로 젊은 층의 만남의 장소 역할을 한다. 대학가 상권은 커피전문점, 편의점, 음식점 등이 주로 입점하나 각 학교 내에 있는 업종과 겹치는 경우 점포 선택 시 철저한 조사를 한 후 입점하는 지혜가 필요하다.

(e) 아파트 상권

아파트 상권은 아파트 세대·평수·가구 수·연령·성별 등과 단지 내 상가 및 대중교통 이용실태에 따라 많은 영향을 받는다. 아파트 상권에는 부동산중개업소, 제과점, 미용실, 약국, 슈퍼, 치킨집 등이 주로 입점한다.

(f) 주택가 상권

주택가 상권은 아파트, 단독주택, 빌라 등 주거지역이 밀집한 지역으로, 주 5일제 근무가 일반화되면서 다소 수혜를 입은 상권에 속하는 지역이다. 하지만 외식업의 경우, 지역주민들이 동네를 벗어나 대형 음식점을 찾거나 여가를 즐기기 위해 외곽에 있는 식당을 선호하는 경우 주5일 근무제의 혜택이 미미할 수 있다. 일반적인 투자형태를 살펴보면 5천만 원에서 1억 원 내외의 소자본으로 유경험자들이 식당을 운영하거나, 20~30대 혹은 50대 여성사업자들이 독자브랜드로 커피전문점을 조그맣게 시작하는 경향이 나타나고 있다.

(9) 유흥가 상권

유흥가 상권은 주로 오피스 상권의 후면에 위치하며 저녁 6, 7시 이후부터 11, 12시까지 매출이 이어지는 특색이 있다. 식사보다는 술 위주의 업종이 발달해 2차 술집과 연관된 업종의 매출이 높게 나타난다. BAR, 야식음식점, 포장마차, 편의점 등이 주로 입점하는 지역이다.

③ 평당 수익에 의한 상권 분류[11]

(a) 평당 수익의 개념

해당 점포가 속해 있는 상권의 평당 수익 변화를 따라가면 상권이 어떻게 변화하는지를 알 수 있다. 예를 들어, 임대료가 높은 의류에서 낮은 음식점으로 바뀌는지 아니면 그 반대로 변화하는지를 살펴봄으로써 상권의 성격을 파악할 수 있다. 예를 들어 창업자가 2층에 음식점을 내려고 할 때 아래층 점포가 창업자 점포보다 평당 수익이 높은 업종일 경우, 창업자가 하려는 음식점과 같은 업종은 1층에 들어올 수 없는 상황이 된다. 이 경우 2층에 식당을 열어도 무방하다. 하지만 1층 점포의 수익이 창업자와 비슷한 수준인 경우는 창업자와 유사한 업종으로 바뀔 수 있다. 그렇기 때문에 1층에는 의류나 귀금속, 2층에는 커피전문점, 3, 4층에는 학원이 입점하는 것이 일반적이다. 1층에 귀금속점이 입점하는 이유는 당연히 가장 높은 임대료를 지불하기 때문이다. 따라서 창업지역에서 어떤 업종이 평당 수익이 높은지를 파악하는 것은 상권을 분석하고 입지를 선정하는 데 매우 중요한 요소가 된다. 지역별 평당 임대료 상황은 '소상공인컨설팅시스템'에 들어가면 쉽게 알 수 있다.

(b) 각 군집[12] 시간별 매출 추이 및 임대료 수준 현황

....
11) 참조: 소상공인시장진흥공단 e러닝 교육정보시스템(edu.seda.or.kr), 「업종전환 성공사례」, 2014
12) 해당 상권을 형성하고 있는 업종 군을 말함

▷ 군집1) 시간별 매출 추이

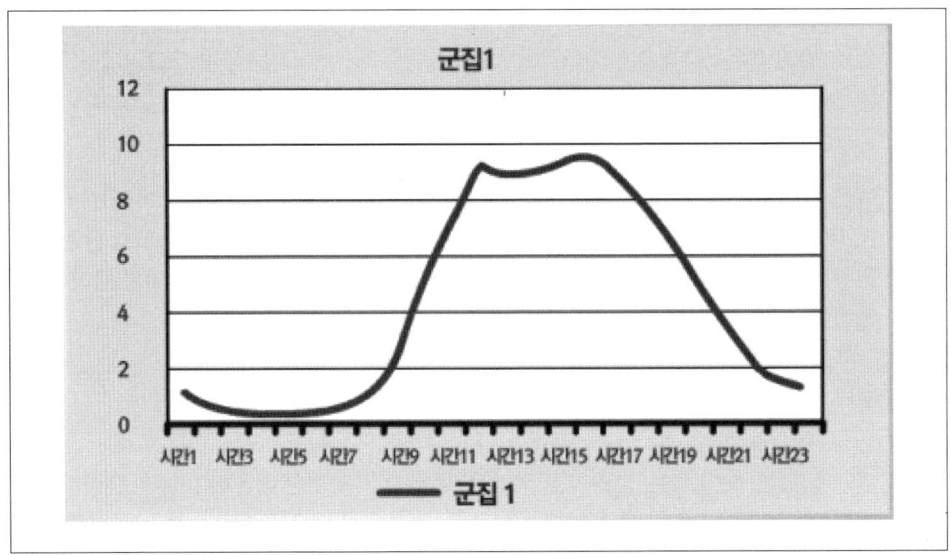

- 군집1은 주거상권의 대표적인 소비패턴으로 대형마트가 문을 여는 오전 11시에 매출이 상승하면서 오후 5시 이후로 매출이 하락하는 상권이다. 특히 저녁 9시 이후에 매출이 현저히 감소하는 것이 특색이다. 이처럼 주거상권의 경우 임대료를 가장 많이 내는 곳은 화장품, 이동통신, 카페, 의류, 죽 전문점 순으로 나타난다. 외식업종의 다른 품목과 비교하면 일반적으로 죽 전문점이 평당 임대료를 가장 많이 지불하는 것으로 나타나고 있다. 안경점이나 남성전용미용실, 제과점 등이 그다음으로 높은 임대료를 지불하고 있다.

▷ 군집2) 시간별 매출 추이

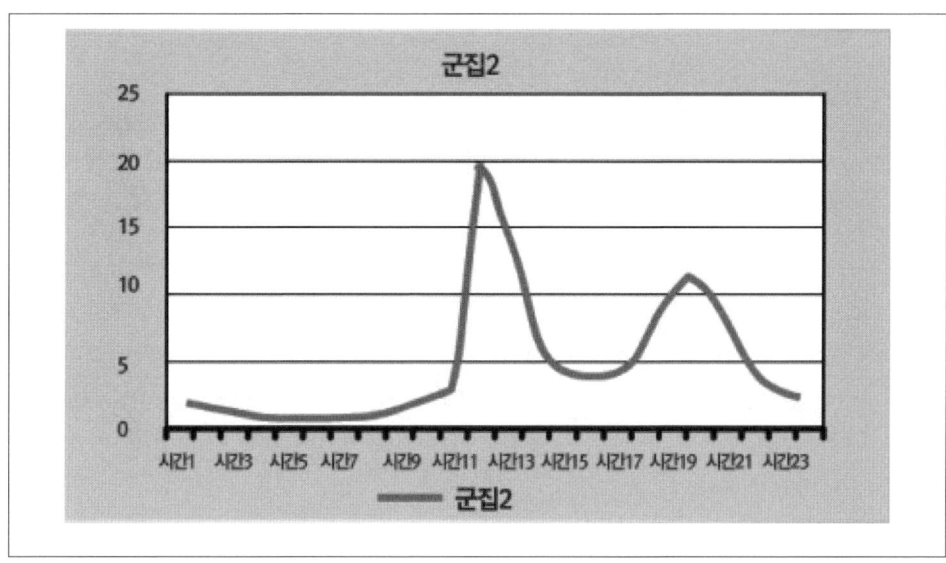

- 군집2는 배후에 오피스를 두고 있는 상권으로, 점심시간인 12시에서 오후 2시까지 매출이 가장 높고, 저녁시간인 오후 7시에서 9시까지 매출이 발생하는 쌍봉형 매출형태를 보이는 전형적인 오피스 상권이다. 밥집, 1차 술집, 치킨호프, 삼겹살집들이 모여 있다. 대로변과 이면도로 상점들이 있으며 일반적으로 패스트푸드점이 가장 높은 임대료를 지불하고 있다. 문구점 등은 온라인 판매가 증가하면서 지하로 들어간다. 주거상권에선 죽 전문점이 가장 높은 임대료를 지불한 반면, 오피스 상권에서는 패스트푸드나 샌드위치 등 작은 면적에서 테이크아웃 형태로 판매하는 점포들이 높은 임대료를 지불하는 것으로 나타났다.

▷ 군집3) 시간별 매출 추이

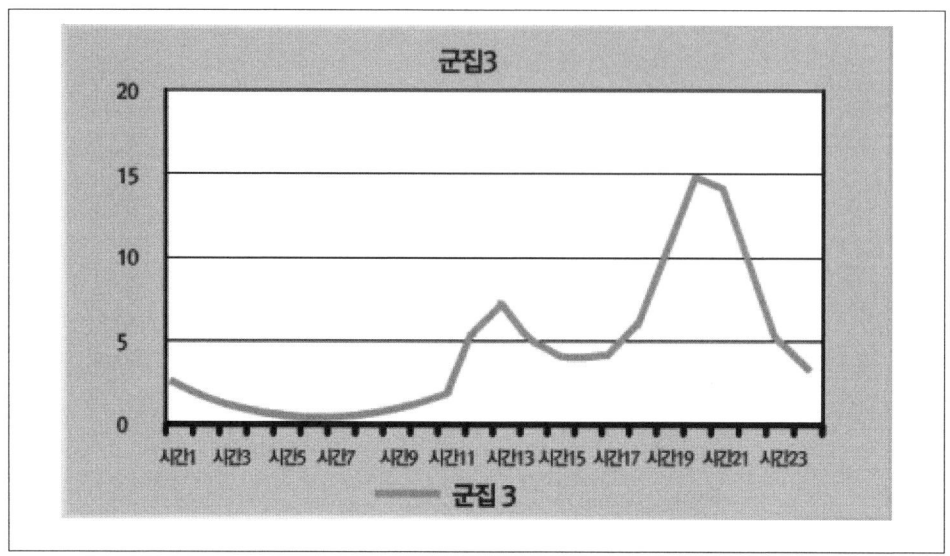

- 군집3은 군집2의 후면에 있는 상권으로 저녁시간인 오후 6시부터 11시까지의 매출이 가장 높으며 점심시간에도 매출이 오르는 상권이다. 식사보다 술 위주의 업종이 더욱 활성화된 지역으로 비교적 늦은 시간대까지 매출이 오르며, 2차 술집과 연관된 업종의 매출이 높은 것이 특징이다. 일반 주류업종들이 분포하며 1층뿐 아니라 지하나 2층에도 점포가 활성화되고 있다. 가장 임대료가 높은 업종이 치킨호프집이고 그다음으로 BAR, 카페, 갈비살집 순으로 나타나고 있다.

▷ 군집4) 시간별 매출 추이

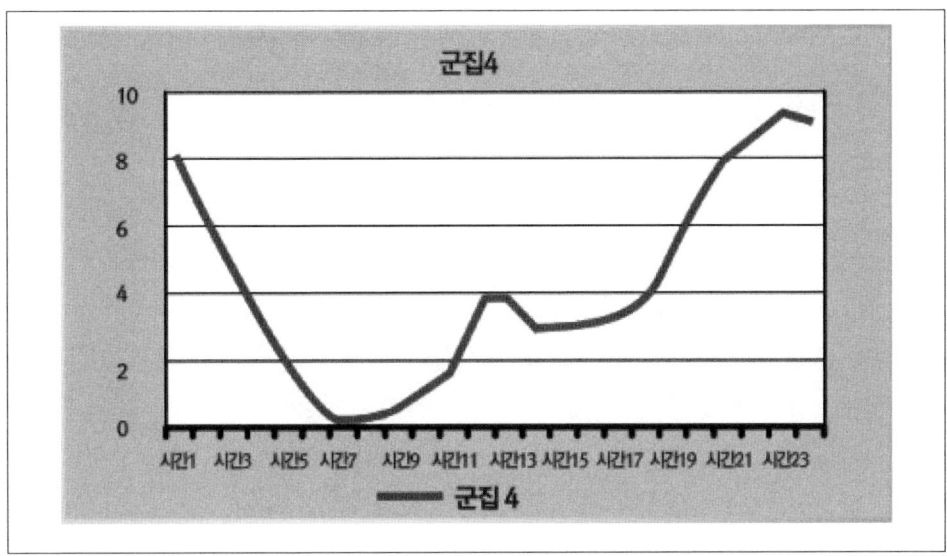

- 군집4는 낮보다 오후 6시부터 새벽 3시까지의 매출이 꾸준히 발행하는 상권으로 강남역 상권과 같은 대형 상권의 주점골목, 유흥업 밀집지역 등이 이에 속한다. 다른 상권과는 달리 늦은 시간까지 매출을 올리는 것이 특징이다. 건대역 주변도 이와 비슷하게 심야상권이 발달한 곳이다. 이런 상권은 편의점 임대료가 가장 높고 조그마한 카페, 퓨전주점, 횟집, 일식집 등이 대체로 높은 임대료를 지불하고 있는 것으로 나타났다. 주거상권에서는 치킨호프집 임대료가 가장 높았는데 술집이 많이 모여 있는 '군집4' 상권에서는 상당히 아래에 있는 것이 특징이다. 이는 음주를 목적으로 하는 사람들이 상대적으로 많기 때문으로 분석된다. 앞의 오피스 상권이나 주거상권에서는 치킨호프집 임대료가 상대적으로 높았는데, 전문주점들이 모여 있는 곳에는 로바다야끼 등과 같은 특화된 메뉴가 평당 임대료가 높은 것을 볼 수 있다. 참고로, 소상공인시장진흥공단의 상권분석시스템을 살펴보면 업종이 3개월에서 6개월 단위로 변하는 것을 볼 수 있다. 창업하거나 업종을 변경할 때에는 평당 수익이 높은 쪽보다 낮은 쪽을 선택하는 것이 위험부담을 줄일 가능성이 높다.

▷ 군집5) 시간별 매출 추이

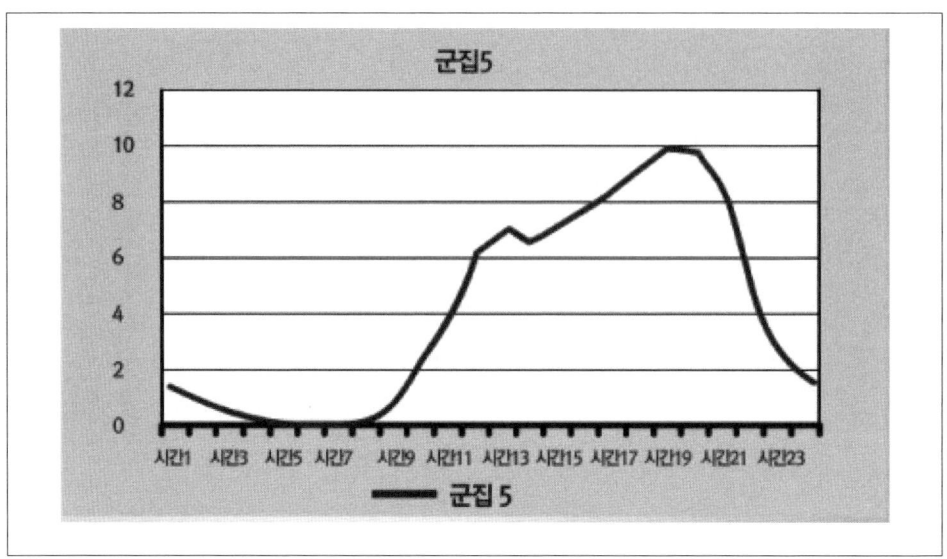

- 군집5는 오전 11시부터 저녁 8시까지 서서히 매출이 증가하다가 8시 이후부터 11시까지 매출이 감소하는 상권으로 먹자거리와 쇼핑상권이 혼합된 지역이다. 주로 친구들과 만나는 장소로 종로 대로변이나 강남의 극장 주변이 해당하며, 잡화 액세서리 등의 좁은 상점이나 귀금속점들이 주로 이곳에 위치한다. 약속장소로 많이 활용되는 도넛 전문점이나 카페 등이 임대료가 높은 것으로 나타났다.

④ 상권분석 요인
 (a) 인구 통계적 요인
    상권별 인구수, 주거형태, 주거면적, 주거인원, 가족 구성원 수, 성별, 연령, 시간대·요일별 소비형태, 직장인 수 등의 자료를 수집·분석한다.

 (b) 경쟁요인
    직접 경쟁이 되는 업종은 물론 유사업종의 규모, 매출액, 고객의 수, 영업연수, 점포특성, 종업원 수, 소비자 의견, 제품특성 및 차별성 등을 조사한다.

 (c) 지리적 요인
    경쟁점포나 특정 시설(역, 집객시설, 관공서 등)로부터의 거리, 도시계획, 도로계획, 지구단위계획 등을 조사하고 확인함으로써 점포를 둘러싼 상권의 변화를 읽을 수 있어야 한다.

 (d) 점포 관련 요인
    점포의 이력, 특히 건물주의 성향과 해당 점포에서 건물주가 무슨 사업을 했는지를 알아야 한다. 건물주가 했던 업종과 같거나 유사한 업종은 가능한 피하는 것이 좋다. 또한, 점포를 둘러싸고 있는 시설상태, 고객접근성과 가시성, 및 해당 점포의 이력(전, 전전 임차인들이 했던 업종) 등을 확인해야 한다. 가스나 전기시설용량 등은 반드시 확인해야 하며, 권리금과 임차료 수준 및 복합건물의 경우 유사업종현황을 면밀히 검토한다.

(e) 교통요인
유동인구 및 차량 동선, 전철 및 대중교통 정류장 위치, 마을버스 동선, 공영주차장 여부, 노상주차 가능 현황, 출퇴근 동선 등을 분석한다.

⑤ 상권 변화의 긍정적 요인과 부정적 요인

상권의 변화는 적지 않은 시간이 걸리고 계획에 따라 진행된다. 정류장을 이전하거나 횡단보도를 지우고 새로 그리는 것도 몇 개월이 걸린다. 따라서 상권변화를 읽으려면 주기적으로 해당 관청 사이트를 접속하거나, 직접 방문해서 도시계획이나 지구단위계획에 대해 알아보는 노력을 해야 한다.

(a) 긍정적 요인
- 점포 인근으로 아파트 등의 복합주택이 입주하는 경우
- 1차 상권 안으로 전철역이 들어오는 경우
- 점포 인근에 버스정류장이 개소되거나 횡단보도가 생기는 경우
- 해당 지역이 상업지구로 지정되는 경우
- 해당 지역에 집객시설이 입점하는 경우 특히 영화관이 들어오는 경우
- 음식점과 보완업체가 입점하는 경우
- 출퇴근 동선이 새로 생기는 경우

(b) 부정적 요인
- 대형의 동종업종이 들어오는 경우
- 유사업종이 입점하는 경우
- 점포 주변에서 재개발, 재건축이 시행되는 경우
- 횡단보도나 정류장이 해당 점포 인근에서 다른 곳으로 이동하는 경우
- 관공서나 대학 등이 타지역으로 이전하는 경우
- 1차 상권 밖에 새로운 상업지역이 형성되는 경우
- 해당 지역 주변으로 신도시가 개발되거나 새로운 상업지구가 형성되는 경우

⑥ 소상공인컨설팅시스템에 의한 분석

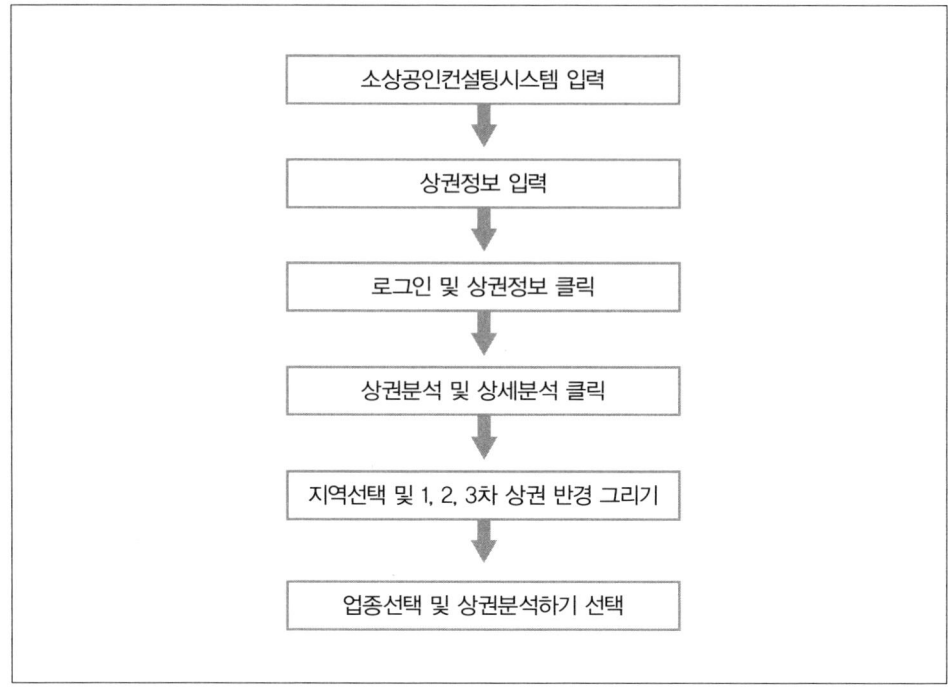

위의 순으로 진행하면 해당 점포와 관련된 업소 추이는 물론 관련 업종 평균 매출액 및 매출 건수, 요일·시간대별 매출현황, 성별·연령별 매출 추이, 가구와 인구구성 비율, 주거형태 및 임대료 현황 등을 알 수 있다. 무엇보다 창업자가 임차할 점포의 상권분석은 본인이 직접 해보는 것이 중요하다. 유동인구조사표 작성은 물론 자료의 내용을 일일이 직접 확인할 때 점포의 입지가 좋은지를 스스로 판단할 수 있다.

(a) 소상공인컨설팅시스템 입력

(b) 상권정보 입력

(c) 로그인 →상권정보 클릭

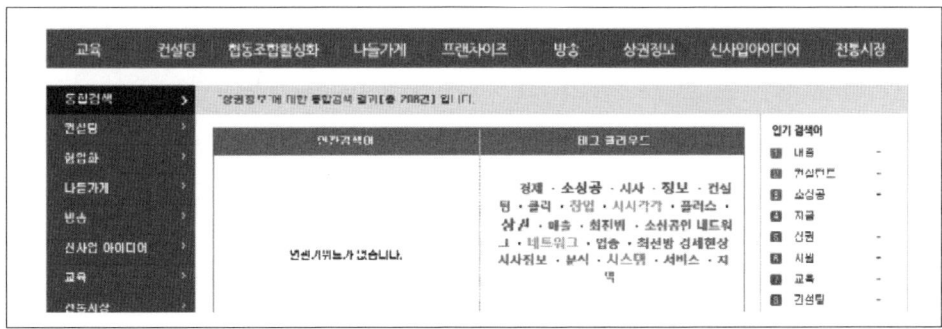

(d) 상권분석 및 상세분석 클릭

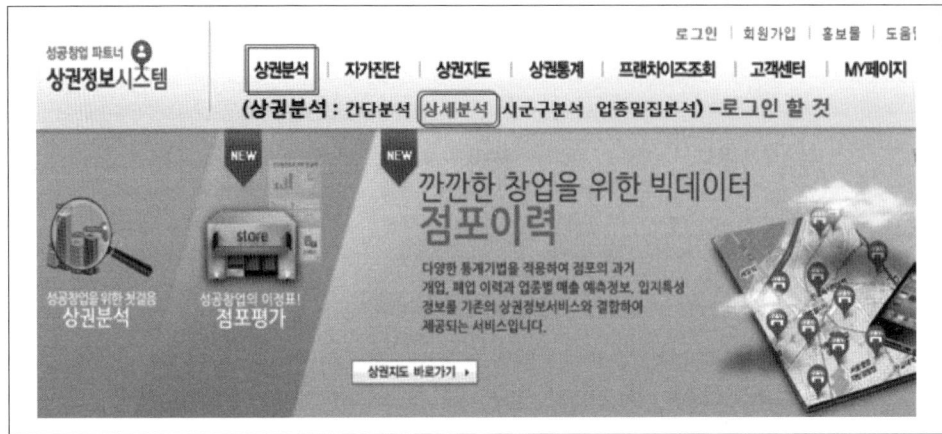

(e) 지역 선택 및 1, 2, 3차 상권 반경 그리기

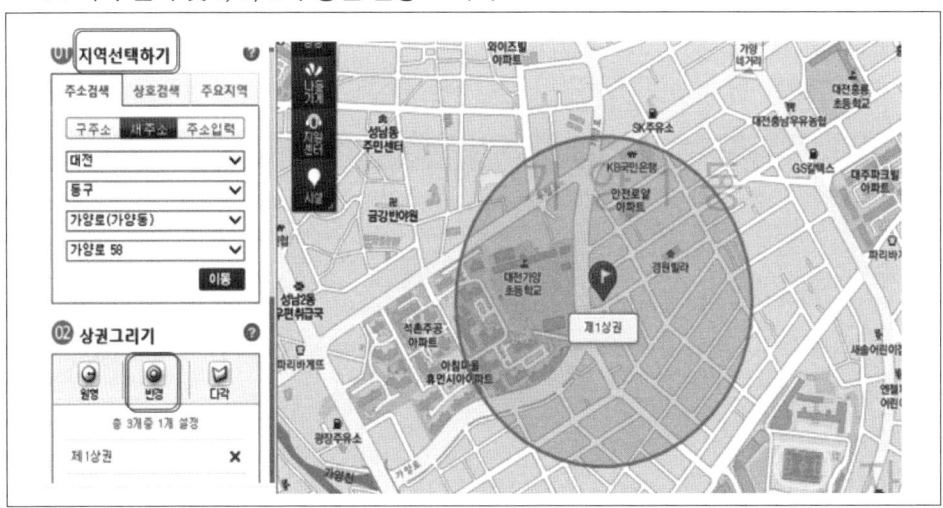

(f) 업종선택 및 상권분석하기

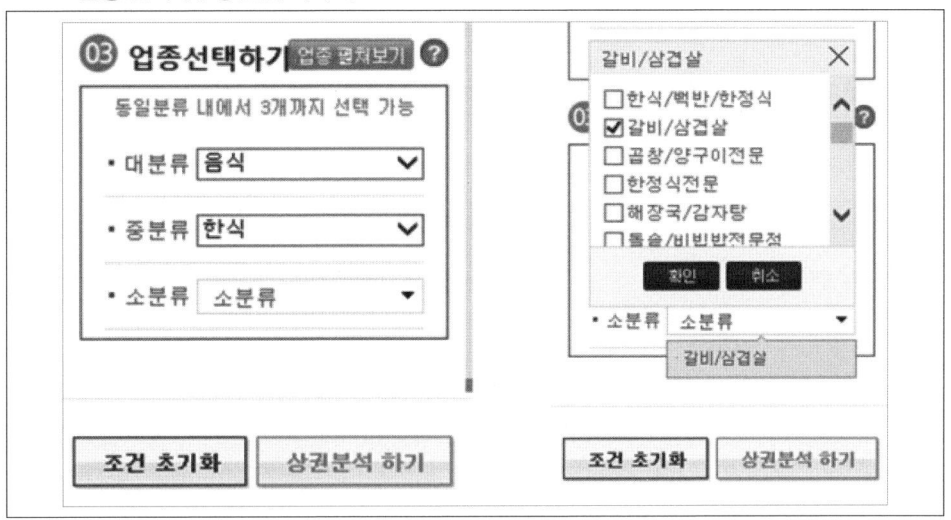

2) 입지 분석

입지는 대지나 점포가 소재하고 있는 위치적인 조건(location, point)을 말한다. "목이나 자리가 좋다"는 것은 입지가 좋다는 의미이다. 입지가 좋다는 것은 임대료가 높고 장사가 잘 되는 곳을 의미한다. 대로변일수록, 유동인구가 많을수록, 가시성이 좋고 접근성이 좋은 입지로 간주하며 일반적으로 높은 매출이 예상된다. 하지만 실제 매출이 항상 그런 것은 아니다. 같은 입지라도 누가 어떤 업종을 어떻게 운영하느냐에 따라 달라질 수 있다.

상권은 '좋다 나쁘다' 객관적으로 평가할 수 있지만, 입지는 해당 점포의 영업실적만으로 수준이 결정되며 그 수준에 따라 1급지, 2급지, 3급지 등으로 나뉜다. 입지분석은 해당 점포에 대한 현황분석과 입지 조건 등의 특징을 알아보고 점포의 세부적인 상황을 체크하며 점포의 접근성과 주변 점포의 특성을 분석하는 것을 말한다. 또한, 유동인구 분석과 점포에 대한 권리 등을 분석하는 것도 입지 분석의 한 부분이다.

① 점포현황 및 특성 분석

해당 점포의 현황을 분석하는 것은 점포운영을 하는 데 가장 기본적인 사항을 알아보는 것으로 건물의 형태, 노후 정도, 전기·수도·가스 상태, 가시성, 접근성, 인지성, 인·익스테리어 등의 하드웨어적인 부분과 점포 분위기, 상품구성, 레이아웃 등 소프트웨어적인 측면을 함께 점검하고 분석하는 것을 말한다.

② 입지특성 분석

해당 점포의 세부분석을 통해 점포가 가진 매력도를 평가하고 점포를 임차하거나 운영하는 데 중요한 기초자료로 활용할 수 있다.

(a) 유망한 입지조건

가. 해당 제품이나 서비스의 구매력이 높은 곳
상권 내 해당 업종의 제품이나 서비스를 구매하는 고객이 많으며 그 고객이 다니는 길목에 있는 곳이 좋은 점포이다. 유동인구가 아무리 많아도 해당 점포를 이용하려는 고객이 아니면 의미가 없다.

나. 점포 접근성이 좋은 곳
고객들이 쉽게 찾을 수 있고 편하게 구매할 수 있는 위치여야 매출을 높일 수 있다. 인근에 버스정류장이나 지하철역, 횡단보도가 있으며 중앙차선이 없고 유턴지점이 점포에서 멀지 않으며 교통이 혼잡하지 않은 곳이 접근성이 좋다고 말할 수 있다.

다. 대형 사무실보다 중·저층의 사무실이 많은 곳
테헤란로나 여의도 증권가의 대형 사무실 밀집지역은 점심때는 북적거려도 저녁때 썰물처럼 빠져나가는 경향이 있다. 특히 금요일 저녁부터 손님이 줄기 시작해 토·일요일 및 휴무일에는 공동화현상으로 매상이 뚝 떨어진다. 이에 반해 중소형 사무실이 밀집된 곳은 대개 역세권과 멀지 않으며 교통이 잘 발달해 있다.

라. 인근에 편의시설이 있는 곳
유명 의류나 은행, 대형마트 등의 편의시설 주변에 있는 점포는 고객이 쉽게 찾고 고객에게 자주 노출되는 장점이 있다.

마. 같은 업종의 대형점포가 없는 곳
해당 점포 주변에 같은 업종의 대형업체가 없는 곳이나 입점할 계획이 없는 곳이 유력한 입지조건이 된다. 장사가 잘 되고 있다 하더라도 자본과 고객흡입력이 막강한 대형 업체가 들어오면 힘겨운 경쟁을 할 수밖에 없다.

바. 출근길보다 퇴근길 방향에 있는 곳
출근길에 있는 점포는 목적을 가지고 방문하게 되지만 퇴근길에 있는 점포는 여유 있는 구매와 충동구매를 유발할 수 있다. 또 사람과 약속을 하는 경우도 퇴근길

동선에서 이루어질 가능성이 높다.

사. 코너 점포

주택지 상권이나 역세권 모두 코너 상가는 시선이 집중되고 출입구 접근이 쉬운 특색이 있다. 그러나 모서리 점포는 구하기도 쉽지 않고 구하더라도 입점에 들어가는 투자비용이 높은 것이 일반적이다.

아. 높은 지대보다는 낮은 지대에 있는 점포

일반적으로 지대가 높은 곳보다 낮은 지역이 오래전부터 상권이 형성되었고 교통이 편리하며 재래시장이나 대형할인점 등이 주로 위치하기 때문에 구매력이 높은 편이다. 그러나 펜션의 경우는 도로에서 올려다보이는 위치가 유망하다.[13]

자. 남향보다 북향에 있는 점포

주택은 남향을 선호하지만 상가는 대개 북향이 좋다. 동향이나 남향은 햇볕을 오래 받지만, 서향이나 북향은 일찍 어두워져서 조명효과를 빨리 볼 수 있다. 특히 의류의 경우 자연광으로 연출할 수 없는 분위기를 조명 등으로 보강할 수 있기 때문에 조명발을 받아야 더 돋보인다. 그렇게 조금이라도 빨리 해가 져야 조명으로 고객들의 시선을 선점할 수 있다. 이를 '간판효과'라고 한다. 그래서 업종 대부분은 북향을 선호한다. 물론 반대인 경우도 있다. 노천카페는 볕이 오래 드는 장소가 유리해 대부분 남향을 선호한다.

차. 성장기 상권에 위치하는 점포

모든 제품에는 '라이프사이클(생명주기)'이 존재한다. 짧게는 1, 2년에서 공산품의 경우는 수십 년 이상 긴 것도 있다. 상권에도 라이프사이클이 존재한다. 새로 형성된 상권인지, 발전하고 있는 상권인지, 아니면 쇠퇴하는 상권인지 그 상권의 라이프사이클이 어디에 있는지 확인하고 입지를 선정해야 한다. 새로 형성된 상권은 아직 검증이 안 돼 불안할 수가 있다. 또한, 성숙기 상권은 경쟁이 심하고 임대료가 높으며 이익률이 낮아지는 경향이 있다. 이에 반해 성장기 상권의 점포는 일반적으로 매출이 높은 편이다.

카. 대규모 아파트단지의 중심상가에 있는 점포

대규모 아파트단지의 큰 소비는 중심상권에서 주로 일어난다. 1,000세대가 넘는 독립단지인 경우, 중심상권에 많은 고객을 빼앗기므로 실제 구매력은 300~400세대 정도밖에 되지 않는다.

타. 권리금은 없는 곳보다 있는 곳

권리금은 해당 점포의 무형의 재산권으로 현 세입자와 임차를 원하는 사업자 사

---

13) 조현구(2011), 『흥하는 창업 망하는 창업』, i-ePUB

이에 거래되는 대금을 말한다. 임대보증금은 특별한 이유가 없는 한 계약 종료와 함께 건물주로부터 다시 받을 수 있지만, 권리금은 영업상황이나 경기변동, 도시계획, 및 건물주 등의 상황에 따라 유동적이다. 권리금은 추후 입점 시 권리금보다 훨씬 좋은 조건으로 받을 수도 있지만, 최악의 경우 회수가 어려울 수도 있다. 권리금이 주변보다 낮거나 없으면 창업자들은 일단 조심해야 한다. 권리금이 없는 점포는 일반적으로 장사가 잘 안되는 점포라고 봐야 한다. 특히 장사를 처음 시작하는 창업자의 경우 이런 점포는 피하는 것이 바람직하다.

파. 점포 주변에 노점상이 많은 곳
  노점상이 많다는 것은 유동인구가 많고 목이 좋다는 증거이다.

하. 비어있는 점포가 없는 곳
  좋은 입지는 매물이 나와도 거래가 쉽게 이루어진다. 반면 빈 점포가 많으면 손님이 끊어지고 주변 점포까지 장사가 안되는 것으로 오해를 받는다. 실제 빈 점포가 속출하거나 임대가 속히 이루어지지 않는 곳은 장사가 안되는 것을 반증하는 것으로 볼 수 있다.

(b) 불량한 입지 조건

가. 유동인구가 많아도 해당 점포의 판매상품과 배치되는 점포
  유동인구가 많다고 항상 좋은 것만은 아니다. 유동인구가 많다는 것은 점포의 임대료나 권리금이 높다는 것을 반증한다. 높은 권리금에도 불구하고 장사가 안되면 좋은 점포가 아니다. 예를 들어, 설렁탕이나 곰탕을 파는 식당 앞을 초등학생이나 중고등학생들이 많이 지나다닌다면 그곳은 좋은 입지라고 볼 수 없다. 설렁탕집이 아니라 분식집이라면 상황은 달라진다.

나. 도로를 중심으로 상권이 양분되는 곳
  대로변이라도 도로가 왕복 6차선 이상이거나 중앙차선이 있는 경우 도로를 중심으로 상권이 나뉘는 경향이 있다. 이런 입지의 외식 점포는 임대료에 비해 매출이 높지 않을 수 있다. 차선이 많은 대로변에는 주로 금융기관이나 커피전문점이 입점하는 경향이 있으며, 음식점의 경우 대형 업체가 입점함으로써 일정 지역 전체를 커버하기도 한다.

다. 일방통행 도로
  일방통행 도로는 도로폭도 좁고 자동차가 한 방향으로 흐르기 때문에 사람들이 도로를 이용할 때 심리적으로 불안감을 준다. 그나마 자동차가 가는 방향으로는 사람이 같이 움직이기 때문에 유동인구가 있을 수 있지만, 반대 방향의 점포는 유동인구가 적고 접근성이 떨어져 매출이 적을 수 있다.

라. 식당이나 영화관 및 기타 편의시설이 없는 지역에 있는 점포

영화관이나 대형마트와 같은 집객시설이 있는 곳에서는 다양한 구매가 이루어지므로 유동인구 효과를 볼 수 있는 반면, 그렇지 못한 입지의 경우 사람들이 구체적인 목적을 가지고 이동하기 때문에 구매력이 전반적으로 떨어질 뿐 아니라 충동구매에 인색할 수밖에 없다.

마. 주변 점포의 간판이 낡거나 변색된 점포가 있는 곳

장사가 안될수록 투자에 인색해지고 주변을 돌아볼 여유가 없다. 간판이 낡거나 인테리어 등이 변색된 점포가 많다는 것은 그곳 상권이 활기를 잃고 매출이 줄고 있다는 반증이다.

바. 신도시나 신축건물의 점포

신도시나 신축건물들은 대개 바닥권리금이 있고, 일정 수준으로 매출이 오르려면 어느 정도 시간이 걸린다. 신도시의 경우 집객시설은 물론이고 교통 등 편의시설이 갖춰지지 않았기 때문에 기존에 활성화된 상권에서 일정 기간 구매하는 경향이 높게 나타난다. 상가를 구입해서 장사하거나 장사에 경험이 없는 창업자의 경우 가능한 피하는 것이 좋다.

사. 다른 지역과 비교해서 점포의 임대료가 지나치게 낮거나 권리금이 없고, 오랫동안 비워둔 점포

임대료가 낮다는 것은 입점이 잘 안 되는 경우일 가능성이 높다. 또 권리금이 없거나 지나치게 낮은 점포는 임차인이 손해를 보더라도 빨리 비우는 게 낫다는 판단을 내린 경우이다. 오랫동안 비워둔 점포 역시 임차인이 바뀔 때마다 장사가 잘 안 됐다는 것을 의미한다. 특히 처음 장사를 하는 창업자는 주변에 빈 점포가 많은 지역은 가능한 피하는 것이 좋다.

아. 경사가 진 곳에 있는 점포

경사가 지거나 점포의 위치가 지면에서 다소 높은 곳은 고객이 꺼리는 경향이 있다. 그런 점포를 경영할 수밖에 없는 경우라면 점포와 지면을 자연스럽게 연결해 고객의 진·출입을 쉽게 할 필요가 있다. 펜션의 경우는 이와 반대이다. 펜션은 경관이 중요하므로 높은 곳에 위치하여 고객이 올려다볼 수 있는 입지가 좋은 곳이다.

자. 점포 전면이 좁거나 간판설치가 어려운 곳

점포는 깊이보다 넓이가 중요하다. 점포는 옆으로 길수록 점포의 모양새가 좋아 보인다. 건물의 전면은 많이 노출될수록 고객에게 안전감과 여유를 제공할 뿐 아니라, 좋은 가시성과 세련된 모습을 연출할 수 있다. 특히 점포의 전면이 너무 좁아 평면간판이나 돌출간판의 설치장소가 충분히 확보되지 않을 경우 점포를 알릴 기회를 상실하게 된다.

차. 주변 점포가 기술을 요하는 점포거나 저가상품 위주로 판매하는 곳
   주변 점포가 기술 위주의 업종, 즉 세탁소, 지물포, 세차장 등이 있거나, 주로 저가 상품을 취급하는 입지는 다른 점포들보다 평당 임대료가 낮거나 권리금이 없는 곳이 많다. 구매력이 낮고 구매액도 적기 때문에 같은 노력을 기울여도 수익이 낮은 곳이 대부분이다.

카. 업종이나 점포의 주인이 자주 바뀌는 곳
   업종이 자주 바뀐다는 것은 다른 업종을 해봐도 투자와 노력에 비해 수익률이 낮다는 것을 의미한다. 이런 점포는 장사에 많은 경험이 있는 사업주도 높은 수익을 올리기가 쉽지 않기 때문에 처음 장사를 시작하는 사람은 가능한 피하는 것이 좋다.

③ 점포 세부항목 분석

점포의 현황을 자세하게 분석함으로써 점포의 이력은 물론 점포의 장점이나 강점 혹은 약점이나 문제점 등을 파악할 수 있다. 점포를 임차하기 위해 입지를 분석하는 경우 구체적으로 체크할 항목이 무엇인지 사전에 준비하는 것이 바람직하다.

(a) 점포 외부(익스테리어)

가. 가시성
   일단 외부에서 점포를 한눈에 알아볼 수 있어야 한다. 점포가 골목으로 들어가 있으면 행인들 눈에 쉽게 띄지 않고 우선 찾기가 쉽지 않다. 그리고 고객 입장에서 장사가 잘 안되는 점포라는 부정적 인식을 하게 된다. 간혹 유명한 맛집이 골목에 들어가 있는 경우도 있는데, 크게 소문이 난 다음에는 가시성의 중요도가 다소 반감되기도 한다.

나. 건물의 청결과 노후 정도
   건물이 오래됐어도 장사가 잘 되는 점포는 일반적으로 관리가 잘 되어있는 특징이 있다.

다. 접근성
   고객이 얼마나 내 점포에 잘 접근할 수 있느냐를 말한다. 정류장이 가깝거나 점포 인근에 횡단보도가 있거나 승용차가 접근하기 편리한 곳이 접근성이 좋은 입지이다.

라. 간판
   건물에 세로로 다는 돌출간판이나 점포 정면에 부착하는 평면간판은 눈에 잘 띄고 읽기 쉬워야 한다. 간판 내용은 무엇을 파는 곳인지를 한 번에 직감할 수 있어야 한다. 또 간판의 야간조명은 점포를 알리는 역할을 톡톡히 하기 때문에, 멀리서나 운전하면서도 잘 알아볼 수 있어야 하고 점포를 알리는 로고 등도 환하게 비출

수 있어야 한다.

마. 출입구와 화장실

출입구는 진·출입이 자유롭고 화장실은 청결해야 한다. 특히 화장실은 점포를 홍보하고 사업주의 마음의 자세를 읽을 수 있는 장소이므로 각별히 신경을 써야 하는 부분이다.

바. 주차장

방문고객이 주차를 편리하게 할 수 있어야 하며 주차가능대수도 영업현황에 맞게 준비해야 한다. 특히 주차장 관리요원의 서비스 질이 매우 중요하기 때문에 그들에 대한 지속적인 교육은 필수적이다.

(b) 점포 내부

가. 내부 동선

일하는 사람이나 고객이 움직이는 동선은 점포운영의 효율성과 직접 연관되므로 많은 신경을 써야 한다. 홀 동선은 고객과 종업원이 움직이는 데 자연스러우며 편리하고 안전해야 한다. 주방 동선 역시 작업에 편리성과 안전성이 잘 고려되어야 한다.

나. 내부 실 평수와 구조

외식업체에서 취급하는 품목이나 고객의 특징 및 실내 구조와 평수에 따라 입식이나 좌식을 결정하며 동선 역시 거기에 맞게 조정하여 공사해야 한다.

다. 인테리어

인테리어는 업종의 취급 품목과 잘 어울려야 한다. 조명, 식탁과 의자, 벽면과 바닥의 재질, 색, 분위기 등 식당의 콘셉트와 잘 맞추는 것이 무엇보다 중요하다.

라. 주방

주방시설은 한번 공사를 끝내놓으면 다시 바꾸기가 쉽지 않고 비용도 많이 든다. 합리적인 주방구조는 청결은 물론 일의 효율과도 연관되므로 각별히 신경을 써야 하는 부분이다. 주방면적은 아이템에 따라 다를 수 있지만 점포 실면적의 25% 전후를 책정하는 것이 일반적이다.

마. 메뉴판과 사용하는 식기와 집기 상태

메뉴판은 그 식당의 얼굴이다. 고객은 메뉴판이 세련되면 음식도 세련될 것이라고 생각한다. 메뉴판에 변경내용을 수기로 써서 덧붙이면 식당 이미지에 안 좋은 영향을 줄 수 있다. 식기 등도 음식의 콘셉트에 맞게 준비하는 것을 잊지 말아야 한다.

바. POP(point-of-purchase)

POP는 눈에 잘 띄게 하고, 그 안에는 너무 많은 것을 알리기보다 핵심적인 사항을 강조하는 것이 주효하다. 다양성을 기하기 위해 안팎에 서로 다른 POP를 준비하는 것도 한 방법이다.

    사. POS [point-of-sale(s): 판매시점 정보관리]
        POS의 중요성은 기기를 얼마나 효과적으로 활용하느냐에 달려있다. 주문에 따라 음식이 나가고 돈을 받는 1차원적인 역할과 함께 '고객분석' 등 마케팅을 위해서도 포스를 활용해야 한다. 일별, 요일별, 월별 매출현황은 물론 어느 음식이 언제 어떻게 판매되었는지를 분석함으로써 영업 전략을 세우는 데 활용하는 것이 중요하다.

④ 교통 및 도로환경 분석

  (a) 행인들의 동선
    유동인구가 많아도 행인들은 주로 동선에 따라 움직이는 성향이 있다. 1급지라도 몇 미터, 심지어 점포 하나 차이에도 매출액이 다르고 임대료가 차이 난다.

  (b) 도로망과 도로폭
    도로망에 따라 자동차의 동선이 그려지고 일방통행표지에 따라 점포의 희비가 엇갈린다. 도로폭도 업종에 따라 다를 수 있지만 음식점의 경우 도로폭이 너무 좁거나 넓지 않은 곳이 바람직하다.

  (c) 육교와 횡단보도, 정류장
    육교는, 서울의 육교는 거의 철거된 상태이지만 피하는 것이 좋고 횡단보도와 정류장은 가까이 입점하는 것이 좋다.

  (d) 점포 인근 도로접속형태
    차선이 끊겨야 접근성이 좋고 손님들의 차량관리에도 도움이 되므로 점포주변의 도로 접속 상태를 파악하는 것이 중요하다.

⑤ 주변 점포 특성분석

주변에 어떤 점포가 있고 어떤 업종의 장사가 잘 되는지 수시로 분석할 필요가 있다. 주변 점포분석은 점포 계약 전뿐 아니라, 영업 중에도 수시로 체크하여 소비 트렌드를 파악하는 자료로 활용해야 한다. 주변 상권을 분석하기 위해서는 배후상권의 특성과 해당 점포에 대한 영향점포, 경쟁점포와 유사업종, 보완업종 상황 및 입점하는 건물의 업종구성과 그 특징 등을 분석해야 한다.

⑥ 유동인구 분석[14]

유동인구 분석은 입지 선정의 기본이며 수요예측의 근간이 되는 가장 실질적이고 중요한 작업 중 하나이다. 유동인구 조사는 언제, 누가, 얼마나 내 점포 앞을 지나다니는지를 체크하여 조사한다. 창업에 가장 근간이 되는 기초자료가 되기 때문에 창업자가 직접 인내심을 갖고 정확히 체크해야 한다. 유동인구 분석은 성별, 연령별, 시간대별, 요일별로 정확하게 조사해야만 창업 아이템의 '내 고객'을 알 수 있는 기초자료로 활용할 수 있다.

---

14) 조현구(2011), 『흥하는 창업 망하는 창업』, i-ePUB

▷ 유동인구조사표

시간 대상	10대		20대		30대		40대		50대		기타		계	
	남	여	남	여	남	여	남	여	남	여	남	여	남	여
07:00~08:00														
08:00~09:00														
09:00~10:00														
10:00~11:00														
11:00~12:00														
12:00~13:00														
13:00~14:00														
14:00~15:00														
15:00~16:00														
16:00~17:00														
17:00~18:00														
18:00~19:00														
19:00~20:00														
20:00~21:00														
21:00~22:00														
22:00~23:00														
23:00~24:00														
합계														
평균														

▷ **작성하는 방법**

- 업종의 주 영업시간대를 중심으로 작성한다.
- 같은 시간대에서 10분씩 체크하여 비교한다.
- 주말과 요일별 조사는 최소 2회 이상 실시한다.
- 고객의 수가 피크를 이루는 시간대에, 시간당 '내 고객 수'를 정확하게 파악한다.
- 경쟁업소도 같은 방식으로 조사해서 분석한다. 동일업종의 매출을 파악함으로써 내 사업장의 매출과 이익을 분석하고 설정하는 비교 자료로 활용한다.

⑦ 구매력 분석

실질구매력을 파악하는 것이 상권분석의 백미라고 할 수 있다. 실질적인 구매력 분석은 내 물건을 사줄 진짜 고객, 즉 '내 고객'을 파악하기 위한 행위를 말한다. 예를 들어 '불소치약'과 '미백치약'을 판매한다고 할 때 마케팅 방법은 서로 다를 것이다. 불소치약은 노인층이 많은 지역의 구매력이 높을 것이고 미백치약은 신혼부부나 젊은 층이 많이 사는 지역에서 잘 팔릴 것이다. 유동인구나 배후단지가 발달해 있어도 젊은 층이 적고 중장년층이나 노인층이 많은 곳에서 미백치약을 판다면, 그 사업은 많은 투자를 했더라도 얼마 안 가서 문을 닫게 될 것이다. 사람은 많지만 내 고객이 적기 때문이다.

실질구매력을 알기 위해서는 해당 업종에 대한 지식과 경험, 꾸준한 노력이 필요하다. 오랫동안 사업을 한 사람들도 '내 고객'을 잘 몰라 어려움에 처하곤 한다. 그것은 지나치게 감(感)에 의존하기 때문이다. '감'은 사업자의 직관을 말하는데 물론 이것은 사업에 없어서는 안 될 중요한 요소이다. 이 때문에 자신의 감 50%, 업종에 따른 명확한 매뉴얼에 따른 분석 50%를 합할 때 좀 더 구체적으로 실질구매력을 알 수 있다.

한 업소의 사장님은 과거 음식점을 창업하면서 유동인구와 구매력 분석을 소홀히 한 것이 실패의 단초가 되었다고 했다. 점포 앞에 많은 사람이 지나다니고, 점포도 대로변에 있어 계약했는데 막상 장사를 시작하고 보니 목표고객인 중산층이 거의 없었다고 한다. 5%의 고소득층과 70~80%의 저소득층 그리고 10%의 극빈층으로 구성돼 있어 실질구매력은 전체 가망고객의 10%도 되지 않았던 것이다.

3) 상권과 입지의 구분

구분	상권	입지
사전적 의미	상품이 유통되는 일정한 지역	인간이 경제활동을 하기 위하여 선택하는 장소
개념	점포에서 고객을 흡입할 수 있는 지역 (trading area)	특정 장소가 점하고 있는 정적이고 한정적이며 공간적인 곳 (location)
물리적 특성	대학가, 역세권, 아파트단지, 오피스 상권, 유흥가 상권, 먹자골목 상권 등 비물리적인 상거래 활동	평지, 도로변, 상업시설, 도시계획지구등 물리적 시설
키워드	Boundary(면)	Point(점)
등급구분	1차 상권, 2차 상권, 3차 상권	1급지, 2급지, 3급지
분석방법	경쟁력 분석, 구매력 분석	점포분석, 통행량 분석, 유동인구 분석
평가기준	반경 거리 (예: 250m, 500m, 1km)	권리금, 임대료

◇ 입지 및 상권분석사례[15]

1. 점포현황 분석

1) 점포 개요

항목	내용
점포명	
개업일	
경영형태	
주소	
주요 상품	
영업시간	
종업원 수	
점포 특성	• 서울시 마포구 5, 6호선 공덕역과 신용보증기금 사이, 신용보증기금 뒤편 이면도로에 위치 • 이 상권은 지하철 역세권 상권과 오피스 상권이 결합된 전형적인 형태의 상권임 • 해당 점포는 58년 전통 '마포 최대포'라는 초대형 음식점의 바로 옆에 위치하고 있음 • 해당 점포는 마포역 5번 출구로부터 50~60m의 근접거리에 있음 • 신용보증기금본사, 기업은행마포지점 등과 바로 인접해 있음 • 주로 소금구이, 돼지갈비, 돼지껍데기 등으로 유명한 상권으로 저녁 시간대에는 유동인구가 많은 편임

....

15) 출처: 시니어 창업스쿨 현장실습보고서

2) 시설현황

항목		현황
점포 외부	가시성	• 이면도로에 위치하고 있어, 메인도로에서의 가시성은 떨어짐. 이면도로에서의 가시성은 뛰어남
	청결/노후도	• 해당 점포의 건물은 단층으로 매우 노후화되어 있음
	건물규모	• 마포 최대포'와 하나의 건물(1.5층)로 매장만 분리되어 있음(총면적 300평 이상)
	고객접근성	• 공덕역에서 50m 거리로 접근성이 좋음
	간판/사인	• 이면도로에서 가장 큰 간판이 부착되어 있음. 바로 앞 빌딩에서도 잘 보임
	출입구	• 이면도로에 출입구가 있음
	주변 업종	• 이면도로에 음식점이 다수 있으며, 바로 앞 건물에도 다수의 외식업소가 있음
	화장실	• 음식점 내에 별도로 설치하여 단독으로 사용함
점포 내부	면적/형태	• 직사각형 형태로 활용도를 높일 수 있음. 도로 인접 면적이 매우 넓음
	내부구조	• 주방과 홀 등 내부는 다소 낡았지만 양호한 상태임
	인테리어	• 매우 노후화되어 있음
	창문/층고	• 전면유리로 투명하며, 층고는 2.5m 정도로 양호한 상태임
	시설배치	• 보통 수준이라고 판단됨
주차 현황	주차규모	• 별도의 주차장은 없고 주변 2곳의 주차장이 있음
	주차편의성	• 점포 앞 주차는 불가능하며 유료주차장이 있으나 주차는 편리함
	비용	• 주차비용은 기본 30분에 2천 원, 10분당 1천 원

3) 점포이미지와 메뉴 구성

항목		현황
점포 이미지	점포분위기	• 보통 적당 수의 고객이 찾는 것을 볼 때 영업상황은 보통 수준임 • 59년 전통의 '마포 최대포'에 비해 활성화 수준이 떨어지는 상황임
	업종부합성	• 대포집 전통이 남아 있는 음식골목으로 업종부합성은 양호함
	레이아웃	• 아주 일반적인 한식전문점의 레이아웃 • 투명한 전면유리로 내부를 훤하게 볼 수 있음
	고객동선	• 이면도로에서 바로 고객의 왕래가 가능하여 동선은 양호한 상태임
	사인/메뉴판	• 간판, 플래카드 등으로 갈매기살·돼지갈비 전문점으로서의 전통 강조 • 메뉴가 많지 않아 단순하게 메뉴판을 구성 - 전통이미지 부각
메뉴 구성	청결도	• 전통을 강조하므로 청결도는 그렇게 의식하지 않음 • 하지만 경쟁업소에 비해 양호한 편임
	시설, 집기	• 시설이나 집기는 노후했으나 전통을 강조하는 면에서 양호한 편임
	메뉴적합성	• 고객층이나 정서상 전통적인 돼지갈비 음식점으로 메뉴는 적합함
	차별화	• 소금구이, 돼지갈비 등이 유명한 곳에서 '갈매기'살로 차별화
	POP/가격표	• 주류회사에서 제공한 POP 부착하고 있으나 가격표가 다소 허술함
	테마 표현	• 진짜원조, 마포갈매기 숯불갈비 - 전통의 먹자골목 이미지에 부합함

2. 입지분석

1) 입지 개요

- 공덕역(5, 6호선 환승역) 5번 출구에서 50m 떨어져 있어 근접성은 매우 양호한 편임
- 신용보증기금, 기업은행 등과 바로 인접하여 접근성이 매우 좋음
- 이면도로에 접하고 있어 대로변에서는 보이지 않지만, 이면도로를 지나는 사람들에게는 가시성이 매우 뛰어나며 전면에 있는 빌딩에서의 가시성 역시 뛰어남
- 58년 전통의 '마포 최대포' 바로 옆에 위치하고 있어 인지성이 매우 뛰어남
- 저녁시간에는 이면도로 유동인구가 매우 많은 편임
- 상권 외부에서 '마포 최대포'를 찾아오는 고객층이 꽤 많은 편임
- 반경 150m 이내에 주요기업 30개(임직원 10,000명 이상)가 존재하는 주요 오피스 상권임
- 마포대로 건너편에 롯데캐슬 주상복합빌딩 및 롯데시티호텔이 있음
- 여의도까지 차량으로 10분 거리(버스·지하철 등 대중교통, 자가용 등)
- 대표적인 역세권 상권, 전문상업지역, 또는 오피스 상권 등의 기본적인 특성을 복합적으로 가지고 있음

- 아울러 반경 500m 이내에 아파트 단지가 있음

2) 접근성 및 교통 환경 분석

① 접근성

  (a) 도보 접근성: 1차 핵심상권에서 도보로 쉽게 찾아올 수 있는 위치로 도로접근성이 매우 뛰어남

  (b) 대중교통 접근성: 지하철 5, 6호선 환승역인 공덕역에서 50m 떨어져 있으며 인근에 버스정류장이 있어 접근성이 매우 뛰어남

  (c) 차량 접근성: 공덕오거리에 인접하고 있어, 어느 지역에서나 자동차로 쉽게 접근 가능함

② 교통 및 도로환경

  (a) 도로망과 도로폭: 해당 점포가 공덕오거리에 인접하고 있으므로 여의도, 광화문, 신촌, 용산, 서울역 등의 도로와 연결되어 있어 도로망은 잘 형성되어 있음

  (b) 횡단보도, 육교 등: 공덕오거리 등을 기준으로 주변에 육교시설은 없고 지하철 지하통로 및 횡단보도가 있어 이동이 편리한 편임

  (c) 도로통행 특성: 광화문 방향에서 차량으로 진입 시 신호체계의 특성상 조금 불편한 편임. 나머지 지역에서 진입은 어려움이 없음

  (d) 도로경사도: 경사도가 거의 없는 평지임

  (e) 도로 접속 상태: 공덕오거리의 모든 도로가 20m 이내로 근접되어있어 점포와의 도로 접속 상태는 매우 양호한 편임

  (f) 유동인구 유발요인: 주변에 관공서와 사무실 등이 밀집되어 있고 지하철 5호선이 50m 이내에 있어 유동인구 유발요인으로는 최적임

  (g) 야간조명 등: 공덕오거리 주변에 근린상가 및 큰 빌딩이 다수 있어 야간조명은 매우 좋음 상태임

③ 주변 점포 특성 및 업종분석

  (a) 대상 업종 특성: 점포 주변에 동일한 업종의 점포(소, 돼지갈비 등)가 다수 산재하고 있으므로 업종의 전문성을 높일 수 있는 반면에 경쟁이 치열할 것으로 사료됨

  (b) 배후상권 특성: 공덕오거리(공덕역) 상권은 오거리를 중심으로 사방에 각각의 소형 상권이 형성되어 있으나 도로가 넓어 상권 간 이동이 쉽지 않은 상황임. 이는 인구 밀집 효과가 있는 반면 해당 상권과의 경쟁이 심화될 수도 있음

  (c) 건물 내 업종구성 및 특징: 현재 '박가네 마포갈매기숯불갈비'는 단층(1.5층) 건물에

있고 이미 많은 고객을 확보하고 있는 마포 최대포와 동일한 건물에 있어, 돼지갈비 등으로 먹자골목을 형성할 수 있는 순기능과 함께 힘든 경쟁이 예상됨
  (d) 주변상권 업종구성 및 특징: 서민층을 겨냥한 유사 업종이 함께 먹자골목을 형성하고 있어 상호 시너지효과가 기대되지만, 유사업종과의 차별적인 경영으로 경쟁력을 확보하는 것이 성공의 관건임

3. 상권분석

1) 1, 2차 상권

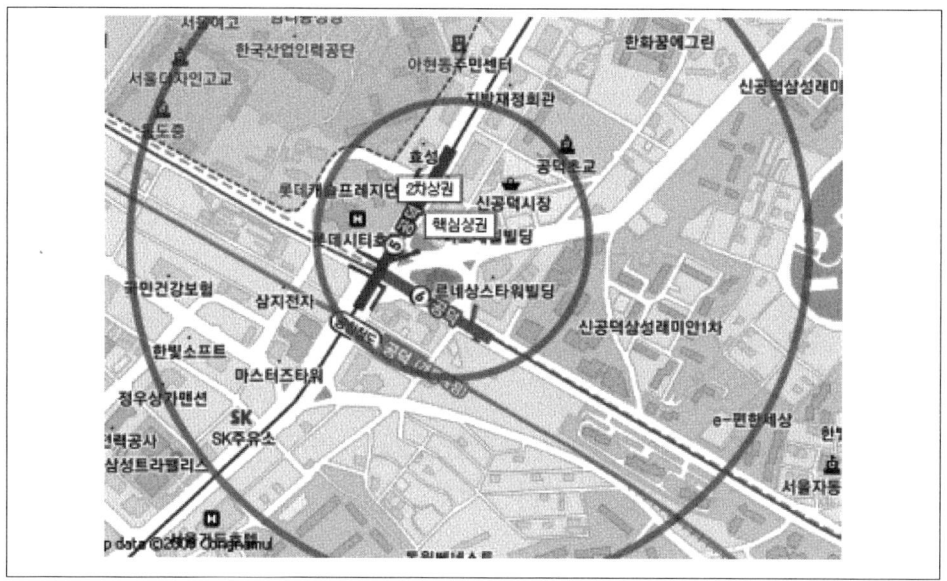

- 1차 상권(핵심상권)은 반경 150m, 2차 상권은 반경 500m로 설정함
- 쉽게 접근 가능한 시장(1차 상권)이 총매출의 80% 이상이 될 것으로 예상함
- 1, 2차 상권 모두 일부 단독주택 및 아파트단지가 포함되지만, 대부분 오피스 빌딩 및 상가 지역으로 구성되어 있음

2) 상권 특성 분석

① 상권 유형 및 범위

지하철 5호선 공덕역 중심의 전형적인 역세권상권이면서 오피스 상권임. 일부 광폭대로를 포함하고 있으나 해당 점포로부터 반경 150m를 핵심상권으로 반경 500m

를 2차 상권으로 설정하였음

② 상권 규모 및 특성

핵심상권의 주거 인구 1,400명, 2차 상권 22,000명 정도로 주거상 큰 차이가 나지만 핵심상권 지역에 주요기업 근로자 수가 16,000명 이상으로 오피스 상권의 성격이 강함

③ 인구구조 및 특성

전체 주거인구 중 30~40대가 35~37%로 가장 많이 차지하고 있으며 50대 이상의 중장년층도 30% 이상이 될 정도로 연령별 인구밀도는 고르게 분포되어 있음(1, 2차 상권 모두)

④ 유동인구 및 특성

인근에 지하철역이 있고 유동인구 유발시설이 많은 편이어서 유동인구가 매우 많은 편이며 특히 저녁시간에 20, 30, 40대 유동인구가 고르게 분포하고 있음

⑤ 상권 내 업종 특성

오피스빌딩과 복합주거지역인 아파트 상권의 특성상 외식업 비율이 가장 높지만, 생활서비스, 도매/유통/무역 등의 비율도 높아, 해당 점포를 중심으로 업종이 다양하게 상존하고 있음

⑥ 경쟁 환경

해당 상권에는 총 35개의 음식점이 개점해 있어서 경쟁이 심화될 것으로 예상함

⑦ 교통 환경

지하철 5, 6호선과 연결되며 다수의 버스노선이 있어 접근성 및 편의성이 매우 양호한 상태임

⑧ 향후 상권 발전 전망

최근 마포구 공덕역 상권은 눈에 보일 정도로 빠르게 성장하고 있으며 특히 2011년 말 인천공항철도 공덕역이 개통되면서 유동인구는 더욱 증가한 상태로 향후 가파르게 상권의 발전이 예상됨

3) 상권규모 및 세부 특성분석 – 상권정보시스템 활용

① 연령별·성별 인구구성비

상권명	단위	총 인구수	연령						
			10세 이하	10대	20대	30대	40대	50대	60세 이상
핵심 상권	전체	1,433 (100%)	113 (8%)	153 (11%)	214 (15%)	284 (20%)	242 (17%)	193 (13%)	234 (16%)
	남	705 (100%)	56 (8%)	79 (11%)	105 (15%)	146 (21%)	125 (18%)	94 (13%)	100 (14%)
	여	728 (100%)	57 (8%)	74 (10%)	109 (15%)	138 (19%)	117 (16%)	99 (14%)	134 (18%)
2차 상권	전체	22,883 (100%)	1,978 (9%)	2,419 (11%)	3,336 (15%)	4,557 (20%)	3,826 (17%)	3,061 (13%)	3,706 (16%)
	남	11,203 (100%)	1,004 (9%)	1,246 (11%)	1,617 (14%)	2,318 (21%)	1,956 (17%)	1,468 (13%)	1,594 (14%)
	여	11,600 (100%)	974 (8%)	1,173 (10%)	1,719 (15%)	2,239 (19%)	1,870 (16%)	1,593 (14%)	2,112 (16%)

출처: 통계청 주민등록인구통계 2009. 12 기준(단위:명)

- 핵심상권과 2차 상권 모두 30대(20%), 40대(17%), 20대(15%) 순의 인구분포를 보임

② 교통시설 현황

- 배후 상권 주민과 상권 내 오피스빌딩 종사자들이 주로 이용하는 교통수단은 지하철과 버스로 상권 내 2개의 지하철(5, 6호선 및 공항철도)노선과 다수의 버스정류장이 있음

③ 해당 점포 앞 유동인구 분석

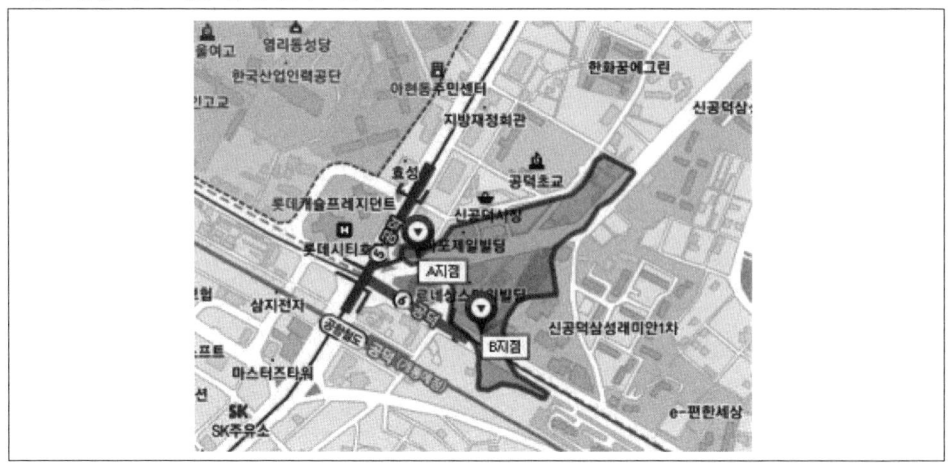

▷ 주말

조사지점	A지점 (서울특별시 마포구 아현동)								
조사일자	2010-06-26, 날씨 : 맑음								
조사시간	남자					여자			
	10대	20대	30대	40대	50대 이상	10대	20대	30대	40대	50대 이상
12시~13시까지	43	73	37	42	49	42	79	84	72	86
19시~20시까지	14	112	111	126	108	11	101	55	57	49

출처 : 소상공인진흥원 자체조사 2010.08 기준, (단위: 명)

▷ 주중

조사지점	A지점 (서울특별시 마포구 아현동)								
조사일자	2010-06-25, 날씨 : 맑음								
조사시간	남자					여자			
	10대	20대	30대	40대	50대 이상	10대	20대	30대	40대	50대 이상
12시~13시까지	18	67	61	85	125	31	47	30	29	85
19시~20시까지	24	317	97	80	81	21	260	56	61	33

출처 : 소상공인진흥원 자체조사 2010.08 기준, (단위: 명)

- 주말 낮 시간대에는 유동인구가 적으나 저녁시간에는 20대 남녀와 40대 남자가 많은 것으로 나타남
- 주중에는 저녁시간에 20대 남녀의 유동인구가 특히 많은 것으로 분석됨

4) 경쟁점포분석

구분		이격거리	면적	점포특징	강점	약점
직접 경쟁점포	마포 진짜 원조 최대포	2m	300평	• 소금구이, 돼지갈비, 돼지껍데기 등으로 유명한 마포 최대포와 이웃에 인접	• 가장 오래된 브랜드 옆에 있어 인지도의 동반 상승 가능	• 점포가 매우 오래된 단층건물이며, 외관상 노후화가 심함
	마포 갈매기 숯불갈비	10m	60평	• 국내산 갈매기살, 돼지갈비 등으로 완전한 경쟁메뉴 구조임	• 전통이 숨 쉬는 먹자골목 이미지에 부합	• 시설 및 집기가 노후화되고 창업역사가 짧음
	화로구이 다락방	15m	50평	• 주변 점포에 비해 소규모로 메뉴 집중화전략으로 내실을 기함	• 동일한 메뉴로 경쟁상대임	• 타점포에 비해 규모와 역사가 짧음
유사 경쟁점포	참치 담바위	20m	40평	• 참치회가 주메뉴로 고기의 대체재로서의 효과를 기대	• 웰빙흐름에 부합하고 저렴한 가격으로 어필	• 참치회라는 메뉴의 한계점
	독도회 푸른바다	30m	60평	• 활어회, 모듬회, 참치회 등으로 고기에 질린 고객을 위한 대체재 성격	• 먹자골목에서는 최신 건물에 위치하여 청결 이미지	• 다소 가격이 높아 젊은 고객층에게 부담됨
	이로 돌솥 아구찜	20m	40평	• 고기를 기피하는 고객층이 선호하는 한국 전통의 맛과 담백한 메뉴임	• 가격과 건강 메뉴로서의 강점	• 극히 한정된 고객층
	을지로 골뱅이	30m	30평	• 전통의 메뉴로서 직접 경쟁과 간접 경쟁 관계임	• 저가격, 저녁요기와 음주메뉴 가능	• 제한된 점포면적으로 영세성

5) 고객 분석

세분 고객집단	고객프로파일	고객특성 및 라이프스타일	고객 니즈
직장인	• 핵심상권(반경 150m)의 직장인 • 점심식사 주 고객	• 멀리 가기 귀찮다. • 부담 없는 저녁과 술 한 잔이 그립다. • 이벤트에 약하다. • 깔끔하고 쾌적한 환경이 좋다. • 점심으로 집밥이 그립다.	• 멀지 않은 괜찮은 음식점 • 위생적이고 신뢰할 수 있는 음식점 • 부담 없고 저렴한 식사
유동인구	• 신보 뒤편 이면도로 • 공덕역 5번 출구 • 근접도로	• 20대 이상의 불특정 다수	• 장사 잘되는 음식점 • 깔끔하고 쾌적한 음식점 • 저렴하고 맛있는 음식
최대포 고객	• 마포 최대포 고객	• 깔끔하고 쾌적한 환경이 좋다. • 맛있으면 오케이 • 혼잡한 게 싫다.	• 청결하고 위생적인 음식점 • 부담 없고 저렴한 식사
상권 내 지역주민	• 2차 상권 범위의 지역 거주자 • 가족단위 또는 독신자	• 저렴한 맛집을 찾는다. • 깔끔하고 쾌적한 환경이 좋다. • 이벤트에 약하다.	• 장사 잘되는 음식점 • 위생적이고 신뢰할 수 있는 음식점 • 이벤트

4. 입지 및 상권분석 결과 종합

1) 점포환경

- 개발되지 않은 낡은 건물들의 먹자골목 입구에 위치하여 주변의 초고층빌딩과 대비되고 있음
- 58년 전통의 '마포 최대포'라는 초대형 음식점의 바로 옆에 위치하고 있어 고객유인의 호재로 작용

2) 입지 적합성

- 공덕역과 신용보증기금 뒤편 이면도로에 위치하여 주변에 10~30층 규모의 주상복합/업무타운 형성

- 공덕역에서 도보로 1분. 근접성은 매우 양호하며 도로 접근성도 매우 뛰어남
- 주상복합거주자 이외에 배후에 LG자이, 삼성 등 500~1,000세대 규모의 아파트 단지가 있음

3) 상권매력도
- 마포의 이미지와 부합되는 전통적인 먹자골목이 형성되어 있음
- 오피스 및 역세권 유통 밀집상권으로 인해 연중무휴 영업이 가능함

4) 경쟁상황
- 먹자골목 100m를 중심으로 경쟁업소 4곳(원조 최대포 포함 고깃집 3곳, 횟집 1곳)이 있음
- 입지는 우위에 있으나 최대포보다 인지도, 지명도, 상품력 등에서 열세임

5) 고객특성
- 직장인/오피스 거주자를 중심으로 외식업이 발달해 있고 24시간 영업이 가능함
- 여의도가 가까워 연예인, 정·재계 인사들의 거주비율이 높고 소득수준이 중산층을 상회함

6) 향후 성장성
- 인천공항철도 공덕역 개통으로 유동인구는 더 증가했으나, 건물 자체의 개발은 복합한 지분구조로 인해 상당 기간 어려울 것으로 전망

7) 투자 적정성
- 풍부한 유동인구와 거주수요, 집객력 높은 황금상권으로 판단됨

3 SWOT 분석

SWOT 분석은 마케팅 전략 방향을 도출하는 도구로써 해당 업종 내부환경(사업자 및 해당 점포)의 강점과 약점을 발견하고 외부환경(거시, 산업)의 기회와 위협을 찾아내어, 강점은 살리고 약점은 보완하며 기회는 활용하고 위협은 억제함으로써 해당 외식업소의 마케팅 전략을 수립하는 것이다.

3.1 SWOT 분석의 위치

제시된 그림에서 알 수 있듯이 SWOT 분석은 외부환경 분석과 내부환경 분석, 유통채널과 미디어 분석을 거쳐 도출한 결과들을 통합하고 이를 바탕으로 마케팅 전략 방향을 도출하는 분석체계이다.

▷ **마케팅 전략 수립 단계에서 SWOT 분석의 위치**

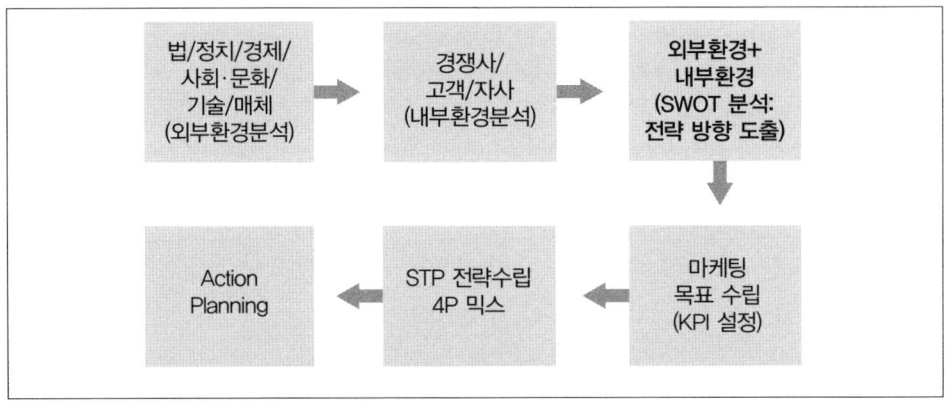

3.2 SWOT 분석의 목록 사례

SWOT 분석 사례에서, 강점과 약점은 내부환경 요인으로 사업자 본인과 그 밖에 사업장 자체가 가지고 있는 강점과 약점을 뜻한다. 기회와 위협은 외식업체에 영향을 미치는 외부환경 요인으로 경제, 정치, 사회·문화, 기술, 매체 등의 거시환경요소가 이에 속한다.

▷ SWOT 분석의 예

Strength (강점)	Weakness (약점)
• 높은 시장점유율 • 충성도 높은 고객 • 규모의 경제실현 • 강한 상표명 • 실력 있는 쉐프 • 높은 생산성 • 높은 신제품 개발 능력 • 사업자의 높은 창의성 • 사업자의 높은 소통력 • 사업자의 혁신과 도전정신 • 견고한 재무능력 • 시장의 빠른 성장 • 독점적 기술 • 낮은 원가 • 좋은 입지	• 낮은 시장점유율 • 낙후된 설비 • 신제품 개발능력 부족 • 낮은 브랜드 인지도 • 종업원의 고령화 • 마케팅 능력 부족 • 차별성 없는 맛 • 나쁜 혹은 빈약한 이미지 • 사업자의 낮은 창의력 • 사업자의 낮은 변화와 혁신 정신 • 사업자 및 구성원의 낮은 소통력 • 협소한 제품군 • 인테리어 • 수익성 저하 • 불리한 입지 • 진부한 제품 • 소통 부재 • 변화에 둔감 • 낮은 재무능력
Opportunity (기회)	Threat (위협)
• 높은 경제성장률 • 새로운 기술 등장 • 경쟁기업의 퇴출 • 새로운 고객 집단 출현 • 유리한 정책, 법규, 제도 • 유리하게 도시 계획 변경 • 수직적 통합(후방 & 전방)[16] • 신시장 등장 • 소상공인 지원제도 • 낮은 진입 장벽	• 경쟁 심화 • 경기 침체 • 충족되지 않는 욕구 • 높은 변상률 • 원가 상승 • 대체재 진입 • 넓은 범위 제품 • 시장성장률 둔화 • 높은 불만도 • 기술의 변화

---

16) 후방통합: 외식업체에서 채소를 직접 재배하는 형식으로 원재료 공급처를 직접 운영하는 것. 전방통합: 육류 수입상이 직접 식당을 인수하거나 점포를 개설해 운영하는 것

3.3 SWOT 분석의 유용성

1) 내부환경 요인의 분석을 통한 효익
    ① 역량을 집중할 수 있는 제품군을 선택함으로써 효과적으로 자원을 배분할 수 있다.
    ② 사업자 자신은 물론 사업장 자체의 현황을 파악할 수 있으며 원하는 목적지(ideal point)를 설정할 수 있다.
    ③ 객관적인 자료로 경쟁력을 제고할 수 있다.
    ④ 마케팅 전략 방향을 설정할 수 있다.

2) 외부환경 요인의 분석을 통한 효익
    ① 기회요인의 우선순위를 정할 수 있다.
    ② 목표고객을 설정할 수 있다.
    ③ 위협요인의 파악과 대안을 수립할 수 있다.
    ④ 제품과 서비스의 고객접점을 찾을 수 있다.

3.4 SWOT 분석을 통한 마케팅 전략

내·외부환경 분석 결과를 바탕으로 위의 4가지를 고려하여 강점은 살리고, 약점은 보완하며, 기회는 활용하고 위협은 억제하는 마케팅 전략을 수립한다. SWOT를 통해 도출해 낼 수 있는 마케팅 전략은 'SO전략 / ST전략 / WO전략 / WT전략' 등 4가지로 구성되어 있다.

내부 환경요인 / 외부환경요인	Strength (강점)	Weakness (약점)
Opportunity (기회)	SO전략 강점을 부각시켜 새로운 기회를 활용하는 전략	WO전략 약점을 보완하여 시장기회를 살리는 전략
Threat (위협)	ST전략 강점으로 시장의 위협을 회피하거나 최소화하는 전략	WT전략 위협을 회피하며 약점을 최소화 시키는 전략

1) SO전략

SO전략은 강점을 부각해 기회를 살리는 전략으로, 외식업체의 강점과 시장의 기회를 결합하여 점포를 확장하거나 신시장을 개척하는 등 공격적으로 사업을 운영하는 전략이다. 예를 들어, 지역적 특성을 살린 좋은 상권이나 입지가 생성되고 해당 아이템에 대한 사업자의 경험과 창의력이 풍부하면 신시장 개척의 좋은 기회로 삼을 수 있다.

2) ST전략

ST전략은 강점을 가지고 시장의 위협을 회피하거나 최소화하는 전략이다. '애경'의 여드름 치료를 위한 화장품 개발이 ST전략의 대표적인 사례라 할 수 있다. 애경은 10대를 위한 여드름 치유 화장품을 출시하고자 했다. 하지만 당시 '약사법 및 화장품법'에 의하면 화장품을 의약제품처럼 광고하거나 홍보하는 행위는 법적으로 금지되어 있었다. 이는 여드름이 치유된다는 콘셉트의 화장품 출시는 위법 행위라는 의미가 된다.

이에 애경은 아주대학교 의과대학 피부과와의 산학협력 관계를 이용하였다. 화장품 업체에서 개발한 것이 아니라 대학교에서 여드름 화장품을 개발했다는 홍보 방식을 사용했으며, 여드름을 직접적으로 표현하지 않고 '멍게'를 내세워 '피부사춘기'라는 단어로 여드름을 간접적으로 표현했다. 사춘기 여드름 해결을 위한 10년간의 노하우를 바탕으로 '약사법 및 화장품법'이라는 외부의 위협요인에서 벗어난 애경의 'a-solution'은 현재까지도 애경의 대표 화장품으로 자리하고 있다.[17]

3) WO전략

WO전략은 업체의 약점을 보완하여 기회를 살리는 전략이다. 예를 들어 사업자가 음식 맛을 내는 데는 탁월하지만, 고객과의 커뮤니케이션 능력이 떨어져 고객불만이 다수 발생하는 경우, 업장 내에 붙임성이 좋고 사람들과 대화하기를 좋아하는 매니저를 배치함으로써 사업자의 역량부족을 보완할 수 있다. 피터 드러커 교수도 '하

---

17) 출처: 조은실 전략연구원, 2013.03.04

지 말아야 할 것을 효과적으로 하는 것만큼 쓸데없는 일은 없다'고 말했듯이 약점을 살리는 노력보다는 강점, 즉 기회에 중점을 두는 전략이 중요하다.

4) WT전략

WT전략은 약점을 보완하면서 위협을 회피, 최소화하는 전략이다. 대표적인 WT전략으로는 원가 절감, 사업축소 및 철수전략 등이 있다. 예를 들어 고깃집, 한정식집, 돈가스집 3개를 운영하는 경우 고깃집의 판매가 부진하여 적자가 누적되고 회복의 기미가 안 보이면, 잘 되는 아이템으로 바꾸거나 점포를 없애는 방법 등이 이에 해당한다.

4 사업타당성 분석

사업타당성 분석은 사업자의 사업수행능력과 적합성을 비롯한 '시장성, 기술성, 수익성 및 위험성 정도'를 분석하고 평가하는 것을 말한다. 즉 사업자가 사업 관련 사항들의 세부적인 검토를 통하여 성공가능성을 분석하고 앞으로의 사업 방향을 제시하는 것으로, 한 마디로 '돈'이 되는지를 알아보는 과정이다. 사업타당성 분석은, 창업자의 적합성 및 수행능력 평가→시장성 분석→기술성 분석 →수익성 분석 →위험성 분석 순으로 진행된다. 사업타당성 분석은 사업 시행 전에 성공 여부를 파악하거나 사업 중에라도 해당 업종의 사업성을 평가하기 위해 할 수 있다.

4.1 사업타당성 분석의 유용성

- 창업계획을 합리적으로 세울 수 있다.
- 내 고객이 누군지 알 수 있다.
- 경쟁상대를 파악할 수 있다.
- 기대효과를 핵심성과지표(KPI, key performance indicator)로 관리할 수 있다.

- 사업자의 경영능력을 향상시킬 수 있다.
- 사업계획을 수립함으로써 사업 방향을 명확히 할 수 있다.
- 고객의 수요를 객관적으로 예측할 수 있다.
- 창업자나 기존 사업자가 자신감을 갖고 사업을 시작할 수 있다.

4.2 사업타당성 분석의 평가 요소

사업타당성 분석의 평가 요소는 사업자의 적합성과 역량 분석, 수요예측을 통한 매출액 분석, 시설 및 운영계획을 통한 비용 및 원가 분석, 손익계산서를 바탕으로 이익 분석, 환경변화에 따른 위험도 분석 등으로 이루어진다.

- 사업자의 적합성 및 역량 분석
- 시장성 분석(매출액 분석)
- 기술성 분석(제품의 기술과 품질 수준 및 비용·원가 분석)
- 수익성 분석(이익 분석)
- 위험도 분석

1) 사업자의 적합성 및 수행능력 평가

창업의 성공과 실패는 창업자의 역량에 달려 있다고 해도 과언이 아니다. 앞에서도 언급했듯이 우선 그 일이 창업자의 적성에 맞는 것이 가장 중요하다. 적성이 맞을 때 업무수행능력 또한 배가된다. 이 부분은 창업 아이템을 선정하기 전에 고려해야 할 사항이며, 특히 OJT(on The Job Training)를 통해 다음과 같은 항목을 확인할 때 특정 사업에 대한 창업자의 적합성과 업무수행능력을 알 수 있다. 기존 사업자의 경우도 자신의 업무 결과와 적합성은 불가분의 관계가 있으므로 사업자와 업종과의 적합성 분석은 향후 사업을 확장 또는 축소하는 데 적지 않은 영향을 미친다. 평가요소는 절대적인 것은 아니지만, 스스로 체크함으로써 사업타당성 분석의 지표로 삼을 수 있다.

① 적성 및 자질
- 재미나 흥미가 있는가?

- 다른 사람들이, 창업자가 창업 관련 일을 잘한다고 생각하는가?
- 일할 때 보람을 갖게 되는가?
- 창업 아이템 대해 의지와 열정이 있는가?
- 창업 아이템에 리더십을 발휘할 수 있는가?

② 경험 및 지식
- 창업에 대해 학습이 되어 있는가?
- 창업 관련 분야에 경험이 있는가?
- 충분한 OJT는 하였는가?
- '고객'에 대한 진정한 의미를 알고 있는가?
- 일에 대해 조언해 줄 멘토나 코치가 있는가?

③ 업무수행능력
- 종업원을 구성하고 통제·조정할 준비는 되어 있는가?
- 고객은 물론 종업원과 소통할 준비는 되어 있는가?
- 외식업소를 운영하는 데 필요한 재무적 지표들을 관리할 능력이 있는가?
- 소비트렌드를 파악할 능력이 있는가?
- 고객접점에서의 서비스 창출능력이 있는가?
- 차별적인 신제품을 만들 창의력이 있는가?

2) 시장성 분석

시장성 분석은 제품이나 서비스의 시장 수요를 분석함으로써 누가 얼마를 사줄지, 즉 매출액을 분석하는 것을 말한다. 매출액을 산정하기 위해서는 사업 아이템과 관련된 전체 시장의 동향과 규모분석, 경쟁관계분석, 수요예측 등의 분석활동이 요구된다. 시장성 분석의 기본이 되는 수요예측은 발견된 시장을 세분화하여 목표시장을 선정하고 그 목표시장을 계량화할 수 있는 자료를 조사·분석하여 판매량을 추정하는 것을 말한다.

수요예측은 주로 장기간의 학습과 경험을 한 통계전문가들이 수행하기 때문에 자영업자가 직접 하기에는 다소 어려움이 있다. 수요예측기법으로는 델파이법과 같은 정성적 분석기법과 이동평균법과 지수평활법과 같은 시계열 분석기법이 있으며 인과형 모형기법으로는 회귀분석법 등이 있다.

외식업의 경우, '소상공인컨설팅시스템'의 상권분석 내용을 토대로 같은 상권에 있는 비슷한 입지의 점포 평균매출액을 참고하거나 유동인구조사표를 만들어 가망고객 수를 활용할 수도 있다. 또 경쟁점포의 고객 수를 참고하여 수요를 예측할 수도 있다. 실제 수요예측을 얼마나 정확하게 하느냐에 따라 사업타당성 분석의 신뢰성이 결정된다. 창업하는 사람은 누구나 장사가 잘 될 것이라고 생각한다. '장사가 잘 된다'는 것은 수요가 있다는 것을 의미한다. 결국 그 수요가 있는 업종을 정하기 위해 많은 노력을 기울이고, 수요가 있는 점포를 얻기 위해 발품을 파는 것이다. 시장성 분석은, 시장동향분석→경쟁관계분석→수요예측→판매가격 및 수량분석→매출액 추정→판매전략 수립 순으로 진행한다.

① 전체 시장의 동향, 전망 및 규모분석: 사업 아이템의 전체적인 시장 동향 등을 분석한다.
- 전체 시장의 규모
- 소비자의 구성 및 분포 현황
- 시장의 세분화
- 경쟁 제품의 특성
- 시장변화 추세
- 원재료의 유통경로

② 경쟁관계분석: 다른 경쟁점포의 영업방식 등을 비교 분석한다.
- 경쟁 제품과 자사 제품의 강·약점 비교분석
- 경쟁사 현황(영업실적, 가격, 입지특성, 재무적 상황 등) 분석
- 동종업계 분석
- 대체재 출현 동향
- 시장 특성 및 구조
- 포지셔닝맵으로 비교 분석

③ 수요예측: 해당 점포에 방문하는 고객 수를 예측한다.
- 경쟁업체의 고객 수, 회전율 및 객단가
- 점포 앞, 성별 인구별 유동인구
- 주거형태별 분포 현황
- 상권별 해당 업종 평균매출 및 이용 건수

- 상권별 요일·시간대별 매출현황
- 상권별 직장인 수
- 전국·지역·상권별 해당 업종 추이 분석

④ 판매가격 및 수량 분석: 판매가격을 산정하고 판매량을 추정한다. 가격결정은 가격의 근거를 어디에 두느냐에 따라서 비용중심의 가격결정방법, 소비자중심의 가격결정방법, 경쟁자중심의 가격결정방법 등으로 나눌 수 있다.

   (a) 비용중심 가격결정방법(Cost Based Pricing)

      비용중심의 가격결정방법은 제품의 생산 및 판매에 들어가는 제반 비용을 충당하고 목표이익을 낼 수 있는 수준에서 가격을 결정하는 방법이다. 이 방법은 비용과 이윤의 합산 방법에 따라, 비용가산방식에 따른 가격결정, 가산이익률에 의한 가격결정, 목표투자이익률에 따른 가격결정 및 손익분기점 분석에 따른 가격결정 등이 있다. 외식업체에서는 주로 얻고자 하는 목표이익을 총비용에 가산함으로써 가격을 결정하는 비용가산에 따른 가격결정방법이나 손익분기점 분석방법을 주로 사용한다.

   (b) 소비자중심 가격결정방법(Consumer Based Pricing)

      소비자중심 가격결정방법은 목표시장에서의 제품 평가와 그에 따른 수요를 바탕으로 가격을 결정하는 방법이다. 이 방법은 소비자가 평가한 제품의 지각된 가치를 측정하는 방법에 따라서 직접평가법, 직접지각가치평가법, 진단적 방법 등으로 나누어진다. 외식업체에서는 '직접가격평가법'을 주로 활용하는데, 예를 들어 소비자에게 제품을 직접 보여주고 적정가격을 답하게 하는 방법이 이에 속한다. 이 방법은 소비자가 자주 구매하거나 평가가 용이한 제품에 적합하다.

   (c) 경쟁자중심 가격결정방법(Competition Based Pricing)

      동일한 상권에서 경쟁자들과 비교해 제품의 품질이 유사하고 비용구조가 비슷할 경우, 제품의 가격을 경쟁자들과 동일하거나 비슷한 가격으로 결정하는 방식이다. 이 방식은 시장가격에 따른 가격결정방법과 경쟁입찰에 따른 가격결정방법이 있다. 외식업소들은 시장가격에 따른 가격결정방법을 채택하는 것이 일반적이다. 시장가격에 따른 가격결정방법은 창업자의 비용구조나 수요보다는 경쟁자의 가격을 보다 중요하게 생각하며 그들과 동일하거나 비슷한 수준에서 가격을 결정한다.

⑤ 매출액 추정: 판매수량에 판매가격을 곱하여 추정한다.

⑥ 판매전략 수립: 판매전략은 목표고객에게 그들이 원하는 제품과 서비스를 제공하는 것이다. 외식업체 판매전략의 핵심은 일반기업과 마찬가지로 고객만족을 위한 차별화를 의미한다. 따라서 신규고객 창출뿐 아니라 '고객생애가치

(CLV, Customer Lifetime Value)[18]18'를 높이기 위한 차별적인 마케팅 방법이 요구된다.

3) 기술성 분석

제품이나 서비스의 생산에 필요한 물적·기술적 요소를 파악하고 관련 원가와 비용을 추정하는 작업으로 기술적 타당성 평가와 원가 추정 등을 위한 필수적인 분석이다. 기술성 분석은, 기술 동향 및 전망→보유기술수준 분석→생산계획검토→원가 및 비용 산출 순으로 진행한다.

① 기술 동향 및 전망
음식 품질 및 기술의 동향, 수준, 경쟁기술 현황, 제품의 기능, 물리·화학적 특징, 제품의 용도, 기술의 장래성 등을 파악하는 것이다. 예를 들어, "최근 유행하는 메뉴는, 맛의 특징은, 조리 방법은, 모양과 색상은?" 등에 답하는 형식으로 분석한다.

② 보유기술수준 분석
기술적 타당성을 분석하는 것으로서 기술의 유용성, 경쟁력, 장래성 등을 분석한다. 예를 들어, "창업자의 기술은 어느 정도 수준인가?"로 물을 수 있다.

③ 생산계획검토
주요 시설계획 및 시설 간의 효율성과 균형 여부, 인원계획, 재료계획 등을 검토한다. 예를 들어, "시설비용과 운전비용은 얼마인가?"에 답하는 형식으로 진행한다.

④ 원가 및 비용 분석
직접비, 간접비, 판매량 등을 분석한다. 예를 들어, "감자탕의 원가와 비용은 얼마인가?" 등으로 질문한다. 직접비용은 음식을 만드는 데 직접 투입된 비용으로 재료비, 상품비 등이며 간접비용은 인건비, 임차료, 수도광열비, 연료비 등이다.

4) 수익성 분석

사업 아이템에 대한 경영자의 역량과 수행능력, 시장성 및 기술성 분석 결과 사업성이 있다고 판단될 때 구체적인 수익성 분석을 실시한다. 해당 사업에 대한 수익성 평가는 사업하여 얻을 수 있는 미래의 현금흐름이 사업하는 데 소요되는 투자액보

---

18) 고객들로부터 미래의 일정 기간 동안 얻게 될 이익(=수입−비용)을 할인율에 따라 현재가치로 환산한 재무적 가치. 즉 고객이 평생 어떤 기업에 어느 정도 기여 하는가를 금전적으로 나타낸 수치

다 얼마나 많을지를 분석하는 것이다. 수익성 분석은, 매출액 분석→투자비용 및 원가분석→추정손익계산서 작성→현금흐름표 작성 순으로 진행한다.

① 매출액 분석
매출액 분석은 시장성 분석 결과에 기초하여 향후 매출액을 추정하는 것으로 매출액 추이 및 판매목표를 토대로 분석한다. 예를 들어 "매출액은 얼마나 될 것인가?"에 답을 하는 형식이다. 매출액 자료가 나와야 생산시설의 규모는 물론 인원이나 조직 배치 및 자금의 규모를 결정할 수 있다.

② 투자비용 및 원가분석
원부자재를 근거로 한 제조원가와 판매비 및 일반관리비를 분석한다. 예를 들어 "돈가스의 원가는 얼마인가?" "점포 유지비용은 얼마나 되는가?"에 답하는 형식이다.

③ 추정손익계산서 작성
추정손익계산서에서 추정매출액에 의한 매출원가, 운영비 예산에 의한 판매비와 일반관리비, 타인자본에 대한 이자비용 등을 가감하여 경상이익을 예측할 수 있다. 예를 들어 "얼마나 돈을 벌었나?"를 나타낸다.

▷ **손익계산서 항목 및 작성방법**

구 분	계산식
①매출액	①
②매출원가	②
③매출총이익	①-②
④판매관리비	④
⑤영업이익	④-③
⑥영업외 비용	⑥
⑦경상이익	⑦-⑥

④ 음식점의 비용과 이익구조[19]

(사)한국외식업중앙회 소속 810개 회원사(일반사업자)를 대상으로 한 한국외식산업연구원 정기보고서에 따르면, 음식점의 월평균 매출은 1,005만 원(전국소상공인 실태조사, 2013)이며 월평균 이익은 996,960원(월평균 이익률 9.92%)으로 나타나고 있다. 다른 비용과 이익 비율은 다음과 같다.

- 식재료: 35.7%
- 종업원 인건비: 12.29%, 본인 및 가족 인건비: 10.89%
- 매출부가세: 10%
- 이익률: 9.92%
  (매출부가세에서 매입부가세와 의제매입세액을 공제하면 이익률은 약 15% 수준으로 예상됨)
- 임대료: 8.42%
- 공과금: 7.09%
- 기타비용: 5.69%

단, 자영업의 경우 사업자 본인의 인건비를 회계상 인정하지 않기 때문에 본인 인건비와 이익을 합한 부분을 이익으로 계산한다. 따라서 월평균 이익률은 매출대비 약 20.81%(본인 인건비율+이익률)로 예상할 수 있다.

▷ 매출대비 주요비용·공과금·기타비용 이익비율

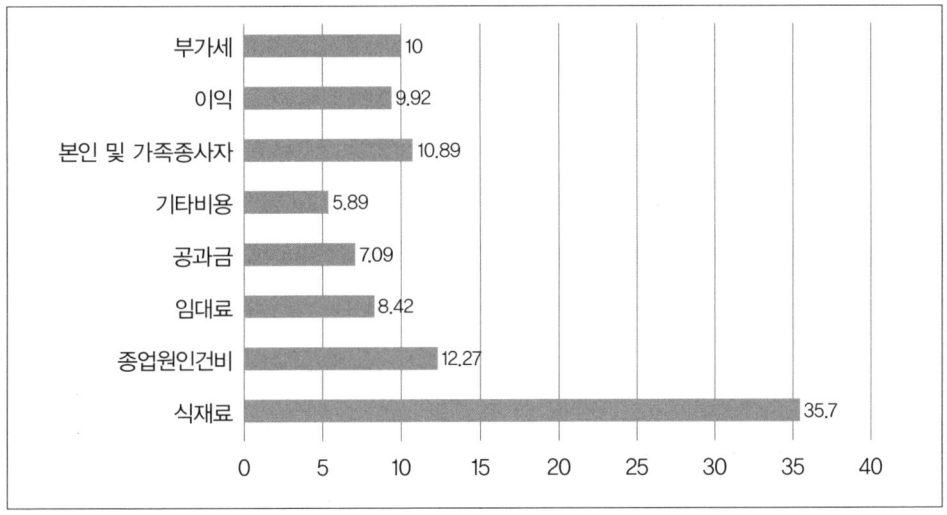

19) 출처: 김삼희, 한국외식산업연구연 정기보고서 [한외연 제1401-5호] 음식점의 비용과 이익구조 분석

⑤ 수익성 주요 요소에 의한 사업진단
 (a) 매출액영업이익률
  영업이익은 매출액에서 매출원가와 판매비 및 일반관리비를 뺀 금액을 말하며, 영업이익률은 영업이익을 매출액으로 나눈 것을 말한다. 자영업의 경우 사업자 인건비가 포함된 매출액영업이익률은 약 20%로 나타나고 있다.

> 영업이익 = 매출액 − 매출원가 − 판관비
> 영업이익률 = 영업이익/매출액

구분	외식업	소매업	서비스업	비고
매출액영업이익률 (영업이익÷매출액)	20%	15%	35%	업종 평균수준

 (b) 총자산영업이익률
  총자산영업이익률은 영업이익을 총자산, 즉 총투자금액으로 나눈 것을 말한다. 소상공인시장진흥공단 조사자료에 의하면 외식업 평균이 3.8%로 나타나고 있으나, 현재는 투자금액의 2~2.5%로 계상하는 것이 합리적이다.

> 총자산영업이익률 = 영업이익 ÷ 자산총계(또는 투자한 금액)

구분	외식업	소매업	서비스업	비고
총자산영업이익률 (영업이익÷투자금액)	2.5%	3.5%	4%	업종 평균수준

 (c) 총자산회전율
  총자산회전율은 총투자금액 대비 매출액과의 관계를 나타내는 것으로 외식업의 경우 연 매출액은 평균해서 투자금액의 두 배 정도가 된다.

> 총자산회전율 = 연 매출액 ÷ 총자산(or 총투자금액)
> 연 매출액 = 총자산 (or 총투자금액) × 총자산회전율

구분	외식업	소매업	서비스업	비고
총자산회전율	2.0회전	2.7회전	1.5회전	업종 평균수준

▷ 예제

〈문 1〉 1억5천만 원을 투자한 돈가스전문점의 월 예상매출액은?
- 연 매출액: 1억5천만 원×2회전 = 3억 원
- 월 매출액: 3억 원÷12 = 2천5백만 원

〈문 2〉 월 매출액 3천만 원이 예상되는 돼지갈비집의 적정한 투자금액은?
- 연 매출액: 3천만 원×12 = 3억6천만 원
- 투자금액: 3억6천만 원÷2 = 1억8천만 원

▷ 업종별 재료비율, 인건비율, 임차료율[20]

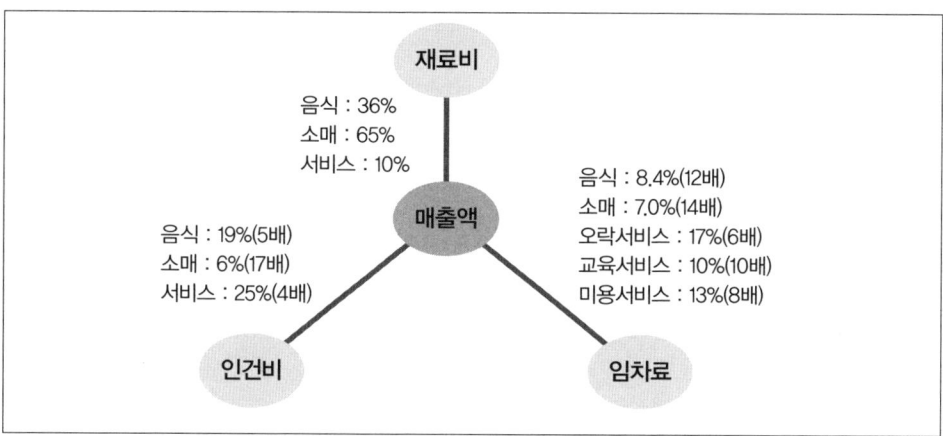

(d) 재료비 비율(36%)

외식업의 재료비는 원가 구성요소 중에 가장 큰 비중을 차지하는 변동비 항목으로 사업자의 관리력이 많이 필요한 부분이다. 매출에서 재료비를 뺀 것이 한계이익이 된다.

구분	외식업	소매업	서비스업	전체
재료비 비율 (재료비÷매출액)	36%	65%	10%	업종 평균수준

---

20) (사)한국외식업중앙회 소속 3,000여 개 회원사(3,000개 중 간이사업자를 제외한 일반사업자 810개)를 대상으로 한 설문조사에서 사업자 본인 및 가족인건비는 10.89%, 종업원 인건비는 12.27%로 나타나고 있지만, 이 책의 종업원 인건비율(19%)과 다른 업종에 대한 자료는 서울특별시 창업스쿨 「eZ PLAN」을 참고로 했음.

(e) 인건비 비율(19%)

인건비는 재료비 다음으로 높은 항목으로 일의 능률은 물론 서비스와 직결되므로 중점관리대상이다.

구분	외식업	소매업	서비스업	비고
인건비 비율 (인건비÷매출액)	19.0%	5.8%	23.9%	업종 평균수준
인건비 배수 (매출액÷인건비)	5.3배	17.2배	4.2배	

(f) 임차료 배수(8.4%)

구분	외식업	소매업	서비스업	전체
지급임차료 비율 (임차료÷매출액)	8.4%	7%	18%	10%
지급임차료 배수 (매출액÷임차료)	12배	14배	6배	10배

▷ 예제

〈문 1〉 월 지급임차료가 150만 원인 돈가스전문점의 월 예상매출액은?
- 월 매출액: 150만 원×12배 = 1,800만 원

〈문 2〉 일 매출액 70만 원 수준의 칼국수전문점의 월 예상 지급임차료는?
- 월 매출액: 70만 원×30일 = 2,100만 원
- 월 지급임차료: 2,100÷12배 = 175만 원

〈문 3〉 월 지급임차료가 200만 원인 중국집의 예상 투자금액은?
- 월 매출액: 200만 원×12배 = 2,400만 원
- 연 매출액: 2,400만 원×12월 = 288백만 원
- 예상 투자금액: 288백만 원 ÷ 2회전 = 144백만 원

〈문 4〉 창업에 2억 원을 투자할 경우 예상되는 월 매출액과 임차료는?
- 연 매출액: 200백만 원×2회전 = 400백만 원
- 월 매출액: 400백만원÷12월 = 3,333만 원
- 월 임차료: 3,333만원÷12배 = 278만 원

(9) 기타경비 비율(12.8%)

기타경비는 재료비(매출액의 약 36%), 급료(매출액의 약 18%), 임차료(매출액의 약 8.4%)를 제외한 고정비 항목으로 수도광열비, 통신비 등의 공과금(7.09%)과 복리후생비, 지급수수료, 광고선전비, 재고감모손 등의 비용(5.69%) 항목으로 이루어진다.

구분	외식업	소매업	서비스업	비고
기타경비 비율 (기타경비÷매출액)	12.8%	7%	18%	업종 평균수준

⑥ 한계이익과 손익분기점 분석

한계이익은 공헌이익으로도 불리며 매출액에서 변동비를 차감한 부분을 말한다. 그리고 손익분기점은 한계이익에서 고정비를 뺀 금액이 0이 되는, 즉 한계이익과 고정비가 같은 지점을 말한다.

(a) 변동비와 고정비

가. 변동비

변동비는 음식점에서 영업하는 데 따라 변동하는 비용으로 주로 재료비가 큰 비중을 차지하며, 그 외에 포장비나 외주배달비 등이 이에 속한다.

나. 고정비

고정비는 영업과 관계없이 일정하게 발생하는 비용으로 인건비, 지급임차료, 보험료, 감가상각비, 지급이자 등이 이에 속하며 그 외의 판매 관리비가 이에 해당한다. 예를 들어 커피 한잔의 판매가격이 3,000원이고 커피 재료와 종이컵 등의 가격이 700원이라고 가정할 때, 모두 100개를 팔았다면 총매출액은 300,000만 원이 되고 변동비는 70,000원이 된다. 이때의 한계이익은 230,000원이 된다. 물론 급료 등의 고정비는 감안하지 않은 금액이다.

(b) 한계이익

한계이익은 매출액에서 변동비를 차감한 것을 말한다. 즉 하나의 제품에서 얻을 수 있는 이익의 한계(최대의 이익)를 의미한다. 한계이익이 고정비보다 크면 흑자이고(한계이익>고정비) 그 반대의 경우는 적자가 난다. 손익분기점은 한계이익과 고정비가 같아지는 지점이다. 한계이익(공헌이익, 변동이익)=매출액-변동비=고정비+이익으로 나타낸다. 한계이익률(1-변동비/매출액)은 평균마진율을 의미한다.

예를 들어 A삼계탕전문점의 한계이익률(평균마진율)이 40%로 인건비, 임차료 등 고정비가 550만 원이고 목표이익이 300만 원인데, 직원을 신규로 채용(월급 130만 원)할 경우 목표로 해야 할 매출액은 얼마인가? 월 목표매출액=(550만 원+300만 원+130만 원)/40%=2,450만 원이 된다. 외식업소에서 한계이익 개념이 중요한 이유는, 전체 매출액의 약 36%를 차지하는 재료비(변동비) 때문이다. 원재료와 부재료 구입 단계부터 음식을 만들어 고객에게 제공하기까지 일련의 과정에서 합리적이고 효율적인 관리의 필요성을 시사하고 있다. 따라서 재료의 체계적인 관리가 업소의 경영개선에 중요한 요소라는 것을 항상 기억해야 한다.

(c) 손익분기점 분석[21]

손익분기점이란, 일정 기간의 매출액과 그 매출을 위해 실현한 모든 비용이 일치되는 점으로 손익분기점 이상의 매출을 올리면 총수익의 증가로 인해 이익이 발생하며, 판매량이 그 이하이면 총비용의 증가로 인해 손실이 발생한다. 손익분기점 분석을 위해서는 발생하는 총비용 가운데 매출액 증감과 상관없이 일정하게 발생하는 고정비와 매출액 변동에 따라 발생하는 변동비를 정확히 구분해야 한다. 또한, 좀 더 정확한 분석을 위해서 현실적으로 매월 발생하는 월별 손익계산서를 참고로 분석하는 것이 더욱 효과적이다. 손익분기점 분석은 손실이 발생하지 않는 최저 한계 매출액을 알게 됨으로써, 경영개선은 물론 비용의 정확한 분석을 통한 수익 확대에도 많은 도움이 된다.

가. 손익분기점 산출 방법
- 기본공식
- 손익분기점 = X
- 일정 기간의 고정비 = F
- 동 기간의 매출액 = S
- 동 기간의 변동비 = V

$$손익분기점=[고정비÷(1-변동비÷매출액)] \; 즉 \; X=[F÷(1-V÷S)]$$

나. 손익분기점 산출 예시(치킨전문점)
- 월 매출액: 1천500만 원
- 당월 총지출 비용: 1천만 원
- 재료구입비: 600만 원
- 인건비: 150만 원
- 임대료: 150만 원
- 포장 및 잡비: 100만 원

  *고정비: 300만 원(인건비+임대료), 변동비: 700만 원(재료구입비+포장 및 잡비)

$$손익분기점=[300만 \; 원÷(1-700만 \; 원÷1천500만 \; 원)]=563만 \; 원$$

---

[21] 참조: 조현구(2011), 「흥하는 창업 망하는 창업」, i-ePUB

⑦ 잠재이익

외식업소는 재료비 비중이 상대적으로 높기 때문에 재료비 관리가 매우 중요한 부분을 차지한다. 따라서 재고가동률, 즉 재고회전속도를 어떻게 유지하느냐에 따라 경쟁력에 지대한 영향을 끼친다. 예를 들어 이탈리안 레스토랑에서 파스타 한 접시에 1만 원, 화덕피자 한 판을 2만 원에 판다고 할 때 원가는 파스타가 5천 원, 피자가 1만 원인데 파스타는 1주일분을 50만 원에, 피자는 1개월분을 3백50만 원에 구입한다. 하루 매출은 파스타가 30접시, 피자가 20판 팔릴 경우 한계이익률은 둘 다 50%가 된다. 그리고 1개월의 한계이익은, 파스타가 4백50만 원(10,000×30×30×50%)이고 피자는 6백만 원(20,000×20×30×50%)이 된다.

한계이익은 피자가 더 많이 나도 실제 이익은 파스타가 더 많이 나고 있다고 볼 수 있다. 파스타의 잠재이익은 9.0, 피자는 1.71이기 때문이다. 잠재이익은 한계이익을 재고금액으로 나눈 것이 된다. 즉 잠재이익(PP, Profit Potential)은 현금을 벌어들이는 내실을 나타낸다.

> 잠재이익 = 한계이익÷재고금액

▷ **파스타와 화덕피자의 잠재이익 비교**

구분	파스타	화덕피자
3,500,000원(1개월분) 판매액(단품)①	10,000원	20,000원
원가(단품)②	5,000원	10,000원
한계이익률③(②÷①)	50%	50%
매출수량(1일)	30개	20개
매출수량(1개월)④	900개	600개
매출액⑤(①×④)	9,000,000원	12,000,000원
한계이익⑥(⑤×③)	4,500,000원	6,000,000원
재고금액⑦	500,000원(1주일분)	3,500,000원(1개월분)
재고회전속도⑧(⑤÷⑦)	18.00회	3.43회
잠재 이익⑨(③×⑧)	9.0	1.71

제시된 표에서 재고회전속도는 재고 금액이 일정 기간(1일 또는 1개월 등)에 몇 번 회전했는지를 나타낸다. 즉 재료의 입출입이 이루어지는 속도를 말한다. 위에서도 나타내듯이 한계이익률과 재고회전속도를 곱해서 나온 잠재이익의 의미를 살펴볼 필요가 있다.

표에서 파스타의 잠재이익이 9.0인데 반해 피자는 1.71에 머물고 있다. 한계이익률이 동일하므로 잠재이익의 차이는 재고회전속도의 차이이다. 즉 회전속도가 느릴수록 현금이 제 노릇을 못하는 셈이다. 즉 재고는 돈이다. 그 모습만 다른 형태로 있을 따름이다. 또한, 한계이익률이 높을수록 적은 현금으로 돈을 더 많이 증가시킬 수 있으므로 한계이익률과 재고회전속도를 곱한 잠재이익이 높은 제품일수록 돈을 버는 능력이 커진다. 이런 점들을 바탕으로 각 외식업소들은 재고회전속도를 높임으로써 현금 유동성을 높게 유지할 수 있도록 노력해야 한다.

> **잠재이익(PP):**
> 한계이익÷재고금액=한계이익률(한계이익/매출액)×재고회전속도(매출액/재고 금액)

⑧ 수익성 분석 사례(돼지고기전문점)
- 총투자금액: 1억8천만 원
- 월매출액: 3,000만 원
- 재료비: 1,350만 원
- 종업원 5명의 인건비: 720만 원
- 임차료: 380만 원
- 기타 경비: 450만 원

수익성 분석요소	산출내용	업종 평균수준	분석내용
①영업이익률 (영업이익÷매출액)	3.3%	20.0%	영업이익률이 매우 낮은 것은 재료비를 비롯한 인건비, 기타경비 등 총체적으로 관리에 문제가 있다.
②총자산영업이익률 (영업이익÷투자금액)	0.6%	2.5%	은행금리 수준이지만 사업자 부부의 인건비조차 나오지 못하는 실정으로 실제로는 적자 상태이다.

③총자산회전율 (연매출액÷총자산)	2회전	2회전	적정수준이다.
④재료비 비율 (재료비÷매출액)	45.0%	36.0%	구매방식을 바꾸거나 재료감모손에 대해 집중적인 분석이 필요하다.
⑤인건비 비율 (인건비÷매출액)	24.0%	18.0%	종업원 수를 조정하고 업무형태의 변화가 필요하다.
⑥임차료 배수 (매출액÷임차료)	7.9배수	12배	임대료를 낮추는 것은 한계가 있으므로 업종전환이나 점포 이전에 대한 검토가 필요하다.
⑦기타경비 비율 (기타경비÷매출액)	15.0%	12.8%	불요불급한 부분이나 낭비하는 부분이 있는지 세밀하게 검토한다.
⑧종업원 1인당 매출액 (매출액÷인건비)	600만 원	700~900만 원	종업원의 업무수행능력이 떨어지는 경향이 있으므로 교육과 훈련이 필요하다.

⑨ 추정 현금흐름표

영업활동에 의한 현금흐름은 손익계산서의 당기순이익에서 현금흐름이 없는 항목, 즉 감가상각비, 연구개발비 등을 더하여 산출한다. 즉 현금수입에서 현금지출부분을 뺀 금액이다. 예를 들어 "얼마나 돈이 남았는가?"를 나타낸다.

- 이익과 현금흐름의 차이
- 이익(번 돈): 수익－비용
- 현금흐름(남은 돈): 수입－지출

5) 위험성 분석

어느 사업이든 곳곳에 위험요소가 도사리고 있다. 사업자가 시장성, 기술성, 수익성을 분석해 사업성이 높다고 판단해도 위험은 항상 상존한다. 사업에 관련 위험을 분석해서 대안을 마련하는 지혜를 발휘해야 한다.

① 정부정책의 변화
- 조세 및 관세 정책의 변동
- 소상공인에 대한 금융지원제도의 변화
- 금리 및 환율의 변동

- 수입제한, 개방 및 확대
- 환경 규제

② 국제정세의 변화
- 환율 및 유가의 변동
- 국제 곡물값 변동에 따른 농축산물 가격 변동
- FTA 조약 체결
- 국가 간 전쟁이나 내란

③ 시장경쟁 심화
- 외식업 창업 증가
- 판매단가 하락
- 소비트렌드에 따른 쏠림현상 심화

④ 원가와 비용요소의 변동
- 원자재 및 부자재의 파동
- 임차료 및 인건비 인상
- 고객 니즈 증가

⑤ 기타 요인
- 가맹본부의 일방적인 정책변경
- 적기에 자금융통 어려움
- 상권의 급격한 변화
- 도시계획 변경
- 고객의 이동 경로 변경

3장

"전략과제 도출 및 개선대안 마련은 어떻게 해야 하나요?"

경영진단을 통해 해당 점포가 개선해야 할 문제가 무엇인지, 어떤 문제 때문에 경영에 어려움을 겪고 있는지를 파악한 후 해결해야 할 핵심문제를 도출한다. 도출된 문제를 검토·분석하여 문제의 원인인 '문제점'을 도출한 후, 그 문제점의 해결대안, 즉 문제해결을 위한 실행방안을 마련하는 과정이 컨설팅 프로세스 중 3번째 단계인 문제해결을 위한 '대안 마련' 단계이다. 즉 문제를 도출한 후, 그 문제의 원인을 제거하기 위한 전략과제를 도출해 개선대안을 마련하는 과정을 말한다.

문제 도출→문제점(원인)파악→전략과제도출→개선대안마련

1 문제와 문제점

문제와 문제점에 대해서는 컨설팅 프로세스 착수단계에서 상세히 설명했으므로 이곳에서는 요약해서 간단하게 개념만 정리한다. 문제란 바람직한 상태와 현재 상태와의 차이, 즉 해당 점포에서 해결이 필요한 사항을 말한다. 외식업소 입장에서 바람직한 상태는 곧 목표를 의미한다. 해결해야 할 목표, 개선해야 할 목표를 뜻한다. 반면, 문제점은 문제 그 자체가 아니라 문제를 발생시키고 있는 '원인'을 의미한다.

문제와 문제점을 구분하는 중요한 이유는 문제의 원인이라고 해서 모두 문제점은 아니라는 것이다. 문제의 원인 가운데 대책을 수립할 수 있는 것만을 '문제점'이라고 지칭한다. 다시 말해서 문제점이란 '손 쓸 수 있는 것, 개선이 가능한 것, 수정이나 보완이 가능한 것'을 가리킨다. 즉 문제를 해결한다는 의미는 목표수준과 현재수준을 동일한 수준으로 개선함으로써 문제의 크기를 '0'으로 만드는 일련의 과정이라 할 수 있다.

예를 들어 음식점 매출이 하락하여 그 원인을 조사한 결과 경기불황, 세월호 사건, 유난히 추운 겨울, 경쟁점포 입점, 음식 맛이 전과 달라짐, 종업원의 불친절 등을 원인으로 파악했다면, 문제의 원인은 음식 맛이 전과 달라진 것과 종업원의 불친절이라고 말할 수 있다. 그 두 가지는 사업자가 해결할 수 있는 원인이기 때문이다. 이처럼 컨설팅은 문제를 도출해서 그 문제의 원인인 문제점을 밝혀내어 그것을 해결하는 과정이다.

2 전략과제 도출 및 해결대안 마련

전략과제는 우선 문제가 무엇인지 정확히 정의하고 그 문제의 원인을 찾으면서 선정하게 된다. 외식업소의 전략과제, 개선과제, 또는 해결과제 등은 착수나 진단과정에서 나타나기도 하지만 보다 체계적이고 단계적인 질문이나 심도 있는 분석기법을 통해 도출되는 경우도 많이 있다. 문제의 원인을 도출할 때는 브레인스토밍기법, MECE기법, 로직트리기법 등을 활용한다. 이렇게 전략과제를 도출하고 나면 해당 전략과제를 해결하기 위한 해결대안을 도출해야 한다. 대안을 도출할 때는 문제와 문제점을 도출할 때와 마찬가지로 로직트리기법이나 아이디어 창출방법의 하나인 SCAMPER기법을 활용할 수 있다. 그 밖에도 연상법, 속성열거법 또는 시네틱스법 등을 활용하기도 한다. 컨설턴트가 해결대안을 수립할 때는 가능한 사업자의 관심을 끌어 협조와 동참, 실행을 유도할 수 있는 대안이 중요하다. 아무리 훌륭한 대안을 제시하더라도 사업자가 실행하지 않으면 의미가 없다. 따라서 사업자가 수긍하고 동참할 수 있게 사업자와 함께 실행계획을 세우는 것도 바람직한 방법의 하나이다.

- **문제원인 도출:** 브레인스토밍기법, MECE기법, 로직트리기법
- **해결대안 도출:** 브레인스토밍기법, 로직트리기법, SCAMPER기법, 연상법, 속성열거법, 시네틱스법

2.1 브레인스토밍

1) 브레인스토밍이란?

브레인스토밍(brainstorming)은 몇 사람의 작은 집단이 한 가지 문제를 놓고 서로 창의적인 아이디어를 내는 일종의 학습도구이자 회의기법이다. 브레인스토밍은 문제해결을 위한 아이디어를 내기도 하지만 문제의 원인을 밝혀내 해결해야 할 전략과제를 도출하는 데도 활용된다.

이 기법은 3인 이상이 모여 자유롭게 의견을 전개하되 다른 사람이 제시한 의견에 대해서는 참가자 누구도 비판해서는 안 된다. 브레인스토밍은 일정한 시간 동안 모인 생각을 몇 번의 검토를 거쳐 다듬어가는 효율적인 문제해결 기법이다. 모든 권위나 책임, 고정관념을 배제하고 수용적인 자유로운 분위기 속에서 좋은 힌트나 아이디어를 찾아내 문제를 해결하는 것이다.

브레인스토밍은 광고회사(BBDO) 사장인 알렉스 F 오스본(Alex F. Osborn)이 1941

년에 제안한 '아이디어를 내기 위한 회의기법'에서 비롯되었으며, 미국과 일본에서는 이미 40여 년 전부터 회사와 학생의 발견기법으로 활용되고 있다. 우리나라에서는 한일합섬이 이 방법을 처음 도입하여 큰 성과를 올렸으며, 학교로는 부산에 있는 거성중학교에서 처음 활용하여 놀라운 성과를 올린 것으로 보고되고 있다.

2) 브레인스토밍의 4가지 규칙

① 타인의 아이디어를 비판하지 않는다.

다른 사람이 내놓는 아이디어를 비난하거나 비판적으로 평가해서는 안 된다. 타인의 의견이나 생각, 아이디어에 대해 비판을 금하는 이유는 누구든지 비판을 받으면 건설적이고 미래지향적인 의견이 표출되기보다는 자신에게 실망하면서 모처럼 나오려던 아이디어도 급속히 사라지기 때문이다. 미국의 한 시험 결과에 의하면 비판이 있는 경우, 비판이 없을 때보다 아이디어 생산성이 1/10 이하로 떨어진다고 한다. 따라서 다른 사람의 의견을 비판하기보다는 격려와 지지를 보냄으로써 참여자들의 긍정적인 관계를 유지하고, 문제해결을 위한 바람직한 아이디어를 창출할 수 있다.

② 자유분방한 분위기가 보장되어야 한다.

아무리 우스꽝스러운 내용이라도 핀잔을 주거나 부정적인 말을 하게 되면 많은 양의 아이디어가 나올 수 없다. 비판을 자제하며 자유롭게 의견을 개진하고 표출할 수 있어야 의외의 좋은 아이디어를 얻을 수 있다. 자유스러운 분위기는 두뇌를 자극해 깊은 곳에 있는 영혼에 불을 지피게 한다. 브레인스토밍기법을 개발한 오스본은 "엉뚱하고 기발한 아이디어는 자유분방한 분위기에서만 가능하다"고 강조했다.

③ 아이디어는 많으면 많을수록 좋다.

브레인스토밍은 질보다 양이다. 아이디어의 양이 많아지면 그만큼 비례해서 좋은 아이디어가 나올 확률도 높아진다. 전설의 진주왕, 미키모토 고키치(御木本幸吉, 1858~1954년)는 "나쁜 아이디어도 안 나오는 사람에게서 어떻게 좋은 아이디어가 나오겠는가. 먼저 나쁜 아이디어라도 좋으니 50개든 100개든 내어보라. 그때부터 시작된다"고 말했다. 즉 많은 양의 생각을 표출하는 동안 기발하고 좋은 아이디어가 나온다.

④ 다른 아이디어에 촉매 역할을 한다.

이미 제안된 타인의 생각으로부터 다른 아이디어를 이끌어낼 수 있도록 한다. 이미 다른 사람이 낸 아이디어를 받아서 좋은 점을 결합하므로 자기의 아이디어로 낼 수도 있다.

3) 브레인스토밍 진행순서

① 주제는 구체적으로 정한다. 브레인스토밍의 주제는 판촉이벤트나 제품의 품질 개선 등 가능하면 구체적이고 알기 쉬운 내용으로 정한다.

② 서로를 알아볼 수 있게 배치한다. 참가자 전원이 서로 얼굴을 볼 수 있도록 타원형이나 사각형 책상과 의자를 배치한다.

③ 전지와 포스트잇을 준비한다. 칠판에 포스트잇과 전지를 붙이든가 화이트보드 등을 준비한다.

④ 같은 직급이 바람직하다. 조원은 각각 다른 분야의 전문가로 구성하되 가능하면 같은 직급에 속한 사람들로 7명에서 10명 정도를 한 조로 구성한다.

⑤ 분위기 메이커가 조장이 된다. 분위기를 잘 조성하는 사람을 리더(진행자)로 선출한다.

⑥ 서기는 리더가 임명한다. 리더는 서기를 지명하며, 서기는 발언을 전부 기록하고 키워드로 요약한다.

⑦ 리더와 구성원은 규칙을 준수한다. 리더와 구성원들은 브레인스토밍의 4가지 규칙을 준수하며 특히 리더는 규칙을 주지시킨다.

⑧ 많은 양을 도출한다. 일정한 시간 동안 많은 양의 아이디어를 산출한다(진행시간은 1시간 정도가 적당하다).

⑨ 정리하여 발표한다. 정해진 시간이 되면 각 팀의 리더는 개진된 의견 모두를 모든 팀 앞에서 발표한다.

⑩ 실현 가능성이 높은 안을 채택한다. 각 팀 리더의 발표 내용 중에 실현 가능성이 높다고 생각되는 내용을 선정한다.

4) 브레인스토밍의 활용범위

브레인스토밍의 활용범위는 매우 넓고 다양하다. 일본의 경우 품질개선, 신제품개발 등 기업이 당면한 문제해결에 활용하기도 하고 학교 과학반 운영이나 해결해야 할 문제 등에 활용하기도 한다. 그리고 정부기관의 각종 정책회의 및 가족회의에 이르기까지 각 분야에서 다양하게 쓰이는 회의기법이다. 브레인스토밍의 적용 범위와 그 사례를 살펴보면 다음과 같다.

① 적용범위
- 문제에 대한 근본 원인을 찾아 전략과제를 도출할 때
- 문제의 원인을 도출한 후, 그 문제의 해결방안을 찾을 때
- 문제 자체가 무엇인지 찾을 때
- 개선활동을 정할 때
- 프로젝트 단계별로 세부계획을 세울 때
- 신제품개발 등 창의적인 아이디어가 필요할 때
- 생산공정이나 제품 또는 서비스에 대한 개선점을 찾거나 혁신활동의 도구

② 적용사례
- 홍보마케팅의 일환으로 판촉을 위한 고객이벤트를 실시하는 방법
- 경쟁우위를 확보할 수 있는 차별적 신메뉴 개발
- 점포 콘셉트에 부합하는 인테리어 교체
- 원재료비 절감방안
- 재료감모손 감소방안
- 고객에 대한 서비스 개선방안
- 세트메뉴 개발
- 사이드메뉴 개발
- 음식점 동선개선
- 객단가 증대방안

컨설팅3.0 포커스

효과적인 7가지 브레인스토밍 기법

브레인스토밍(brainstorming)은 머릿속을 휘저을만한 창의적인 아이디어를 발굴하기 위해 참가자들이 자유롭게 의견을 내는 일종의 난상토론이다. 하지만 목적 달성에 실패하는 사례가 많다. 창의적인 아이디어를 얻지 못하거나 실행으로 이어지지 못하는 경우가 다반사다. 글로벌 컨설팅사인 맥킨지는 최근 10년간 유통과 금융 등 150여 개 기업에서 진행된 다양한 사례를 분석하여 브레인스토밍의 성공 확률을 높일 수 있는 7가지 단계를 제안했다.

1. 조직의 의사결정 기준을 파악하라

한 은행이 진행한 브레인스토밍에서 좋은 아이디어가 많이 나왔다. 하지만 이를 실행하려면 정보기술(IT) 시스템을 바꿔야 했다. 경영진은 IT 인프라를 바꾸지 못하게 했는데, 브레인스토밍 진행자들은 이를 모르고 있었다. 결국, 온종일 진행한 브레인스토밍은 무용지물이 됐고 참가자들은 시간만 허비했다. 브레인스토밍에서 나온 아이디어가 성과로 이어지지 못하는 이유는 이 사례처럼 제시된 아이디어가 종종 조직이 생각하는 범주를 넘어서기 때문이다. 회사가 외부환경을 많이 고려하고 기존 정책을 고수하는 분위기라면 '틀을 깨고 사고하라'는 주문은 헛된 구호가 되고 만다. 따라서 경영진은 브레인스토밍에서 나오는 아이디어들을 채택하는 기준을 미리 정해야 한다.

2. 적절한 질문을 정해 체계적으로 진행하라

전통적인 브레인스토밍은 아이디어를 무조건 많이 내라고만 한다. 아이디어가 많을수록 건질 게 많아질 것이라는 생각에서다. 하지만 이보다는 '적절한 질문'을 활용해 체계적으로 진행하는 게 좋다. 적절한 질문은 참가자들이 새로운 관점에서 생각하도록 유도하되 참가자들이 탐색하는 범위를 제한하는 것이어야 한다. 사람들은 기존 문제를 해결할 때 대개 과거의 방식이나 아이디어를 선호하는 경향이 있다. 하지만 그럴수록 좋은 아이디어의 수는 줄어든다. 또 브레인스토밍에서는 다양한 예시를 구체적으로 들어주는 게 바람직하다. 질문은 브레인스토밍을 이끌어가는 축이므로 신중하게 선택해야 한다. 적절한 질문이 정해지면, 참가자들을 여러 개의 소그룹으로 나눠 질문에 대해 심층적으로 생각하게 한다. 약 20명의 참가자가 참여하는 브레인스토밍 워크숍이라면 15~20개의 질문이 적절하다.

3. 관련 지식을 갖춘 적임자를 선정하라

한 유통업체는 일부 고객에게 신용 기간을 연장해줬다. 그런데도 부실채권 회수가 잘 안 됐다. 이 문제를 개선하기 위해 이 회사는 브레인스토밍을 실시했다. 참가자들은 '프로세스를 바꾼 뒤 어떤 변화가 있었는가'라는 질문을 놓고 의견을 나눴다. 그러자 현장의 부실채권 회수 담당자는 "고객 중 최근 돌아가신 분이 많이 늘었다"고 답했다. 사정을 모르는 경영진은 당황했다. 하지만 일부 참가자 사이에서는 웃음이 터져 나왔다. 이후 이어진 브레인스토밍에서 이들이 웃는 이유가 명확해졌다.

최근 몇 년간 대금이 밀린 고객들은 채권 회수 직원이 연락하면 자신이 죽었다고 말하라고 가족들에게 시켰다는 것이다. 채권 회수 직원은 유가족에게 지나친 압박을 주기 싫어해 대개 채권 회수를 중단했다고 했다. 워크숍 참석자는 통화했을 때 상대가 거짓말을 하고 있다는 느낌을 받으면 상대방의 신원 요구 등 구체적인 질문을 하기로 했다. 거짓말을 하는 채무자는 이런 상황에서 대부분 전화를 끊어버리기 때문이다. 이는 현장을 잘 아는 실무자가 참석했기 때문에 가능한 해결책이었다. 조직 내 직위나 영향력에 따라 참가자를 선정하는 전통적인 브레인스토밍과 달리, 새로운 브레인스토밍 방식에서는 관련 지식을 풍부하게 갖춘 사람을 선정하는 게 좋다.

4. 참가자를 3~5명씩 나눠 문제를 배분하라

참가자 전원을 1개의 그룹으로 묶어 놓고 한 문제만 몇 시간 동안 계속 논의하게 해선 안 된다. 사람들은 여럿이 있는 자리에서는 이야기를 잘 하려고 하지 않기 때문이다. 비교적 자유롭게 이야기할 수 있는 규모인 3~5명 단위의 그룹으로 묶는 게 좋다. 그룹이 정해지면 미리 준비한 15~20개의 질문을 소그룹별로 5개 정도 배분해야 한다. 모든 소그룹이 전체 15~20개 질문을 일일이 다 짚고 넘어가는 것은 비생산적이다.

여기서 주의할 점이 있다. 아이디어를 반대할 사람, 즉 참가자들의 상사나 자기주장이 강한 사람, 전문가 등은 별도의 그룹으로 묶어야 한다. 참가자들 가운데 상관 앞에서 입증되지 않은 아이디어를 거론하기 싫어하는 사람이 있을 수 있다. 또 자기주장이 강한 사람은 시간을 독점하는 경향이 있다. 전문가들은 편향된 시각을 갖거나 참가자들의 아이디어가 쓸모 있는지를 판단하려 한다. 따라서 각각 다른 성향의 사람들을 한데 섞어 놓아야 한다는 기존 브레인스토밍 원칙을 따르지 않고, 아이디어에 반대할 사람들만으로 따로 소그룹을 구성하는 방법도 고려해볼 만하다. 이는 오히려 다른 소그룹들이 더욱 창의적으로 생각할 수 있는 여지를 줄 수 있다.

5. 기대하는 바를 명확히 소통하라
창의적인 아이디어를 발굴하기 위한 브레인스토밍이 제 역할을 하지 못하는 사례가 많다. 브레인스토밍의 생산성을 높이려면 조직의 의사결정 기준을 잘 설명하고 참가자들에게 적절한 질문을 던져야 하며, 직접 해당 업무를 맡는 실무자를 포함시키는 게 좋다.

DBR(동아비지니스리뷰) 그래픽 참가자들을 소그룹으로 나누기 전 오리엔테이션을 갖고 참가자들에게 브레인스토밍을 통해 무엇을 달성하고, 무엇을 달성하지 못할 것인지 등 조직의 기대 수준을 정확히 알려야 한다. 전통적인 브레인스토밍에서는 여러 아이디어가 봇물 터지듯 나오면서 논의가 빨리 진행된다. 하지만 아이디어별로 심층적인 토의가 이뤄지지 못하는 경향이 있다. 새로운 브레인스토밍에서는 소그룹별로 질문 1개당 30분씩 할애하게 해서 심층 토의하도록 하는 게 좋다. 또 아무리 좋은 아이디어라도 다른 출처에서 나오는 아이디어는 언급할 수 없게 한다. 토의 대상이 아니지만 좋은 해결책이라면 브레인스토밍이 끝난 뒤 논의하게 한다.

6. 최고의 아이디어를 뽑는 건 금물이다
아이디어가 나온 뒤 하지 말아야 할 게 있다. 전체 참가자들이 최고의 아이디어를 뽑게 하는 일이다. 전통적인 브레인스토밍에선 이런 방법을 많이 사용한다. 하지만 참가자들은 투자의 우선순위를 결정하는 데 경영진과 항상 같은 시각을 취할 수 없다. 또 성공 가능성이 있는 아이디어를 선정하면 자칫 참가자들의 사기를 꺾을 수 있다. 설령 좋은 아이디어라고 해도 나중에 채택되지 않으면 참가자들이 낙담한다. 따라서 최고의 아이디어를 뽑는 것은 가능한 한 피해야 한다. 그 대신 각 소그룹이 제안한 아이디어 중 상위 몇 개를 선정해 다른 그룹의 결과와 공유하는 게 좋다. 실행할 아이디어를 어떻게 선정할지, 최종 의사결정을 어떻게 통보할 것인지도 참가자들에게 상세하게 알려줘야 한다.

7. 후속조치를 최대한 신속히 취하라
미국의 한 대학에서는 총장이 참석한 가운데 교무처장, 학과장들이 비용 절감 방안을 두고 브레인스토밍을 했다. 대학 경영진은 아이디어들을 △즉시 실행 △다음 학사 연도에 시작하기로 결정 △추가 조사를 한 뒤 결정 △즉시 기각 등 4개로 분류했다.

처음부터 경영진이 아이디어를 어떤 기준으로 평가할지 염두에 두고 브레인스토밍을 진행했고 궁극적으로 수백만 달러의 비용 절감 효과를 봤다.

> 또 대학 측은 의사결정 결과를 모든 참가자에게 즉시 알려줬다. 아이디어가 채택되지 않은 참가자들의 사기를 꺾을 수 있다는 우려가 나왔지만, 오히려 그 반대였다. 참가자들은 결과에 대한 반응을 원하고 있었고, 특정 아이디어가 왜 거절됐는지 충분히 설명해 참가자들이 다음 기회에 더 좋은 아이디어를 낼 수 있게 했다.
>
> (출처: 「동아비즈니스리뷰 78호」 2011.04.01.)

2.2 MECE

1) MECE란?

MECE(Mutually Exclusive and Collectively Exhaustive)[22]는 상호 중복이 없고(Mutually Exclusive), 전체적으로 누락이 없는(Collectively Exhaustive) 것을 의미한다. 요소 간에 서로 배타적이면서 한편으로 전체를 포괄하는 의미이다. 배타적이라는 말은 초등수학에서 나오는 교집합이 생기면 안 된다는 뜻이고, 전체적으로 누락이 없다는 뜻은 그 요소를 합하면, 즉 합집합이 전체가 되어야 한다는 의미이다. MECE 기법은 신제품개발, 경영개선, 수익성 증대, 마케팅 등 경영 전반에 걸쳐 다양하게 활용된다.

2) 올바른 MECE의 예

예를 들어 사람(U)은 남자(A)와 여자(B)로 나누어진다.

① U=A+B

A(남자)	B(여자)

② 연령대

20대 이하	30대	40대	50대	60대 이상

---

[22] Mutually(서로, 공동으로, 상호적으로), Exclusive(배타적인, 양립할 수 없는), Collectively(집합적으로, 한데 뭉뚱그려), Exhaustive(남김 없는, 총망라한, 포괄적인)

3) 잘못된 MECE의 예

① 상호배타적이나 총망라하지 못하고 누락된 것이 있음

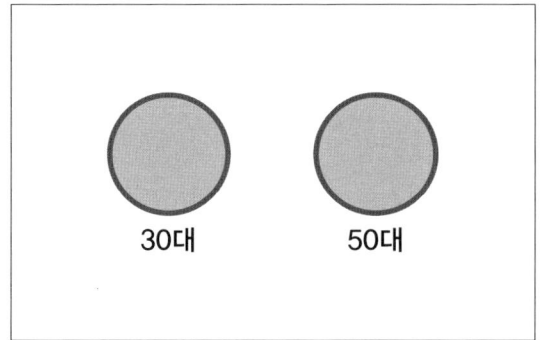

② 누락된 것은 없으나 상호 배타적이지 않고 중복됨

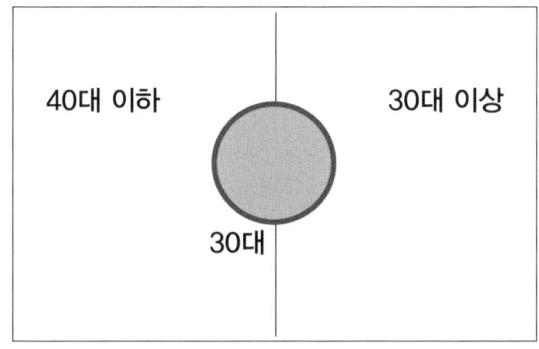

③ 상호배타적이지도 않고 전체를 포함하지도 않음

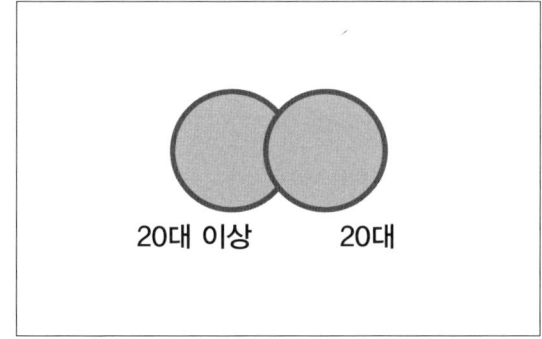

4) MECE의 유용성

우리가 문제 및 문제의 원인을 도출하거나 해결방안을 마련하는 데 MECE기법을 활용하는 것은 사고의 틀을 합리적으로 만들기 위함이다. 기간(단기/중기/장기), 분기(1/4, 2/4, 3/4, 4/4), 시간의 흐름인 시제(과거/현재/미래), 대비(공급/수요, 개인/법인, 남/여, 양/질), 외식업소 점포운영요소(사람/자금/시설/자재 등), 수익(매출/원가) 등 사업 관점에서 좀 더 활용도를 높일 수 있다. 결국, MECE는 제반 문제를 하나의 통합적인 사고에서 벗어나 하나하나의 '여러 개의 묶음'으로 나누어 검토·분석하는 방식이다. 우리는 어떤 문제를 해결하고자 할 때, 주로 가장 용이하고 효율적인 방법을 선택하는 경향이 있다. 반면 MECE는 현재 우리가 생각하지 못한 다른 방식까지 총 망라해서 비교 검토함으로써 가장 효율적인 대안을 선택하는 기법이다.

2.3 로직트리

1) 로직트리란?

로직트리(Logic Tree)는 이슈트리(Issue Tree)라고도 하며 주어진 문제의 원인을 도출하거나 그 문제의 해결방안을 찾기 위해 어떤 하부의 과제들을 나무 모양으로 전제하는 것이다. 로직트리는 전략적 사고의 한 방법으로 큰 곳에서 작을 곳으로 논리적으로 접근하며, 사업자가 원하는 결과를 얻기 위해 활용하는 사고의 구체화와 아이디어 창출을 위한 기법이다. 로직트리는 사고의 논리적 연결을 계속 이어나가기 위해 MECE 개념을 활용한다.

2) 로직트리의 기본구성
① 이슈는 MECE로 구성한다. 각 이슈는 MECE, 즉 각 항목 간 중복되는 것이 없고, 빠짐없이 전체를 포괄하게 구성되어야 한다.
② 결과에 대한 원인의 인과관계가 논리적으로 연결되어야 한다.
③ 로직트리를 나누는 기준은 2~4개 정도가 적당하다.

3) 로직트리의 종류
① What Tree

과제나 현상에 대한 구성요소를 알아보거나 체크리스트를 작성할 때 사용한다. 초기질문은 "~의 구성요소는?" "~의 체크리스트는?"

▷ 사례: 식당 수익에 관련된 구성요소를 알기 위해 What Tree 활용

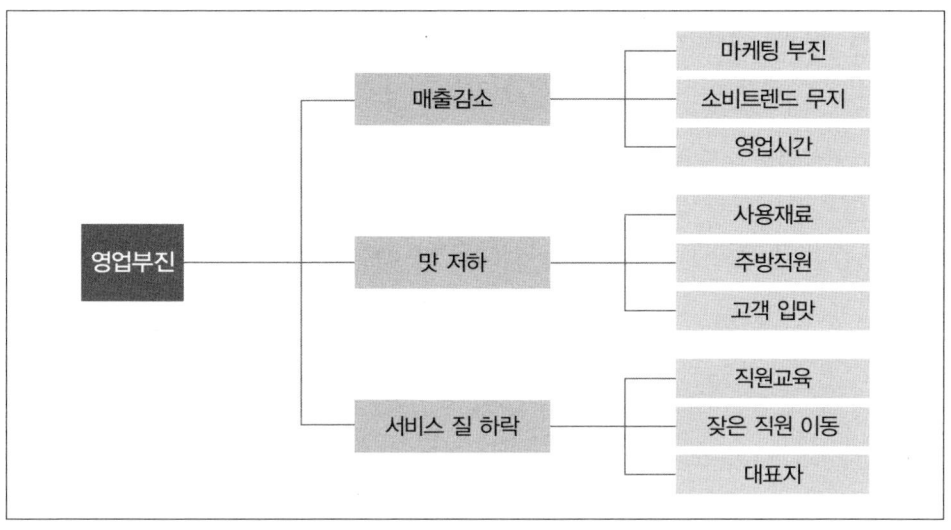

② Why Tree

문제의 근본적이 원인을 찾을 때 사용한다. → 'Why So'

▷ 사례: 외식업소의 매출 하락 원인을 알기 위해 Why Tree 활용

③ How Tree

문제의 원인에 대한 구체적인 해결방안을 수립하는 데 활용된다. 중요한 점은 해결방안을 구체적으로 실행에 옮길 수 있어야 한다.

▷ 사례: 외식업소의 수익증대방안 수립을 위해 How Tree 활용

4) 로직트리기법의 유용성

① 문제의 원인을 알 수 있다.

문제해결을 위한 각 단계에서 풀어야 하는 이슈, 즉 문제의 원인이 무엇인지 명확하게 알 수 있다.

② 누가 할 것인지 정할 수 있다.

가설을 설정하고 검증하는 데 필요한 분석방법과 해당 이슈를 누가 해결할지 구체적으로 정할 수 있다.

③ 문제해결능력이 향상된다.

결국, 논리적인 사고의 유연성이 높아지고 문제해결능력이 향상된다.

5) 로직트리기법 활용 시 고려요인

① 사고의 유연성이 요구된다.

각 과제별로 다양한 각도에서 로직트리를 구성할 수 있는 사고의 유연성이 필요하다.

② 사고가 반복될 때 다른 각도에서 시도한다.

항목에 따라 접근하는 심도가 다를 수 있는데 1~2단계에서 막히거나 비슷한 내용이 반복될 때는 다른 각도에서 시도해보는 것이 효과적이다.

③ 제3자의 확인이 필요하다.

문제에 대한 원인이나 해결방안이 합리적으로 개진됐는지 알아보기 위해 다른 사람의 시각으로 체크해보는 것이 필요하다.

2.4 피시본 다이어그램(인과도표)

1) 피시본 다이어그램이란?

피시본 다이어그램(fishbone diagram)은 문제의 근본원인을 찾아 나가는 과정을 그림으로 표시하는 자료 분석도구로서 문제의 원인을 파악하는 경우에 주로 활용된다. 생긴 모양이 마치 물고기 뼈처럼 생겼다 해서 '피시본 다이어그램'이라고 한다. 이 분석도구는 일본의 품질관리 통계학박사 카오루 이시카와가 발명했다. 이 기법은 문제의 잠재적 원인을 순서대로 범주화하고 그 범주에 속하는 프로세스상의 문제점(잠재적 원인)을 파악하기 위해 사용되기도 하고, 원인과 결과를 확인하거나 예상과 결과치를 분석하기 위해서도 사용한다. 또 외식업소의 매출이나 수익성을 파악하기 위한 도구로 사용하기도 한다.

▷ **외식업소의 이익하락에 대한 피시본 다이어그램의 예**

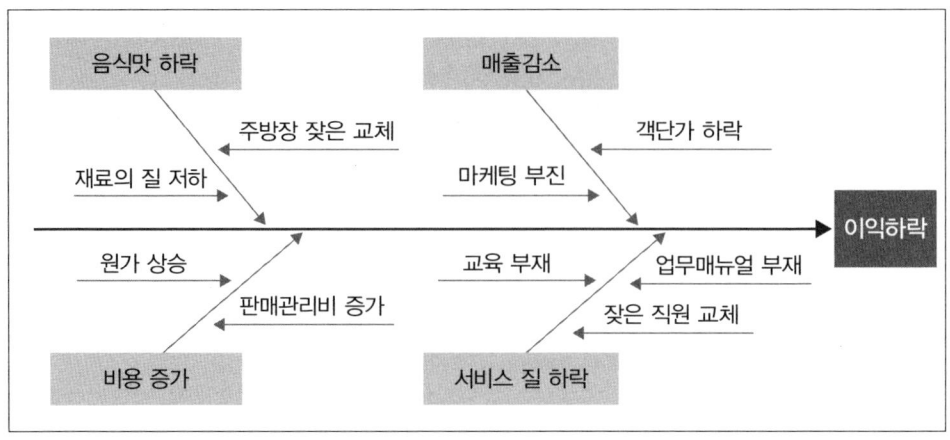

2) 적용절차

피시본 다이어그램은 브레인스토밍에서 도출한 아이디어를 정리해서 도식화하는 방법을 활용한다. 피시본 도표는 물고기의 뼈대와 모양이 비슷해서 붙여진 이름이다. 작성하는 과정은 다음과 같다.

① 도표의 오른쪽에 있는 상자 안에 해결하고자 하는 문제를 적는다. 그리고 왼쪽에서 시작해서 '문제'가 있는 곳까지 오른쪽으로 수평선(물고기의 등뼈 부분)을 긋는다.

② 문제의 근본적인 원인을 찾기 위해 참가자들이 브레인스토밍을 한다.

③ 잠재적 원인을 몇 개의 주요범주로 분류하고 그것들을 표의 아래나 위에 정렬시킨다. 그리고 주요범주에서 등뼈 부분까지 대각선을 긋는다. 이 선들이 피시본 도표의 기본 뼈대가 된다.

④ 각각의 주요범주와 관계있는 해결책을 도표에서 적절한 선(물고기의 가시뼈)을 따라서 배열한다. 이런 절차를 거쳐 도출된 문제의 근본 원인은 해결대안을 만드는 데 기초자료로 제공된다.

2.5 스캠퍼

스캠퍼(SCAMPER)는 7개의 간단한 질문들로 구성된 매우 새롭고 참신한 아이디어 창출방법으로 개인이나 조직의 당면과제를 해결하기 위해 활용된다. 스캠퍼는 브레인스토밍을 개발한 오스본의 체크리스트법을 그의 제자인 밥 애벌(Bob Eberle)이 7가지로 재구성한 창의적인 사고기법이다.

1) 스캠퍼란?

스캠퍼 기법은 기존의 방법이나 제품을 개선하거나 전혀 다른 새로운 것을 만들어 내는 데 요긴한 아이디어 촉진 질문법이다. 스캠퍼 기법은 고정된 사고의 틀에서 벗어나 다각적인 사고와 실험 정신을 요구함으로써 새로운 아이디어를 생성하고 상상력을 활성화할 수 있도록 유도한다. 스캠퍼를 사용하기 위해서는 해결하고자 하는 문제를 기존 사고나 방법, 상식 등과 분리해야 한다(현 상황, 해결방법, 문제 내용, 사후처리, 학습내용, 소요시간 등등). 그리고 문제의 각 단계에서 스캠퍼 질문을 하고 새로운 아이디어를 발견하면 그 내용을 검토하여 적용 여부를 결정한다.

2) 스캠퍼의 특징

이 기법은 여러 측면에서 다양한 사고를 유도한다. 예를 들어 신제품 제작의 경우 기존제품과 전혀 다른 형태의 제품보다는 기존제품을 개선·보완하여 만드는 것이 일반적이다. 대다수의 새로운 제품이나 기술, 시스템 등이 기존의 토대 위에서 비롯된다는 것을 해당 업무에 임하는 조직원들에게 상기시키는 것이 중요하다. 문제를 해결하기 위한 구성원들은 이런 사고의 토대 위에서 스캠퍼 기법을 활용하여 각종 아이디어를 표출하고 접목함으로써, 새롭고 참신한 아이디어를 창출할 수 있다. 스캠퍼는 새로운 발명품을 만들어야 한다는 명제에서 벗어나 사고하는 방법을 다양하게 함으로써, 좀 더 쉽게 새로운 것을 접하는 기회를 얻는 데 그 의의가 있다.

컨설팅3.0 포커스

롤러스케이트 발명

미국의 제임스 플림톤이란 사람이 운동을 게을리하여 신경통을 얻게 되었는데 의사가 신경통에 좋은 운동으로 스케이트를 권하였습니다. 스케이트를 타면서 건강은 좋아졌으나 봄이 되자 얼음이 녹아 버려 더 이상 스케이트를 탈 수 없었습니다. 대부분 스케이트 대신 다른 운동을 했을 텐데, 플림톤은 '얼음이 없어도 스케이트를 탈 수는 없을까?' 생각을 거듭하다가 어린 아들이 가지고 노는 바퀴 달린 말에 시선이 갔습니다. 그때 그는 눈이 번쩍 뜨이는 것 같았습니다.

"그래, 스케이트 날 대신에 바퀴를 달면 되겠군!"

(출처: 집현전특허사무소)

3) 스캠퍼의 7가지 질문

- S: 대체(Substitute)하면?
- C: 결합(Combine)하면?
- A: 응용(Adapt)하면?
- M: 변형(Modify), 확대(Magnify)하면?
- P: 다른 용도(Put to other uses)로 하면?
- E: 제거 또는 축소(Eliminate or Minify)하면?
- R: 뒤집기(Reverse), 재배열(Rearrange)하면?

4) 스캠퍼 사례

① 대체: 'A 대신 B를 쓰면 어떨까?'

  (a) 사람이나 사물을 대체하면 어떨까?

   가마솥 대신 압력밥솥, 맷돌 대신 믹서기, 부채 대신 선풍기, 선풍기 대신 에어컨, 폴라로이드카메라 대신 디지털카메라, 촛불 대신 형광등으로 대체 등

 ⓑ 현재의 용도를 다르게 변경하면 어떨까?
  베이킹 소다를 머리 감는 데 사용, 치약을 얼룩 제거하는 약품으로 대체
 ⓒ 재료를 바꿔 보면 어떨까?
  쇠젓가락을 나무젓가락으로, 콩으로 고기 만들기 등
 ⓓ 성분을 바꿔 보면 어떨까?
  팥빙수 팥 대신 인절미 가루 사용
 ⓔ 역할을 다른 사람으로 바꿔 보면 어떨까?
  역할극, 청바지를 가방으로 대체

② 결합: '기능을 합하면?' '혼합하면?' '아이디어를 조합하면?'

 ⓐ A와 B를 결합해 새로운 짝짓기를 시도하면 어떨까?
  TV와 휴대전화를 결합한 DMB폰, 전화기·TV·사진기·MP3·게임기 등이 결합한 스마트폰, 인터넷서비스(광랜+무선인터넷+IPTV+전화), 복합기(복사+팩스+스캔) 등
 ⓑ 비슷한 기능끼리 혹은 전혀 다른 성분끼리 섞으면 어떨까?
  김칫독과 냉장고가 결합한 김치냉장고, 린스 겸용 샴푸, 에어컨과 공기청정기의 합체 등
 ⓒ 낯설고 이질적인 단어끼리 결합하면 어떨까?
  바퀴 달린 가방(가방+바퀴) 등

컨설팅3.0 포커스

식품산업계 '믹스매치 먹거리' 바람

두부+과일, 나물+빵, 피자+닭갈비, 쇠고기+파인애플…. 패션 업계를 중심으로 돌풍을 일으키고 있는 '믹스매치(mix&match, 섞어서 조화를 이룬다는 뜻)'가 식품업계에도 불어닥쳐 업계 판도를 바꾸고 있다. 상식을 깨는 이색 조합 식품들이 소비자들의 호기심을 끌며 새로운 트렌드로 자리 잡아가고 있다. 전문가들은 영양소를 두루 갖춘 혼합 제품이 식품업계의 대세가 될 것이라고 전망했다. 1일 업계에 따르면 대상FNF는 아침식사 대용으로 떠먹는 두부 '살아있는 아침'을 최근 출시했다. 건강식품으로 손꼽히는 두부에 블루베리, 키위 등 과일을 곁들여 만들었다. 발아콩을 갈아 만든 두부에 블루베리 잼이나 키위 알갱이가 들어 있어 색다른 맛의 두부를 맛볼 수 있다. 대상FNF 심진보 CMG2 팀장은 "아침식사 대용뿐 아니라 여성들의 다이어트 간식, 어린이 건강 간식으로도 좋다"며 "지난 5월 출시 이후 매달 10% 이상씩 판매량이 꾸준히 늘고 있다"고 말했다.

브레댄코는 취나물, 돌나물 등 국내산 나물과 빵을 섞어 만든 '돌나물 심플 샌드위치', '체다치즈와 취나물 포카치아' 등을 시장에 내놨다. '체다치즈와 취나물 포카치아'는 고소한 체다치즈와 향긋한 취나물이 만나 달콤한 맛을 낸다. '돌나물 심플 샌드위치'는 돌나물 특유의 아삭함과 토마토 등 과일의 맛을 동시에 느낄 수 있다. 취나물, 돌나물 등은 칼륨, 비타민C, 아미노산 등이 풍부해 혈액순환에 좋다. 동원F&B는 참치와 코코넛을 섞어 만든 '델큐브 참치 코코넛'을 선보였다. 버거킹은 쇠고기에 파인애플, 토마토, 양상추, 양파 등 과일과 채소를 곁들인 '하와이안 버거'를 개발해 시판에 들어갔다. 동서양의 음식이 결합한 먹거리도 있다. 미스터피자는 한국의 대표 음식인 떡갈비, 닭갈비 등과 피자를 혼합해 '떡갈비 피자', '닭갈비 피자'를 잇따라 출시했다. 떡갈비 피자는 갈비 맛과 떡의 쫀득쫀득한 맛을 동시에 즐길 수 있고, 닭갈비 피자는 쫄깃한 닭다리살을 닭갈비 양념으로 구워 매콤달콤한 맛이 살아 있다.

삼성경제연구소 김진혁 수석연구원은 "판매 마케팅 등은 다른 업체들이 쉽게 따라 할 수 있어 차별화 효과를 기대하기 힘들다"면서 "마지막으로 남은 게 재료 싸움인데, 이색 재료 결합은 새로운 시장을 개척하고 경쟁 업체와 구별되는 차별화 전략"이라고 말했다. 김 수석연구원은 "향후 이색 재료 조합은 식품업계 전반으로 확산될 것"이라며 "'웰빙'이 대세인 만큼 건강과 결부되는 재료들을 어떻게 배합하느냐가 관건"이라고 지적했다. 연세대학교 식품공학과 곽동경 교수도 "건강에 관심이 높은 소비자들의 욕구를 충족하기 위해 혼합 제품이 시중에 나오고 있다"며 "영양소가 풍부한 재료들을 조합한 만큼 건강에도 좋은 영향을 미칠 것"이라고 설명했다.

(출처: 「서울신문」 2011.09.02.)

③ 응용: '과거의 것보다 발전시키면?' '과거의 것과 비슷한 것은?'

개구리 보호색을 응용한 전투복, 물의 낙차를 응용한 물레방아, 장미 가시를 응용한 철조망, 돌고래 초음파를 응용한 초음파 진단기, 고양이 눈을 응용한 야광표지판, 주전자의 원리를 응용한 물뿌리개, 소형 비디오카메라를 응용한 실물화상기, 조명 램프를 적용한 살균 램프, 온도계를 인체에 적용한 체온계, 페트병을 이용한 물로켓, 물만을 이용한 무세제 세탁기, 태양에너지를 이용한 전열판 등

④ 수정-확대-축소: '변형시키면?' '확대하면?' '축소하면?'

 (a) 수정하기: 밥버거, 구부러진 물파스, 옛날 가요의 현대식 편곡, 컵라면, 엠보싱 화장지, 아이패드와 갤럭시 탭(컴퓨터와 노트북을 간소화) 등

 (b) 확대하기: 대형 TV, 대형 햄버거, 빅사이즈 피자, 슈퍼 옥수수, 바람개비를 크게 하여 만든 풍차 등

 (c) 축소하기: 초소형카메라, 미니쿠키, 소형노트, USB 저장장치 등

⑤ 다른 용도로 사용: '다른 쓰임새는?'

돼지껍데기로 콜라겐 팩, 녹차 팩, 주방기구를 난타 공연에 사용, 페스타킹을 모내기할 때 착용, 폐선박이나 비행기를 레스토랑으로 사용, 치약을 금속광택 연마제로 사용, 유모차를 노인용 지팡이와 바구니로 사용, 나무젓가락을 비녀로 사용, 가위를 주방용 가위로 사용, 전지 가위, 스타킹을 보온용으로 사용, 껌으로 이빨 닦기 등

⑥ 제거하기: '자르고 없애면?'

튜브 없는 타이어, 무알콜 맥주, 디카페인 커피, 무가당 주스, 디지털카메라(필름 없음), 무선 키보드, 마우스, 칼날 없는 칼(레이저 칼), 무선 다리미, 씨 없는 수박, 내시경, 3단 우산, 벽걸이형 TV, 소리를 작게 하는 자동차 소음기, 초소형 휴대전화 등

⑦ 재배열 또는 뒤집기: '순서를 바꾸거나 반대로 해본다면?' '역할을 바꾸면?' '위치를 바꾸면?'

후륜구동에서 전륜구동, 누드김밥, 거꾸로 타는 보일러, 상표를 밖에 붙인 옷, 출퇴근 자유근무제, 냉동실을 하단에 재배치, 운전석을 왼쪽에서 오른쪽으로, 페달을 뒤로 밟아도 앞으로 가는 자전거, 병뚜껑 아래에 있는 화장품 용기, 양말에서 벙어리장갑을 창안, 장갑에서 발가락양말을 창안, 앞에 있던 버스 엔진을 버스 뒤쪽으로, 늘어나는 스프링 성질을 바꿔 만든 줄어드는 압축 코일 스프링 등

5) 창의적 사고 및 발상기법[23]

① 단순화해라(Subtract)

어떤 요소나 부분을 지우거나 생략하라. Subject에서 무엇인가를 치워버려라. 압축시키거나 더 작게 만들어라. 다음과 같은 생각을 해라. 어떤 것이 제거되거나 축소되거나 처분될 수 있는가? 어떤 법칙을 깰 수 있는가? 어떻게 단순화하고 추상화하고 스타일화하고 생략할 것인가?

"좀 덜한 것이 더 좋은 것이다(Less is More)." - Arni Ratia

② 반복해라(Repeat)

모양, 색, 형태, 이미지 또는 아이디어를 반복하라. 어떤 방법으로 자신이 참고한 주제를 반복하고 의미를 이중화하거나 고쳐라. 발생과 반동과 결과와 진행의 요인을 어떻게 조절할 수 있는가?

"모든 느낌은 반복에 의해 더욱 심화되는 경향이 있다." - J. Sully

③ 함께 생각하라(Combine)

함께 생각하도록 해라. 관계를 만들고 정리하고 연결하고 통일하고 혼합하고 융화시키고 결합하고 재배치하라. 아이디어들(생각)을, 재료들을, 기술들을 결합하라. 유사하지 않은 것들이 창조적인 통합체가 되도록 해라. 그 밖의 어떤 것들이 자신의 작품과 연결될 수 있는가를 생각하라. 여러 가지 다른 감각, 서로 다른 참고 형식 또는 서로 다른 주요한 분야로부터 어떤 종류의 연결이 있을 수 있는가?

"모든 예술 그리고 대부분의 지식은 관련(connection)을 이해하는 것이거나 관련을 만들어 내는 것이다. 당신이 이미 알고 있는 것과 관계를 갖는 한 당신은 새로운 것을 배우거나 융합할 수 없다." - Ralph Caplan(2011 AIGA 훈장 수상)

④ 덧붙여라(Add)

자신의 참고 작품을 발전시키거나 확장하거나 확대하라. 증대시키고 첨가시키고 전진시키고 추가시켜라. 과장하라. 더 크게 만들어라. 자신의 아이디어, 상상, 대상 또는 재료에 어떤 것이 덧붙여질 수 있는지 생각하라.

⑤ 옮겨라(Transfer)

자신의 작품을 새로운 상황과 환경, 배경 속으로 옮겨라. 각색하고 순서를 바꾸고 재

---

[23] 참조: 한국기독교목회상담협회 「창의적 표현기법과 사고를 위한 23개 방법론」

위치 하고 뒤죽박죽으로 만들어라. 새롭고 다른 형식을 고려하여 작품을 알맞게 고쳐라. 작품을 정상적인 환경에서 떼어내어 다른 역사, 정치, 사회, 지리적 장소와 시간에 맞게 작품을 변형시키고, 다른 시각으로 보아라. 자신의 작품의 기술적 원리, 디자인적 특성 그 밖의 특별한 특성을 다른 것으로 바꾸어라. 새의 날개 구조가 다리 디자인의 모델로 사용된 것처럼.

⑥ 공감하라(Empathize)

공감(감정이입)해라. 자신의 작품과 일치하라. 만약 작품이 생명을 가지지 않더라도 인간의 특성을 가진 것으로 생각하라. 어떻게 작품과 감정적으로 내적으로 관계할 수 있을까?

"너 자신을 작품으로 전환시켜라." - Henry Fuseil(18세기 독일 화가·작가, 1741~1825)

⑦ 생명력을 줘라(Animate)

그림이나 디자인 속의 시각적 심리적 긴장을 동원해라. 그림 속의 힘과 움직임을 조절하라. 반복, 진행, 연속, 해설의 요소를 응용하라. 작품을 인간의 특징을 가진 것으로 생각하면 작품이 생명력을 갖게 될 것이다.

⑧ 중첩시켜라(Superimpose)

오버랩시키고 위에 놓고 덮어라. 서로 유사하지 않은 상상이나 생각들을 겹쳐서 이중으로 만들어라. 새로운 이미지나 아이디어 그리고 새로운 의미를 만들어 내기 위해 요소들을 겹쳐라. 자신의 작품 위에 원근법이 서로 다른 것, 시간이 서로 다른 것 등을 겹쳐 놓아라. 감각을 한데 묶어라. 서로 다른 틀을 가지고 있는 요소들과 이미지 중 어떤 것들이 한 시점으로 묶일 수 있는가? 입체파 화가들이 한 대상을 (한꺼번에) 그 대상의 서로 다른 순간을 보여주기 위해 어떻게 여러 다른 장면들을 겹쳤는지 주목하라.

⑨ 크기를 바꿔라(Change Scale)

주제를 더 크게 혹은 더 작게 하라. 비례, 상대적 크기, 차원을 바꿔라.

⑩ 대치하라(Substitute)

서로 맞바꾸거나 교환하거나 대치시켜라. 다른 아이디어, 이미지, 재료, 요소가 작품의 전체 혹은 부분과 대치될 수 있는가?

⑪ 쪼개라(Fragment)

분리하고 나누고 쪼개라. 작품의 주제나 아이디어를 떼어내라. 해부하라. 작은 조각으로 잘라 내거나 해체해라. 작품이 비연속적이거나 미세하게 보이도록 하기 위해 어떤 의도적 고안이 필요한가?

⑫ 떼어놔라(Isolate)

분리하고 서로 떨어뜨려 놓고 떼어놓아라. 단지 작품의 일부만을 사용하라. 그림을 구성할 때, 부분적으로 이미지나 시각적 영역을 쪼개기 위해 viewfinder(카메라의 화상을 보기 위해 눈을 대는 곳)를 사용하라. 어떤 요소를 분리하거나 초점을 맞출 수 있는가?

⑬ 왜곡시켜라(Distort)

작품의 원래의 모양, 비례, 의미를 비꼬아라. 자신이 어떤 종류의 상상된 혹은 실제의 왜곡에 영향을 줄 수 있는지 생각하라. 어떻게 기형적으로 만들 수 있는가? 더 길게, 더 넓게, 더 두껍게, 더 좁게 만들 수 있는가? 기형화할 때 독특한 은유적 혹은 미학적 특질을 그대로 남겨두거나 만들어 낼 수 있는가? 녹이고, 태우고, 부수고, 어떤 것 위에 엎지르고, 묻어버리고, 금 가게 하고, 찢고 그것을 왜곡할 수 있는가? 왜곡은 또한 허구화를 의미하기도 한다.

⑭ 위장하라(Disguise)

위장하고 은폐하고 속이고 암호화하라. 어떻게 주제를 이미 있는 형식에 이식할 수 있고 숨기고 위장할 수 있는가? 예를 들어 자연계에서 카멜레온이나 이끼나 그 밖의 다른 종들은 모방으로 자신들을 숨긴다. 그들의 외모는 배경을 모방한다. 이것을 자신의 작품에 어떻게 적용할 수 있는가? 의식적으로 깨닫지는 못하지만, 무의식적으로 의미가 통하는 (숨어있어 보이지는 않지만) 잠복한 이미지를 어떻게 만들 수 있을까?

⑮ 부정하라(Contradict)

사물의 원래 기능을 부인하라. 모순되게 하고 번복하고 부정하고 발전시켜라. 사실상 많은 위대한 예술은 시각적, 지적 부정이다. 그것들은 그것들의 미학적 구조의 형식 속에 합쳐진 반대되는, 반이론적인, 전환적인 요소들을 포함한다. 자연의 법칙, 중력, 자기장, 성장 사이클, 비례, 역학적 인간적 기능, 과정, 게임, 관습과 사회적 관례에 역행하는 관계가 되도록 어떻게 자신의 작품을 시각화할 것인가? 풍자적 예술은 사회적 위선의 관찰과 반항적 행동에 기초를 두고 있다.

"이중사고(double think)는 마음속으로 서로 모순되는 생각을 동시에 갖게 하고 그것

둘 다를 받아들이는 힘을 의미한다." - George Orwell

⑯ 패러디하라(Parody)

우스꽝스럽게 하라. 흉내 내라. 조롱해라. 익살을 부리거나 캐리커처 해라. 대상을 재미있게 만들어라. 비아냥거려라. 시각적인 농담과 익살로 변형해라. 유머러스한 요소를 개발하고 얼간이 같고 코믹하게 하라. 시각적인 모순과 수수께끼를 창조하라.
"모든 농담은 결국은 익살극이다." - George Orwell
숭고한 것과 우스꽝스러운 것과는 너무나 밀접한 관계가 있다. 즉, 다시 말해 그 둘을 분리하는 것은 어렵다.
"숭고한 것에서 한 걸음 더 나가면 우스꽝스러운 것이 되고, 우스꽝스러운 것에서 한 걸음 더 나가면 숭고한 것이 된다." - Tom Paine

⑰ 애매모호하게 하라(Prevaricate)

애매모호하게 해라. 허구화해라. 진실을 구부려라. 속여라. 공상하라. 악의없는 거짓말을 하는 것이 사회적으로 받아들여지지 않는다 해도 그것은 전설과 신화를 만드는 그런 것들이다. 대용 정보를 제공하기 위한 주제로서 자신의 작품을 어떻게 사용할 수 있는가? 애매모호하게 해라. 즉 혼란스러웠던, 현혹시켰던, 그리고 두 가지 이상으로 해석될 수 있는 혼란스럽거나 현혹시켰던 애매한 정보를 표현하라.

⑱ 유사성을 찾아라(Analogize)

비교하라. 집합체를 그려라. 서로 다른 것들 사이의 유사성을 찾아라. 자신의 작품을 다른 학문 분야의 요소에, 또 사상의 세계에 비유하라. 자신의 작품을 무엇에 비유할 수 있는지 생각하라. 논리적 그리고 비논리적 연상을 만들 수 있는가? 과장된 유추는 상승효과, 새로운 지각(이식) 그리고 효능 있는 은유를 만들어 내는 한 방법이다.
"자신의 창조 과정을 증진시키기 원하는 사람은 유사성을 붙잡는 연습에 몰두해야 한다." - Sylvano Arieti

⑲ 잡종화하라(Hybridize)

교접 수정시켜라. 말도 안 되는 짝과 결합시켜라. 만약, A와 B를 교배한다면 어떤 것을 얻을 수 있겠는가? 창조적 사고는 서로 다른 영역의 대상을 접합시킴으로써 생겨나는 정신적 잡종의 한 형식이다. 잡종(hybridization) 메커니즘을 색, 형식, 구조의 사용으로 옮겨라. 아이디어나 지각뿐 아니라 다른 것들과 교류하는(cross-fertilize) 조직적 요소들도 옮겨라. 그리고 현저하게 변형시켜보자.

⑳ 변형한다(Metamorphose)

변형한다. 변용한다. 바꾼다. 변화 상태에 있는 작품을 묘사하라. 그것은 아주 간단한 변용이다. (예를 들면 색깔을 바꾸는 것) 또는 전체 형태를 바꾸는 것은 더 근본적인 변화이다. 지킬과 하이드 변형과 같은 근본적이고 초현실적인 은유뿐 아니라 노화나 발전, 변형의 형태인 고치에서 나비로 변화하는 과정에 대해서 생각해 본다. 변화는 염색체 유전 암호의 생화학적 변화가 일으키는 급진적인 유전상의 변환이나 변신 더 나아가 변태를 의미한다.

은유나 변화를 각자의 작품에 어떻게 적용시킬 수 있는가?

"이 우주에는 멸종된 것은 아무것도 없다. 단지, 모든 것들이 다양해지고 새로운 형태로 되는 것일 뿐이다." - Ovid

㉑ 기호화하라(Symbolize)

자신의 작품을 기호화된 특징으로 어떻게 채울 수 있는가? 시각적 상징은 그 이상의 어떤 것을 상징하는 그래픽적 고안물이다. 예를 들면 적십자는 원조(도움)를 의미하고 올리브 나뭇가지를 들고 있는 비둘기는 평화를 상징한다. 공적인 상징들은 너무나 잘 알려져 있고 널리 이해되기 때문에 진부한 것이다. 그러나 개인적인 상징은 비밀스러운 것이고, 그것을 만든 사람에게만 특별한 의미를 가진다. 예술 작품들은 대중적이고 개인적인 상징 모두를 가지고 있다. 자신의 작품을 상징적 이미지로 바꾸기 위해 어떻게 할 것인가? 그것을 대중적인 상징으로 어떻게 만들 수 있는가? 또는 개인적인 은유로 만들기 위해 무엇을 할 것인가?

㉒ 신화화하라(Mythologize)

자신의 작품에 대해서 신화를 만들어라. 60년대에 팝 아티스트들은 일상적인 대상을 신화화했다. 코카콜라병, Brillo Pads, 코믹한 인물들, 영화배우, 대중매체 이미지, 뜨거운 지팡이, 햄버거 그리고 프렌치프라이 또는 그런 보잘것없는 대상들은 20세기 예술을 시각적으로 표현했다. 자신의 주제를 인습적인 대상으로 어떻게 바꿀 수 있는가?

"신화의 메시지는 그것들의 관계와 조정을 융합함으로써 전달된다." -Claude Levi-Strause

㉓ 환상을 사용하라(Fantasize)

자신의 작품을 환상적으로 만들어라. 초현실적이고 앞뒤가 뒤바뀌고 이색적이고 난폭하고 기묘한 생각들을 표현하기 위해 환상을 사용하라. 정신적 그리고 감각적인 기대를 무너뜨려라. 자신의 상상을 얼마만큼 확장시킬 수 있는가? 만약 자동차가 벽돌로 만들어졌다면 어떻겠는가? 내기당구를 하는 악어들은 어떻겠는가? 또 곤충들이 인간보다 더 크게 자란다면 어떻겠는가? 만약 밤과 낮이 동시에 생겨난다면 어떻겠는가?

"실제의 세상은 한계가 있지만 상상의 세계는 무한하다." - Jean Jacques Rousseau

컨설팅3.0 포커스

추상·감정이입·놀이에 빠져들라

로버트 루트번스타인(Robert Root-Bernstein)의 책 『생각의 탄생』은 '창의성의 교과서'로 통한다. '관찰' '형상화' '패턴 인식' '유추' '몸으로 생각하기' 등 13가지 생각도구를 소개하고 그 사용법을 알려준다. 루트번스타인 교수에게 "13가지 중 기업에 가장 중요한 세 가지를 꼽아달라"고 부탁하자 그는 "좋은 질문"이라고 하더니 '추상화' '감정이입' '놀이'를 꼽았다.

1. 추상화(Abstracting)

추상화는 대상의 특성 한두 가지만으로 대상 전체를 표현함으로써 문제의 본질을 추려내는 훈련이다. 루트번스타인 교수는 "본질을 골라낼 줄 알면 제품에 본질을 심어 넣을 수 있고, 어떻게 마케팅할지에 대한 정답도 보인다"고 말했다.

"제품을 보자마자 '아, 이건 이렇게 쓰는 것이구나'를 명확하게 이해할 수 있다면 제대로 된 추상화입니다. 그런 점에서 애플은 추상화를 가장 잘 사용하는 기업입니다. 애플은 아이팟을 출시하면서 '음악을 휴대하면서 언제나 듣고 싶다'는 소비자들의 욕구를 파악하고, 그 본질에 집중해 제품을 만들었습니다. 그리고 이에 가장 딱 떨어지는 광고 카피 '주머니 속의 노래 1,000곡'을 짚어냈죠."

2. 감정이입(Empathizing)

감정이입은 다른 사람의 몸과 마음을 통해 세계를 지각하는 것이다. 문제 속으로 들어가 문제의 일부가 되면 문제를 가장 완벽하게 이해할 수 있다.

"혁신은 감정이입에서 나옵니다. 예컨대 아이팟을 디자인하려면 아이팟을 사용하는 소비자에 감정을 이입해야 합니다. 사용자가 어떻게 생각하는지 알아야 최적의 인터페이스를 찾을 수 있거든요."

루트번스타인 교수는 "감정이입은 기업에도 꼭 필요한 것"이라고 말했다. "예를 들어 경영진이 엔지니어의 관점을 이해하지 못하면, 엔지니어만 몰아붙이는 결과가 나옵니다. 어떤 기업이든 예산은 부족하고, 시간은 없습니다. 그런데 모든 기능은 다 넣어야 하니 결국 엔지니어를 닦달하곤 하죠. 그러면 엔지니어가 소비자 관점에 감정이입할 여유가 없어 제품에 문제가 발생하는 겁니다."

3. 놀이(Playing)

"경영진들은 항상 새로운 관점이 필요한 사람입니다. 그래서 놀이를 추천합니다. 놀이는 분명한 목적이나 동기도 없고, 성패를 따지지도 않아요. 결과를 누군가에게 설명해야 할 필요도 없습니다. 놀이에 시간을 투자하면 기존의 지식을 변형하고 새로운 이해를 할 수 있게 됩니다. 스트레스로부터도 해방될 수 있고요."

(출처: 「조선비즈」 2015.01.05.)

3 전략과제 도출 및 개선대안 마련(사례 연구)

문제가 드러나고 그 원인을 알아냈으면 전략과제를 도출하고 개선대안을 마련해야 한다. 수술해서 환부를 도려낼 것인지 간단한 시술을 할 것인지, 아니면 약을 복용하거나 간단한 운동만으로 치료가 가능한지, 해당 점포에 대한 해결방안을 도출해서 제시하는 단계가 컨설팅의 문제해결을 위한 대안 마련 단계이다. 이 부분은 순댓국전문점의 수익성 하락에 대한 전략과제도출 및 개선대안을 예로 설명한다.

3.1 문제와 내용

문제	문제의 내용
매출 감소	메인음식인 순댓국과 순대모듬의 매출이 2015년 7, 8월부터 하락하기 시작하여 2016년 2월 현재 15%, 30%씩 감소하여 회복되지 않고 있음
고객 수 감소	고객 수는 2016년 2월 현재 전년 동기 대비 15% 감소한 상태임
객단가 하락	객단가는 2015년 상반기보다 20%, 전년 동기 대비 30% 이상 하락한 상황임
재료비 인상	돼지머리고기를 비롯한 순대 등의 원재료가 전년 동기 대비 30% 상승했으며, 부재료도 15% 상승했음
인건비 인상	인건비는 전년 동기 대비 10% 인상된 상황임

3.2 문제 원인 분석

문제	내부 원인(개선 가능한 것)	외부 원인(개선 불가능한 것)
매출 감소	• 음식품질의 하락 • 불친절 • 정리정돈 및 청소상태 불량 • 인테리어 노후 및 난방과 냉방이 잘 안됨	• 경쟁점포 입점 • 유사 경쟁업체 입점 • 경기 부진 • 소비심리 위축 • 순댓국에 대한 문제기사 게재
고객 수 감소	• 가격 인상 • 서비스 음식 축소 • 종업원의 불친절	• 주 고객인 직장인 수 감소 • 새로 입점한 순댓국집 선호 • 점심을 간단하게 해결하려는 경향 심화

객단가 하락	• 모듬요리의 양이 적어진 것 • 편하게 술을 마시기 불편한 분위기	• 자에서 자로, 자에서 자로 주문하는 취향 확대 • 음주보다는 식사 위주의 음식문화 확산 • 회식비 감소로 음식비 개인 지불 증가 • 안주의 변화(모듬요리→술국)
재료비율 증가	• 재료감모손의 증가 • 재고관리에 문제가 있음 • 선입선출이 지켜지지 않음 • 구매선의 획일화 • 재료의 전량 외부삽입	• 국내 농축산물 가격 인상 • 강추위로 원재료 수급차질 • 파, 들깨 등 부재료에 대한 고객의 수요 증가 • 중국 수입농축산물가격 폭등
인건비 상승	• 업무동선의 불합리 • 불합리한 업무분장 • 과다한 보상제도 • 사업자의 지나친 외출	• 종업원의 휴일 수 증가 • 야간수당 증가 및 4대 보험 의무화 • 외식업 인력시장 일당 인상 • 순댓국집의 고된 노동으로 기피 현상 심화

3.3 전략과제도출

3.4 전략과제 단계별 로드맵

구분	전략과제명	핵심추진내용	실행목표	실행기간	실행자
제1과제	품질/서비스 교육				
제2과제	경비사용 매뉴얼 마련				
제3과제	이벤트 실시				
제4과제	산지 계약				
제5과제	지역특산물 판매				

4장

"컨설팅보고서 작성방법을 알고 싶어요."

1 컨설팅보고서의 의미

　컨설팅을 착수한 후, 진단을 통해 전략과제를 도출하여 해결대안이 마련되면 고객에게 보고서를 제출하는 절차가 남는다. 물론 사후관리 부분은 보고서에 명시한다. 컨설팅의 성패는 고객이 얼마나 개선안을 실천하느냐에 달려있다. 개선안이 아무리 훌륭해도 고객이 실행하지 않으면 소용이 없다. 고객의 실행은 고객의 이해를 바탕으로 공감할 때 가능하다. 즉 고객을 설득할 수 있는 대안이어야 공감을 얻을 수 있다. 개선안에 대한 고객의 공감은 컨설팅의 착수단계부터 실행안을 작성하는 과정 동안 얼마나 고객이 동참했느냐에 따라 다르기도 하고, 컨설턴트가 보고서를 어떻게 작성하느냐에 따라서도 실행 여부에 영향을 미치기도 한다. 고객의 참여와 이해가 고객이 실행안을 행동으로 옮기는 핵심 키가 된다.

2 컨설팅보고서의 역할

컨설팅보고서는 컨설턴트가 얼마나 충실하게 해당 프로젝트를 수행했는지를 고객에게 보여주는 것이다. 보고서는 구체적으로 다음과 같은 기능을 한다.

1) 컨설팅 수행내용을 요약해서 정리한다.

컨설턴트는 컨설팅 진행과정에서 도출된 문제와 원인, 분석내용 및 해결대안 등을 고객에게 구체적으로 제시한다. 컨설팅 수행과정에서 고객과 함께 문제를 살펴보고 해결방안에 대한 의견을 나눔으로써 개괄적인 내용은 이미 알고 있겠지만, 수행과정의 전반적인 내용은 컨설팅보고서에 서술해서 공식적으로 고객에게 전달된다.

2) 고객 사업장의 점포운영 지침을 제시한다.

고객이 점포를 운영하는 데 해결하고자 하는 문제나 애로사항에 대한 해결대안을 제시한다. 예를 들어 매출증대, 이익증대, 원가절감, 소통, 고객서비스 개선, 매장관리, 인·익스테리어 개선, 판촉방법, 노무관리 등 가장 중요하고 핵심적인 부분을 해결할 수 있는 지침을 제시함으로써 컨설팅 의뢰목적을 달성할 수 있게 한다.

3 컨설팅보고서의 항목 구성

①컨설팅 결과보고서 개요
②사업장 현황
③외부환경 분석
④내부환경 분석
⑤사업성 분석
⑥전략과제도출 및 개선대안 마련
⑦결론 및 권고사항
⑧사후관리 방안

컨설팅보고서의 항목 구성은 업종의 특성이나 문제의 종류에 따라 달라질 수 있다. 컨설팅보고서 첫 페이지에 보고서의 제목과 해당 사업장의 로고 및 컨설턴트 이름과 제출일자를 제시한다. 다음에, 목차에 앞서 '컨설팅 결과보고서 개요'를 제시함으로써 컨설팅 핵심내용을 한눈에 볼 수 있게 한다. 컨설팅 결과보고서 개요에는 컨설팅의 주제와 함께 컨설팅 기간, 사업전망, 성공키워드, 기대효과 등을 제시한다. 다음에 사업장 현황을 제시하고, 환경 분석 부분을 제시한다.

해당 업종에 관련된 외부환경 분석 내용으로는 정치, 경제, 사회·문화, 기술 및 매체 등의 거시환경과 고객, 경쟁사, 대체재 및 공급업자 등의 산업환경을 분석한 내용을 제시한다. 그리고 해당 점포에 대한 상권·입지분석을 통해 고객과의 접점에서 해당 입지의 상황을 제시한다. 이어서 사업자의 역량과 사업장 현황에 대한 내부환경을 분석한다. 이러한 외·내부의 환경 분석을 기초로 SWOT 분석을 한다. 그러고 나서 시장성과 기술성 및 수익성 분석을 통해 해당 점포의 사업성을 분석한다. 제반 분석을 토대로 해당 점포의 문제와 문제점을 도출하고 그에 대한 해결대안을 마련한다. 해결대안에 대한 단계별 수행내용을 제시하고 향후 사업화 방향을 권고한다. 해결대안에 대한 고객의 실행력을 높이기 위해 규칙적으로 모니터링하는 방법을 제시하고 의견을 나눈다.

4 컨설팅보고서 작성 시 유의사항

컨설팅보고서는 전반적인 컨설팅 수행과정과 그 결과를 고객에게 설명하는 수단이며 앞으로 고객이 자신의 사업장에서 활용하게 될 중요한 지침이다. 또한, 컨설턴트를 평가하는 수단의 하나이므로 보고서를 작성할 때는 다음 사항에 주의해야 한다.

1) 고객이 주로 관심을 갖고 있는 문제의 해결방안에 초점을 맞추어야 한다.

일반기업과 달리 외식업소를 운영하는 사업자는 자신이 사장이면서 실무자이기 때문에 사업자가 고민하는 문제에 접근해서 해결대안을 제시하는 것이 바람직하다.

2) 보고서는 이해하기 쉽고 설득력이 있어야 한다.

고객이 해결대안을 잘 실행하기 위해서는 보고서의 내용이 논리적이어야 한다. 그래야 고객이 보고서의 내용을 쉽게 이해하며 관심을 가질 수 있다. 보고서 개요 부분에서 사업전망과 기대효과 등을 제시하는 것도 관심을 이끌어내는 방법이다.

3) 전문적인 용어 사용은 가능한 줄이고 쉬운 표현으로 바꾸어 설명한다.

외식업소를 운영하는 사업자들은 20대에서 60~70대까지 그 폭이 넓다. 교육수준도 많은 편차가 나기 때문에 특히 용어사용에 주의해야 하며 어려운 단어는 쉬운 표현으로 바꾸어 사용하는 것이 바람직하다. 고객의 입장에서는 단어 하나에도 마음에 거슬리거나 기분이 상할 수 있다. 고객은 이해가 안 되는 용어가 있어도 묻지 않는 경우가 대부분이며 그런 용어를 접하게 되면 보고서에 대한 관심을 잃게 된다는 사실을 명심해야 한다.

4) 중언부언을 지양하고 필요 이상의 내용으로 보고서의 양을 늘리지 않도록 한다.

전문지식이 많다는 것을 과시하기 위해 비슷한 내용을 반복하거나 필요 이상의 내용으로 중언부언하면 전하고자 하는 핵심이 흐려질 뿐 아니라 보고서의 질을 떨어뜨리게 된다.

5) 컨설팅보고서의 이해를 돕기 위해 시각적인 보조 자료를 많이 사용하는 것이 좋다.

사진이나 표, 도표, 그림은 물론 지도 등으로 고객의 이해도를 높이는 것이 중요하다. 특히 해당 점포를 중심으로 상권이나 입지분석과 관련된 지도는 필수적이다. 강조하는 부분은 글씨의 포인트를 달리하거나 색깔의 변화를 주는 것도 바람직한 방법이다.

5 컨설팅보고서의 윤리성

보고서의 윤리성은 크게 세 가지로 나눠볼 수 있다. 첫째는 컨설팅을 의뢰한 고객과 그 사업에 대한 비밀보장, 둘째는 해당 사업장에서 종사하는 구성원뿐 아니라 피조사자에 대한 익명성 보장, 그리고 세 번째 분석에 이용되는 자료에 대한 출처는 물론 제반 수치들에 대한 정확성 등으로 나누어 볼 수 있다.

1) 고객과 고객의 사업에 대한 윤리적인 측면

혼자 하는 소규모 사업이라 할지라도 타인에게 말하거나 보여주고 싶지 않은 부분들이 있다. 소상공인컨설팅의 경우 매출, 이익뿐 아니라 내부 속사정에 대해 말을 잘 안 하려는 경향이 있다. 마치 자신의 병을 치부로 생각해 의사의 질문에 정확하게 말을 하지 않는 환자의 경우와 비슷하다고 할 수 있다. 컨설턴트는 그 마음을 십분 이해하고 고객에게 비밀이 보장된다는 믿음을 주는 동시에 자연스럽게 고객이 마음을 열고 컨설팅을 받을 수 있도록 노력해야 한다.

2) 인터뷰 당사자들과 피조사업체에 대한 윤리적인 측면

컨설팅 수행과정에서 해당 업체의 종업원들은 물론 주변 업체나 기타 특정 업체의 정보를 활용하는 것은 필수적이다. 해당 업체의 문제를 분석하고 해결안을 도출하는 과정에서 종업원들과의 면담은 없어서는 안 될 중요한 부분이다. 특히 문제의 원인을 도출하는 데 실무자들과의 대화 내용은 결정적인 역할을 한다. 실무자 대부분은 점포운영의 문제점이 무엇이고, 그 문제가 어디서 어떻게 발생하는지 잘 알고 있다. 하지만 사업자의 경영스타일이 문제의 원인인 경우 종업원들은 그 내용을 밖으로 표출하기 꺼린다. 따라서 컨설턴트는 균형 있는 자세를 견지하며 면담이 비밀보장된다는 확신을 주어야 한다. 면담자에 대한 비밀보장은 문제의 원인을 도출하는 데도 중요하지만 추후 개선안을 실행하는 사람 역시 면담자들이기 때문에 더욱 중요한 부분이다. 종업원뿐 아니라 기타 피조사자나 주변 업체에 대한 정보 역시 외부로 유출되지 않도록 각별한 주의를 기울여야 한다.

3) 컨설팅 내용의 모든 정보는 정확한 수치가 생명이다.

컨설팅에 필요한 자료를 수집·검토·분석하는 과정의 수치는 물론, 그것을 참고로 작성한 수치 역시 객관성과 정확성이 유지되어야 한다. 외식업체에 대한 컨설팅 자료를 수집하는 경우 대기업에서 주로 이용하는 1차 자료[24] 수집을 위한 시장조사는 상당한 비용과 시간이 필요하기 때문에 현실적으로 잘 이루어지지 않는다. 따라서 자영업체들의 자료조사는 2차 자료에 의존하는 것이 대부분이다. 수집된 2차 자료는 자료 자체의 정확도를 높이기 위해 다양한 분석이 필요하다. 일단 기본 자료로 도출된 해결방안이 타당성과 신뢰성[25]을 확보할 수 있도록 해당 정보에 신빙성이 있어야 한다. 의뢰인의 마음을 살피거나 해당 업소에 유리한 방향의 해석에서 벗어나 객관적이고 정확한 정보를 제시하는 것이 무엇보다 중요하다.

----

24) 1차 자료는 어떤 조사를 위해 직접적으로 수집된 자료로서 자료의 수집을 위해 설문조사, 관찰, 실험 등의 방법이 사용된다. 2차 자료는 다른 목적을 위해 수집된 기존의 자료로서 원천에 따라 '내부자료', '외부자료'로 나눈다.
25) 타당성이란 평가도구가 측정하려는 능력이나 특성을 충실하게 재는 정도로서, '무엇'을 측정하는가에 의미가 있다. 신뢰성은 평가도구가 사물이나 인간의 특성을 오차 없이 정확하게 측정하는 정도를 나타내는 말로서, '어떻게' 측정하고 있는가를 의미한다.

3부

외식업소에서 원하는 컨설팅 10선

1선

"점포운영에 필요한 자금을 조달받고 싶어요."

외식업종을 창업할 때나 점포운영 중에 자금이 필요할 때가 적지 않다. 사업자는 시중 금융기관에서 돈을 빌릴 수도 있지만, 담보능력이나 금리에 따라 정부의 지원제도를 활용할 수 있다. 소상공인의 경우 정부에서 지원하는 자금은 최고 7천만 원에서 1억 원까지 가능하다. 실제 대출금은 융자한도액보다 적지만 담보 없이 돈을 빌릴 수 있어서 자금융통에 도움이 될 수 있다. 다음은 국가에서 지원하는 2016년 소상공인 정책자금에 대한 내용이다.

1 소상공인 창업자금

성장유망형 창업 초기 소상공인에 대한 자금 지원을 통해 자금난 해소 등 유망업종 창업 유도 및 창업 생존율을 제고한다.

1) 지원대상

「소상공인 보호 및 지원에 관한 법률」상 소상공인[26] 중
- 사업 개시 12개월 이내의 창업 초기 소상공인
- 소상공인사관학교 졸업생 중 창업 소상공인
- 지원이 안 되는 기업: 유흥 향락 업종, 전문 업종 등 융자제외 대상 업종(별표)[27]에 해당되지 아니할 것

2) 지원 내용

- 대출금리(변동금리): 매 분기 초 소상공인시장진흥공단 홈페이지에 공고
- 대출한도: 업체당 7천만 원(소상공인사관학교 졸업자 1억 원 한도)
- 대출기간: 5년 이내(거치기간 2년 이내 포함)
- 상환방식
  ① 창업 초기 소상공인: 2년 거치 후 3년간 대출금액의 70%(또는 100%)는 3개월(또는 1개월)마다 균등 분할 상환하고, 30%는 상환 기간 만료 시에 일시상환
  ② 소상공인사관학교 졸업생: 2년 거치 후 3년간 대출금액의 100%에 대하여 1개월마다 균등 분할 상환
- 대출 취급 금융기관(19개): 국민, 기업, 신한, 우리, 산업, 한국 씨티, KEB하나, 부산, 대구, 광주, 전북, 경남, SC제일, 제주은행, 농협중앙회, 저축은행중앙회, 수협중앙회, 새마을금고, 신협중앙회

3) 지원 절차

---

[26] 상시근로자 5인 미만 소상공인(제조·건설·운수·광업은 10인 미만)
[27] 참조: 중소기업청, 「2016년도 중소기업 지원시책」, p438~9

- 소상공인 창업자금(대리대출)
  ▶ 신청·접수[공단(지원센터)]→ 신용평가(지역신용보증재단)→ 대출실행(은행)→ 대출완료 및 통보(은행)
    ① 신청·접수: 소상공인지원센터
      - 소상공인지원센터의 상담을 거친 후 자금 신청
    ② 신용보증서 발급: 지역신용보증재단, 신용보증기금(신청인의 신용·재정상태·경영능력·사업성 등을 종합적으로 평가하여 발급)
      - 순수 신용이나 담보부 대출을 하려는 소상공인은 소상공인지원센터에서 상담 후 신용보증기관을 거치지 않고 대출 취급은행에서 직접 대출
    ③ 자금대출: 대출 취급 금융기관
      - 대출 취급은행에서 신용평가, 담보감정, 보증기관의 신용보증서 확인 등의 절차를 거쳐 대출
- 소상공인 사관학교 연계자금(직접대출)
  ▶ 신청·접수[공단(지원센터)]→신용평가(공단)→약정체결 및 대출[공단(지역센터)]
    ① 소상공인사관학교 연계자금은 소상공인시장진흥공단이 신청·접수와 함께 사업성, 경영능력 등을 종합 평가하여 융자대상 기업을 결정한 후 직접대출
      - 소상공인 사관학교: 성장가능성이 높은 신사업 아이디어를 중심으로 예비 창업자를 선발하여 점포경영체험, 창업멘토링, 창업자금 등 지원

4) 문의처: 소상공인지원센터(전국 단일전화 1588-5302)

2 사업전환자금

생계형 업종에서 벗어나 신성장·유망업종으로 재창업하려는 소상공인의 성공적인 재도전을 지원한다.

1) 지원 대상

「소상공인 보호 및 지원에 관한 법률」상 소상공인 중
- '소상공인 재창업패키지' 사업을 수료한 소상공인

- 최근 1년 이내 사업전환 소상공인 또는 향후 사업전환 희망 소상공인
- 지원이 안 되는 기업: 유흥 향락 업종, 전문 업종 등 융자제외 대상 업종(별표)에 해당되지 아니할 것

2) 지원 내용
- 대출금리(변동금리): 매 분기 초 소상공인시장진흥공단 홈페이지에 공고
    - 재창업패키지 이수자 금리우대
- 대출한도: 업체당 1억 원
- 대출기간: 5년 이내(거치기간 2년 이내 포함)
- 상환방식: 2년 거치 후 3년간 대출금액의 70%(또는 100%)는 3개월(또는 1개월)마다 균등 분할 상환하고, 30%는 상환 기간 만료 시에 일시상환
- 대출 취급 금융기관(19개): 소상공인 창업자금의 경우와 같음

3) 지원 절차 및 4) 문의처는 소상공인 창업자금과 같음

3 소공인 특화자금

숙련기술 기반의 소공인이 필요로 하는 장비 도입, 경영안정 등에 필요한 자금을 지원한다.

1) 지원 대상
- 제조업을 영위하는 상시 근로자수 10인 미만의 소상공인
    - 주요업종: 수제화, 의류·섬유, 가죽·가방, 기계·금속, 인쇄 등

2) 지원 범위
- 시설자금: 생산설비 및 시험검사장비 등의 도입에 소요되는 자금, 사업장건축자금(토지구입비 제외) 및 사업장 확보자금(매입, 경·공매), 임차보증금

- 운전자금: 원부자재 구입 비용 등 기업 경영에 소요되는 자금

3) 지원 내용

- 대출금리(변동금리): 매 분기 초 소상공인시장진흥공단 홈페이지에 공고
- 대출한도: 업체당 5억 원(운전자금 1억 원 한도)
- 대출기간
    ① 시설자금: 8년 이내(거치기간 3년 이내 포함)
    ② 운전자금: 5년 이내(거치기간 2년 이내 포함)
- 상환방식: 2년 거치 후 3년간 대출금액의 100%에 대하여 1개월마다 균등 분할 상환
- 대출 취급 금융기관: 소상공인시장진흥공단

4) 지원 절차

▶ 신청·접수[공단(지원센터)]→신용평가(공단)→약정체결 및 대출[공단(지역센터)]
소공인 특화자금은 소상공인시장진흥공단이 신청·접수와 함께 기술성, 사업성, 경영능력 등을 종합 평가하여 융자대상 기업을 결정한 후 직접대출

5) 문의처: 소상공인지원센터(전국 단일전화 1588-5302)

4 성장촉진자금

창업 초기 '죽음의 계곡(Death Valley)[28]'을 극복한 소상공인의 성장을 촉진할 수 있는 사업 운영·개선 자금을 지원한다.

1) 지원 대상

---

28) 기업이 아이디어·기술 사업화에는 성공했지만 이후 자금 부족으로 인해 상용화에 실패하는 상황을 이르는 말(출처: 「네이버 지식백과」)

「소상공인 보호 및 지원에 관한 법률」상 소상공인 중, 5년 이상 사업을 영위하고 있는 소상공인
- 지원이 안 되는 기업: 유흥 향락 업종, 전문 업종 등 융자제외 대상 업종(별표)에 해당되지 아니할 것

2) 지원 내용

- 대출금리(변동금리): 매 분기 초 소상공인시장진흥공단 홈페이지에 공고
  - 소상공인컨설팅 지원을 받을 경우 금리 우대
- 대출한도: 업체당 1억 원
- 대출기간: 5년 이내(거치기간 2년 이내 포함)
- 상환방식: 2년 거치 후 3년간 대출금액의 70%(또는 100%)는 3개월(또는 1개월)마다 균등 분할 상환하고, 30%는 상환기간 만료 시에 일시상환
- 대출 취급 금융기관(19개): 소상공인 창업자금의 경우와 같음

3) 지원 절차

▶ 신청·접수[공단(지원센터)]→신용평가(지역신용보증재단)→대출실행(은행)→대출완료 및 통보(은행)

① 신청·접수: 소상공인지원센터
   - 소상공인지원센터의 상담을 거친 후 자금 신청
② 신용보증서 발급: 지역신용보증재단, 신용보증기금(신청인의 신용·재정상태·경영능력·사업성 등을 종합적으로 평가하여 발급)
   - 순수 신용이나 담보부 대출을 하려는 소상공인은 소상공인지원센터에서 상담 후 신용보증기관을 거치지 않고 대출 취급은행에서 직접 대출
③ 자금대출: 대출 취급 금융기관
   - 대출 취급 은행에서 신용평가, 담보감정, 보증기관의 신용보증서 확인 등의 절차를 거쳐 대출

4) 문의처: 소상공인지원센터(전국 단일전화 1588-5302)

5 일반경영안정자금

소상공인의 경영 애로를 해소하고 영업지속률을 높이기 위하여 점포운영자금을 지원한다.

1) 지원 대상

「소상공인 보호 및 지원에 관한 법률」상 소상공인 중 사업개시 후 1년이 초과한 자
- 지원이 안 되는 기업: 유흥 향락 업종, 전문 업종 등 융자제외 대상 업종(별표)에 해당되지 아니할 것

2) 지원 내용

- 대출금리(변동금리): 매 분기 초 소상공인시장진흥공단 홈페이지에 공고
  - 장애인기업은 금리 우대(고정금리)
- 대출한도: 업체당 7천만 원(장애인기업은 1억 원 한도)
- 대출기간: 5년 이내(거치기간 2년 이내 포함)
  - 단, 장애인기업의 경우 대출기간 7년 이내(거치기간 2년 이내 포함)
- 상환방식: 2년 거치 후 3년간 대출금액의 70%(또는 100%)는 3개월(또는 1개월)마다 균등 분할 상환하고, 30%는 상환기간 만료 시에 일시상환
  - 단, 장애인기업의 경우 2년 거치 후 5년간 대출금액의 70%(또는 100%)는 3개월(또는 1개월)마다 균등 분할 상환하고, 30%는 상환기간 만료 시에 일시상환
- 대출 취급 금융기관(19개): 소상공인 창업자금의 경우와 같음

3) 지원 절차

▶ 신청·접수[공단(지원센터)]→신용평가(지역신용보증재단)→대출실행(은행)→대출완료 및 통보(은행)
  ① 신청·접수: 소상공인지원센터
     - 소상공인지원센터의 상담을 거친 후 자금 신청
  ② 신용보증서 발급: 지역신용보증재단, 신용보증기금(신청인의 신용·재정상태·경영능력·사업성 등을 종합적으로 평가하여 발급)

- 순수 신용이나 담보부 대출을 하려는 소상공인은 소상공인지원센터에서 상담 후 신용보증기관을 거치지 않고 대출 취급은행에서 직접 대출
③ 자금대출: 대출 취급 금융기관
- 대출 취급은행에서 신용평가, 담보감정, 보증기관의 신용보증서 확인 등의 절차를 거쳐 대출

4) 문의처: 소상공인지원센터(전국 단일전화 1588-5302)

6 긴급경영안정자금

재해, 단기침체 및 위기극복 등 긴급한 자금 소요를 지원하여 소상공인의 안정적인 영업기반 조성을 지원한다.

1) 지원 대상

지자체에서 재해 확인증을 발급받은 소상공인
- 매년 발생가능성이 높은 집중호우, 태풍, 폭설 등으로 피해를 본 재해 소상공인
- 예측하기 힘든 구제역, 조류독감, 은행부실, 대형사고 등으로 피해를 봐 긴급지원이 필요하다고 중기청이 결정한 소상공인
- FTA 체결 후 파급효과에 따라 피해를 봐 긴급지원이 필요하다고 인정되는 소상공인
- 지원이 안 되는 기업: 유흥 향락 업종, 전문 업종 등 융자제외 대상 업종(별표)에 해당되지 아니할 것

2) 지원 내용

- 대출금리: 고정금리(추후 소상공인시장진흥공단 홈페이지에 공고)
- 대출한도: 업체당 7천만 원
- 대출기간: 5년 이내(거치기간 2년 이내 포함)
- 상환방식: 2년 거치 후 3년간 대출금액의 70%(또는 100%)는 3개월(또는 1개월)

마다 균등 분할 상환하고, 30%는 상환기간 만료 시에 일시상환
- 대출 취급 금융기관: 소상공인 창업자금의 경우와 같음

3) 지원 절차

▶ 신청·접수[공단(지원센터)]→신용평가(지역신용보증재단)→대출실행(은행)→대출 완료 및 통보(은행)
　① 신청·접수: 전국 지자체(시·군·구청), 전국 소상공인지원센터
　　　＊ 지자체에서 재해사실 확인 및 재해확인증 발급
　　　＊ 전국 소상공인지원센터에서 소상공인의 FTA 매출피해사실 확인
　② 신용보증서 발급: 지역신용보증재단, 신용보증기금(신청인의 신용·재정상태·경영능력·사업성 등을 종합적으로 평가하여 발급)
　　　- 순수 신용이나 담보부 대출을 하려는 소상공인은 소상공인지원센터에서 상담 후 신용보증기관을 거치지 않고 대출 취급은행에서 직접 대출
　③ 자금대출: 대출 취급 금융기관
　　　- 대출 취급은행에서 신용평가, 담보감정, 보증기관의 신용보증서 확인 등의 절차를 거쳐 대출

4) 문의처: 전국 지자체(시·군·구청) 및 소상공인지원센터(전국 단일전화 1588-5302)

7 소상공인 전환대출

　소상공인의 제2금융권 대출을 저금리 정책 자금으로 전환하여 영세 소상공인의 금융부담 완화를 지원한다.

1) 지원 대상

「소상공인 보호 및 지원에 관한 법률」상 소상공인 중
- 제2금융권 대출이 있는 소상공인
- 제2금융권 대출이 있으며 희망리턴패키지를 통해 취업에 성공한 임금근로자
- 지원이 안 되는 기업

① 유흥 향락 업종, 전문 업종 등 융자제외 대상 업종(별표)에 해당되지 아니할 것
② 신용등급 6등급 이하, DTI[29] 기준 초과

2) 지원 내용

- 대출금리: 고정금리(추후 소상공인시장진흥공단 홈페이지에 공고)
- 대출한도: 업체당 7천만 원
- 대출기간: 5년 이내(거치기간 2년 이내 포함)
- 상환방식: 2년 거치 후 3년간 대출금액의 70%는 1개월마다 균등 분할 상환하고, 30%는 상환 기간 만료 시에 일시 상환
- 취급금융기관: 하나, 신한, 수협은행

3) 지원 절차

- 신청·접수[공단(지역센터)]→대출실행(은행)
- 신청·접수: 소상공인지원센터
  - 소상공인지원센터의 상담을 거친 후 자금 신청
- 자금대출: 대출 취급 금융기관
  - 대출 취급은행에서 금융거래내역 및 신용·재정상태 등을 평가하여 대출

4) 문의처: 소상공인지원센터(전국 단일전화 1588-5302)

8 임차보증금 안심금융

사업운용 또는 시설 확충에 자금이 필요하나, 신용등급·담보가 영세하여 자금 융통이 어려운 영세 소상공인에게 자금을 지원한다.

---

29) DTI란 '총부채상환비율(Debt to Income)'의 약자로 주택을 구입하려는 사람이 주택담보대출을 받을 경우 채무자의 소득으로 대출 상환 능력을 점검하는 제도(출처: 「네이버 지식백과」)

1) 지원 대상

「소상공인 보호 및 지원에 관한 법률」상 소상공인 중 상가건물임대차보호법상 권역별 환산보증금 보호범위[30] 내의 임차인
- 지원이 안 되는 기업: 유흥 향락 업종, 전문 업종 등 융자제외 대상 업종(별표)에 해당되지 아니할 것

2) 지원 내용

- 대출금리(변동금리): 매 분기 초 소상공인시장진흥공단 홈페이지에 공고
- 대출한도: 임차보증금의 80%(업체당 최고 1억 원 이내)
- 대출기간: 임대차계약기간 만료일까지
  - 임차계약 연장 시 대출기간 연장 가능(1회에 한하여 최대 5년 이내)
- 상환방식: 만기 일시상환(임대차계약 만료 시)
  - 매월 이자 상환 후, 임대차계약 만료 시 임대인이 공단에 임차보증금 전액 일시 상환하면 공단은 임차보증금에서 대출 원리금을 뺀 잔액을 임차인(신청자)에게 지급
- 대출 취급기관: 소상공인시장진흥공단

3) 지원 절차

▶ 신청·접수[공단(지원센터)]→신용평가(공단)→약정체결 및 대출[공단(지역센터)]
  - 임차보증금 안심금융자금은 소상공인시장진흥공단이 신청·접수와 함께 간이심사, 담보평가(권리조사, 현장실사) 등을 통해 융자한도 결정 후 직접대출

4) 문의처: 소상공인지원센터(전국 단일전화 1588-5302)

---

[30] 「상가건물임대차보호법」상 '환산보증금[임대차보증금+(월임차료×100)]'에 대하여 권역별 보호가능 범위를 정한 것('14년 이후 환산보증금은 서울 4억 원, 과밀억제권역 3억 원, 광역시 등 2.4억 원, 기타지역 1.8억 원)

> **2선**
>
> "구체적인 '점포경영 매뉴얼'이
> 있으면 좋겠어요."

외식업소를 효과적으로 경영하기 위해서는 다양한 매뉴얼이 필요하다. 외식업소 경영 매뉴얼은, 일의 효율성과 효과성을 높이고 인적 요원들 간의 업무를 안전하게 수행하기 위한 약속과 규칙을 말한다. 외식업소의 경영 매뉴얼은 크게 점포운영 매뉴얼, 접객 매뉴얼, 고객관리 매뉴얼 및 시설·위생관리 매뉴얼로 나눌 수 있다. 점포운영 매뉴얼에는 점포관리, 고객관리, 직원관리, 매출관리, 물품관리, 원가관리 등이 있다. 접객 매뉴얼에는 고객에 대한 경청, 전화응대, 고객불만관리, 고객접점관리 등이 있으며, 고객관리 매뉴얼에는 신규고객확보, 재구매율 제고 및 고객유지 등이 있다. 또 시설·위생관리 매뉴얼에는 점포환경관리, 고객·시설안전관리, 매장관리, 위생관리 등이 있다.

매뉴얼	내용
점포운영 매뉴얼	점포관리, 직원관리, 매출관리, 물품관리, 원가관리
접객 매뉴얼	경청, 전화응대, 고객불만관리, 고객접점관리
고객관리 매뉴얼	신규고객확보, 재구매율 제고 및 고객유지
시설·위생관리 매뉴얼	점포환경관리, 시설안전관리, 위생관리

1 점포운영 매뉴얼

점포운영 매뉴얼은, 제반 경비 절감은 물론 일의 효율성은 높이고 효과성을 극대화하는 것을 그 목적으로 한다. 체계적인 점포운영 매뉴얼은 사업자에게 업무의 준비성을 높이고 창의성을 일깨워주며 일에 대한 열정을 북돋워 준다. 점포운영 매뉴얼은 점포관리·고객관리·종업원관리·매출관리·물품관리·원가관리 매뉴얼 등으로 나눌 수 있다.

1.1 점포관리 매뉴얼

점포관리 매뉴얼은, 크고 작은 시행착오로 인한 폐해를 줄이고 고객 지향적 업무를 수행함으로써 고객의 가치를 높이기 위한 활동이다. 점포관리 매뉴얼은 출근부 작성에서부터 영업 후 마감 및 뒷정리까지 하루 동안의 제반 업무프로세스를 포함한다.

1) 출근부 작성

제일 먼저 출근하는 사람은 당연히 사업자이어야 한다. 사업자의 성실성은 종업원은 물론 주변 상인 및 고객들에게 신뢰와 인정을 받을 수 있는 전략적 도구의 하나이다. 보통 점심 장사를 하는 식당의 경우 종업원은 대개 오전 10시에 출근하는 것이 일반적이다. 사업자는 이보다 30분이나 1시간 정도 일찍 나와 전날 문제점을 체크해 보고 회의를 준비하며 하루의 일과를 시뮬레이션하는 시간을 갖는 것이 필요하다. 그리고 출근부를 만들어 사업자나 종업원 모두가 출퇴근시간과 외출시간을 적시함으로써 종업원들의 합리적인 휴일 배정과 정확한 급료 계산을 할 수 있도록 해야 한다.

2) 점포 내·외부 이상 유무 확인

사업자와 종업원 중에 누가 무엇을 어떻게 체크할지 리스트를 만들어 꼼꼼히 확인하는 매뉴얼이 필요하다. 간판, 주차장, 외부유리창, POP, 내·외부화장실, 집기·비품 위치, 조명, 기타 기자재 가동 상태 등을 체크리스트를 만들어 확인한다.

3) 청소

중요한 기자재나 주방 등은 전날 마감 전에 청소해놓는 것이 보통이며 실내 화장실, 홀 바닥, 탁자 및 의자, 조명기기, 유리창 등은 매일 출근과 함께 깨끗하게 청소를 한다. 청소는 구역을 나눠 하되 책임자가 청소상태를 확인하고 리스트에 체크한다. "조그만 식당에서 무슨 체크리스트로 확인하느냐, 그냥 보고 그때그때 아무나 하면 되지!"라고 말하는 종업원이 있더라도 사업자는 처음부터 체계적으로 관리해야 한다. 이런 일련의 과정이 정착되면 사람 간의 갈등이 줄어들고 인건비뿐 아니라 제반 경비도 감소한다.

4) 주방 및 영업 준비상태 확인

영업 전에 주방기기, 냉장·냉동고, 원재료와 부재료, 재료의 선입선출상태, 재고 감모손, 현금 및 잔돈, 카드기 작동 등의 확인은 물론 당일 업무보충을 위해 충원되는 인력에 대해 확인한다. 주방이나 홀에 대한 점검은 가능한 사업자보다 해당 업무책임자에게 일임하고 사업자는 최종적으로 확인하는 것이 바람직하다.

5) 식사 및 조회

청소와 영업 준비를 끝내고 나면 보통 11시 전후가 된다. 그때부터 11시 30분까지 식사를 마치고 치워야 한다. 늦어도 11시 30분까지는 손님 받을 모든 준비가 끝나

있어야 한다. 손님이 들어왔을 때 종업원들이 식사를 하고 있는 것처럼 보기 민망한 것도 없다. 그리고 대개 식사시간에 조회를 겸한다. 조회 때는 명령이나 훈계, 책망보다는 협조와 화합을 위한 이야기를 나누는 것이 좋다. 꼭 책망해야 할 경우에는 식사를 마치고 하거나 영업이 종료된 후에 하는 것이 바람직하다.

6) 저녁 영업 준비

2시가 넘어서면 점심손님들이 거의 끊이게 된다. 그때는 저녁장사 준비를 하고 조금 쉬는 시간을 가진다. 업소에 따라 점심이나 저녁, 어디에 중점을 두느냐에 따라 준비물과 인력 수급이 달라진다. 종업원들이 휴식을 취할 때는 급한 사안이 아니면 편히 쉬게 하는 것이 좋다. 업소에 따라서는 휴식시간에 손님을 안 받는 곳도 있다. 3시부터 5시 사이를 어떻게 보낼 것인지 업소의 사정에 맞게 운영 매뉴얼을 준비하여 실행한다. 강남의 한 이탈리안 음식점은 4시에서 5시 반까지 손님을 받지 않는다. 종업원이 식사를 하고 약간의 휴식을 취할 수 있게 한 후 저녁장사 준비를 제대로 하기 위해서이다.

7) 영업 후 정리정돈 및 마감

퇴근시간이 되면 종업원들은 손님이 남아 있어도 앞치마를 벗고 퇴근을 한다. 사업자는 이런 행위를 당연하게 받아들여야 한다. 이것이 규칙이다. 간혹 늦게까지 손님이 많을 경우 종업원에게 양해를 구할 수 있다. 연장근무 후에는 수고비나 차비를 섭섭하지 않게 지급하거나 초과근무수당 매뉴얼에 따라 지급하면 된다. 대개 저녁 영업시간이 끝날 때 할 얘기가 많다. 회식도 대부분 영업이 끝나고 이루어진다. 사업자는 회의를 정기적으로 시행하되 가능하면 퇴근시간은 피하는 것이 좋다. 회식도 가능하면 날짜와 시간을 정해 놓고 하는 것이 바람직하다. 외식업소는 오전에는 점심장사 준비하느라 바쁘고 영업종료시간에는 집에 가기 바쁘기 때문에 차분하게 한자리에 모여 이야기를 나누기가 쉽지 않다. 그래서 더욱 평소에 일의 진행 상태를 체크하고 개선할 수 있는 매뉴얼이 필요하다.

8) 뒷정리

뒷정리는 사업자 몫이다. 영업현황을 체크하고 정산을 한다. 그리고 내일 할 일을 정리해서 컴퓨터에 저장하거나 노트나 휴대전화 등에 저장해 놓는다. 이렇게 정리된 내용을 가지고 회의를 해야 짧게 효과적으로 할 수 있다.

▷ **점포관리 매뉴얼 체크리스트**

*점검상태(상: 양호, 중: 긴급하지 않으나 관리를 요함, 하: 긴급한 관리를 요함)

체크 포인트	내용	점검상태			비고
		상	중	하	
주차장	• 유도표지판은 제자리에 있는가				
	• 오물이나 쓰레기는 없는가				
	• 장기 주차하는 외부차량은 없는가				
간판	• 손상된 부분은 없는가				
	• 전기가 안 들어오는 전등은 없는가				
	• 간판의 가시성을 해치는 것은 없는가				
	• 간판이 떨어질 위험은 없는가				
내·외부 유리창	• 이물질로 시야에 방해를 주지는 않는가				
	• 유리창에 금이 가거나 위험요소는 없는가				
POP	• 훼손되거나 넘어져 있지는 않은가				
	• 색이 바랜 부분은 없는가				
	• 변동가격을 덧붙이지는 않았는가				
	• 너무 많은 내용으로 난잡하지는 않은가				
실내 부착물	• 액자는 제대로 걸려 있는가				
	• 가격표, 광고포스터 등으로 난잡하지는 않은가				
	• 이물질이 부착되어 있거나 훼손된 부분은 없는가				
조명	• 안 들어오는 전구는 없는가				
	• 전구에 먼지가 쌓여있지 않은가				
	• 열효율이 높은 조명기구로 교체하였는가				

주방	• 재료들은 선입선출할 수 있게 정리되어 있는가				
	• 재료 상태는 양호한가				
	• 불필요한 것이 들어와 있지 않은가				
	• 유사시 긴급처리원칙이 적시되어 있는가				
	• 긴급연락망은 규정한 장소에 부착돼 있는가				
	• 불필요한 재료가 보관되어 있지는 않은가				
실내외 화장실	• 설명 없이 찾을 수 있게 안내판이 준비되어 있는가				
	• 청결하게 유지되고 있는가				
	• 비누와 수건 및 티슈가 제자리에 있는가				
	• 방향제가 제 기능을 하고 있는가				
	• 청소도구가 밖으로 나와 있지는 않은가				
홀 바닥	• 기름때나 물기가 남아있어 넘어질 위험은 없는가				
	• 가스선 등이 통행에 불편을 주고 있지 않은가				
	• 음료수 박스나 집기·비품 등이 어질러져 있지는 않은가				
	• 휴지나 오물 등이 떨어져 있지는 않은가				
식탁 및 의자	• 기름때나 이물질이 묻어있지 않은가				
	• 파손의 우려는 없는가				
	• 닳아서 불결하게 보이지는 않는가				
메뉴판	• 수정된 메뉴나 가격이 눈에 거슬리게 표기되어 있지는 않은가				
	• 외국인 손님이 잘 알아볼 수 있는가				
	• 사진이 메뉴와 잘 어울리게 되어 있는가				
	• 빠진 메뉴가 기재되어 있지는 않은가				
	• 오래되어 헐거나 색이 바래지 않았는가				
POS 및 카드기	• 제 기능을 하고 있는가				
	• 일정한 현금은 준비되어 있는가				

1.2 직원관리 매뉴얼

1) 직원은 합리적으로 배치하여 운영하고 있는가?

소규모 업소일수록 특별한 업무분장 없이 상황에 따라 함께 일하는 것이 보통이다. 하지만 유사시에 누가, 무엇을, 어떻게 도와줄 것인지 약속이 필요하다. 서로 호흡을 맞추며 일을 수월하게 처리할 수 있는 매뉴얼을 준비해 놓아야 한다.

2) 종업원에게 권한위임을 하고 있는가?

권한위임은 사업자가 일방적으로 결정하고 명령하는 기존의 경영방식에서 벗어나 명확한 목표, 권한, 책임을 종업원에게 제공함으로써 주인의식을 심어주는 경영방식을 말한다. 예를 들어 고객에게 서비스 메뉴를 제공하거나 가격을 깎아줄 수 있도록 홀 매니저에게 권한을 위임하면, 종업원의 사기뿐 아니라 매출증대효과를 가져올 수 있다. 따라서 구체적인 위임 내용과 한도 및 방법을 정해 놓고 실시하는 것이 바람직하다.

3) 종업원에 대한 동기부여를 실행하고 있는가?

동기부여는 해당 점포의 목표달성을 위해 종업원들이 자발적인 노력을 하도록 조직화하는 것으로 종업원들이 업무에 적극적으로 임하게 하는 주요동기를 주입하는 것을 의미한다. 동기부여 방법으로는 승진, 금전적 보상, 권한 확대, 휴가, 칭찬과 인정, 격려 등이 있으며 외식업소의 경우 금전적 보상과 칭찬이나 인정 등이 좀 더 효과적이다.

4) 조회와 종례는 규칙적으로 진행하고 있는가?

"조회는 특별한 경우를 제외하고 매일 청소 후에 식사하면서 간단히 한다." "종례는 특별한 경우가 아니고는 매주 수요일 업무가 종료된 후 약 10분간 한다." 등으로 분명히 정해 놓는 것이 좋다. 그렇지 않으면 종례의 경우 효과도 없이 불만만 쌓이고 만다. 특히 종례는 손님이 많거나 늦게까지 손님이 있는 요일은 가능한 피하는 게 좋다.

5) 사업자와 직원들의 교육 및 훈련을 진행하고 있는가?

외식업에 있어 교육과 훈련은 결국 고객에 대한 만족활동이다. 고객접객서비스, 커뮤니케이션에 관련된 교육 등은 종업원에게 소속감과 자부심을 느끼게 한다.

▷ **직원관리 매뉴얼 체크리스트**

*점검상태(상: 양호, 중: 긴급하지 않으나 관리를 요함, 하: 긴급한 관리를 요함)

체크 포인트	내용	점검상태			비고
		상	중	하	
직원배치	• 요소의 낭비 없이 업무분장이 잘 되어 있는가				
	• 업무의 효율성을 높일 수 있게 기본적인 업무동선을 정했는가				
	• 일용직원을 활용할 때 해당 업무에 대해 충분히 설명을 했는가				
권한위임	• 할인폭을 정확히 정해 주었는가				
	• 서비스 제공물의 범위와 종류를 정해 주었는가				
	• 해서는 안 되는 부분은 명시했는가				
동기부여	• 승진제도의 기준을 명확히 하고 있는가				
	• 업무연장 시 일정한 기준을 적용하는가				
	• 휴무일은 공평하게 운영하고 있는가				
	• 허황되고 비현실적인 내용을 말하지는 않는가				
	• 격려와 칭찬에 소홀하지는 않은가				
조회와 종례	• 조회와 종례는 일정한 시간을 정해 시행하고 있는가				
	• 지나치게 길게 하지는 않는가				
	• 업무시간과 겹치지는 않는가				
	• 퇴근에 방해되지는 않는가				
	• 직원들의 의견을 듣는 시간으로 활용하고 있는가				
교육 및 훈련	• 점포운영에 필요한 각종 매뉴얼은 준비되어 있는가				
	• 매뉴얼에 대한 교육과 훈련은 일정한 시간을 정해 시행하고 있는가				

1.3 매출관리 매뉴얼

매출은 점포운영의 중점 관리항목으로 사업의 손익에 가장 큰 비중을 차지하며 해당 업체가 처음의 사업목표대로 나아가는지를 알려주는 바로미터 역할을 한다. 업소의 매출은 이익뿐 아니라 업소의 사기와도 직결되는 항목이므로 철저한 분석에 따른 매출관리가 이루어져야 한다.

1) 매출목표관리

외식업소의 매출목표는 다소 도전적이어야 사업자 본인은 물론 종업원에게도 동기부여가 된다. 종업원이 생각하는 예상매출에서 10%~20% 정도 높게 책정하면 큰 무리가 없다. 종업원들이 목표에 대해 이해하고 목표의식을 갖게 되면 매장 분위기도 달라진다. 목표를 너무 높게 잡으면 처음부터 포기할 수 있고 종업원의 말만 듣고 목표를 잡으면 도전의식은 사라지고 결국 목표는 이루어지지 않는다. 또한, 목표를 달성했을 때의 보상은 물질로 하는 것이 효과적이다. 매출목표는 아이템별로 월목표, 주간목표, 일목표 등으로 나누어 실행한다. 예를 들어 돼지갈비, 삼겹살, 냉면, 김치찌개 및 술과 음료 등 아이템별로 목표를 설정해서 진행한다.

2) 매출실적관리 및 계량화

전체적인 매출이 유지되어도 실적에 따라 판매 전략이 바뀔 수 있다. 실적에 따라 빼야 할 메뉴가 생기고 신메뉴를 개발해야 하는 당면 과제가 주어진다. 예를 들어 삼겹살, 돼지갈비, 소고기 등심을 판매하는 식당의 경우, 소고기 등심이 3, 4분기 내내 실적이 안 좋으면 빼든지 복합메뉴를 만드는 등 새로운 메뉴 구성에 돌입해야 한다. 또 모든 실적을 수치화하고 문서화 했을 때 이해관계자들을 설득시킬 수 있다. 종업원을 구조조정할 때 혹은 정책자금을 지원받거나 금융권에서 자금을 융자받을 때도 수치로 된 문서가 설득력이 있다. 이렇듯 매출실적관리는 업소의 정체성마저 바꿀 수 있는 매우 중요한 부분이다.

3) 매출 문제에 따른 대안 마련

매출목표에 대한 차이분석을 하는 가장 큰 이유는 문제와 문제점을 도출해서 해결대안을 마련하기 위함이다. 가령 객단가 하락이라는 문제가 발생했을 때, 그 원인을 분석할 수 있는 도구로서 매출관리 매뉴얼이 필요하다. 2부에서 학습한 MECE, 로직트리, 스캠퍼 등을 활용하면 원인을 찾아 대안을 수립하는 데 많은 도움을 받을 수 있다.

▷ **매출관리 매뉴얼 체크리스트**

*점검상태(상: 양호, 중: 긴급하지 않으나 관리를 요함, 하: 긴급한 관리를 요함)

체크 포인트	내용	점검상태			비고
		상	중	하	
매출목표 관리	• 매출목표는 예측 가능한 금액의 10~20% 이상 높게 설정했는가				
	• 매출목표는 월/주간/일 등으로 설정했는가				
	• 목표설정은 중요 품목별로 나누어 설정했는가				
	• 과도한 목표를 설정하지는 않았는가				
	• 목표는 해당 자료들을 분석하여 설정된 것인가				
실적관리	• 전체목표가 달성되었어도 목표보다 현저히 높거나 낮은 품목은 무엇인가				
	• 목표보다 현저히 높거나 낮은 품목은 그 원인을 분석하였는가				
	• 일정 기간 이상 계속해서 잘 안 팔리는 품목은 어떤 메뉴인가				
	• 메뉴에서 빼거나 복합메뉴를 만들 품목을 설정했는가				
	• 특히 잘 팔리는 품목은 그 이유를 분석하고 있는가				

1.4 물품관리 매뉴얼

외식업소는 재료의 보관 소홀로 손실이 발생할 여지가 많다. 단지 관리 소홀로 손실이 발생하는 것은 큰 문제가 되지 않지만 입고불량, 빼돌림이 문제가 된다. 입고불량은 납품업자의 잘못이고, 빼돌림은 종업원의 의도적인 절취행위이다. 납품처는 바꾸면 그만이지만 직원이 재료를 빼돌리게 되면 큰 문제가 아닐 수 없다. 만일 직원이 연루되면 사업장 전체의 문제로 발전할 수 있으므로 재고감모손에 대한 철저한 관리가 필요하다. CCTV를 설치하는 것도 방법의 하나가 될 수 있지만 매뉴얼에 의해 정확히 관리하는 방법이 더욱 효과적이다.

1) 원재료와 부재료의 사용과 구매

재료의 사용은 대부분 선입선출로 이루어지며 재료의 발주는 품목의 종류와 특성에 따라 다양하다. 재료마다 적정수준의 재고량과 발주량을 잘 조절해야 하며 재료의 종류와 중요도에 따라 누가, 어떻게 구매할 것인지를 명확히 해야 한다. 이런 부분을 매뉴얼로 만들어 놓으면 체크리스트만 봐도 원재료의 유통과 보관상황을 알 수 있다.

2) 재료 검수

신선도와 가격은 재료 구입에 가장 중요한 요소이다. 재료의 신선도는 재료에 따라 검수자를 지정하되 체크리스트를 만들어서 관리하는 것이 합리적이다. 검수 품목마다 신선도, 양, 가격 등의 수준을 상·중·하로 나타내고 특이 사항을 검수자가 기입하는 방식으로 하면 된다. 업소의 상황과 재료의 종류에 따라 합리적인 체크리스트를 만들어 사용하면, 재고감모손을 줄일 뿐 아니라 시간 절약과 함께 체계적인 업무 시스템을 정착시킬 수 있다.

3) 악성재고 확인

회전이 잘되지는 않지만, 빼서는 안 되는 메뉴들이 있다. 이런 재료일수록 악성재고가 생기기 쉬우므로 별도의 체크리스트를 만들어 검수하고 관리하는 노력이 필요하다.

4) 재료 유효기간 확인

유효기간에 미련을 갖는 경우가 있다. 유효기간을 넘긴 재료는 과감히 버리는 용단이 필요하다. 종업원이 괜찮다고 해도 주인은 버려야 한다. 단속 때문이 아니라 고객을 생각하는 마음에서 그렇게 해야 한다. 종업원들은 결국 그런 재료를 버리는 사업자를 존경한다. 이런 자세로 장사해야 당당하고 자신감을 가지고 앞으로 나갈 수 있다.

▷ **물품관리 매뉴얼 체크리스트**

*점검상태(상: 양호, 중: 긴급하지 않으나 관리를 요함, 하: 긴급한 관리를 요함)

체크 포인트	내용	점검상태			비고
		상	중	하	
재고감모손	• 매출대비 재료사용량은 정해져 있는가				
	• 재료입출은 선입선출로 이루어지고 있는가				
	• 작업은 매뉴얼대로 이루어지고 있는가				
	• 유효기간을 넘긴 재료는 없는가				
	• 재료가 불필요하게 밖으로 나와 있지는 않은가				
재료의 검수	• 반입된 재료는 신선한가				
	• 반입된 재료의 종류와 양이 적정한가				
	• 회전이 잘 안 되는 재료들의 상태는 수시로 체크하는가				
재료의 보관	• 악성재고가 남아있지는 않은가				
	• 창고에는 꼭 필요한 물품만 보관되어 있는가				
	• 적정재고가 보관되어 있는가				

1.5 원가관리 매뉴얼

매출원가는 제조경비 중에서 판매 및 일반관리비를 제외한 항목으로 생산에 직접 투입되는 재료비로서 해당 점포의 손익에 직접적인 영향을 미친다. 원가관리란 해당 사업장의 안정적인 유지·발전을 위해 원가목표를 수립하고, 이 목표를 달성하기 위한 일체의 관리활동을 말한다.

1) 재료비 개선을 위한 매뉴얼
① 구입처에 대한 시장조사

가락동농수산물시장이나 구리, 경동시장, 노량진수산시장, 미사리집하장 등 5~6개 시장 정도는 알고 있어야 한다. 취급하는 아이템에 따라 가격은 물론 주재료에 대한 제반 정보를 갖고 있어야 한다. 예를 들어 활어의 경우, 도시 근교 집하장이나 현지 가두리 양식장 또는 입찰하는 현장을 정기적으로 방문하여 활어의 품질과 수급 상황을 분석하는 것이 많은 도움이 된다. 또 인터넷을 통해 재료의 산지가격, 도매시장 가격 및 인터넷 가격 등을 비교 분석하면 재료비 원가를 낮추는 방법을 찾아낼 수 있다.

② 품질만족을 위한 재료 사용

비싸다고 다 좋은 식재료는 아니다. 제철에 나는 재료가 좋은 재료다. 따라서 제철에 나는 재료가 어디에서 나는지, 어떻게 하면 좀 더 저렴하게 구입할 수 있는지에 대한 정보를 활용하면 신선한 제철 식재료를 좀 더 저렴하게 구입할 수 있다.

③ 공동구매

횟집을 운영하는 사업자는 활어차를 소유한 경우와 그렇지 못한 경우로 나누어진다. 보통 활어차 업주는, 1회 구입하는 어종만으로는 활어차에 공간이 남기 때문에 그에 따른 제반 경비를 부담하게 된다. 또 활어차가 없는 사업주는 도착도로 활어를 구입함으로써 높은 원가부담을 피할 수 없다. 따라서 두 사업자가 연대하여 공동구매함으로써, 차주는 차량운영에 수반되는 경비를 연대한 사업자로부터 보전받을 수 있고, 다른 사업주는 신선한 어종을 다소 저렴하게 공급받으며 활어시장에 대한 정보를 얻을 수 있다.

④ 점포에서 재료를 받는 경우 시세 비교

식재료 가격은 같은 장사꾼끼리도 잘 안 가르쳐주고 정확하지 않을 때가 많다. 대형시장을 주기적으로 방문하고 새벽에 열리는 입찰 현장을 직접 보면서 계절적인 특성이 가격에 어떤 영향을 미치는지 수시로 점검하는 노력이 필요하다.

2) 합리적인 재료관리 매뉴얼

① 재료에 대한 검수

중간상이 제공하는 재료의 가격이나 품질 등을 직접 확인함은 물론, 해당 도매시장의 홈페이지 등을 정기적으로 방문하여 재료의 입찰가격현황이나 품질 및 계절적 변화에 대한 정보도 파악해야 한다.

② 현금지불에 의한 할인

대규모 음식점의 경우 재료 납품 후 3, 4개월 이후에 납품대금을 받는 경우도 흔하다.

규모가 작더라도 재료 삽입과 함께 현금을 지불하는 경우는 반드시 적정수준의 할인을 받아야 한다.

③ 창고의 필요성

창고가 크면 필요 이상의 재료들이 쌓이는 경향이 있다. 특히 공산품은 상하지 않아 창고에 많이 쌓아두는 데, 이것은 모두 원가에 부담을 주게 된다. 꼭 필요한 재료 보관이 아니면 굳이 창고를 갖고 있을 필요는 없다.

3) 재료 사용량 관리

① 합리적인 재료 사용기준

음식에 들어가는 재료는 조리법(레시피)대로 정확한 양의 재료가 투입되는지 체크해야 한다. 재료 사용 매뉴얼은 주방 실장에 따라 공개가 안 되는 경우도 적지 않다. 자기만의 고유한 기술이기 때문에 공개를 꺼리는 부분이다. 이 부분은 처음 채용할 때부터 서로 약속을 해야 한다. 조리법 공개를 꺼리면 주방 실장의 고유권한으로 인정하든지, 그렇지 않으면 다른 사람을 구해야 한다. 조리법을 공유해야 누가 만들어도 맛이 일정할 수 있다. 그런 면에서는 프랜차이즈 가맹점이 유리하다.

② 재료의 안전재고량

재료 안전재고량은 장사하는 데 필요한 기본적인 여유분으로 그 선이 유지될 수 있도록 관리해야 한다. 누가 언제 발주하고 확인할 것인지 일정한 매뉴얼로 관리하는 것이 좋다.

③ 음식의 불량률 관리

음식의 불량은 만드는 과정뿐 아니라 손님에게 제공되었다가 돌아오는 반품 등 여러 가지 이유로 발생한다. 예를 들어 라면이 너무 익어 다시 끓이는 경우, 라면을 버리는 것으로 끝나는 것이 아니라 반품이나 불량 원인을 규명하는 과정을 통해 재발을 방지할 수 있다. 그렇게 관리하기 위해 불량률 관리 매뉴얼이 필요하다.

▷ **원가관리 매뉴얼 체크리스트**

*점검상태(상: 양호, 중: 긴급하지 않으나 관리를 요함, 하: 긴급한 관리를 요함)

체크 포인트	내용	점검상태			비고
		상	중	하	
재료비 개선	• 업소에서 원하는 수준의 재료의 시장가격을 규칙적으로 조사하고 있는가				
	• 철에 적합한 재료를 저렴하게 구입할 수 있는 Flow 차트를 가지고 있는가				
	• 직접적인 경쟁이 없는 업체와 공동으로 구매할 여지는 없는가				
	• 업소에 배달되는 재료의 가격을 규칙적으로 조사하고 있는가				
	• 충동구매를 하고 있지는 않은가				
	• 현금지불에 대해 할인을 받고 있는가				
재료의 사용량 관리	• 레시피는 공개되고 있는가				
	• 재료는 레시피대로 투입되고 있는가				
	• 안전재고량대로 반입되고 있는가				
불량률 관리	• 음식을 만들다가 버려지는 재고는 파악하고 있는가				
	• 손님에게 제공되었다가 품질 불량으로 반입되는 경우 이유를 체크하는가				
	• 손님이 많이 남긴 음식은 원인을 파악하는가				

2 접객 매뉴얼

음식점의 3대 핵심 체크포인트는 음식의 맛과 가격 그리고 서비스다. 친절한 서비스는 누구라도 기분 좋게 하지만 불친절하면 아무리 맛이 좋아도 그 식당을 다시 가지 않게 된다. 서비스의 질은 맛 이상으로 매출에 중대한 영향을 미친다. 또한, 서비스의 질은 핵심역량의 하나로 다른 업소가 쉽게 따라올 수 없는 그 업소만의 자산이다. 따라서 고객을 접대하는 매뉴얼은 정형화되어 있어야 하고 구체적이고 명확해야 한다.

2.1 접객에 대한 이해

1) 고객만족을 위한 접객

음식의 맛은 고객의 기대를 충족하는 것으로서 가늠할 수 있지만 '만족'은 고객의 주관적인 기대수준에 의해 좌우된다. 객관적으로 음식 맛이 다소 떨어지더라도 고객의 기대에 따라 만족을 얻을 수도 있고, 얻지 못할 수도 있다. 하지만 서비스의 기대수준은 절대적인 관점이란 특수성 때문에 서비스가 일정 수준에 미치지 못하면 음식 맛이 아무리 좋아도 고객은 만족하지 않는다.

그만큼 고객서비스는 해당 점포의 품격과 만족을 나타내는 대표적인 잣대가 된다. 미국품질관리학회(ASQC, American Society for Quality Control)의 보고서에 따르면 "고객을 잃는 이유가 무엇인가?"라는 질문에서 서비스 문제가 단연 가장 높았다. 서비스상의 문제 68%, 상품의 질 14%, 경쟁사의 회유 9%, 친구의 권유 5%, 이사 3%, 사망 1% 순으로 나타났다. 이는 고객이 받는 서비스의 질이 얼마나 중요한지를 반증하고 있다.

2) 호감을 주는 이미지 연출

미국의 심리학자 알버트 메러비안 교수는, 사람에 대한 지각은 "시각적 이미지가 55%, 청각(음성/톤/어조 등)적 요소가 38%, 단어 및 말의 내용이 7%를 차지한다"고 주장했다.

외식업소의 사업자나 종업원들은 짧은 접객 순간에도 시각적, 청각적 이미지를 전략적으로 활용할 수 있는 매뉴얼이 필요하다. 따라서 밝고 온화한 표정, 단정한 용모와 복장, 상황에 맞는 부드러운 말씨 등은 고객에게 호감을 주는 이미지를 창출할 수 있는 기본적인 요소라고 할 수 있다. 다음과 같은 인사는 고객에게 불쾌감을 유발하기 때문에 안 하느니만 못하다.

- 상대의 눈이나 눈언저리를 보지 않고 다른 곳을 쳐다보며 하는 인사
- 고개만 까닥이며 하는 인사
- 상대의 얼굴을 빤히 쳐다보며 하는 인사
- 눈을 치켜뜨며 하는 인사
- 다리를 벌리고 하는 인사
- 팔짱을 끼고 하는 인사
- 옆구리에 손을 얹고 하는 인사
- 뒷짐을 지고 하는 인사
- 손님 바로 앞에서 큰소리로 하는 인사
- 말의 뒤를 흐리며 하는 인사
- 성의 없이 하는 인사
- 인상을 쓰며 하는 인사

▷ **메러비안 법칙**

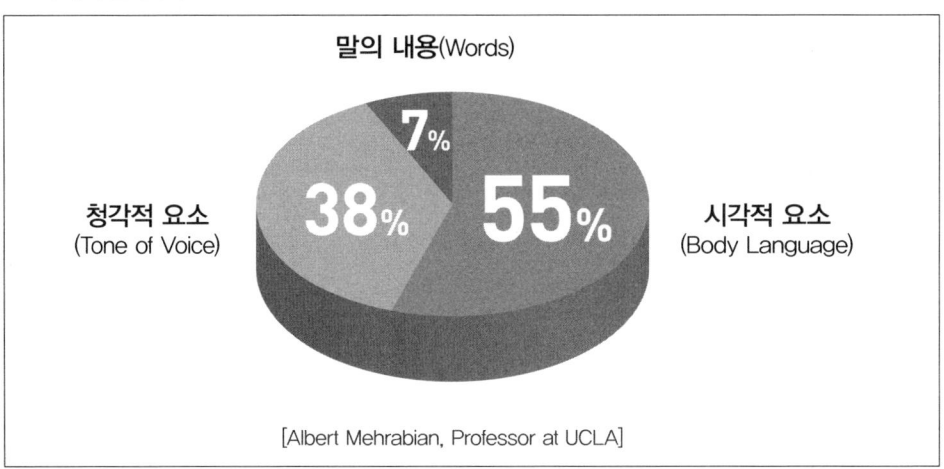

[Albert Mehrabian, Professor at UCLA]

2.2 경청 매뉴얼

경청은 고객의 말을 듣는 것에서 그치는 것이 아니라 고객이 전달하고자 하는, 그 말에 내재된 동기나 정서를 듣고 해석한 의미를 다시 고객에게 돌려주는 행위

(feedback)를 말한다. 즉 경청은 고객이 말하는 언어적·비언어적 정보와 그 안에 흐르는 맥락을 파악하며 듣는 행위이다.

경청은 강력한 소통의 도구이다. 따라서 경청은 수동적으로 듣기만 하는 것이 아니라 고객의 내면으로 들어가 비판이나 판단 없이 고객의 감정을 진심으로 이해하고 받아들이는 능동적인 행위이다.

1) 경청 방법

① 선택적 경청

듣는 사람이 상대방의 말을 자신의 신념이나 고정 관념의 틀 속에 넣고 듣는 행위로서 상대가 하는 말의 의미보다 자신이 듣고 싶은 것만 듣는 경향이 높다. 선택적 경청을 하게 되면 고객이 무엇을 원하는지, 어떤 서비스를 받고 싶은지 알 수가 없다. 즉 선택적 경청은 상대 중심이 아닌 내 중심으로 듣기 때문에 오해를 낳을 소지가 있다.

② 공감적 경청

상대방 말의 실마리와 문맥 등 전후 관계를 파악하며 듣는 행위로서 고객이 주문을 하려는지, 물을 마시고 싶은지 등 고객의 결핍 상태, 즉 니즈를 파악하며 듣는 것을 말한다. 공감적 경청은 표면적으로 나타난 고객의 필요만 알 수 있다는 점이 직관적 경청과 다른 점이다.

③ 직관적 경청

의도나 욕구 등 상대방 말에 숨어있는 의미를 듣는 행위로서 고객의 진짜 Want(내재된 욕구)를 듣는 행위이다. 예를 들어 손님이 "커피 한잔 마실 수 없을까요?"라고 하면 어느 정도 따뜻한 커피를 원하는지, 블랙을 원하는지, 설탕과 크림을 탄 커피를 원하는지 헤아리며 듣고 원하는 것을 제공하는 행위이다. 구체적인 손님의 요구사항을 알기 위해 가볍게 질문을 던지며 손님이 진짜 원하는 것을 파악하는 것이 중요하다. 특히 외식업소의 직관적인 경청은 고객과의 소통의 근간이 된다.

2) 직관적 경청의 유용성

- 고객과 친밀감과 신뢰를 형성한다.
- 고객이 말하는 의도와 내재된 욕구를 파악할 수 있다.
- 대화 중에 고객의 태도나 감정을 느낄 수 있다.
- 가망고객을 단골고객이나 충성고객으로 발전시킬 수 있다.

- 고객에 대한 다양한 정보를 얻을 수 있다.
- 고객에게 해당 점포에 대한 호기심이나 기대, 설렘 등의 마음을 갖게 할 수 있다.
- 진정으로 고객에게 도움을 줄 수 있다.
- 고객이 즐겁고 행복할 수 있다.
- 해당 점포의 객단가가 올라간다.

3) 경청 시 고려요인

- 고객이 하는 말의 핵심을 파악하고 말할 기회를 빼앗지 않는다.
- 고객이 말을 할 때는 중단시키지 않고 설득하려 하지 않는다.
- 고객의 말을 이해하기 위해 질문하며 쉬운 말로 요약하거나 바꾸어 말해준다.
- 고객의 내재된 감정과 욕구를 살피면서 판단과 비판은 삼간다.
- 고객에게 주의를 집중하며 다른 사람의 질문에는 양해를 구한다.
- 고객에 대해 불편한 감점표출을 삼간다.

4) 바람직한 경청의 태도가 아닌 행위

- 고객이 말할 때 끼어들거나 화제를 바꾸는 행위
- 대화 중에 전화를 받거나 다른 것을 만지는 행위(예, 볼펜 돌리기 등)
- 조금 듣고 많이 말하는 행위
- 고객이 얘기할 때 자기 생각을 지나치게 장황하게 늘어놓는 행위
- 고객을 보지 않고 시선을 다른 곳에 두는 행위
- 고객이 이야기할 때 팔짱을 끼거나 다리를 꼬는 행위
- 대화 도중에 불필요하게 자리를 뜨는 행위

5) 경청에 대한 피드백

① 언어적 방법

 (a) **요약하기**(Summarizing)
  상대의 말을 압축하고 요약해서 피드백하는 것을 말한다. 고객의 말이 길어지거나 여러 내용이 뒤섞여 집중이 흐트러질 때 특히 유효하다. 예를 들어 손님이 자신의 근황을 장황하게 이야기할 때, 잘 경청한 후에 "그러니까 ~하다는 거군요"라고 요약해서 화답하면 상대방은 자신의 말을 인정해주고 경청해준 것에 대해 기분이 좋아진다. 이

경우 손님의 기분만 좋아지는 것이 아니라 충성고객으로 발전할 가능성도 높아진다.

(b) 바꿔 말하기(Paraphrasing)

고객이 한 말을 다른 방식으로 표현하는 것을 말한다. 고객이 말하는 의도에 맞게 표현을 다르게 함으로써 고객의 인식을 확장할 수 있다. "다시 말해, ~하다는 거군요"처럼 피드백하면 고객은 자신에게 관심을 가져주고 성의껏 대해준다고 인식한다.

(c) 반영하기(Reflecting Back)

고객이 한 말 중에서 감정과 느낌에 해당하는 부분을 바꾸어 말하는 것을 말한다. 고객이 무슨 말을 했는지 경청했다는 것과 고객이 하려는 말의 의미를 정확하게 이해하고 있는 것을 보여준다. "~라고 느끼셨군요, 지금 기분이 ~하군요"라고 피드백하면 고객은 자신의 마음을 잘 알아준다는 느낌을 받으며 기분이 좋아지고 애호도가 높아진다.

(d) 맞장구치기

맞장구는 상대방의 말에, 마음에, 행동에 적극적인 동의를 표시하는 짧고 강한 피드백이다. 대화에서 일당백 효과를 낼 수 있는 수단의 하나인 맞장구는 대화를 화기애애하게 이끌어주고 상대방의 기분을 돋우는 매력이 있다. 맞장구는 타이밍과 톤에 의해 효과가 달라진다. 맞장구에는 다음과 같은 몇 가지 표현 방법이 있다.

- 상대방의 말에 동의할 때: "아! 그렇군요." "네, 맞습니다!"
- 다음 말을 재촉할 때: "그래서 어떻게 되었나요?" "아! 그다음에 어떻게 하셨어요?"
- 가벼운 놀라움을 나타낼 때: "어머나!" "와우" "아! 대단하시네요."
- 동감하는 뜻을 달리 말할 때: "오늘 날씨가 정말 덥네요!"/"예, 정말 더운 날입니다", "요즘 경기가 안 좋네요."/"다들 힘들어합니다."

② 비언어적 방법

상대방의 말에 비언어적으로 피드백하는 방법이 'SOFTEN기법'이다. S는 SMILE, O는 Open Gesture(Posture), F는 Forward-leaning, T는 Touch, E는 Eye contact, N은 Nodding을 의미한다.

(a) 미소 짓기(SMILE)

메러비안 법칙에서도 언급했듯이 상대를 인지하는 데 시각적 이미지가 55%를 차지한다. 고객과 첫 응대 순간에 보이는 환한 미소는 그 어느 것보다 사람의 마음을 편하게 하고 좋은 이미지를 형성한다. 입가를 살짝 들어 올려 얼굴에 미소가 감도는 모습을 싫어할 고객은 어디에도 없을 것이다.

(b) 열린 자세[Open Gesture(Posture)]

대화할 때는 허리에 손을 얹거나 팔짱을 끼는 몸짓을 피해야 한다. 팔짱을 끼는 것은 자신의 영역을 지키겠다는 무언의 암시이며 이 같은 제스처는 상대를 적대시하거나 경계한다는 뉘앙스를 풍길 수 있다.
- (c) 앞으로 기울이기(Forward-leaning)

    몸을 뒤로 젖히거나 옆으로 기울이거나 꼿꼿하게 세우지 않고 몸을 10도에서 15도 정도 앞으로 기울인 상태에서 고객의 말을 듣는 자세는, 고객에게 관심을 기울이고 있다는 인상을 강하게 주는 동시에 "당신의 말을 잘 듣고 있습니다"라는 메시지를 효과적으로 전달한다.

- (d) 접촉하기(Touch)

    단골고객의 손을 살짝 잡아주거나 어깨를 가볍게 보듬는 행위 등, 가벼운 접촉이나 적당한 스킨십은 친밀감을 더해주며 고객과의 관계를 한층 더 끌어올려 준다.

- (e) 눈 맞추기(Eye contact)

    고객의 눈이나 눈언저리를 바라보면서 대화를 나누면 고객은 자신의 말을 상대방이 성의 있게 들을 뿐 아니라 관심을 표명하고 있다는 느낌을 받게 된다.

- (f) 끄덕이기(Nodding)

    고개를 끄덕이는 것은 상대의 의견에 동의를 표시할 뿐 아니라 상대방의 말을 잘 듣고 있다는 느낌을 전달한다. 또 상대방에 대한 친밀도를 높일 수 있다.

2.3 전화 응대 매뉴얼

1) 전화 대화의 특징

- 얼굴을 볼 수 없으므로 나이나 직업, 성품 등을 알 수 없다.
- 예고 없이 답변을 요구한다.
- 음성과 억양으로만 의사표시를 해야 한다.
- 음성과 억양만으로 점포 이미지에 대한 평가를 받는다.

2) 전화 응대의 기본요건

- 벨이 울리면 신속하게 받는다.
- "감사합니다"로 첫 인사를 한 후에 반갑게 받는다.
- 발음을 분명히 하고 말의 뒷부분을 흐리지 않는다.
- 전화를 받을 때는 항상 메모 준비를 한다.
- 잘못 걸려온 전화라도 내 고객이라는 마음으로 정중하게 응대한다.
- 고객의 용건을 잘 듣되 정확하지 않으면 정중하게 다시 물어 확인한다.

- 품명, 수량, 단가, 일시, 장소 등 주문을 넣을 때나 예약을 받을 때 천천히 정확하게 통화하고 가능한 문자로 다시 확인한다.
- 명랑하고 자신 있게 응답함으로써 고객이 신뢰하도록 한다.
- "전화 주셔서 감사합니다" 등으로 전화를 끊을 때도 정중하게 인사한다.
- 상대방의 말을 미리 짐작하거나 넘겨짚어 말하지 않는다.
- 어려운 전문용어나 오해를 불러올 수 있는 단어는 알아듣기 쉬운 단어로 바꾸어 사용한다.
- 전화를 이리저리 돌리지 말며, 부득이 돌려야 할 경우에는 직접 원하는 곳으로 돌려주든가 번호를 친절하게 알려준다.
- 전화를 끊을 때는 "감사합니다" 혹은 "좋은 하루 보내세요"와 같은 말로 마무리하며 상대보다 나중에 끊는다.

3) 전화를 받을 때의 요령

- 벨이 울리면 가능한 3회 이상 울리기 전에 받는다. 부득이 늦게 전화를 받게 되면 "늦게 받아서 죄송합니다"라고 말한 후에 상대의 말을 듣는다.
- 소속과 이름을 분명하게 밝힌다.
- 메모는 핵심사항을 적되 가능한 육하원칙(5W1H)에 따라 적는다.
- 중요한 내용은 재차 확인한다.
- 전화 통화 중에 부득이하게 다른 사람과 말을 해야 할 경우 상대방에게 들리지 않도록 송화기를 가리고 말한다.
- 필요시 상대방을 확인한다.
- 전화를 끊을 때는 상대방이 끊은 후에 끊는다.

4) 전화를 걸 때의 요령

- 전화 걸기 전에 말할 내용의 핵심을 미리 정리한다.
- 메모용지나 필기구, 필요한 자료 등을 옆에 준비한 후에 전화를 건다.
- 상대가 전화를 받으면 인사말과 함께 자신의 소속과 이름을 밝힌다.
- 상대가 전화를 받을 수 있는 상황인지 먼저 양해를 구한다.

- 통화 중에 끊기면 기다리지 않도록 다시 전화를 건다.
- 전화를 끊을 때는 상대가 끊은 것을 확인한 후에 전화를 끊는다.

5) 전화를 다른 사람에게 돌려줄 때 요령
- 전화 받을 사람이 통화할 수 있는 상황인지 확인한다.
- 연결할 때, "제가 지금 바로 연결해 드리겠습니다" 같은 말을 한 후에 돌린다.
- 전화를 돌릴 때는 송화구를 막은 다음, 받을 사람에게 상황을 이야기한 후에 전화를 연결한다.
- 전화 받을 사람이 즉시 받을 수 없는 경우, 상황을 얘기하고 메모를 남길 것인지를 물어본다.

6) 기타 전화의 응대 요령
- 잘못 걸려온 전화의 경우 "전화번호가 다른 것 같습니다. 번호를 다시 한번 확인해 주시겠습니까?"라고 친절하게 응대한다.
- 전화 받을 사람이 없는 경우 "죄송합니다만, ○○○씨는 잠깐 외출 중입니다/자리를 비웠습니다, 몇 시쯤/잠시 후면 통화가 가능할 것 같습니다" "제가 메모 남겨드릴까요?" "돌아오시면 전해 드리겠습니다" 등 자리에 없는 이유와 언제 통화가 가능한지, 메모를 남기길 원하는지 등을 물어본다.

7) 불만 전화 받는 요령
- "죄송합니다. 저희 불찰입니다. 제가 사과드리겠습니다" 등으로 먼저 사과한다.
- 변명하지 않고 고객의 불편사항을 겸허하게 끝까지 경청한다.
- 고객불만사항의 핵심을 파악한다.
- 도출된 불만 원인에 대한 해결책을 찾아 불만을 해소한다.
- 전화로 문제해결이 어려운 경우 다른 방법을 제시하며 양해를 얻어 전화를 끊는다.

8) 전화 응대 사례
① 첫 수신 시

"감사합니다. ㅇㅇㅇ입니다. 무엇을 도와드릴까요?"

② 고객이 주문할 때
"지금 고객님이 주문하신 메뉴와 주소를 다시 한번 확인해보겠습니다. 저희 음식을 주문해 주셔서 감사합니다. 고객님 행복한 하루 보내세요."

③ 불만전화를 받을 때
"죄송합니다. 고객님. 저희 잘못입니다. 앞으로 그런 일 없도록 조치하겠습니다."

④ 다른 사람을 바꿔줄 때
"네, 바꿔드리겠습니다. 잠시만 기다려 주십시오."

⑤ 다른 직원이 전화를 바꿔주었을 때
"전화 바꿨습니다. ㅇㅇ에 근무하는 ㅇㅇㅇ입니다."

⑥ 상대가 통화를 원하는 사람이 있어 바꿔줄 때
"실례지만 누구라고 전해드릴까요?"

⑦ 상대가 통화를 원하는 사람이 통화 중에 있을 때, 또는 통화가 길어질 때
"죄송합니다. 지금 다른 전화를 받고 있는데 잠시만 기다려주시겠습니까?"
"지금 통화가 길어지고 있는데 좀 더 기다리시겠습니까, 아니면 메모를 남겨 드릴까요?"

⑧ 전화를 넘겨받았을 때
"예, 전화 바꿨습니다. 오래 기다리게 해서 죄송합니다. ㅇㅇㅇ입니다."

⑨ 전화를 끊을 때
"전화 주셔서 감사합니다. 좋은(행복한) 하루 보내세요!"

2.4 고객불만처리 매뉴얼

1) 외식업의 품질 종류

①음식 품질
맛, 색감, 촉감, 냄새나 향기 및 입속에서 감도는 느낌과 소리 등 음식 자체에서 느낄 수 있는 오감과 감성 등을 말한다.

② 환경 품질

점포의 인·익스테리어 상태, 청결, 분위기, 조명, 접근성, 가시성, 주차시설 등의 점포를 둘러싼 점포의 환경상태를 말한다.

③ 서비스 품질

점포 입구부터 음식을 먹고 나갈 때까지의 모든 휴먼 서비스를 말하는 것으로, 대부분이 MOT(Moment of truth, 진실의 순간)에 의해 품질의 수준이 결정된다.

이 세 가지 품질은 서로 연관성을 가지며 어느 하나라도 문제가 있으면 전체 품질 수준에 영향을 미치므로 서로 상호 연관성을 가지고 있다고 볼 수 있다.

2) 고객불만을 야기하는 구매후 부조화

구매후 부조화(Post Purchase Dissonance)는 고객이 제품 구매 이후 그 제품에 대한 만족이나 불만족을 느끼기에 앞서 자신의 선택이 과연 옳은 것이었는가 불안함을 느끼는 것을 말한다. 즉 고객이 구매 이후 가질 수 있는 심리적인 불편함을 의미한다.

① 구매후 부조화가 잘 발생하는 경우
- 구매결정을 취소할 수 없을 때
- 선택한 대안이 갖고 있지 않은 장점을 선택하지 않은 대안이 가지고 있을 때
- 마음에 드는 대안이 여러 개가 있을 때
- 고객 입장에서 가격이 고가이거나 중요한 제품일 때
- 고객 자신이 전적으로 본인 의사에 따라 결정을 했을 때
- 가능한 대안들을 서로 객관적이고 동일한 기준에서 비교하는 것이 불가능할 때
- 고객이 수용할 수 있는 수준을 넘는 부조화가 발생했을 때

② 구매후 부조화 방치 시 문제점
- 고객불만족 유발
- 부정적 구전
- 재구매 거부
- 불평행동

③ 사업자 입장에서의 구매후 부조화 감소방안
- 사업자는 홍보나 강화광고 등을 통하여 제품의 좋은 면을 강조함으로써 구매자의 선택이 현명하였음을 확인시켜주어야 한다. 예를 들어 음식의 단맛이 고객이 생각

했던 것보다 덜한 경우 전단이나 홍보활동 등을 통해 단맛이 덜함으로써 갖게 되는 장점을 부각해야 한다.
- 사업자는 판매 직후 감사의 뜻과 함께 구매자에게 거래 후 서신이나 안내책자 혹은 전화나 문자 등으로 선택의 올바름을 확인시켜주어야 한다.

3) 고객불만이란?

해당 점포의 구성원이나 각종 메뉴를 접할 때마다 고객은 만족과 불만족을 느끼게 된다. 고객은 자신이 받은 제품이나 서비스에 대해 평가하며 그 내용을 밖으로 표출하기도 하고 그냥 지나치기도 한다. 고객불만(컴플레인)이란, 고객이 해당 점포의 음식을 구매하는 과정이나 구매한 음식에 대한 품질이나 서비스 등에 불만을 제기하는 것을 말한다. 이런 불만이나 오해 등을 해결하는 것을 고객불만처리라고 하며 불만의 처리 상태에 따라 해당 점포의 매출은 절대적인 영향을 받게 된다. 고객의 불만을 어떻게 처리하느냐에 따라서 고객과의 관계가 악화되기도 하고, 오히려 더욱 돈독해지기도 한다.

4) 고객불만의 유형

① 가족이나 친지 등 개인적으로 친분이 있는 사람들에게 자신의 불만 사항을 토로하며 구매 중지나 경고성 항의 등 사적인 행동을 취한다.
② 해당 업체에 직접 항의하며 대상 업체에 직접 배상을 요구한다.
③ 소비자보호원이나 정부기관 등에 불만을 토로하며 배상을 요구한다.
④ 법원 등에 손해배상을 청구한다.

5) 고객불만이 중요한 이유

① 고객불만은 해당 점포의 제품이나 서비스 등에 대한 제반 문제점들을 알려준다. 불만고객의 95%는 불만사항이 있어도 지적하지 않고 그냥 떠나버리고 만다(20명 중 한 명만 이야기한다).
② 제기된 불만을 해결하는 과정을 통해 문제해결은 물론 불만고객과의 사이가 더욱 돈독해질 수 있다.
③ 종업원들에게 큰 교육 자료가 된다.
④ 업무를 조정하거나 직원을 재배치하는 데 합리성과 정당성을 부여한다.

따라서 고객이 불만을 표출하는 것이 점포운영에 약이 되고, 오히려 침묵이 독이 된다는 사실을 잊지 말아야 한다.

6) 고객불만의 발생원인

① 음식 품질이 불량스러울 때

음식이 고객이 생각하는 것과 상이하게 조리되었거나 간이 너무 짜고 맵거나 할 때, 혹은 머리카락 등 이물질이 들어 있는 경우 교환이나 환불을 요구할 수 있다.

② 구성원들이 불친절할 때

고객이 부르는데 응답을 하지 않거나 지나치게 늦게 응답할 때, 대화 도중에 전화를 받거나 다른 사람과 길게 이야기를 나눌 때, 고객은 무시당하는 느낌을 받게 된다.

③ 정보제공이 미흡할 때

음식을 먹는 방법이나 시설물 이용법을 고객이 당연히 알고 있다고 생각해서 무성의하게 응답할 때 고객의 기분이 상하게 된다.

④ 종업원이 고객에게 무리한 제안을 할 때

메뉴를 추천할 때 지나치게 높은 가격의 음식을 권함으로써 고객이 낮은 가격의 음식 주문에 부담을 갖게 하는 행위는 고객을 불쾌하게 한다.

⑤ 상해를 입었을 때

예를 들어 뜨거운 음식으로 살이 데이거나 기타 상해를 입었을 때, 신속한 대처가 미흡하면 고객은 심각하게 불만을 표출할 수 있다.

⑥ 고객의 물건이 분실되었을 때

고객의 신발이나 의복 등이 찢어지거나 분실되는 경우 배상에 대한 불만을 나타낸다.

⑦ 지불조건이 맞지 않을 때

상품권이나 행사제품 등에 대해 교환이나 환불 등에 문제가 있을 때 고객은 불만을 토로하게 된다.

⑧ 기타

잘못된 포장이나 계산, 광고 내용과 다를 때, 주차된 차가 손상을 입었을 때, 보관물이 분실되었을 때 등 고객불만은 다양한 형태로 나타난다.

7) 고객불만을 표시하지 않는 이유

① 불만을 어떻게 토로할지 모른다.

② 시간과 노력을 들일 가치가 없다고 생각한다.

③ 불만의 원인이 딱 떨어지지 않거나 불분명하다고 생각한다.

④ 불만처리 과정에서 사업자나 종업원들과 갈등을 유발할 수 있다고 생각한다.

⑤ 불만을 토로해도 바뀌지 않는다고 생각한다.

⑥ 다시 해당 점포를 방문하지 않겠다고 생각한다.

8) 불만처리 7단계

① 고객의 불만을 듣는다.

② 불만의 원인을 분석한다.

③ 해결대안을 마련한다.

④ 고객에게 해결책을 제시한다.

⑤ 고객의 반응에 따라 대처한다.

⑥ 유사한 사례의 재발을 방지하기 위해 인력배치나 업무구조를 개선한다.

⑦ 불만처리사례를 활용하여 유사한 상황에서의 대처방안을 매뉴얼화 한다.

9) 불만고객에 대한 효과적인 경청방법

① 편견 없이 고객의 입장에서 성의껏 듣는다.

② 고객이 말을 하고 있을 때는 토를 달거나 평가하지 않는다.

③ 고객의 말에 성실한 반응을 표출하며 듣는다.

④ 정확하게 이해할 수 없는 부분은 질문을 통해 확인한다.

⑤ 중요한 부분은 요약하거나 바꿔 말하면서 공감을 나타낸다.

⑥ 고객이 말을 다 마칠 때까지 중간에 끼어들지 않는다.

⑦ 중요한 부분은 기록하며 듣는다.

10) 고객불만처리 시 고려사항

① 고객은 불만이 있어 문제를 제기하고 있으며 기본적으로 선하다고 생각한다.

② 고객의 입장에서 생각하는 자세를 견지한다.

③ 상냥하고 침착하게 고객을 응대한다.

④ 고객에 대해 선입관을 갖지 않는다.

⑤ 응대할 때는 전문용어나 어려운 표현을 자제하고 보다 이해하기 쉽게 말한다.

⑥ 감정 노출을 자제하고 고객의 말을 끝까지 경청한다.

⑦ 상황을 설명할 때는 사실을 바탕으로 명확하게 말한다.

⑧ 내부사정을 이유로 들지 않는다.

⑨ 변명이나 논쟁을 하지 않는다.

⑩ 상대방에게 동감하는 자세를 견지하며 긍정적인 자세로 경청한다.

11) 불만 고객을 더욱 화나게 하는 7가지 대응 태도

① 무시(無視)

고객을 대하는 가장 나쁜 태도로 고객이 불만을 나타낼 때 못들은 체하거나 별것 아니라는 식으로 그냥 지나치는 응답 자세를 말한다. 종업원이 약간의 관심과 성의만 가지고 있으면 대부분 현장에서 해결할 수 있는 사소한 문제들을 크게 키운다.

② 무관심(無關心)

'나와는 상관이 없다'는 태도로 고객이 불만을 제기해도 듣는 둥 마는 둥 하는 무성의한 응답 태도를 말한다. 일에 대해 의욕이나 열의가 없거나 고객에 대한 책임감과 조직에 대한 소속감이 없는 직원에게 주로 나타나는 현상이다.

③ 거들먹거림

고객은 잘 알지 못하고 어수룩하다는 선입견이 있으며 고객이 불만을 표해도 자신이 더 잘 알고 있다고 으스대는 태도를 말한다.

④ 냉담(冷淡)

상대를 쌀쌀맞게 대하는 태도로 고객의 질문이나 요청을 귀찮게 생각하는 표정이 역력하게 나타난다.

⑤ 경직(硬直)

사고방식이나 태도 등이 외곬으로 치우쳐 융통성이 없는 상태로 고객이 말을 건네거나 요청을 해도 별다른 표정 없이 기계적이고 반복적으로 대하는 태도를 말한다.

⑥ 책임회피

자신의 업무영역이 아니라며 긴급한 상황에도 초동조치를 취하지 않고 고객의 요청이나 질문에도 책임한계만을 되풀이하며 다른 사람에게 떠넘기는 행위를 말한다.

⑦ 규정우선주의

고객의 불만사항보다 항상 식당의 규정이 우선한다는 생각으로 고객이 불만을 제기해도 업소의 규정을 준수하도록 강요하는 태도를 말한다.

이런 7가지 태도는 고객의 불만을 더 크게 만들 뿐 아니라 악성 구전으로 인해 해당 점포는 물론 계열 점포에까지 큰 파문을 일으킬 수 있다.

12) 불만고객으로부터 이익을 창출하기 위한 존 굿맨의 3대 법칙

'굿맨의 법칙'은 마케팅 조사회사인 'TARP'의 CEO인 존 굿맨(John Goodman)이 발견한 것으로 고객의 재방문율에 대한 법칙이다. 굿맨은 한 고객이 특정 매장에 아무 문제 없이 왔다 가면 재방문율이 10% 정도 되지만, 불만을 토로하는 고객을 잘 응대하면 재방문율이 65%나 된다고 주장한다. 즉 고객이 직원의 대응에 충분히 만족했을 때가 오히려 불만이 없을 때보다 더 높은 재방문율을 보인다는 것이다. 존 굿맨의 3대 법칙은, 고객만족의 중요성과 더불어 구체적으로 기업이익에 어떠한 작용을 하는지 명확하게 보여주기 때문에 매우 의미 있는 자료로 평가받는다. 존 굿맨은 굿맨 이론에서 고객들의 정서적인 불만요소를 정량적으로 지수화해 발표했다.

▷ 존 굿맨의 3대 법칙

제1법칙 토로의 효과	제2법칙 구전효과	제3법칙 교육효과
불만을 가져도 그 상품을 구입하는 고객	부정적 구전은 긍정적 구전보다 2배의 파급효과	소비자 교육은 신뢰도를 높여 호의적 구전을 기대
• 토로하지 않는 사람의 9~37%가 구입 • 토로하여 시기적절하게 만족한 사람의 82~95%가 구입	• 호의적 구전 4~5명 전파 • 부정적 구전 9~10명 전파	• 소비자 교육을 받은 고객 신뢰도 상승 • 호의적인 소문의 파급 효과 기대 • 상품의 구입의도가 높아져 시장 확대에 공헌

13) 존 지라드의 250명의 법칙

존 지라드(John Girard)는 30대 중반까지 40여 군데의 직장을 전전했던 사람이었다. 하지만 그는 '250명의 법칙'을 깨닫고 고객 한 명 한 명에게 최선을 다함으로써 13,001대의 자동차를 팔아 기네스북에 오른 세일즈맨이 되었다. "한 명의 고객을 250명의 고객처럼 대하라!"는 명언을 남겼다.

"내가 일주일에 50명을 만나는데 그중 2명이 나의 태도에 불만을 느꼈다면 그들에게 영향을 받은 한 달에 2천 명, 일 년이면 2만5천 명이 나에게 손가락질하는 것과 같다. 지금까지 자동차 판매에 14년을 종사해 왔다. 만일 내가 일주일에 2명꼴로 불쾌감을 주었다면, 1년 동안 30만 명의 사람이 나를 비난했을 것이다."

2.5 고객접점 매뉴얼

외식업소에서의 고객접점이란, '해당 점포에 고객이 접근해서 차를 주차하고 식당 안으로 들어가 음식을 먹고 먹은 음식값을 지불하고 식당 문을 나와 주차된 차를 가지고 해당 점포로부터 멀어지는 일련의 과정에서 비롯되는 모든 순간'을 말한다.

1) MOT란?

고객접점을 뜻하는 MOT(Moment Of Truth)는 스페인의 투우 용어인 'Moment De La Valdad'에서 유래한 말로 투우사가 소의 급소를 찌르는 순간을 말한다. 실패가 허용되지 않는 중요한 순간, 피하려 해도 피할 수 없는 순간을 의미한다. 즉 고객이 어떤 느낌을 받는 순간, 어떤 상황에서 인상이 남는 순간, 만족과 불만족이 교차하는 15초의 순간 등을 의미한다.

MOT는 해당 점포의 어떤 일면과 접촉하는 일에서 비롯되며 서비스 품질에 대해 일정한 인상을 얻는 순간을 말한다. MOT은 스웨덴의 마케팅 전문가인 리처드 노만(R. Norman)이 서비스 품질관리에 처음 사용한 개념이다. MOT는 39세의 젊은 나이로 스칸디나비아항공(SAS, Scandinavian Airlines) 사장에 취임한 얀 칼슨(Jan Carlzon)이 1987년 저서 『Moment of Truth』를 펴낸 이후 급속히 알려졌다. 스칸디나비아항공에서는 한 해에 약 1천만 명의 고객들이 각각 5명의 직원과 접촉했으며 1회

접촉시간은 평균 15초였다. 따라서 고객의 마음속에 1년에 5천만 번 회사의 인상을 새겨 넣은 셈이 된다. 칼슨은 15초 동안의 짧은 순간이 결국 스칸디나비아항공의 전체 이미지, 나아가 사업의 성공을 좌우한다고 강조했다. 이러한 '진실의 순간' 개념을 도입한 칼슨은 불과 1년 만에 스칸디나비아항공을 연 800만 달러의 적자에서 7,100만 달러의 흑자로 전환시켰다. 외식업소의 진실의 순간, 즉 MOT는 다음과 같다.

- 광고나 홍보에 노출될 때
- 간판이나 POP 등과 마주칠 때
- 주차장에 진입할 때
- 업소에 들어설 때
- 주문할 때
- 음식이나 각종 서비스를 제공할 때
- 시설물을 이용할 때
- 계산하고 점포 문을 나갈 때 등

2) MOT가 중요한 이유

성공적인 서비스는 서비스 제공자와 소비자가 서로 대면(접촉)하는 순간에 결정된다. 따라서 서비스 접점은 서비스 차별화, 점포이미지 및 고객만족에 영향을 미치게 되며 일반적으로 고객만족은 서비스 제공자와의 접점에서 품질로 결정된다(Solomon et. al., 1985).

① 곱셈의 법칙이 적용된다.
고객과의 많은 접점마다 안 좋은 인상이나 불만 요인이 하나하나 더해져서 나쁜 구전이 형성되는 것이 아니라, 곱하기 형식으로 그 파급효과가 눈덩이처럼 불어나게 된다.

② 고객과 접촉하는 그 자체가 하나의 상품이 된다.
결정적 순간 하나가 한 제품, 한 업체의 운명을 좌우한다.

3) MOT의 특징

① 쌍방 간에 이루어진다.
고객접점의 서비스는 서비스 제공자와 고객, 즉 두 객체 사이에서 이루어지는 모든 행위를 의미한다.

② 주로 대면으로 이루어진다.

서비스 성과에 대한 고객의 평가는 대부분 서비스 제공과정에서 얻은 대면이나 접촉에 의해 이루어진다.

③ 상호작용을 한다.

서비스 제공자와 고객 간의 커뮤니케이션은 서로 영향을 미친다. 제공하고 받아들이는 수준과 형태에 따라 서비스 품질이 달라질 수 있다.

④ 일정한 목적을 지향한다.

서비스 접점에서 이루어지는 상호작용은 일정한 목적을 지향한다. 예를 들어, '감사합니다'라는 인사말은 해당 업소를 긍정적으로 인식하게 하고, 서비스 질을 높이는 도구의 하나로 사용할 수 있다.

4) MOT에서의 고객 행동 특성

① 서비스 대기 및 지연

서비스 제공 속도는 고객의 서비스 평가에 중요한 요소이며 서비스 지연행위는 고객의 불만과 분노를 야기한다.

② 불평 및 전환 행동

고객불만족은 고객이 아무런 행동도 취하지 않을 수도 있고, 전환 행동을 취하거나 불만을 토로하기도 하고 타인에게 부정적인 구전을 하거나 법적인 배상을 요구하는 등의 반응을 보일 수 있다.

③ 서비스 실패와 회복노력

서비스 실패는 서비스를 제공하는 과정에서 발생하는 여러 잘못과 고객에 대한 약속 위반 등으로 발생하며 이는 흔히 고객의 불만으로 이어진다. 고객의 불만에 대한 효과적인 접근방법은 부정적 구전을 막는 한편, 불만해소과정을 통해 불만고객을 단골고객이나 충성고객으로 유인하는 것이다.

5) MOT 매뉴얼

고객이 외식업소를 이용할 때 MOT는 몇 가지 중요한 부분으로 나눌 수 있다. 목적하는 외식업소에 접근할 때, 간판으로 식당을 찾을 때, 식당에 들어설 때, 실내환경과 맞닥뜨릴 때, 주문할 때, 음식이 나올 때, 시설물 이용할 때, 계산하고 나갈 때의 MOT 등으로 나눌 수 있다.

▷ 광고나 홍보 등에 노출될 때 MOT 매뉴얼 체크리스트

*점검상태(상: 양호, 중: 긴급하지 않으나 관리를 요함, 하: 긴급한 관리를 요함)

체크 포인트	내용	점검상태			비고
		상	중	하	
광고나 홍보 MOT	• 인터넷이나 전단 등에 입출입의 방향과 불편한 부분에 대한 설명이 제대로 되어 있는가				
	• 지나치게 자랑을 하거나 내용이 난삽하게 게재되어 있지는 않은가				
	• 핵심적인 내용을 간략하게 적시하고 있는가				
	• 스토리텔링을 적절하게 구사하고 있는가				
	• 고객의 감성을 자극하는 내용이 들어 있는가				

▷ 점포 간판이나 POP 등과 마주칠 때 MOT 매뉴얼 체크리스트

*점검상태(상: 양호, 중: 긴급하지 않으나 관리를 요함, 하: 긴급한 관리를 요함)

체크 포인트	내용	점검상태			비고
		상	중	하	
간판, POP MOT	• 통행인이나 운전자가 잘 볼 수 있도록 간판이 설치되어 있는가				
	• 간판은 잘 모르는 외래어나 외국어로 표기되어 있지는 않은가				
	• 간판 글씨가 알아보기 어렵게 흘려 쓰여 있지는 않은가				
	• 간판의 크기와 문자 수가 균형을 이루는가				
	• 간판의 색과 주위 배경이 잘 어울리는가				
	• 간판의 내용이 점포의 특징을 잘 나타내고 있는가				
	• 간판의 글씨가 많아 너무 혼란스럽지는 않은가				
	• 전면간판과 돌출간판이 동일한 내용을 나타내고 있는가				
	• 간판은 청결상태를 잘 유지하고 있는가				
	• 간판의 전등은 다 들어와 있는가				
	• POP는 메뉴를 함축하고 있으며 제자리에 서 있는가				

▷ 주차장에 진입할 때 MOT 매뉴얼 체크리스트

*점검상태(상: 양호, 중: 긴급하지 않으나 관리를 요함, 하: 긴급한 관리를 요함)

체크 포인트	내용	점검상태			비고
		상	중	하	
주차장 MOT	• 주차장 유도표지판이 잘 마련되어 있는가				
	• 주차장에서 업소까지 찾기 쉽게 되어 있는가				
	• 주차요원이 없을 때의 주차방식은 적시되어 있는가				
	• 주차 시 주의사항이 부착되어 있는가				

▷ 업소에 들어설 때 MOT 매뉴얼 체크리스트

*점검상태(상: 양호, 중: 긴급하지 않으나 관리를 요함, 하: 긴급한 관리를 요함)

체크 포인트	내용	점검상태			비고
		상	중	하	
인적 서비스의 MOT	• 고객이 식당 문을 열고 들어올 때 종업원들이 고객에게 시선을 집중하는가				
	• 영업이 시작됐는데도 아직 종업원들이 식사를 하고 있는가				
	• TV나 신문을 보거나 잡담을 하느라 손님이 들어오는 것을 모르고 있지는 않은가				
	• 들어오는 손님에게 인사를 하고 자리를 안내하는가, 아니면 인사도 없이 먼저 몇 명이냐고 인원수를 물어보는가				
	• 직원이 미소 띤 얼굴로 시선을 마주치며 인사를 하는가				
	• 직원이 "찾아주셔서 감사합니다. 어서 오세요!"라는 멘트를 기쁜 마음으로 하고 있는가				
	• 손님이 원하는 좌석으로 안내하는가, 서비스제공자가 일하기 편한 곳으로 안내하는가				
	• 고객이 묻기 전에 서비스 시설을 먼저 알려 주는가				

체크 포인트	내용	점검상태 상	점검상태 중	점검상태 하	비고
실내 환경의 MOT	• 식당 한구석에 식자재가 그대로 놓여 있어 고객의 인상을 찌푸리게 하지는 않는가				
	• 행주나 수건, 유니폼 등이 손님이 볼 수 있는 장소에 널려져 있지는 않은가				
	• 식당 내부에 집기·비품이나 신문 등이 어질러 있지는 않은가				
	• 식당 안의 조명은 제 빛을 내고 있는가				
	• 불이 나간 전구는 없는가				
	• 바닥 청소 상태는 양호하고 이물질이 떨어져 있지는 않은가				
	• 사진이나 표구 등이 너무 난잡하지는 않은가?				
	• 실내 온도는 적정한가				
	• 실내공기는 잘 정화되고 있는가				
	• 내실 앞에 실내화는 비치되어 있는가				
	• 구둣주걱은 제 자리에 있는가				

▷ **주문 과정에서 MOT 매뉴얼 체크리스트**

*점검상태(상: 양호, 중: 긴급하지 않으나 관리를 요함, 하: 긴급한 관리를 요함)

체크 포인트	내용	점검상태 상	점검상태 중	점검상태 하	비고
주문 과정의 MOT	• 방석은 비치되어 있는가, 방석에 오물이 묻어있지는 않은가				
	• 손님의 옷을 걸 수 있는 옷걸이는 근거리에 준비되어 있는가				
	• 좌석에 앉은 다음에도 고객이 불러야만 주문을 받으러 오지는 않는가				
	• 물수건은 달라고 해야 갖다 주는가				
	• 메뉴판은 제자리에 놓여 있는가				
	• 메뉴판은 깨끗하며 음식과 가격이 맞게 적시되어 있는가				

체크 포인트	내용	점검상태			비고
		상	중	하	
주문 과정의 MOT	• 메뉴판에는 손님이 원하는 음식을 찾기 쉽게 인식표가 붙어 있는가				
	• 고객의 질문에 직원이 명쾌하게 답을 해 줄 수 있는가				
	• 종업원은 고객이 원하는 것이 무엇인지 확실히 알고 행동하는가				
	• 종업원의 메이크업이 지나치게 화려하거나 향수 냄새가 너무 진하지는 않은가				
	• 종업원의 유니폼이나 의복이 몸에 잘 맞지 않거나 보기 민망할 정도로 야하지는 않은가				
	• 종업원이 고가의 음식을 강요하지는 않는가				
	• 저단가의 음식을 주문하는 고객을 무시하는 태도를 보이지 않는가				
	• 바쁘다는 핑계로 음식주문을 통일하는 쪽으로 유도하지는 않는가				
	• 미끼 상품의 주문에 대해 불필요한 토를 달지는 않는가				
	• 고객이 주문하는 중에 전화를 받거나 다른 사람과 장시간 이야기하지는 않는가				
	• 고객의 불만이나 건의사항을 메모하는가				

▷ **주문한 음식이 나올 때 MOT 매뉴얼 체크리스트**

*점검상태(상: 양호, 중: 긴급하지 않으나 관리를 요함, 하: 긴급한 관리를 요함)

체크 포인트	내용	점검상태			비고
		상	중	하	
음식 나올 때의 MOT	• 음식이 나올 때까지 걸리는 시간을 알려 주었는가				
	• 주문한 음식이 다소 늦게 나올 때는 양해를 구하는가				
	• 음식을 서둘러 상에 놓으며 잡음을 내지는 않는가				
	• 바쁘다는 핑계로 손님에게 음식을 전달해달라고 하지는 않는가				
	• 음식에 대고 침을 튀기며 말하지는 않는가				

음식 나올 때의 MOT	• 음식에 넣어 먹는 소스 등에 대해 설명을 해 주는가				
	• 음식을 담은 그릇은 청결하며 깨진 곳은 없는가				
	• 물잔에 때가 끼어있거나 이물질이 묻어 있지는 않은가				
	• 밥이 오래되어 찰기가 없거나 미지근하지 않은가				
	• 추가반찬 주문에 성의 없는 태도를 보이지는 않는가				
	• 추가반찬 등을 갖다 주면서 생색을 내거나 토를 달지는 않는가				
	• 반찬을 바꿔 달라는 요청에 기꺼이 응하는가				
	• 음식이 뜨겁거나 차갑지 않고 미지근하지는 않은가				
	• 손님 식사 중에, 주변에서 종업원들이 잡담하거나 재료 등을 다듬으며 소음을 내고 있지는 않은가				
	• 식사 중인 손님 옆에서 시끄럽게 테이블을 정리하지는 않는가				
	• 후식이나 음료 등은 고객에 맞는 서비스가 제공되고 있는가				

▷ 시설물 이용 시 MOT 매뉴얼 체크리스트

*점검상태(상: 양호, 중: 긴급하지 않으나 관리를 요함, 하: 긴급한 관리를 요함)

체크 포인트	내용	점검상태			비고
		상	중	하	
시설물 이용 시 MOT	• 화장실 청결은 잘 유지되고 있는가				
	• 세면대 주위에 때가 끼어 있지는 않은가				
	• 화장실 유리는 깨끗한가				
	• 내부 화장실의 경우 식당 콘셉트에 맞는 음악이 흐르는가				

체크 포인트	내용				비고
시설물 이용 시 MOT	• 탈취제는 제 기능을 하고 있는가				
	• 비누, 휴지, 수건 등은 깨끗한 상태로 제자리에 놓여 있는가?				
	• 온수는 나오는가				
	• 몸에 해로운 락스나 유해물질, 인화물질 등이 방치되어 있지는 않은가				
	• 꽃이나 그림 등으로 아늑한 분위기를 연출하고 있는가				
	• 외부에 화장실이 있는 경우라도 자기점포를 잘 알리고 있는가				
	• 설명 없이도 외부화장실을 찾을 수 있게 표식이 준비되어 있는가				
	• 외부화장실이라도 청결 상태는 잘 유지되고 있는가				

▷ **계산하고 나갈 때 MOT 매뉴얼 체크리스트**

*점검상태(상: 양호, 중: 긴급하지 않으나 관리를 요함, 하: 긴급한 관리를 요함)

체크 포인트	내용	점검상태			비고
		상	중	하	
계산하고 나갈 때 MOT	• 명세를 정확하게 말해 주는가				
	• 계산원이 다른 일을 하면서 계산하지는 않는가				
	• 계산하면서 다른 전화나 주문을 받지는 않는가				
	• 계산 중에 껌을 씹거나 음식을 먹고 있지는 않는가				
	• 손님에게 시선을 집중하면서 미소 띤 얼굴로 계산하는가				
	• 적은 금액의 카드손님을 불편하게 하지는 않는가				
	• 불편사항을 말하는 고객에게 이유나 변명을 대거나, 다른 손님은 그렇지 않다며 항변하지는 않는가				
	• 계산하는 손님에게 "부족한 것 없었느냐"는 질문 대신에 "잘 드셨느냐"는 오만한 질문을 하지는 않는가				
	• 문을 나서는 손님에게 "좋은 하루 되세요"라는 인사를 하는가				

3 고객관리 매뉴얼

고객관리는 신규고객 유입으로 매출을 창출하며 기존고객의 충성도를 높이면서 고객을 유지하고 단골고객의 생애가치를 증대함으로써 재구매를 확대하기 위한 노력으로 이루어진다. 신규고객 확보와 고객유지를 위해 고객만족도를 조사하거나 표적집단면접법 등을 활용할 수 있다.

3.1 신규고객 확보

새로운 고객을 확보하기 위해서는 고객에게 필요한 효익을 마련하고 고객이 만족할 수 있도록 적절한 혜택과 가치를 제공해야 한다. 예를 들어 고객은 점포브랜드에 대한 정보, 메뉴, 이벤트 및 주차 안내 등 다양한 정보와 편리성 등을 제공하는 점포를 선호할 것이다. 목표고객이 원하는 혜택과 가치를 제공하여 고객을 만족시킬 때 신규고객을 확보하고 그들과의 관계를 지속할 수 있다.

▷ **신규고객 획득 매뉴얼 체크리스트**

*점검상태(상: 양호, 중: 긴급하지 않으나 관리를 요함, 하: 긴급한 관리를 요함)

체크 포인트	내용	점검상태			비고
		상	중	하	
광고 및 홍보	• 전단, 지역신문, 케이블, 인터넷 등에 광고를 하고 있는가				
	• 전단에는 목표고객의 필요를 채울 내용이 준비되어 있는가				
	• 지인 등 입소문 유포자를 확보하여 점포를 알리고 있는가				
판촉	• 판촉물의 내용은 잠재고객이 필요로 하는 것인가				
	• 이벤트는 목표고객에게 인상을 남길 수 있는가				
	• 잠재고객이 참여할 수 있도록 시식을 준비하고 실행하는가				
	• 이벤트나 할인폭이 현저히 큰 로스리더(미끼상품)를 잘 알리고 있는가				

편리성	• 무료주차와 친절한 안내를 준비했는가				
	• 점포에 대한 정보를 적절하게 제공하는가				
POP	• 점포의 정보를 함축하고 있는가				
	• 고객이 알아보기 쉽게 핵심을 잘 나타내고 있는가				
	• 스토리텔링으로 고객의 마음을 잘 끌고 있는가				
	• 너무 많은 내용을 담고 있지는 않은가				

3.2 재구매율 제고 및 고객유지

충성도가 높은 고객은 재구매율이 높은 고객을 말한다. 이런 고객은 재구매율이 높을 뿐 아니라 가격에도 덜 민감하게 반응한다. 예를 들어 서울 광희동에 있는 평양냉면집은 충성도가 매우 높아 고객들은 프리미엄 가격도 기꺼이 수용하며 장시간 기다리면서까지 그 점포를 고집한다.

충성고객이 많으면 많을수록 해당 점포는 더 많은 수익을 창출할 수 있다. 고객의 충성도를 높이기 위해 목표고객의 정보를 바탕으로 맞춤식 혜택을 제공하거나 고객의 불만사항이나 충고에 적극적으로 대처해야 한다.

▷ 재구매율 제고 및 고객유지 매뉴얼 체크리스트

*점검상태(상: 양호, 중: 긴급하지 않으나 관리를 요함, 하: 긴급한 관리를 요함)

체크 포인트	내용	점검상태			비고
		상	중	하	
프로모션	• 목표고객의 정보를 잘 파악하고 있는가				
	• 3개월에서 6개월 이상의 '휴면고객'에게 DM(direct mail)을 보냈는가				
	• 할인쿠폰 또는 금액으로 일정액을 적립하여 돌려주는가				
	• 고객이 원하는 방식으로 혜택을 제공하는가				
	• 신메뉴를 먼저 맛볼 수 있는 시스템을 운영하는가				
	• 고객의 정보는 꾸준히 수집하고 있는가				
고객조사	• 일정 기간(약 3개월)에 한 번씩 '고객만족도조사'를 실시하는가				
	• 하루에 몇 명의 고객과 이야기를 나누는가				
	• 고객이 지적한 것은 바로 시정하는가				
관계마케팅	• 비일상적인 고객의 욕구를 충족시키기 위해 종업원에게 자율성을 부여하는가				
	• 새로운 아이디어를 받아들이는 사업장 문화를 형성하고 있는가				
	• 모든 의사결정과 프로세스에 고객의 욕구가 반영되어 있는가				
	• 내부고객에게 우수한 서비스를 제공함으로써 외부고객에게 전가되게 하는가				
	• 고객서비스 정보를 직원에게 분명하게 전달하는가				
	• 교차판매나 상향판매 등을 통해 구매량 또는 구매횟수를 늘리고 있는가				

◇ '고객만족도 조사'

해당 점포의 고객만족 수준을 파악하기 위한 정기적인 설문조사는 기존고객유지 및 재구매 확대를 위해 매우 중요한 경영활동 중 하나이다. 설문조사를 통해 점포의 문제점을 파악하고 영업 방향을 설정하는 데 많은 도움을 받을 수 있다. 설문항목은 점포의 위치와 업종, 주된 품목, 점포 규모 및 고객층에 따라 다소 변경하여 사용해도 무방하다. 설문조사는 방문한 고객들을 상대로 하며 설문에 응하는 고객들에게는 성심껏 준비한 선물이나 추가 음식 등을 제공함으로써 답례에 정성을 기해야 한다. 다음은 설문 항목을 완성하는 데 고려할 점들이다.

1. 설문조사 항목 완성 시 고려요인

- 가능한 한 쉽고 구체적인 단어를 사용한다.
- 고객이 응답하기 쉽도록 폐쇄형(객관식) 질문을 사용한다.
- 응답 항목 내용 중에 중복이 있어서는 안 된다.
- 다지선다형 질문은 가능한 응답을 모두 제시한다.
- 제시된 단어의 의미를 명확하게 설명해야 한다.
- 최소한 10개 이상의 문항을 준비한다.
- 표본의 수는 최소한 30개 이상[31]으로 한다.
- 소득과 같은 대답하기 다소 예민한 질문은 가능한 한 뒤로 돌려 질문한다.
- 고객들이 정확한 답을 모를 때는 중간값을 선택하는 경향이 있다는 것을 고려한다.
- 추가 설명이 필요하고 고객의 욕구를 명확하게 인식하기 위해 개방형(주관식) 질문을 할 수 있다.

....
31) 표본의 크기가 30개 이상이 되면, 모집단의 모습을 닮아가며 모집단의 평균값과 거의 같은 값이 된다. 즉 표본이 30개가 되면 정규분포로 인정될 수 있다.

2. 설문조사 취지문(예시)

> 안녕하십니까?
>
> 저희 ○○에서는 고객 여러분의 '만족' 정도를 알아보기 위해 설문조사를 하고 있습니다.
>
> 본 조사는, 고객님께서 저희 업소에 대해 느끼시는 의견을 수렴하여 저희 업소의 제반 품질을 향상시키는 데 그 목적이 있습니다. 본 설문에 대해 고객님의 평소 생각과 느낌을 기록해 주시면 진심으로 감사하겠습니다.
>
> 본 조사의 결과는 오직 통계 목적으로만 사용되는 점을 약속드립니다.
>
> 이번 설문조사에 응해주신 고객님께 다시 한번 깊은 감사를 드리며 고객님과 고객님 가정이 건강하고 행복하시기를 기원합니다.

3. 설문에 대한 응답 요령

> 각 문항을 주의 깊게 읽으신 후
> 고객님의 의견과 가장 가까운 항목의 번호에
> 'O'표를 하시거나 직접 기록해 주십시오.

4. 설문 내용

1. 고객님의 성별을 선택해 주십시오.
   ① 남자   ② 여자

2. 귀댁 또는 귀사에서 저희 업소까지 거리는 어느 정도입니까?
   ① 99m 이하   ② 100~199m   ③ 200~299m   ④ 300~390m   ⑤ 400m 이상
   ⑥ 다른 지역 거주   ⑦ 기타(   )

3. 귀댁 또는 귀사에서 외식을 할 때 의사결정은 주로 누가 하십니까?
   ① 본인   ② 자녀(대리 또는 과장)   ③ 배우자(팀장)   ④ 가족 간 합의(여직원)
   ⑤ 기타(   )

4. 고객님은 누구의 권유로 저희 업소를 방문하셨습니까?
   ① 본인 스스로 찾아 옴   ② 동료나 가족   ③ 전단지   ④ 블로그   ⑤ 모바일 광고
   ⑥ 기타(   )

5. 저희 업소는 얼마나 자주 방문하십니까?
   ① 처음   ② 주 2~3회   ③ 주 1회   ④ 월 1회   ⑤ 기타(   )

6. 고객님이 저희 업소에서 주로 선택하시는 메뉴는 무엇입니까?
   ① 식사 및 안주류(   )   ② 음료 및 주류(   )

7. 귀댁의 주거형태는 무엇입니까?(주거지의 경우에 한함)
   ① 단독주택   ② 아파트   ③ 연립/빌라/다세대   ④ 상가주택   ⑤ 오피스텔
   ⑤ 기타(   )

8. 고객님의 연령은 만으로 어떻게 되십니까?
   ① 19세 이하   ② 29세 이하   ③ 39세 이하   ④ 49세 이하   ⑤ 59세 이하   ⑥ 60세 이상

9. 가족이나 친구 혹은 동료와 함께 한번 외식하는 데 드는 인당 비용은 평균 얼마나 되십니까?
   (회사비용지출은 제외)
   ① 5,900원 이하   ② 6천 원~9,900원   ③ 1만 원~14,900원   ④ 15,000~19,900원
   ⑤ 2만 원~29,000원   ⑥ 3만 원 이상

10. 고객님의 현재 직업은 무엇입니까?
    ① 학생   ② 회사원   ③ 자영업자   ④ 주부   ⑤ 무직   ⑥ 기타(   )

11. 고객님이 음식점을 선택하는 기준은 무엇입니까?(우선순위를 표시하여 주십시오)
    ① 맛( )   ② 가격( )   ③ 친절/서비스( )   ④ 인테리어/분위기( )
    ⑤ 사업자( )   ⑥ 기타(   )

12. 고객님이 저희 업소를 다시 방문하신 이유는 어디에 있습니까?
    ① 맛   ② 가격   ③ 친절/서비스   ④ 인테리어/분위기   ⑤ 사업자   ⑥ 가족이나 친지의 권유
    ⑦ 기타(   )

13. 고객님께서 생각하시는 저의 업소의 맛, 가격, 서비스, 분위기, 가시성, 접근성 및 대표자나 종업원의 태도에 대해 평가해 주십시오. 아래 평가란의 좌측과 우측에 적혀있는 단어를 보시고 위의 각 항목이 왼쪽 단어에 가까우면 1에 가까운 숫자로, 오른쪽 단어에 가까우면 7에 가까운 숫자를 표시해 주시고, 중립이라고 생각하면 4로 표시해주시기 바랍니다.

1) 맛

| 매우 나쁘다 | 1 - 2 - 3 - 4 - 5 - 6 - 7 | 아주 좋다 |

2) 가격

| 맛에 비해 매우 저렴하다 | 1 - 2 - 3 - 4 - 5 - 6 - 7 | 맛에 비해 아주 비싸다 |

3) 서비스 및 친절

| 아주 불친절하다 | 1 - 2 - 3 - 4 - 5 - 6 - 7 | 매우 친절하다 |

4) 분위기 및 인테리어

| 콘셉트가 전혀 안맞는다 | 1 - 2 - 3 - 4 - 5 - 6 - 7 | 정말 내 스타일이다 |

5) 가시성(점포 찾는 데 어려움 정도)

| 찾기 너무 힘들다 | 1 - 2 - 3 - 4 - 5 - 6 - 7 | 정말 쉽게 찾았다 |

6) 접근성(교통 및 도보환경)

| 걷기에 멀고 차량은 불편하다 | 1 - 2 - 3 - 4 - 5 - 6 - 7 | 전혀 불편함이 없다 |

7) 직원(규모가 영세할 경우 대표자)의 태도

| 아주 마음에 안든다 | 1 - 2 - 3 - 4 - 5 - 6 - 7 | 아주 마음에 든다 |

14. 고객님께서 가장 좋아하는 음식점을 7점이라고 가정하신다면 저희 업소에는 몇 점을 주시겠습니까?

| 전혀 좋아하지 않는다 | 1 - 2 - 3 - 4 - 5 - 6 - 7 | 이 음식점이 매우 좋다 |

15. 만일 추가한다면 저희 업소에 어떤 메뉴가 있으면 좋겠습니까?
  (   )

16. 끝으로 저희 업소의 좋은 점과 개선되어야 할 부분을 적어주시면, 고객님의 기호에 맞도록 개선하는 데 최선의 노력을 다하겠습니다.
  (   )

≪설문조사에 협조해주신 고객님께 진심으로 감사를 드립니다≫

○○○ 대표: 홍길동
02-123-4567, 010-1234-5678

5 설문조사 항목의 해석 및 활용

① 고객의 성별

고객의 성별은 맛과 분위기는 물론 업소의 인테리어 등에도 많은 영향을 미친다. 특히 여성고객이 많으면 디테일에 강해야 한다. 예를 들어 식기나 물잔, 음식의 데커레이션 등 다소 사소한 부분에도 상당한 노력을 기울여야 한다.

② 집이나 사무실에서 업소까지의 거리

업소까지의 거리는 상권을 분석하고 고객이 접근할 수 있는 지리적인 한계를 나타낼 뿐 아니라 해당 점포 입지의 장단점을 파악하는 데도 많은 도움을 준다. 또 해당 업소가 가질 수 있는 구매력을 가늠하는 데 유용한 자료로 활용할 수 있다.

③ 외식의 결정권

직장이나 가정에서 업소와 메뉴를 결정할 때 공동의사결정이 일반적이지만 실제로는 특정인이 하는 경우가 적지 않다. 누가 결정하느냐에 따라 서비스의 형태와 내용이 달라질 수 있다. 예를 들어 여직원이 결정권을 가지고 있다면 결정권자가 선호하는 서비스를 제공하며 결정권자에게 어떤 방식이든 감사를 표하는 것을 잊지 말아야 한다.

④ 업소방문 동기

잠재고객이 지나가다가 무심코 들를 수도 있고 동료나 가족, 전단, 블로그 또는 광고 등을 참고로 업소를 방문하기도 한다. 업소를 방문하게 되는 동기는 업소에서 프로모션할 때 결정적인 역할을 한다.

⑤ 외식의 횟수

고객이 외식하는 횟수는 시장수요를 짐작게 하고 가망고객들을 바탕으로 매출액을 예상할 수 있으며, 더 나아가서 이익을 가늠하는 잣대가 되기도 한다. 또한, 외식 주기를 알게 됨으로써 재료를 준비하고 영업방침을 설정하는 데 많은 도움을 받을 수 있다.

⑥ 고객이 원하는 메뉴

고객이 원하는 메뉴는 해당 지역에서의 잠재고객군의 음식선호도를 알 수 있는 계기가 된다. 따라서 신메뉴를 개발하거나 복합 메뉴를 구성할 때 중요한 참고자료가 된다.

⑦ 잠재고객의 주거형태

고객의 주거형태는 주거지의 경우 해당 상권의 구매력을 나타내는 지표로 사용함으로써 매출액을 가늠할 수 있는 잣대로 활용할 수 있으며, 그들의 라이프스타일은 고객의 필요와 욕구를 파악하는 기회를 제공한다.

⑧ 고객의 나이

나이에 따라 식당을 선호하는 관점이 다르고 식당을 정할 때의 정보 원천도 모두 다르다. 예를 들어 20대에서 30대 고객인 경우 40대나 50대보다 분위기, 인테리어, 편리성 및 청결 등에 상대적으로 높은 가점을 주고 있으며, 음식점을 찾는 정보 원천으로는 인터넷이나 모바일을 활용하는 경우가 월등히 높게 나타나고 있다. 이처럼 목표고객의 연령대에 따라 음식의 맛과 가격, 분위기뿐만 아니라 촉진 방법도 다르게 진행해야 한다.

⑨ 외식비

고객이 외식으로 사용하는 금액은 해당 외식업소의 가격정책에 중요한 요소로 작용할 뿐 아니라 신메뉴를 개발하고 복합메뉴를 구성하는 데도 중요한 역할을 한다.

⑩ 고객의 직업

고객의 직업에 따라 해당 점포의 매출은 물론 가격 결정과 메뉴 구성에도 상당한 영향을 받는다. 예를 들어 직장인의 경우 점심식사를 주로 하는 곳은 저녁 술자리로는 선호도가 낮은 경향이 있다. 또한, 일반 가족들의 경우 직장인에 비해 매상이 적게 나타나는 경향이 있기 때문에 목표고객이 직장인인지 아닌지에 따라 영업정책이 달라질 수밖에 없다.

⑪ 고객의 음식점 선택 기준

연령대에 따라 음식점을 선택하는 기준이 다른 것처럼 해당 점포의 내방고객, 특히 매출비중이 높은 고객군이 선호하는 기준은 점포운영의 참고자료로 활용할 수 있다.

⑫ 고객의 재방문 이유

신규고객의 재방문 이유는 해당 점포의 핵심역량의 발현이며 경쟁업체와의 차별점이 될 수 있다. 재방문 이유는 고객이 필요로 하는 요소에 해당하므로 그 부분을 더욱 강화하여 발전의 기회로 삼을 수 있다.

⑬ 업소에 대한 고객의 의견

해당 업체의 맛, 가격, 분위기, 접근성·가시성, 사업자에 대한 고객의 생각 등은 점포를 운영하는 데 필요한 직접적인 답을 제공해 준다. 즉 고객의 선호도와 불편함을 알 수 있는 기회를 제공한다.

⑭ 고객이 점포에 주는 점수

고객이 생각하는 점포의 호불호 정도는 해당 점포에 대한 고객의 선호도를 단적으로 나타냄으로써 사업주가 문제를 찾을 수 있는 여지를 줄 뿐 아니라 자신감을 가질 수 있는 계기를 마련해 준다.

⑮ 추가 메뉴에 대한 고객의 의견

"어떤 메뉴가 있으면 좋겠다"는 고객의 의견은 신메뉴 개발이나 메뉴의 변화에 직접적인 요소로 작용함으로써 고객의 트렌드 변화를 읽을 수 있는 기회를 제공한다.

⑯ 업소의 장단점에 대한 고객의 의견

고객의 주관적인 생각을 기술함으로써 해당 업체가 변화 방향을 설정하는 데 많은 도움을 제공한다.

◇ **고객만족도 조사 사례**

이 사례는 강남의 이탈리안 레스토랑 '마녀주방'에서 2015년 12월 5일부터 12월 18일까지 약 80개의 표본을 조사하여 작성한 데이터이다. 질문 항목은 해당 업소의 특성에 맞게 몇 개 문항을 변경하였고, 대표자가 직접 질문지에 대한 고객의 응답을 받았으며 답례품으로 1만3천 원 상당의 특별 디저트 요리를 제공했다.

1. 고객님의 성별을 선택해 주십시오.

성별	인원	비율(%)
남자	6	8
여자	70	92
합계	76	100

▷ **전략 방향**

조명 등 분위기에 좀 더 많은 신경을 쓰는 것은 물론, 사이드메뉴와 프레젠테이션 등 시각을 더욱 살릴 수 있는 디테일에 신경을 씀으로써, 고객이 사진 찍고 싶은 충동과 맛의 향연을 느낄 수 있게 유도해야 함

2. 저희 업소는 얼마나 자주 방문하십니까?

구분	외식 횟수	비율(%)
첫 방문	17	61
주 1회	2	7
보름에 1회	3	11
월 1회	5	18
기타	1	4
합계	28	100

▷ 전략 방향

신규고객이 61%를 차지하고 있으므로 고객의 정보 원천을 조사하여 그에 대한 대안을 마련하고 재방문율을 높이기 위한 관계마케팅을 강화할 필요가 있음

3. 고객님이 평소 좋아하시는 외식의 종류는 무엇입니까?

구분	인원	비율(%)
한식	27	29
양식	54	59
일식	5	5
중식	1	1
기타	5	5
합계	92	100

▷ 전략 방향

양식을 선호하는 고객이 60%에 이르므로, 전채 요리는 시각적인 조화를 살리는 데 주력하고 음식은 한입에 먹기 편하게 하며 소스의 특징을 살리면서 다양한 식기와 품격에도 신경을 써야 함

4. 고객님의 연령은 어떻게 됩니까?

연령	인원	비율(%)
미성년자	7	9
20~23세	31	39
24~26세	26	33
27~29세	9	11
30세 이상	6	8
합계	79	100

▷ 전략 방향

20세에서 26세까지가 72%, 29세까지 합하면 83%에 이르므로, 개성을 추구하고 SNS를 통한 소통과 스마트폰을 즐기며 전통보다는 실리를 중시하는 라이프스타일에 따른 전략이 필요함

5. 고객님이 한번 외식(2~3인 기준)하는 데 지출하는 비용은 얼마나 됩니까?

비용	인원	비율(%)
20,000원 미만	12	15
20,000~29,000원	33	42
30,000~39,000원	17	22
40,000~49,000원	7	9
50,000~59,000원	6	8
기타	3	4
합계	78	100

▷ 전략 방향

가격의 저항선인 4만 원과 평균 가격의 두 배에 달하는 4~6만 원도 17%에 달하므로, 현 가격에 맞는 신메뉴와 함께 프리미엄 메뉴 개발로 두 개의 고객군을 관리할 필요가 있음

6. 고객님의 현재 직업은 무엇입니까??

직업	인원	비율(%)
학생	44	57
회사원	17	22
자영업자	1	1
주부	2	3
취업준비생	4	5
기타	9	12
합계	77	100

▷ **전략 방향**

절반을 넘는 20대 초반의 여학생들은 호불호가 분명하고 개성이 강하며, 특히 분위기를 선호하고 서비스에 대한 의사표현이 분명한 라이프스타일을 가지고 있음

7. 고객님이 음식점을 선택하는 기준은 무엇입니까?

기준	인원	비율(%)
맛	39	49
가격	14	18
친절/서비스	8	10
인테리어/분위기	17	22
기타	1	1
합계	79	100

▷ **전략 방향**

맛의 중요성은 50%로 가장 중요한 요소이기 때문에 기호에 맞는 맛의 연출을 지속하며, 가격보다 분위기의 중요성을 더 강조하고 있으므로 20대 학생 고객의 취향에 맞는 분위기 연출에 더욱 적극적인 관심을 기울일 필요가 있음

8. 고객님이 '마녀주방'을 선택하신 이유는 무엇입니까?

기준	인원	비율(%)
맛	15	19
가격	12	15
친절/서비스	14	18
인테리어/분위기	37	47
기타	1	1
합계	79	100

▷ **전략 방향**

조사 항목 중에 인테리어와 분위기를 약 50%인 1위로 응답함에 따라, 마녀주방은 계절적 변화와 이벤트(월 1회 마녀데이)에 지속적인 변화를 줌으로써 고객들의 차별적인 선호적 요소를 계속 강화할 필요가 있음

9. 고객님께서 '마녀주방'을 알게 된 경로는 무엇입니까?

경로	인원	비율(%)
SNS	11	14
지인의 소개	27	34
TV	8	10
인터넷 검색	33	41
기타	1	1
합계	80	100

▷ **전략 방향**

광고나 홍보 등 촉진 방법으로 인터넷을 적극적으로 활용하며 음식 관련 파워블로거들을 초빙하여 블로그에 후기를 적게 하는 방법이 유용함. 또 입소문을 적극적으로 내기 위해 일련의 버저(입소문 유포자)의 개발을 체계적으로 전개할 필요가 있음

10. 고객님께서는 어떤 커뮤니티 활동을 하십니까?

SNS	인원	비율(%)
페이스북	9	60
인스타그램	3	20
카카오 스토리	1	7
트위터	0	0
기타	2	13
합계	15	100

▷ 전략 방향

SNS 중에서 페이스북에 주력하고 주로 취미가 비슷한 사람이 함께하는 인스타그램도 적극적으로 활용하는 방안이 유력함

11. 고객님께서 생각하시는 저희 업소의 맛, 가격, 서비스, 분위기, 가시성 및 접근성에 대해 평가해 주십시오.

1) 맛

구분	득표	비율(%)
1점 매우 나쁘다	0	0
2점	0	0
3점	1	1
4점	9	12
5점	16	21
6점	23	29
7점 아주 좋다	29	37
합계	78	100

▷ 전략 방향

맛에 대해 거의 모든 고객이 긍정적인 답변을 했기 때문에, 맛의 품질을 현 수준에서 유지하면서 음식의 색과 프레젠테이션의 품질 향상에 좀 더 신경을 쓰는 것이 바람직함

2) 가격

구분	득표	비율(%)
1점 맛에 비해 매우 비싸다	0	0
2점	2	3
3점	6	8
4점	9	11
5점	20	26
6점	16	21
7점 맛에 비해 매우 저렴하다	25	32
합계	78	100

▷ **전략 방향**

고객의 79%가 맛에 비해 가격이 저렴하다고 답하고 있으므로 현 가격정책을 유지하되, 프리미엄 음식을 개발하여 중저가와 프리미엄 가격의 이중 가격정책이 필요함

3) 서비스 및 친절

구분	득표	비율(%)
1점 매우 불친절하다	0	0
2점	0	0
3점	1	1
4점	3	4
5점	8	10
6점	23	30
7점 매우 친절하다	41	54
합계	76	100

▷ **전략 방향**

현재의 서비스와 친절은 매우 높은 수준이므로 현 상태를 유지하되, 새로 들어오는 정규직원이나 시간제 직원에 대해서는 접객 매뉴얼의 지속적인 교육으로 서비스의 질을 균등하게 유지해야 함

4) 분위기 및 인테리어

구분	득표	비율(%)
1점 매우 나쁘다	0	0
2점	0	0
3점	0	0
4점	3	4
5점	6	8
6점	24	30
7점 매우 좋다	45	58
합계	78	100

▷ **전략 방향**

앞에 질문에서 나타났듯이 '마녀주방'의 최고 강점은 좋은 분위기이므로, 고객들이 싫증을 느끼지 않고 변화에 고무될 수 있도록 계절의 변화와 새로운 이벤트를 지속해서 제공하는 노력이 필요함

5) 가시성(점포 찾기에 어려움 정도)

구분	득표	비율(%)
1점 매우 찾기 어렵다	2	2
2점	1	1
3점	4	5
4점	7	8
5점	21	24
6점	25	28
7점 매우 찾기 쉽다	28	32
합계	88	100

▷ **전략 방향**

점포가 뒷골목 지하에 위치해 가시성에 다소 문제가 있으므로 강남역 11번 출구에서 마녀탈을 쓰고 점포를 홍보함으로써 점포의 위치를 알리면서 점포의 인지도도 높일 필요가 있음

6) 접근성(교통 및 도보환경)

구분	득표	비율(%)
1점 매우 찾기 어렵다	0	0
2점	0	0
3점	3	4
4점	6	7
5점	10	13
6점	34	44
7점 매우 찾기 쉽다	25	32
합계	78	100

▷ **전략 방향**

점포가 강남역 11번 출구에서 150m 정도 떨어져 있고 스마트폰으로 쉽게 찾을 수 있으나, 주차시설이 없어 부득이 차를 가져오는 고객에 대해서는 주차비를 보조하는 등 기타 고객의 편의를 도모하는 방안이 필요함

컨설팅3.0 포커스

소비자 연령별 라이프스타일

1. 스트레스를 가장 많이 받는 10대
10대들은 모든 세대 중에서 스트레스를 가장 많이 받는 것으로 조사되었다. 평소 스트레스 정도를 묻는 질문에 10대는 52%, 20대는 44%, 30대는 49%, 40대는 47%, 50대는 48%로서 10대의 스트레스 정도가 가장 높았다. 가장 큰 스트레스 요소는 학업(83%)과 수면부족(58%)이었다.

2. 한국의 라이프스타일을 선도하는 트렌드 리더 20대
7가지의 라이프스타일 중에서 20대가 가장 높은 긍정 응답값을 보인 라이프스타일은 총 4개로서, 개인화(individualism), 온라인 사교(e-Socializing), 이동성(mobility), 현실주의(realism)가 이에 해당한다. 20대는 다른 세대보다도 개성을 추구하고, SNS를 통한 소통과 스마트폰을 즐기며, 전통보다는 실리를 중시하는 성향을 보인다. 예컨대 20대는 '원칙과 격식보다는 융통성을 중시한다', '남자가 육아를 하고 여자가 돈을 벌 수도 있다', '필요하다면 처가살이도 괜찮다'라는 질문에 59.9%, 52.8%, 53.5%로 모든 세대 중에서 가장 높은 긍정 응답률을 보였다. 또한, 20대의 라이프스타일 중에서는 이동성이 가장 높은 인식 수준을 나타내는 것으로 조사되었다.

3. 일과 삶의 균형을 추구하는 30대
30대는 가족 가치와 삶의 의미(meaning) 찾기를 가장 중시하는 모습을 보인다. 가족 가치와 의미 찾기 라이프스타일은 상호 연관성이 높다. 일과 삶의 불균형 속에서 살아가는 사람들이 인생의 의미를 찾는 영역 중에 하나가 가족일 수 있기 때문이다. 조사 결과, 30대는 다른 세대보다 가족의 중요성을 가장 크게 느끼고 있었다. '직장에서 성공하는 것보다 가정생활이 더 중요하다'는 질문에 응답자 전체는 43.2%, 30대는 52.2%의 긍정 응답률을 보였다. 특기할 만한 사항은 30대 남성의 행복도(행복감에 대한 긍정 응답률 70.3%)가 다른 세대의 남성(행복감에 대한 긍정 응답률 58%)보다 높았다는 것이다. 그리고 30대 남성의 행복 요인 중에서 가장 큰 요인은 자녀로 나타났다.

4. 집단적 가치에 익숙한 40대

40대는 가족을 가장 중시하는 모습을 보인다. '내 인생에서 가족이 제일 중요하다'라는 질문에 83%의 매우 높은 긍정 응답률을 보였다. 40대는 개인보다는 집단적 가치를 우선시하는 것으로 나타났다. '조직보다 개인이 우선이라고 생각한다'라는 질문에 모든 세대 중에서 가장 낮은 31%의 긍정 응답률을 보였다. 80년대 민주화 운동 경험 등 타인과 협력하는 문화에 익숙한 40대는 집단적 가치를 위한 개인 희생에도 관대하다. 예컨대 '사회보장이나 복지 확대를 위해 세금을 더 낼 수 있다'라는 질문에 모든 세대 중에서 가장 높은 37%의 긍정 응답률을 보였다. 또한, 40대는 비주류 문화 등 문화적 다양성에 대한 수용도가 가장 낮았다. '언더그라운드 문화(독립영화, 홍대 앞 문화 등)를 즐긴다'라는 문항에 모든 세대 중에서 가장 낮은 8%의 긍정 응답률을 보였다(10대는 22%, 20대는 31%, 30대는 15%, 50대는 11%).

5. 원칙을 중시하는 웰빙 50대

50대는 가족(home)과 건강(body)을 최우선으로 여기고 있다. 50대는 건강을 가장 중시하는 세대로 조사되었다. 50대의 건강 중시 성향은 농산물 직거래 쇼핑, 텃밭 가꾸기 등 새로운 라이프스타일에서도 나타난다. '전화, 인터넷, 지인을 통해 제철 재료, 특산물을 산지(현지)에서 구입한다', '안전을 위해 야채 등을 집에서 직접 길러 먹는 것을 고려한다'라는 질문에 모든 세대 중에서 가장 높은 30%, 28%의 긍정 응답률을 보였다. 50대는 원리 원칙을 중시하는 것으로 조사되었고, 이러한 특성은 그들의 윤리적 소비 성향으로 이어지는 것으로 보인다. '원리 원칙을 중요하게 여긴다', '좋은 물건이더라도 부도덕하거나 불공정한 방식으로 판매하는 기업(업체)의 제품이라면 사지 않는다'라는 질문에 모든 세대 중에서 가장 높은 71%, 57%의 긍정 응답률을 보였다. 한편 50대는 최근 사회의 빠른 변화에 힘들어하고, 젊은 세대 중심으로 변하는 사회의 모습에 대해 아쉬움을 보였다. '사회가 너무 빨리 변해서 따라가기 힘들다', '요즘 지나치게 젊은 세대 중심으로 사회가 변하고 있다'라는 질문에 모든 세대 중 가장 높은 52%, 74%의 긍정 응답률을 보였다.

(출처: LG경제연구원, 「소비자 라이프스타일」, 2011년)

◇ 표적집단면접법

1. 의의

표적집단면접법(FGI, Focus Group Interview)은 신메뉴를 사전테스트하는 방법으로 사용하거나, 매출증대를 위한 고객의 니즈와 욕구 및 소비 트렌드를 분석하는 방법의 하나로 활용할 수 있다. 표적집단면접법은 규정된 규범 없이 자유롭게 소수의 사람과 대화를 나누는 과정에서 도출된 의견을 경영에 반영하는 시장조사의 한 방법이다. 이 면접법은 참여자의 의견을 도출해냄으로써 고객의 욕구는 물론 소비 트렌드에 대한 정보를 얻을 수 있다. 참여 인원은 6~10명이 적당하며 가능한 동질적인 사람들로 구성하되 진행은 두 명이 두 시간 이내로 하는 것이 바람직하다. 표적집단면접법은 신속하게 결론이 도출되고, 비교적 비용이 적게 들며 유연성이 높고 실제 자료를 얻을 수 있는 장점이 있는 반면, 표적집단을 만들어야 하며 분위기를 조성해야 하고 인터뷰를 주도해 나가는 기술이 필요하다.

2. 진행방법

표적집단과의 인터뷰는 먼저 목적을 분명히 설명하고 인터뷰 진행과정과 인터뷰에서 얻은 정보를 어디에 사용할 것인지를 설명한다. 그렇게 함으로써 참가한 모든 사람이 인터뷰의 목적을 완전히 알게 하는 것이 중요하다.

3. 특징(Hess, 1968년)

- 시너지효과: 개인을 조사하지 않고 그룹을 조사함으로써 보다 다양한 정보, 안목, 그리고 아이디어를 창출할 수 있다.
- 도출성: 개인면담에서 쉽게 도출할 수 없는 아이디어를 그룹과 대화함으로써 도출할 수 있다.
- 눈덩이 효과: 한 사람의 의견이 즉시 많은 사람의 의견에 불을 당긴다.
- 적극성: 개인이 아닌 집단의 의견을 파악하기 때문에 참가자들이 적극적으로 자기의 의견을 개진한다.
- 자발성: 질문에 꼭 답할 필요가 없기 때문에 부담 없이 의견을 표출한다.

- 시간: 빠른 시간 내에 참가자들의 의견을 수렴한다.

4 시설 및 위생관리 매뉴얼

시설 및 위생관리는 해당 점포를 효율적으로 운영하며, 고객의 건강과 안전은 물론 해당 점포의 인적 요원들 간의 업무를 원활하고 안전하게 수행하기 위한 규칙을 말한다.

4.1 점포환경관리

5S 관리의 실천은 점포의 낭비 요소를 제거함으로써 업무의 효율을 높이는 데 그 목적이 있으며, 점포를 관리하는 데 꼭 필요한 일상 업무를 말한다.

1) 정리

불필요한 것을 없애는 활동으로 자원, 공간, 창고, 재고 등의 낭비를 제거함으로써 원가를 낮추는 데 그 목적이 있다.

2) 정돈

안전과 품질, 능률을 고려하여 필요한 것을 기능적으로 보관하는 것을 말한다. 작업시간과 전환시간을 단축함으로써 업무의 능률을 높이는 활동이다.

3) 청소

작업환경을 불합리가 없는 깨끗한 상태로 만드는 것으로 종업원이나 고객이 신선하고 흡족한 마음을 갖게 하는 활동이다.

4) 청결

정리·정돈·청소된 상태를 유지하는 것으로, 안전한 사업장은 물론 소모품의 수명을 연장시키고 품질을 향상시켜 고객의 신뢰를 얻을 수 있다.

5) 생활화

정해진 올바른 습관을 생활화하는 것으로 정기적 진단과 자주적 관리를 통해 고객의 욕구를 만족시키고 매출의 증대를 가져오는 활동이다.

◇ 5S 추진 순서

① 청소의 대상, 담당, 구역, 도구를 준비한다.
② 변화 전·후를 같은 장소에서 촬영한다.
③ 촬영한 사진의 날짜와 함께 문제점과 개선한 내용을 적는다.
④ 추진한 사항의 예상 효과를 적는다.

개선 전	개선 후
사진	사진
현상 및 문제점	개선 내용
예상 효과	품질( ), 원가( ), 시간( ), 안전( ), 분위기( )

4.2 시설안전관리 매뉴얼

시설의 안전은 내방고객뿐 아니라 업소에서 일하는 직원들의 건강과 안전을 위해서도 매우 중요한 사안이다. 다음 체크리스트를 잘 관리하여 시설의 안전관리를 도모할 수 있다.

▷ **시설안전관리 매뉴얼 체크리스트**

　　*점검상태(상: 양호, 중: 긴급하지 않으나 관리를 요함, 하: 긴급한 관리를 요함)

체크 포인트	내용	점검상태			비고
		상	중	하	
시설 안전관리	• 점포 안팎의 시설물들을 서류로 관리하고 있는가				
	• 시설물과 집기·비품에 대한 관리자를 지정하여 관리하고 있는가				
	• 시설 및 장비의 적정온도가 유지되고 있는가				
	• 가스라인이나 기타 장애물에 손님이나 직원이 걸려 넘어질 위험은 없는가				
	• 손님이 상해를 입지 않도록 뜨거운 음식을 안전하게 제공하는가				
	• 고객의 안전을 위해 견고한 유리 등을 사용하고 있는가				
	• 화장실이나 객장 내에 유독물질 등이 방치되어 있지는 않은가				
	• 식탁이나 실내 모서리는 라운드 처리가 잘 되어 있는가				
	• 아이들 놀이기구는 규칙적으로 안전점검을 받고 있는가				
	• 화재 시 바로 진화할 수 있는 소방기구 등은 제자리에 있는가				
	• 장비나 기구 등의 응급처리요령을 직원들이 숙지하고 있는가				

4.3 위생관리[32] 매뉴얼

외식업소의 가장 기본적인 관리는 위생에서 시작된다. 사람이 먹는 음식을 다루는 업종이므로 무엇보다 중요한 것이 위생관리이다. 위생관리는 체크리스트를 잘 관리함으로써 위험을 미연에 방지하고 안전을 유지하는 것을 그 목적으로 한다.

▷ **위생관리 매뉴얼 체크리스트**

*점검상태(상: 양호, 중: 긴급하지 않으나 관리를 요함, 하: 긴급한 관리를 요함)

체크 포인트	내용	점검상태			비고
		상	중	하	
위생관리	• 작업자는 머리카락이 나오지 않도록 위생 모자를 쓰고 작업하는가				
	• 위생복, 앞치마를 착용하며 장신구 등은 빼고 작업하는가				
	• 표시사항, 유통기한, 원산지, 중량, 포장상태, 이물혼입 등을 확인하는가				
	• 검수가 끝난 식재료는 곧바로 냉장·냉동보관(외부포장 제거 후 조리실 반입)하는가				
	• 검수기준에 부적합한 재료는 자체규정에 따라 반품 등의 조치를 취하고, 그 조치내용을 검수일자에 기록·관리하는가				
	• 재료의 위생적인 관리를 위하여 냉장/냉동고 온도 확인 및 청결관리, 보관기준, 구분보관 등을 준수하고 있는가				
	• 사용한 조리기기는 반드시 세척·소독 후 보관하여야 한다. 기구, 용기 등은 표면의 식품 찌꺼기를 제거하고 물과 세척제를 이용하여 세척한 다음 소독제를 이용, 소독한 후 자연 건조시키고 있는가				
	• 재료의 소독은 식품첨가물로 허가받은 차아염소산나트륨, 차아염소산수, 이산화염소수, 오존수 등의 제품을 사용하고 있는가				
	• 식품 등을 보관하는 원료보관실, 제조가공실, 조리실, 포장실 등의 내부에 위생해충 방제 및 구제 활동을 정기적으로 하고 있는가				

---

32) 참조: (사)한국외식업중앙회, 「2014 위생교육교재」

위생관리	• 작업장 바닥은 내수성 재질을 사용하고 배수구 덮개를 설치하여 음식물 찌꺼기로 배수구가 막히지 않도록 관리하고 있는가				
	• 정수기는 업체에 정기적인 필터 교체 및 내부 청소를 정기적으로 의뢰하고 상수도는 물탱크의 수질관리 및 청소 상태를 확인하고 있는가				
	• 바닥/벽/천장, 냉장고, 조리기구 등 시설/기기 등은 정기적인 청소 및 세척·소독을 하고 있는가				
	• 자외선 소독고는 자외선램프의 청결과 점멸 상태를 확인하고 꺼진 램프는 교체 후 사용하고 있는가				
	• 미끄러지거나 칼날(베임·절단)사고 등을 방지하기 위해 바닥 오염물(기름, 찌꺼기) 발생 시 즉시 제거하고 있는가, 특히 무거운 물건 운반 시 바닥 상태 및 주변 장애물 등을 확인하고 있는가				
	• 무거운 물건은 2인 이상 함께 들거나 손수레 등을 이용하고 있는가				
	• 압력이 있는 경우 개방하지 않는 것을 알고 있는가				

3선

"절세하는 방법 좀 없을까요?"

　외식업소의 절세는 세금의 종류와 그 의미를 잘 파악하고 장부기장을 철저히 하며 기간을 엄수하는 것에서부터 출발한다. 우리나라 세금의 대부분은 자진신고·자진납부제도 과세방식을 채택하고 있다. 부가가치세는 물론, 종합소득세와 법인세도 납세자가 스스로 신고서를 작성하고 계산된 세금도 스스로 납부해야 한다. 자진신고·자진납부를 하지 않는 경우 가산세를 부담하게 된다(과소신고가산세: 10%, 무신고가산세: 20%, 부당과소·무신고가산세: 40%, 미납부가산세: 연 약 11%).

1 외식업 사업자가 납부할 세금의 종류

1) 부가가치세
재화나 용역 공급에 대한 부가가치에 대하여 사업장 관할 세무서에 납부한다.

2) 종합소득세 및 법인세
1년간 발생한 소득에 대하여 개인은 종합소득세를, 법인은 법인세를 납부한다.

3) 지방소득세(소득할주민세)
종합소득세, 법인세 과세표준에 지방소득세 세율을 적용하여 납부한다.

2 세목별 신고 및 납부기한

1) 부가가치세 과세기간과 신고·납부기간

부가가치세의 과세기간은 1년을 6개월씩, 1기(1월 1일~6월 30일)와 2기(7월 1일~12월 31일)로 나눈다. 단, 간이과세자의 경우 1월 1일부터 12월 31일까지를 하나의 과세기간으로 한다. 다만, 개인사업자의 경우에는 예정신고의무를 면제하고 관할세무서장이 직전과세기간(6개월)의 납부세액 1/2을 고지하여 그 세액을 납부하게 하고 있다.

사업자 구분	기분	법정신고·납부기한
일반과세자 (1년 매출액 4,800만 원 이상)	1기예정	4.1~4.25
	1기확정	7.1~7.25
	2기예정	10.1~10.25
	2기확정	1.1~1.25
간이과세자 (1년 매출액 4,800만 원 미만)	1.1~12.31	다음 해 1.1~1.25

- 간이과세자의 경우 직전과세기간(직전연도)의 납부세액 1/2을 예정부과기간(1월~6월)의 납부세액으로 하여 7월 25일까지 부과 징수한다. 단, 직전과세기간의 납부세액이 40만 원(간이과세자의 경우 20만 원) 이하인 경우에는 고지되지 않는다.
- 간이과세자의 경우 당해 과세기간의 공급대가가 2,400만 원 미만일 경우에는 세액의 납부의무를 면제한다.

2) 종합소득세는 매년 1월 1일부터 12월 31일까지 과세기간으로 하며, 그해의 소득을 이듬해 5월 1일부터 5월 31일까지 신고한다(수입금액이 해당연도 10억 원 이상인 경우 성실신고확인서를 첨부하여 6월 30일까지 신고한다).

3 부가가치세

1) 부가가치세란?

부가가치세는 제품이나 서비스의 제공과정에서 얻어지는 부가가치에 대해 부과하는 세금이다. 자신이 만든 가치에 세율을 곱해 계산하는 세금으로 원칙적으로는 사업자가 내는 세금이 아니고 소비자가 부담하는 세금이다. 단지 사업자가 세금을 받아서 세무서에 납부만 하게 된다. 외식업의 경우 음식을 팔고 받는 돈에는 부가가치세가 포함되어 있지만, 대부분의 식당이 실제 음식값과 부가세를 별도로 받지 않기 때문에 부가세를 납부할 때는 사업자의 마진에서 나가는 돈이라는 생각이 든다. 따라서 부가세는 별도 통장으로 관리하는 것이 바람직하다.

2) 부가가치세의 계산

부가가치세는 소비자로부터 받는 매출세액에서 매입하면서 부담할 매입세액과 의제매입세액 등을 공제하여 계산한다.

▷ **사례: 한정식 1인분을 11,000원에 파는 경우**(공산품 2,200원, 면세품 1,800원 구매 시)

① 정식 1인분 11,000원의 매출세액(공급가액×10/110)   1,000원
② 매입세액(매입한 공산품 2,200원에 대한 부가가치세, 매입가액 10/110)   −200원
③ 의제매입세액(매입액 1,800원×8/108)   −133원
④ 신용카드매출전표 발행 세액공제(발행액의 1.3%)   −143원
⑤ 납부할 부가가치세는 [①−(②+③+④)] ──────────── 524원

▷ **의제매입세액공제**

면세로 공급받은 농·축·수·임산물 및 광물(소금)을 원재료로 하여 생산한 재화 또는 용역이 부가가치세 과세대상인 경우에는, 오히려 면세로 인하여 최종소비자의 부가가치세 부담은 증가하게 된다(누적효과). 이 같은 불합리한 부분을 시정하기 위해 실제로 당해 사업자가 받은 세금계산서상의 매입세액은 없지만 구입 가격의 일정 비율에 해당하는 금액을 매입세액으로 보아 매출세액에서 공제하는데 이를 '의제매입세액공제'라고 한다.

① 대상사업자

면세인 농·축·수·임산물 및 광물(소금)을 가공하여 과세되는 재화 또는 용역을 생산하는 과세사업자만 대상이 된다(면세사업자는 대상이 아님).

② 공제율

음식업의 경우 8/108

③ 증빙서류 제출

의제매입세액공제를 받고자 하는 사업자는 예정신고 또는 확정신고와 함께 다음의 증빙서류를 제출하여야 한다(신청자에 한해 공제 가능하다).

- 매입처별 세금계산서합계표(면세사업자는 세금계산서 대신 '계산서'를 발행한다)
- 신용카드매출전표수취명세서

④ 의제매입세액 공제 한도액[33]

구분	2015년도 기별 과세기간 (음식점업)	공제한도액
개인사업자 공급 과세표준[33]	1억 원 이하	공급 과세표준×60%×공제율
	2억 원 이하	공급 과세표준×55%×공제율
	2억 원 초과	공급 과세표준×45%×공제율
법인사업자 공급 과세표준		공급 과세표준×30%×공제율

---

33) 부가세 신고서상 해당 과세기간 과세매출액의 총액

⑤ 의제매입세액공제율

구분		공제율
음식점	개별소비세법 제1조 제4항에 따른 과세유흥장소의 경영자	104분의 4
	유흥장소외 음식점을 영위하는 개인사업자	108분의 8
	유흥장소외 음식점을 영위하는 법인사업자	106분의 6
제조업(조세특례제한법 시행령 제2조에 따른 중소기업 및 개인사업자)		104분의 4
상기 외의 사업		102분의 2

▷ **사업용 신용카드제도**

① 신용카드 결제 시

재화나 용역을 공급받은 경우 세금계산서를 받거나 신용카드매출전표를 수취하여야 한다.

② 사업용 신용카드사용액의 매입세액공제

일반과세자로부터 재화나 용역을 공급받고 사업용 신용카드를 등록한 후 사용하면, 세금계산서나 계산서를 받지 않아도 매입세액이나 의제매입세액공제를 받을 수 있다.

③ 사업용 신용카드의 등록

사업용으로 사용할 신용카드를 지정해서 국세청 홈택스(www.hometax.go.kr)에 등록하면 된다. 최대 20개까지 등록할 수 있다.

▷ **신용카드매출전표발행세액공제**

일반과세자 중 영수증교부대상인 개인사업자(주로 최종소비자를 대상으로 하는 사업자를 말하는 것으로 음식점업이 해당)와 간이과세자가 판매대금을 신용카드(또는 직불카드)로 받고 신용카드매출전표(또는 직불카드영수증)를 발행하는 경우에는, 그 발행금액의 1.3%에 상당하는 금액을 한도로 납부세액을 공제한다. 이 제도를 '신용카드매출전표발행세액공제제도'라 한다. 단, 연간 간이과세자는 공제율이 2.6%이며, 연간 500만 원을 공제세액 한도로 한다(매출액 기준 약 3억8천4백만 원: 일반과세 기준).

3) 부가가치세의 신고와 절세

부가가치세를 줄이려면 매출세액을 줄이든지 매입세액을 늘려야 한다. 신용카드 매출 등으로 매출세액은 줄일 수 없으므로, 매입세액과 의제매입세액을 늘리는 방법으로 매입세금계산서와 계산서를 철저히 받아야 한다.

① 개업 후 최초의 부가가치세 신고서 작성에 유의

개업 후 최초로 신고하는 부가가치세 신고서는 기본 자료가 과세관서의 컴퓨터에 입력되므로 작성에 유의하여야 한다.

② 실제 거래한 세금계산서를 받아야 한다.

유통과정 추적조사 등이 있으므로 위장·가공 세금계산서나 계산서를 받아서는 안 된다. 만약 위장·가공 사실이 적발되면 매입세액으로 인정하지 않고 그 금액만큼 소득금액도 증가하므로 부가가치세와 소득세가 모두 추징된다(이 경우 높은 세율의 가산세도 부과된다).

③ 수취한 세금계산서가 누락되지 않도록 주의

수취한 세금계산서를 누락한 경우 매입세액 공제가 되지 않는다.

④ 부가가치율이 적정한지 확인한다.

부가가치율은 매출액에서 매입액을 차감한 금액(부가가치)을 매출액으로 나눈 금액이다. 이 부가가치율이 적정하지 아니하거나 동업자보다 낮은 경우 조사대상자로 선정될 수 있다.

⑤ 신용카드율이 적정한지 검토한다.

총매출액 중 신용카드매출액이 차지하는 비율을 신용카드발행비율이라 한다. 신용카드매출전표발행금액은 빠짐없이 신고하고 그 비율이 적정한지 검토한다.

⑥ 현금매출액의 누락이 없는지 검토한다.

외상매출액의 누락이 없는지 검토한다.

⑦ 신용카드매출액의 누락이 없는지 확인한다.

신용카드매출액 집계는 수작업으로 하지 않으며, 신용카드 단말기도 전기적인 충격이나 사용자의 실수로 일부 데이터가 유실될 가능성이 있으므로 신용카드 정보회사를 이용한다.

⑧ 공산품이나 식자재 등의 구입은 일반과세자로부터 한다.

간이과세자는 세금계산서를 교부할 수 없고 영수증만 교부할 수 있으므로 간이과세자에게 물건을 구입한 경우에는 매입세액공제를 받지 못한다. 따라서 물품 구입은 일반과세자에게 해야 부가가치세 혜택을 받을 수 있다.

⑨ 영수증을 세금계산서로 만든다.

보통의 경우 전화요금, 통신요금, 전기료 등을 납부해도 증빙서류로 통산 영수증을 받게 된다. 해당 영수증에 자신의 사업자등록번호가 기재될 수 있도록 해당 기관에 전화나 팩스를 이용하여 적극적으로 행동해야 한다.

4) 일반과세자가 매입세액을 공제받지 못하는 경우[34]

- 세금계산서를 교부받지 않거나 필요한 기재사항의 누락 또는 사실과 다르게 기재된 세금계산서인 경우
- 매입처별 세금계산서합계표를 제출하지 않거나 부실 기재한 경우
- 사업과 직접 관련이 없는 매입세액
- 비업무용 소형 승용차(자가용)의 구입과 임차 및 유지에 관련된 매입세액
- 접대비 지출 관련 매입세액
- 면세 관련 매입세액 및 토지 관련 매입세액
- 사업자등록을 하기 전 매입세액(단, 등록 신청일로부터 역산해 20일 이내의 것으로서 사업자의 주민등록번호를 기재해 교부받은 세금계산서의 매입세액은 공제 가능)

---

34) 출처: 조현구 공저(2014), 『장사란 무엇인가』, 청림출판, p199

4 종합소득세

1) 종합소득세란?

종합소득세는 1년을 기준으로 발생한 소득에 대하여 개인이 납부하는 세금이며, 법인사업자가 납부하는 세금은 법인세이다. 만일 소득이 발생하지 않고 손실(결손)이 발생하면 종합소득세는 납부하지 않는다. 이렇게 발생한 결손금은 다음 연도의 소득금액에서 공제하고 결손금액이 큰 경우 이듬해 이후로 이월해서 10년간 공제가 가능하다.

2) 소득의 종류

현행 소득세법은 과세소득을 종합소득, 퇴직소득, 양도소득으로 구분해서 계산하고 이자소득, 배당소득, 사업소득, 근로소득, 연금소득, 기타소득은 종합소득으로 합산해서 과세한다.

3) 소득금액 합산방법

종합소득금액은 납세자별(거주자)로 국내에서 발생한 소득금액을 합산한다. 부부간에 합산하거나 가구별로 합산하지 않는다.

4) 종합소득세의 계산

종합소득세는 장부를 기장하는 경우와 그렇지 않은 경우에 따라 계산방법이 달라진다.

① 기장을 한 경우

사업에 관련된 장부를 기장한 경우 계산된 소득금액에 대하여 소득세를 납부한다. 여기에서 소득금액이란 총수입금액에서 필요경비를 제한 금액을 말한다. 총수익금액은 부가가치세 신고금액(1기, 2기 합산)이며 필요경비는 원재료비, 부재료비, 인건비, 소모품비, 전기요금, 가스·수도요금 등 사업상 투입된 모든 비용을 말한다. 음식점의 경우 단순경비율이나 기준경비율이 실제보다 낮게 책정되어 있어 가능한 한 기장해야 소득세를 절감할 수 있다.

② 기장을 하지 않는 경우

국세청은 모든 사업자가 장부를 갖추기를 바라고 있다. 그러나 현실적으로 영세한 사업주의 경우 기장하는 데 무리가 있으므로 단순경비율이나 기준경비율제도를 적용하여 소득금액을 계산한다.

▷ **기준경비율제도란?**

매출액에 대비하여 가장 기본적인 경비 몇 가지만 인정해 주고 그 외의 경비는 기준경비율에 의해 추정된 금액을 인정해주는 것이다.

> 소득금액 = 총매출액 - 기본적인 경비 - (수입금액×기준경비율)

실제 지출한 기본적인 경비란, 매입경비(고정자산매입비용 제외)와 사업용 고정자산에 대한 임차료 및 종업원의 급여, 임금, 퇴직급여로서 증빙서류에 의하여 지출되는 금액을 말한다. 음식업 기준경비율 적용대상 수입금액은 직전사업연도 수입금액 3천6백만 원 이상이다.

5) 종합소득세율

종합소득세는 종합소득금액에 따라 6%~38%의 5단계 초과누진세율을 적용한다.

▷ **종합소득세율**

구간	세율	누진공제액
1,200만 원 이하	6%	
1,200만 원 초과 4,600만 원 이하	15%	1,080,000원
4,600만 원 초과 8,800만 원 이하	24%	5,220,000원
8,800만 원 초과 1억5천만 원 이하	35%	14,900,000원
1억5천만 원 초과	38%	19,400,000원

▷ **예시: 과세표준 4천만 원, 세율 15%**

6,000,000(4천만 원×15%) - 1,080,000(누진세액공제액) = 4,920,000원(종합소득세)
종합소득세는 초과누진세율제도를 채택하므로 과세표준이 많은 경우 더 많은 세금을 부담하게 된다. 따라서 한 세대가 여러 사업장을 운영하는 경우 누진세에 신경을 쓰는 것도 절세의 한 방법이다.

5. 기장의무, 간편장부와 복식부기의 차이

1) 간편장부

간편장부는 중소규모 개인사업자를 위해 국세청에서 특별히 인정하는 장부로서 개인사업자가 쉽고 간편하게 작성할 수 있다. 소득금액의 계산이나 부가가치세의 신고가 가능하도록 국세청에서 제정·고시한 장부이다. 간편장부대상자가 간편장부를 기장하지 않으면 20%의 가산세가 부과된다. 음식점의 경우 직전연도 수입금액이 1억5천만 원 미만인 사업자가 이에 해당한다.

▷ 간편장부 작성의 예[35]

일자	거래내용	거래처	수입		비용		고정자산증감		비고
			금액	부가세	금액	부가세	금액	부가세	세금계산서
1.5	○○판매 (외상)	A상사	10,000,000	1,000,000					세금계산서
1.15	○○구입 (현금)	C상사			5,000,000	500,000			세금계산서
1.20	거래처 접대(현금)	E회관			200,000				영세율

2) 복식부기

복식부기란 재산상태와 손익거래 내용을 이중으로 기록하는 것으로 음식점의 연간 총매출액이 1억5천만 원 이상인 사업자는 장부를 복식부기로 작성하여 신고해야 한다. 이때 종합소득세 신고 시 재무상태표, 손익계산서, 합계잔액시산표를 첨부해야 한다. 복식부기 의무자가 장부를 기장하지 않는 경우에는, 신고하지 않은 것으

---

35) 출처: 조현구 공저(2014), 『장사란 무엇인가』, 청림출판, p223

로 간주해 산출세액의 20%와 수입금액의 0.07% 중 큰 금액의 가산세가 부과된다.

▷ **간편장부 대상자 판정기준 수입금액**

업종	직전연도 수입금액
① 농업, 임업, 어업, 광업, 도매 및 소매업, 부동산매매업, 그 밖에 아래 ② 및 ③에 해당되지 않는 사업	3억 원 미만
② 제조업, 숙박 및 음식업, 전기·가스·증기 및 수도사업, 하수·폐기물 처리·원료재생 및 환경보건업, 건설업(주거용 건물 개발 및 공급업 포함), 운수업, 출판·영상·방송통신 및 정보 서비스업, 금융 및 보험업	1억5천만 원 미만
③ 부동산임대업, 전문·과학 및 기술서비스업, 사업시설 관리 및 사업지원 서비스업, 교육 서비스업, 보건업 및 사회복지 서비스업, 예술·스포츠 및 여가 관련 서비스업, 협회 및 단체, 수리 및 기타 개인서비스업, 가구 내 고용 활동	7,500만 원 미만

6 사업의 전환

개인사업자는 매출규모 증가에 따라 법인기업으로 전환하여 법인세를 부담하면 세금 부담이 적어질 수 있다. 법인은 개인이 아닌 법인격을 취득하여 경영자인 사업자와는 독립된 법인자격으로 권리의무를 갖게 된다. 법인이 되면 우선 대외적인 신용도를 높일 수 있고, 상대적으로 세무에 대한 간섭이 적어지며, 개인과세자보다 세율이 감소할 뿐 아니라 대표자 인건비 등 여러 가지 비용 측면에서도 유리해진다.

▷ **개인사업자와 법인사업자의 차이**

구분	개인기업	법인기업
납부 세금	소득세	법인세
세율 구조	6~38%(5단계)	10~22%(3단계)
과세기간	1월 1일~12월 31일	정관, 규칙에 정하는 회계기간
기장의무	간편장부, 복식부기	복식부기
설립 절차	매우 간단	복잡, 비용 발생
외부감사제도	없음	자산 총액 120억 원 이상 또는 자산, 부채 각각 70억 이상
자금인출	자유	급여, 퇴직금, 배당
대표자 인건비	비용 불인정	비용 인정
대표자의 기업 자금 인출	불이익 없음	인정이자 등 과세

> **4선**
>
> "퇴직금, 4대 보험 등 근로계약의
> 정확한 적용방법을 알고 싶어요."

1 근로기준법

　근로기준법은 근로자를 고용하는 사업주가 준수해야 할 임금, 근로시간, 휴가, 안정위생 및 재해보상 등 근로조건의 기준을 정한 법령으로서, 근로기준법에서 정한 근로조건은 최저기준이므로 이에 미달하는 경우 당사자 간 합의가 있더라도 무효가 된다.

1) 적용범위

① 상시근로자 5인 이상을 고용하는 모든 사업 또는 사업장에 대하여 적용한다.
② 단, 상시근로자 4인 이하 사업장에 대하여는 일부 규정만 적용, 부당해고, 연장근로, 연차휴가, 생리휴가 등 일부 조항은 적용 배제한다.
③ 일용직, 아르바이트, 계약직 등 명칭 여하를 불문하고 임금을 목적으로 근로하는 모든 근로자에게 적용한다. 단, 동거의 친족만을 사용하는 사업장과 가

사사용인은 제외한다.

2) 근로계약

① 사용자는 근로자 채용 시 임금, 근로시간 기타 근로시간에 관한 근로계약을 체결해야 한다.
② 근로계약기간은 기간을 정하지 않거나 2년 이내의 기간을 정하여 체결할 수 있되(계약직), 2년을 초과하는 경우에는 무기(無期) 계약자로 전환된다.
③ 근로계약 체결 시 반드시 임금, 근로시간, 휴일·휴가 등 근로조건에 대하여 서면으로 명시하여 교부하여야 한다.
④ 근로계약 체결 시 노동관계법령에 규정되는 근로조건 이하로 체결하는 것은 효력이 없다.
⑤ 외식업소의 경우 연장근무, 야간근무, 휴일근무가 발생할 개연성이 높기 때문에 이에 대한 법정 제수당을 포함하는 연봉제의 근로계약을 체결하는 것이 필요하다.

3) 해고 등의 제한

① 사용자가 근로자를 해고할 때에는 정당한 이유에 대해 해고사유와 해고시기를 서면(상시근로자 5인 이상)으로 적어도 30일 전에 예고해야 하며, 30일 전에 예고하지 않았을 때는 30일분 이상의 통상임금을 지급해야 한다.
② 해고의 정당한 사유로는 무단결근, 불친절, 공금횡령 등 근로자의 귀책사유나, 사업축소, 경영의 어려움으로 인원을 감축하는 등 고용관계유지가 상당히 곤란한 경우 등이 있다.
③ 외식업의 경우, 채용 시에 요리 솜씨나 근무태도를 잘 알 수 없으므로 처음 근로계약을 할 때 단기간(1~3개월)의 수습근로계약을 함으로써, 부당해고 분쟁 없이 종업원을 채용할 수 있다.

4) 임금 및 시효

① 근로자에게 지급되는 임금은 통화로 직접 전액 근로자에게 매월 1회 이상 일정한 기일을 정하여 지급해야 한다.

② 사용자는 임금대장을 작성하여 근로계약서와 함께 3년간 보존해야 한다.
③ 미지급 임금, 퇴직금 각종 수당을 청구할 권리는 3년간 유효하며 만일 그 기간 내에 행사하지 않으면 시효로 인하여 소멸된다.

5) 최저임금

① 사업주는 근로자에게 최저임금 이하로 급여를 지급할 수 없으며, 최저임금에 미달하는 근로계약은 무효가 되며 부족하게 지급한 임금에 대해서는 추가로 지급해야 한다.
② 최저임금에는 매월 소정근로시간에 대하여 정기적으로 지급되는 통상임금만이 포함되므로 상여금, 초과근무수당, 연월차수당, 가족수당, 통근수당이 포함되어 최저임금을 상회하더라도 통상임금이 최저임금에 미달하면 위반이 된다.
③ 최저임금은 매년 고시하며 수습기간(3개월까지)에는 최저임금을 90% 적용할 수 있다. 즉 최대 3개월까지 10%를 감한 90%를 지급할 수 있다.

최저임금 (2016.1.1~2016.12.31)	시간급	6,030원(2015년 5,580원)
	일급	48,240원(8시간 기준)
	월급	1,362,780원 (월 226시간, 주 44시간 기준)

6) 퇴직금

① 상시 종업원 1인 이상을 고용하는 사업주는 1년 이상 근무하다 퇴직한 종업원에 대해 퇴직연금 또는 퇴직금을 지급하는 제도를 설정해야 한다.
② 퇴직금 계산방식은 근무연수 1년에 대해 30일분(1개월분) 평균임금이며 1년 미만 근로자에 대해서는 지급의무가 없다.
③ 퇴직금은 최종 퇴직 시 지급하는 것이 원칙이나 주택구입, 의료비 등 긴급한 일시금 수요의 사유가 있는 경우에 한하여 근로자의 요청이 있을 시, 기왕의 근로한 기간에 대한 퇴직금을 중간정산할 수 있다.
④ 2012년 7월 26일 이후 신설된 사업장은 확정기여형퇴직연금제도 또는 확정급여형연금제도의 설정이 의무화되었다.
⑤ 구두 상으로 월급 또는 일당에 퇴직금을 포함하여 지급했더라도 퇴직금 지급으

로 인정되지 않아 법상 지급 기일(14일) 이내에 퇴직금을 추가로 지급해야 한다.
⑥ 퇴직금 및 잔여금품의 청산이 퇴직일로부터 14일이 경과한 경우에는 연 2할의 지연이자를 지급해야 한다.

7) 근로시간, 휴가, 휴일

① 근로기준법상 근로시간은 1일 8시간, 1주 40시간이며, 1주일의 1일은 유급휴일이며 1년 이상 근무자에게 연 15일의 연차유급휴가, 여성근로자의 청구가 있으면 월 1일의 생리휴가(무급)를 지급하도록 규정되어 있다.

② 연차유급휴가는 1년 이상 근무자에 대해 1년간 80% 이상 출근한 경우 15일의 유급휴가를 부여하는 것이 원칙이나, 1년 미만 근무자나 1년간 80% 미만 출근자에 대해 개근한 월수 당 1일의 유급휴가를 부여해야 하고, 미사용 일수에 대해서는 연말에 연차수당을 지급해야 한다. (단, 연차휴가사용촉진 절차 및 연차휴가대체사용 동의를 받은 경우는 예외이다.)

③ 법정근로시간을 초과할 경우 연장근무수당, 야간(밤 10시 이후)에 근무할 경우 야간근무수당, 휴일에 근무할 경우 휴일근무수당을 각각 통상임금의 50%를 할증하여 지급해야 한다.

④ 외식업소의 경우 야간이나 휴일에 근무하는 경우가 많으므로 통상적으로 발생하는 연장, 야간, 휴일근무에 대한 법정 제수당을 월급(또는 일급)에 포함한다는 취지의 내용을 명확히 하면 별도로 수당을 지급하지 않아도 된다. 이를 '포괄임금 근로계약'이라고 한다.

8) 취업 최저연령

① 15세 미만은 고용노동부장관이 발급한 취업인허증의 소지 없이는 근로자로 사용할 수 없다.
② 15세 이상 18세 미만인 자를 근로자로 사용하는 경우에는, 호적증명서와 친권자의 동의서를 사업장에 비치하여야 한다.

9) 재해보상

① 근로자가 근무 중 부상 또는 질병에 걸린 경우에는 사용자는 요양보상, 휴업보

상, 장해보상, 유족보상 등 제반 재해에 대해 보상을 해야 한다.
② 재해보상에 대한 사용자의 직접 보상방식에서 산업재해보상보험(산재보험)의 도입으로, 상시근로자 1인 이상인 사업장의 경우 사용자는 산재보험료만 납부하고 보상은 국가에서 행하고 있다.

10) 취업규칙

① 근로계약서에 다 명시하지 못한 근로조건 및 사업장 복무수칙 등에 대해여 취업규칙을 작성할 필요가 있다.
② 10인 미만 사업장은 임의사항이나 10인 이상 사업장은 반드시 작성하여 관할 지방노동청에 신고해야 한다.
③ 취업규칙의 작성 또는 변경 시에는 근로자 과반수의 의견을 들어야 하며, 만약 기존이 취업규칙을 불이익하게 변경하는 경우에는 근로자 과반수의 동의를 얻어야 효력이 있다.

2 4대 보험(국민연금, 건강보험, 고용보험, 산재보험) 등

4대 보험이란 근로형태와 기간에 따라 일정 조건을 만족한 경우나, 또는 무조건 가입해야 하는 법정보험으로 국민연금, 건강보험, 산재보험, 고용보험 등을 말한다. 사업주와 근로자 모두 대략 월 급여기준 8% 정도의 보험료를 세금과는 별도로 납부해야 한다.

▷ **4대 보험료율**(2016년 1월 기준)

구분	적용대상	요율	사업주	근로자	비고
국민연금	전 직원	9.00%	4.50%	4.50%	60세 이상 근로자 및 월 60시간 미만 근로자는 제외
건강보험	전 직원	6.12% ('15 6.07%)	3.06%	3.06%	1월 미만의 일용근로자, 월 60시간 미만의 단시간 근로자 제외
장기요양보험	전 직원	건강보험료 ×6.55%	약 0.20%	약 0.20%	
고용보험	전 직원	1.3~1.5%	0.25~0.85%	0.65%	외국인근로자(체류자격에 따라 의무, 임의, 제외로 구분), 65세 이상자, 월 60시간 미만자 제외
산재보험	사업장	1.00%	0.6~34%	-	
주체별 부담비율 합계			8.535% 이상	8.335%	

▷ **4대 보험 신청 및 해지**

구분	인터넷 신고	서면 신고	해지 관련 상담
국민연금 (국민연금관리공단)	4대 보험 포털서비스 www.4insure.or.kr에서 일괄접수 가능 (공인인증서 필요)	관할지사 확인 뒤 방문 또는 팩스 신고	국번 없이 1355
건강보험 (건강보험관리공단)			1577-1000
산재·고용보험 (근로복지공단)			1588-0075

3 자영업자 고용보험

자영업자가 사업부진 등의 이유로 휴·폐업을 할 때 생활안정 및 재취업을 지원하기 위하여 2012년 1월 22일부터 확대시행하고 있다. 0~49인을 고용하는 자영업자는 본인의 희망으로 가입이 가능하고 이후 고용안정 및 직업능력 개발사업을 지원받을 수 있고, 실업급여를 수령할 수 있도록 한 제도이다.

1) 가입 대상 및 납부
 ① 혼자 사업하는 자영업자 및 상시근로자 49인 이하를 사용하는 사업주는 자유로이 가입할 수 있다.
 ② 가입신청은 사업을 개시한 날(사업자등록일)로부터 6개월 이내만 허용된다.
 ③ 가입 시 고용노동부장관이 고시하는 기준보수를 선택해서 가입해야 한다.

2) 보험료 산정 및 납부
 ① 가입 시 선택한 기준보수×2.25%한 금액을 매월 고지한다.
 ② 기준보수는 5등급으로 구분하며 가입 시 선택하게 되며 이를 토대로 보험료 금액 및 이후 실업급여 금액의 기준이 된다.

3) 자영업자 실업급여 요건 및 기간
 ① 최소 가입기간이 1년 이상 경과한 상태에서 적자지속, 매출감소, 건강악화 등으로 부득이하게 폐업한 경우에 해당한다.
 ② 가입기간에 따라 기준보수액 50%를 3개월~6개월까지 수급한다.
 ③ 65세 이상인 자영업자는 실업급여 수급대상이 안 된다.

▷ 피보험기간별 실업급여일

구분	피보험기간			
	1년 이상~3년 미만	3년 이상~5년 미만	5년 이상~10년 미만	10년 이상
실업급여 일수	90일	120일	150일	180일

4 외국인 근로자의 고용

1) 내국인 구인 요청

외국인근로자(음식점의 경우 고용특례자만 고용 가능)를 고용하려는 자는 외국인 고용허가 신청 전 관할 고용지원센터에 '내국인 구인요청'이 14일 이상 선행되어야 한다.

2) 특례고용가능확인서 신청

관할 고용지원센터에 내국인 구인신청을 한 사용자가 고용지원센터의 적극적인 알선에도 불구하고 내국인을 채용하지 못하는 경우 내국인 구인 신청일로부터 14일이 경과한 후부터 3월 이내에 외국인 고용허가를 받기 위한 '특례고용가능확인서' 발급신청이 가능하다.

3) 고용가능 외국인 근로자

'출입국관리법 시행령'에 따른 방문취업 체류자격(H-2)에 해당하는 사증을 발급받은 자로서 외국인 취업교육을 받고 고용지원센터에 구직등록을 한 자에 한한다.

4) 근로개시의 신고

특례외국인근로자를 고용한 사용자는 근로를 개시하거나 근로를 개시한 사실을 안 날로부터 10일 이내에 사업장 소재지 관할 고용지원센터에 '외국인근로자근로개시' 신고를 해야 한다.

> **5선**
>
> **"점포 홍보 및 온라인 광고 방법을 알고 싶어요."**

1 홍보

1.1 홍보란?

홍보(PR, public relation)란, 기업이 대중의 관심사를 조사·추적하고, 대중과 우호적인 관계 형성을 목적으로 의도적으로 계획하고 수행하는 커뮤니케이션 활동을 말한다. 즉 기업에 대한 호의적인 이미지를 개발·유지하고 기업에 대한 비호의적인 소문, 이야기, 사건 등을 소비자의 기억 속에서 희석시키는 활동이다. 따라서 외식업 홍보 마케팅은 해당 점포를 대외적으로 알리는 것은 물론 고객을 유입시켜 매출증대를 꾀하는 모든 활동을 의미한다.

1.2 홍보의 특성

- 의도성
- 계획성
- 성과지향성
- 대중의 이익
- 쌍방향 커뮤니케이션
- 대상의 다양성
- 마케팅 기능

1.3 음식점 홍보의 유용성

- 해당 입지의 아이템을 대내외에 알린다.
- 해당 점포의 개점 초에 안정적인 매출을 올리는 데 유리하다.
- 고객들로부터 기대감을 갖게 한다.
- 개점 후 지속적인 매출에 도움이 된다.
- 구매 고객들의 라이프스타일 변화를 유도할 수 있다.
- 판촉의 시너지를 창출할 수 있다.
- SNS 등 온라인 마케팅의 초석이 된다.

1.4 홍보 수단

1) 간행물

사업자는 목표고객에게 영향을 주기 위해 간행물을 광범위하게 이용할 수 있다. 간행물에는 브로슈어, 시청각자료, 사업자의 자서전 등이 있으며, 브로슈어는 특정 제품의 용도, 가용방법, 조리법 등에 관해 목표고객에게 알리는 역할을 한다.

2) 특별행사(event) 기획

세미나, 전시회, 운동경기 등의 개최나 후원을 통해 자신의 점포나 제품을 알리는 역할을 한다.

3) 뉴스거리의 개발

사업자는 각종 메뉴나 종업원 등에 관한 흥밋거리를 찾아내거나 개발해야 한다. 인쇄나 방송매체, 블로그나 기타 SNS의 특성에 맞은 적절한 기삿거리를 제공할 수 있어야 한다.

4) 공공서비스 활동

건전한 사회활동에 시간을 쏟고 자금을 기부 또는 후원함으로써 대중들에게 우호적인 이미지를 형성할 수 있다. 즉 환경운동, 도서관 건립, 심장병 어린이 돕기, 불우이웃돕기 등의 사회운동에 적극적인 참여나 후원을 통하여 기업의 이미지를 우호적으로 형성하고 궁극적으로 자사제품의 매출 증대를 기대할 수 있다.

5) 시각적 정체성 매체

사업자는 대중들이 즉각적으로 인식할 수 있는 시각적 정체성을 창조해야 한다. 시각적 정체성은 사업장의 로고, 브로슈어, 사업장 카드, 유니폼 및 의상 등에 의해 형성된다.

6) 사업장 광고

광고는 크게 소비자에게 제품 정보를 제공하고 구매를 설득하는 형태의 제품 광고와 소비자의 호의적 의견과 태도를 유도하는 형태의 사업장 광고로 구분할 수 있다. 광고는 사업장에 대한 호의적 이미지를 형성하고 사회적, 환경적 이슈에 대해 사업장의 비전이나 철학을 전달하는데, 이러한 목적 때문에 사업장 광고는 PR 활동의 하나로 간주할 수 있다.

7) 협찬과 제품삽입

협찬(sponsorship)이나 제품삽입(PPL, product placement) 광고는 소비자에게 상표 친숙도를 높이는 데 효과적으로 사용할 수 있다. 최근 협찬 방법은 이벤트 후원, 장소제공, 해외여행 경비제공 등 다양하게 전개되고 있다. 또한, 영화나 TV방송에 의도적으로 특정 제품을 끼워 넣거나 상표명을 사용하는 제품삽입광고를 자주 볼 수 있다. 협찬과 제품삽입광고에 대한 효과는 아직 과학적으로 검증되지는 않았으나 제품에 대한 인지도와 친숙도를 높이는 데 효과적인 것으로 평가되고 있다.

2 시점별 외식업소 홍보방법

2.1 개점 전 홍보

개점 전 홍보는 점포의 잠재고객을 늘리면서 상대적인 경쟁력을 높이는 차원에서 이루어진다. 간혹, 상품에 대한 정보를 거의 알려주지 않는 예고 광고인 '티저' 형태로 현수막에다 오픈 날짜만 써넣고 아무 정보도 알리지 않는 홍보방법도 있다. 이는 소비자의 호기심을 유발하고 향후 아이템에 대한 집중도와 제품에 대한 인지도를 높이는 효과가 있다. 구체적인 개점 전 홍보 시점은 인테리어 기간으로 오픈 보름 전부터 진행하는 것이 유효하며 홍보 방법은 현수막, 전단 배포 등이 있다.

2.2 개점행사

외식업소의 개점이벤트 방법으로는 도우미·엿장수 이벤트, 가격 할인행사, 사은품 증정행사 등이 있다. 일부 외식업소들은 도우미 등의 이벤트 없이 가격 할인이나 사은품 제공 등 일부 판촉활동으로 개점행사를 대신하는 경우도 있다. 음식점 개점 시에 지인들을 부르지 않는 것도 한 방법이다. 아는 사람들만 북적거리는 것도 이미지 형성에 부정적인 영향을 끼칠 수 있다. 점포 개점 시에 한 가지 유의할 점은 흔히 말하는 '오픈발'에 지나치게 기대해서 예비비를 준비하지 않는 경향이 있는데 이는 지양해야 하며, 개점행사는 첫인상을 좋게 해서 잠재고객이나 가망고객을 단골고객으로 연결하는 데 초점을 맞추어야 한다.

2.3 개점 후 홍보

점포 개점 후에 가장 흔히 쓰이는 홍보방법의 하나로 전단이 있는데 이는 비용대비 효과가 다소 떨어지는 단점이 있다. 전단은 아이템이나 고객의 수준 또는 라이프스타일에 따라서도 차이가 날 수 있지만 어떻게 배포하느냐에 따라서도 그 효과가 달라진다. 보통 일간지 등에 끼워 배포하거나 일당을 주고 돌리는 방법이 있는데 두 방법 모두 사업자나 종업원이 직접 돌리는 것보다 효과가 떨어진다. 사업자나 종업원이 주변 아파트나, 역, 상가 등의 고객과 이야기를 나누면서 직접 나누어주는 방법이 더욱 효과적이다. 전단에 포함되어야 할 사항은 상호, 전화번호, 약도, 주메뉴 및 가격 등이 있는데, 전단에 여백을 두며 고객이 궁금한 사항을 적시하고 특히 감성적인 표현으로 고객의 관심을 끄는 것이 전단 작성의 핵심이다. 경쟁 점포와 유사한 내용의 전단은 고객의 관심도 끌지 못할뿐더러 고객이 보지도 않는다. 그 밖에 홍보방법으로 포털사이트나 블로그 등을 활용하는 방법이 있다.

2.4 음식점 개점 홍보 FLOW

1) 개점 한 달 전에는 현수막 및 주요 공보판, 임시 간판 등을 설치함으로써 해당 입지에 무슨 가게가 들어온다는 것을 알린다. 공사현장의 외벽에도 홍보물을 부착하여 적극적으로 알린다.

2) 개점 1주일 전에는 야쿠르트 아줌마를 활용하여 지역적 마케팅을 펼치고, 캐릭터 인형이나 점포의 이미지를 나타내는 CM송을 틀어 지나가는 사람들의 눈과 귀에 해당 점포를 인식시킨다.

3) 개점 하루 전에는 거리시식과 오픈 이벤트 행사를 하며 개점 이벤트 리허설과 인터넷 홈페이지를 오픈한다.

4) 개점 당일에는 이벤트보다는 맛과 서비스로 승부한다. 좋은 제품만큼 좋은 마케팅 방법은 없다. 사은품은 실용성 있는 것으로 정성껏 준비한다.

5) 개점 1주일 후에는 지속적인 인식을 위해 이벤트 행사와 방송, 신문, 잡지 등에

보도를 내보낼 수 있도록 준비하며, 홈페이지 게시판도 매일 점검한다. 블로그나 관련 카페 등에 글을 게재하는 것도 PR활동을 지속해서 전개하는 방법의 하나이다.

컨설팅3.0 포커스

창업 성공 사례

1. 수원 쌈밥집 사례
- 상호: 무영쌈밥 인계점
- 대표: 곽문수(44세)
- 소재지: 수원시 인계동 대로변
- 규모: 실면적 50평
- 투자금액: 2억 원
- 월 순이익: 1,000만 원(매출 5천만 원)
- 성공포인트
- 보험사 직원에서 자영업 점주 변신 성공
- 웰빙 트렌드의 수혜 아이템
- 철저한 단골고객 관리시스템 구현
- 차별적인 서비스 경쟁력(신권 거스름돈, 신발분실책임)
- 직원들에게 성과급 배분 및 직원관리 철저

수원 인계동 무영쌈밥 곽문수 대표의 마케팅 성공사례를 살펴보겠습니다. 곽 대표는 보험 회사에서 평범한 직장생활을 하다가 새로운 인생 2막을 열기로 합니다. 무영쌈밥이라는 브랜드를 알게 되었고, 점포 찾기에 2개월 이상 투자합니다. 최소 비용을 들여서 점포 계약에 성공한 곽 대표는 오픈 초기 상권의 경쟁력 저하로 매출 부진을 겪기도 했지만, 적극적인 영업 스타일로 꾸준한 매출 상승을 유지하여 성공사례로 반열에 오르게 되었습니다. 그렇다면 곽 대표의 마케팅 성공 포인트 무엇이었을까요?

첫째는 새 돈 마케팅으로, "잔돈은 늘 새 돈으로 준비한다"는 신념으로 오전에 반드시 은행을 방문해서 새 돈을 준비하는 정성을 들입니다. 새 돈으로 잔돈을 받는 손님들의 기분을 간파한 것입니다.

둘째는 신발분실책임제로, 흔히 볼 수 있는 "신발 분실 시 책임지지 않습니다"에서 발상의 전환을 시도합니다. 매장 입구에 "신발 분실 시 책임지겠습니다"라는 슬로건을 붙임으로써 고객 만족도를 높이고, 고객 감동을 이끌어낸 것입니다. 그리고 직원들과 정기적인 해외여행 등을 통해 이직률을 줄이고 성과급을 통한 철저한 직원관리에 성공하였습니다.

2. 미니회바 사례
- 상호: 미니회바
- 대표: 최병호(50세)
- 소재지: 서울 강동구 천호동
- 규모: 실면적 7평
- 투자금액: 1억 원
- 월 순이익: 5~600만 원(일매출 50~70만 원)
- 성공포인트
- 사랑의 우체국 마케팅(2만 원씩 후원고객 모집)
- 맛보다 철저한 고객관리로 승리
- 인터넷 마케팅의 구현
- 매체의 적극적 활용(신문, 방송, 인터넷)

최병호 대표의 마케팅 우수 사례를 보도록 하겠습니다. IMF 이전 인천에서 전자부품공장을 운영한 최병호 사장은 서울 강동구 천호동에 부동산 중개업소를 차립니다. 중개업소 운영난으로 부동산 점포에서 미니회바라는 실내포차로 업종 전환을 시도, 8년 동안 실평수 7평 매장에서 하루 50~70만 원의 매출을 올립니다. 최병호 사장의 마케팅 성공 포인트는 이렇습니다. 미니회바에는 '사랑의 우체국'이라는 현판이 부착돼 있습니다. 최병호 대표는 성남교육청에서 어려운 소년소녀가장들을 추천받아 매달 2만 원 이상씩 후원할 수 있는 고객을 모집합니다. 그리고 그 고객들이 직접 어려운 소년소녀가장에게 매달 후원금을 입금할 수 있도록 연결해 줍니다. 최병호 대표는 사랑의 우체국장인 셈인 거죠. 인터넷에는 최병호 사장 및 미니회바 팬카페도 있습니다. 팬카페 회원들은 매달 미니회바에서 번개모임을 갖습니다. 또한, 방송, 인터넷 등 매체를 통하여 적극적인 실천사례를 마케팅에 활용합니다.

(참조: 2014년 소상공인시장진흥공단 e-러닝온라인교육)

3 온라인 홍보 마케팅

3.1 온라인 홍보란?

온라인 홍보는 인터넷을 활용하여 제품이나 서비스를 홍보하는 일련의 활동을 말한다. 매체에 따라서 온·오프라인으로 나뉘지만 명확하게 구분하는 것보다는 온·오프라인을 통합하여 홍보하는 것이 더욱 효과적이다.

3.2 온라인 홍보 십계명[36]

1) 웹2.0 환경에 맞는 웹사이트로 손님 맞을 준비를 한다.

웹2.0은 2004년 미국에서 열린 '웹2.0 콘퍼런스'를 계기로 널리 알려지기 시작했는데, 정보의 생산과 활용, 소통과 공유 개방이라는 키워드로 고객에게 맞는 정보를 제공해 주고 있다.

2) 검색 엔진 로봇이 좋아하는 웹사이트로 최적화한다.

로봇이 웹사이트를 잘 찾을 수 있도록 키워드를 잘 골라 사용한다.

3) 핵심 키워드와 유사 및 연관 키워드를 파악하고 노출한다.

4) 유익하고 재미있는 콘텐츠로 온라인 넷소문을 유도한다.

오프라인이 입소문이면 온라인은 넷소문이라고 한다.

5) 컨텐츠를 지식검색, 블로그 검색, 카페검색에 걸리게 한다.

특히 페이스북이나 트위터에 잘 걸리게 한다.

6) 이미지 검색, 동영상 검색 등 멀티미디어 검색을 활용한다.

[36) 참조: 2014년 소상공인시장진흥공단 e-러닝온라인교육

홍보용 영상(동영상 만들어주는 프로그램: RC, 매직윈, 윈도우 무비메이커, 뮤비 등은 무료프로그램이고, 프리미어나 베가스는 값이 다소 비싼 편이다)을 만들어 활용한다. 즉 사진 20장 정도에 거기에 맞는 2~3분 정도 되는 음악으로 동영상을 만들어 인터넷 카페나 블로그에 올리면 해당 동영상이 노출된다.

7) 웹사이트, 카페, 블로그를 연계해서 좋은 삼각관계를 만든다.

웹사이트, 카페, 블로그를 연계해서 삼각관계 마케팅을 하면 외식업소에 상당한 도움을 줄 수 있다. 여기에 트위터나 페이스북을 연동시키면 온라인 시너지효과를 거둘 수 있다.

8) 스팸성 e메일보다는 정보성 뉴스레터를 활용해 홍보한다.

일주일이나 열흘 또는 보름에 한 번씩 뉴스레터를 보내주면 고맙게 생각한다.

9) 오프라인 기사는 온라인에서 재활용해 확대·재생산한다.

제목만 신문사와 연계하고, 기사전문보기와 연동시키는 것이 좋다. 전문은 저작권에 연결된다.

10) 온라인 PR과 온라인 광고를 함께하면 시너지효과가 크다.

외식분야 전문칼럼니스트를 초청하여 그들의 솔직한 평가를 블로그에 게재함과 동시에 이를 활용한 광고는 효과를 극대화하고 경비절감을 유도할 수 있다. 턱걸이로 강력하게 가게 홍보를 하는 것이 훨씬 중요하다.

3.3 블로그 홍보 마케팅[37]

1) 블로그란?

블로그(blog)는 Web+Log의 줄임말로 '웹상에 기록하는 일지'로 정의할 수 있다. 네티즌들이 게시판 형식의 미니 홈페이지에 자신의 경험이나 지식 등을 자유롭게

---

37) 참조: 2014년 소상공인시장진흥공단 e-러닝온라인교육

올리는 것을 말한다. 즉 칼럼이나 일기, 기사 따위를 올리는 웹사이트인 블로그는, 싸이월드의 미니홈피와 함께 대표적인 1인 미디어로 꼽힌다. 1997년 최초의 블로그인 '스크립팅 뉴스(Scripting News)'가 등장했으며, 국내에서는 2002년 11월 최초의 상업 블로그 사이트가 개설되었다.

블로그는 누구나 자신의 웹사이트에 설치할 수 있으며, 블로그 프로그램을 설치할 수 있는 서버 공간만 있다면 블로그를 위한 프로그램은 무료로 다운받아서 사용할 수 있다. 블로그는 무료이고 다루기도 쉬우며, 일단 웹사이트에 깔아 놓으면 자신이 글을 쓰고 싶을 때 언제든지 쓸 수 있다. 즉 블로그는 온라인 일기장이라고 보면 된다. 사업자가 경영상의 어려운 일이나 경험, 기타 재미있는 내용을 자유롭게 올리면 된다. 블로그에는 현실적인 고뇌나 재미있는 부분을 올리면 보다 효과적이며, 사업자뿐 아니라 종업원과 가족이 함께 블로그를 운영하면 효과를 높일 수 있다.

2) 블로그의 특징

- 글, 사진, 동영상 등이 날짜와 시간에 따라 배열된다.
- 일기(일지) 형태로 최신 게시물이 가장 위에 올라온다.
- 제목과 본문이 첫 화면에 함께 노출된다.
- 사진, 동영상 등으로 시각적 볼거리가 풍부하다.
- 개인 공간으로서 블로거만의 감성이 담겨 있다.
- 멀티미디어 등록이 간편하며 즐거움을 줄 수 있다.
- 작성한 글(엔트리, 포스트)은 HTML문서로 저장되며 고유한 주소를 가지게 된다.
- 발행+반영+고유링크 성격을 지닌다.
- 카테고리화 되어 있고 관련 글을 통해, 서로 그물망처럼 엮인 상태이다.

3) 블로그 홍보 십계명

- 요란한 호객행위를 하지 말고 은근히 노출한다.
- 사업자가 나서면 더 신뢰하게 된다.
- 블로그를 웹사이트와 연결한다.
- 온라인 활동을 적극적으로 펼친다.

- 다른 블로그를 수시로 방문한다.
- 블로그와 오프라인에서 이벤트를 펼친다.
- 점포, 제품, 모델 등에 대한 에피소드를 누설한다.
- 조직에서는 여러 명이 1개의 블로그를 운영한다.
- 간단한 PR부터 먼저 시작한다.
- 거의 모든 정보는 공개로 설정해 나를 홍보한다.

4) 블로그 마케팅 요령

- 웹사이트가 섬이라면 블로그는 다리다.
- 고객과의 대화를 준비한 후 시행한다.
- 상업성을 배제하고 유용한 정보를 준다.
- 신상품과 브랜드 홍보도 블로그로 홍보한다.
- 입소문 마케팅에 블로그를 활용한다.
- Q&A 게시판을 만들어 호감을 준다.
- 최소한 블로그 마케팅 전문가 1명을 키운다.

5) 네티즌의 관심을 끄는 주제 사례

- 여성의류: 네 체형에 맞는 코디법
- 여성의류, 남성의류: 데이트할 때 뭐 입고 가지?
- 선물용품, 꽃배달: 그녀의 마음을 사로잡는 프러포즈
- 내비게이션: 드라이브 코스가 멋진 팔도 여행지 정보
- MP3P: 최신 히트 가요 가수 사진 및 가사
- 애견용품: 강아지를 예쁘고 건강하게 키우는 법
- 커플티셔츠: 드라마와 영화에 나오는 멋진 커플들
- 속옷: 섹시한 란제리의 세계

6) 블로그 체크리스트

- 블로그를 제대로 기획하고 성실하게 관리하고 있는가?
- 하나의 블로그에는 하나의 주제만을 담고 있는가?

- 화제가 될 만한 이야기나 감동적인 콘텐츠를 담고 있는가?
- 상업적 냄새를 배제하고 재미있고 유익한 블로그를 만들었는가?
- 요란한 호객행위를 하지 않고 은근히 홍보하고 있는가?
- 블로그를 회사 홈페이지(웹사이트)와 연결하고 있는가?
- 블로그 활성화를 위해 관련 카페, 클럽, 커뮤니티 등 온라인 활동을 하고 있는가?
- 블로그 활성화를 위해 이벤트를 기획하고 있는가?
- 점포, 제품, 서비스 등에 대한 에피소드를 전략적으로 누설하고 있는가?
- 가족이나 직원들이 분야를 나눠 콘텐츠를 올려 양적, 질적으로 차별화된 블로그를 만들고 있는가?
- 검색 엔진이 쉽게 찾을 수 있는 핵심키워드로 블로그를 설계했는가?
- 글보다는 그림, 사진, 동영상 멀티미디어를 활용하고 있는가?
- 저작권법에 문제가 되는 자료는 없는가?

3.4 블로그 외 홍보 마케팅을 위한 소셜미디어[38]

1) 트위터

트위터는 재전파(RT) 기능으로 인해 정보 전파에 탁월한 능력이 있다. 뉴스에서 트위터를 인용한 기사를 보도할 때 가장 먼저 파악하는 것이 RT 순위로, RT가 많이 된다는 것은 그만큼 많은 사람이 관심을 갖고 참여한다는 의미이다. 바꿔서 말하면, 사람들의 관심이나 흥미를 유발하는 것이 많이 RT 된다는 뜻이다. 단문으로 구성된 정보라면 트위터에 직접 올려 RT 효과를 노려야 한다. 구체적이며 상세한 정보를 알리고자 한다면 블로그에 포스팅을 먼저 하고, 그 글의 제목과 링크를 트위터로 알리면 상승효과를 얻을 수 있다. 블로그와 트위터가 '정보의 전시'와 '입소문'이라는 각각의 장점을 살리면서 블로그가 가진 '검색 의존적'이라는 단점을 극복하는 홍보 방법이 된다.

---

38) 참조: 2014년 소상공인시장진흥공단 e-러닝온라인교육

2) 페이스북

페이스북은 관계 형성과 관리에 유용한 매체이다. 친구를 알아서 찾아주기도 하지만 모르던 사람도 페이스북을 통해 관계를 형성해 나가기 좋은 구조이다. 최근에는 고급 사용자들이 늘어나면서 '관계' 중심에서 '정보의 전시와 전파', '전자상거래', '방송' 등의 영역으로 활용성을 넓혀가고 있지만, 페이스북은 누가 뭐래도 관계 관리가 가장 강력한 매체이다.

페이스북의 Social Plug-in을 이용하면 웹사이트나 블로그에 활기를 불어넣을 수도 있다. 페이스북의 '좋아요' 버튼은 아주 손쉽게 웹사이트나 블로그에 삽입할 수 있는데, Levi's 쇼핑몰은 '좋아요' 버튼을 이용해 어떤 상품을 누가 선호하는지 알 수 있게 만들어 고객이 상품을 구매하는 데 확신을 주는 수단으로 활용하고 있다. 블로그를 운영하고 있다면 포스트 밑에 '좋아요' 버튼을 삽입해 더 많은 페이스북 사용자들이 블로그를 방문하도록 유도할 수 있다. 트위터 링크 버튼도 함께 한다면 더 다양한 효과를 볼 수 있다.

3) UCC

UCC는 정보를 풍부하게 해주는 역할을 한다. 유튜브 영상 하나로 무명에서 세계적인 스타가 된 경우도 있을 정도로, 유튜브(UCC 제공 사이트) 자체가 훌륭한 입소문 홍보 수단이기도 하지만 유튜브는 블로그에 전시되는 정보를 다양하게 보여주거나 설득력을 높이는 데 사용할 수 있다. 현재까지는 유튜브가 대세이지만 향후에는 유스트림(생방송과 소셜미디어가 결합된 사이트)이 주목받는 매체가 될 수 있다.

> **컨설팅3.0 포커스**
>
> **AOL, 3,500억 원에 허핑턴포스트 인수**
>
> 미국 인터넷 서비스 업체 아메리카온라인(AOL)은 7일 인터넷 매체인 허핑턴포스트를 3억1,500만 달러(약 3,500억 원)에 인수한다고 밝혔다. 허핑턴포스트는 2005년 아리아나 허핑턴(61)이 만든 정치·사회 전문 블로그 미디어로, 개인 블로그로 시작해서 한 달에 약 2,500만 명이 방문하는 세계에서 가장 활발히 운영되는 뉴스 사이트로 성장했다. 소셜네트워크서비스(SNS)에 기반한 뉴미디어가 신문, 방송 등 기존 유력 미디어를 압도할 정도로 성장한 대표적인 사례다.
>
> AOL은 허핑턴포스트에 약 3억 달러를 현금으로 지불하고 2분기 초까지 계약을 마무리하기로 했다. 허핑턴포스트와 기존에 확보한 콘텐츠를 통합해 AOL 포털 활성화를 도모할 계획이다. 아리아나 허핑턴은 양사 콘텐츠를 통합 관리하는 '허핑턴포스트미디어그룹' 대표 겸 편집장을 맡는다. 허핑턴포스트는 2010년 6월 워싱턴포스트, 월스트리트저널, AP통신 등을 제치고 전 세계 뉴스 사이트 중 방문자 수에서 20위를 기록했다. 성장 비결은 '소셜네트워크'를 적극적으로 이용한 데 있다. 우선 '1인 미디어'라고 불리는 영향력 있는 블로거를 활용했다. 허핑턴포스트 상근 직원은 50여 명이지만 블로거를 3,000명 이상 고용해 정치·사회·경제 등 일반인이 관심을 갖는 주제에 대한 기사를 작성한다.
>
> (출처: 「매일경제신문」 2011.02.07.)

4 온라인 광고 전략[39]

4.1 인터넷 광고의 종류

인터넷 광고에는 크게 3가지 방식이 있다. CPC(Cost Per Click)는 광고를 클릭할 때마다 미리 책정된 요금으로 광고비를 지불하는 방식이고, CPT(Cost Per Time)는 일

---
39) 참조: 2014년 소상공인시장진흥공단 e-러닝온라인교육

정한 기간에 일정한 금액을 지불하는 방식이다. 네이버의 플러스/파워 링크 등이 여기에 해당한다. 그리고 CPM(Cost Per Millennium)은 광고 노출당 비용을 지급하는 방식이다. 보통 1,000회 노출로 광고비를 책정한다.

4.2 온라인 광고 매체

1) 네이버

온라인 광고 매체는 크게 네이버와 오버추어로 나눈다. 네이버는 국내 검색시장 점유율 65%로 국내 검색 광고 시장의 선두를 차지하며, 2010년부터 오버추어와 결별해 독립적으로 광고를 유치하고 있다.

2) 오버추어

오버추어(Overture)는 네이버를 제외한 거의 모든 포털 사이트에 키워드 광고를 대행하고 있다. 그 밖에 주요 고객이 유사한 타 사이트와 제휴를 통해 서로 광고를 교환하는 등의 제휴 광고 등이 있다.

3) 페이스북

페이스북은 회원 수가 400만 명을 넘어가면서 주요 매체의 하나로 자리 잡아가고 있다. 페이스북 내에서 이루어지는 광고는 지역, 성별, 연령, 관심사, 결혼 여부, 학력 등 정밀한 타기팅(targeting)이 가능한 것이 특징이다. 각 세부 변수별 옵션을 선택하면 우측 상단에 그에 해당하는 예상 숫자를 제시한다. 펩시가 전 세계에서 가장 비싼 미국 수퍼볼 결승전 광고 대신 페이스북에 광고할 정도로 미국에서는 주요 광고 매체로 자리 잡아가고 있다. 국내에서도 페이스북 회원 수가 점차 증가하고 있으므로 주목해야 할 필요가 있다.

국내에서는 아직 네이버가 인터넷 검색뿐 아니라 인터넷 전체 점유율에서도 굳건한 1위를 지키고 있다. 그러나 페이스북이 맹추격 중이어서 향후 어떤 결과가 나올지 전문가들조차도 예상하기 힘든 상황이다. 온라인 마케팅에서 광고는 중요한 비중을 차지하는데 돈 들여서 광고하면 된다는 안일한 생각을 가져서는 안 된다. 광고 효과가 아무리 높은 매체라도 매체의 특성이 있어 실제로 광고 대비 매출이 증가하는지, 방문자만 증가하는지, 매출이 증가하더라도 어떤 종류의 제품이 증가하는지 등 다양한 분석을 통해 각 매체에 대한 학습이 필요하다.

> **컨설팅3.0 포커스**
>
> ### 온라인 광고횟수 페이스북 1위… 야후의 2배
>
> 지난해 온라인 디스플레이 광고를 가장 많이 게시한 사이트는 페이스북으로 2위인 야후의 2배에 달하는 것으로 나타났다. 11일 정보통신정책연구원이 시장조사업체인 컴스코어(Comscore)의 자료를 인용해 발표한 보고서에 따르면, 지난해 미국 온라인 디스플레이 광고 시장에서 페이스북 사이트(facebook.com)는 1조198억9천100만회의 광고를 게시해 전체 1위를 차지했다. 이는 5천293억7천800만회로 2위에 오른 야후!(Yahoo! Sites)의 2배에 달하는 횟수로, 온라인 광고 시장에서도 소셜미디어가 급격히 부상한 데 따른 결과로 풀이된다.
>
> 페이스북과 야후에 이어 마이크로소프트(MS) 사이트가 2천438억7천900만회의 광고를 게시해 3위를 차지했고, 폭스(Fox Int.Media)가 2천1억7천500만회로 4위에 올랐다. 구글이 1천282억4천700만회로 그 뒤를 이었고 터너 디지털(Turner Digital)이 749억5천800만회, 이베이가 328억8천400만회, ESPN이 324억500만회로 상위 10위 노출 사이트에 포함됐다. 페이스북이 온라인 디스플레이 광고 시장 1위에 오른 것은 소셜미디어의 급격한 부상 때문으로, 지난해 인터넷 디스플레이 광고 시장에서는 소셜미디어, 포털, 엔터테인먼트, 뉴스·인포메이션 사이트 순서로 많은 광고가 노출됐다.
>
> 특히 소셜미디어는 전년 대비 11%포인트 증가한 34%의 점유율을 기록한 반면, 포털은 4%포인트 하락한 17%에 그치면서, 인터넷 광고 시장 주도권이 소셜미디어로 이동한 것으로 나타났다. 낮은 광고단가 역시 소셜미디어 광고 노출 급증의 배경으로 꼽힌다. 컴스코어의 또 다른 조사 결과, 지난해 4월 기준 인터넷 미디어의 노출당 광고단가(CPM)는 소셜미디어가 0.56달러로 전체 인터넷 미디어 중 가장 낮았다. 이는 가장 비싼 신문(6.99달러)의 12분의 1에 불과하며 포털(2.6달러), 온라인게임(2.68달러) 등에 비해서도 상대적으로 저렴한 수준이다. 연구원은 "광고단가가 낮은 점이 기업들이 소셜미디어에 광고를 노출하는 또 다른 배경이 될 수 있다"고 분석했다.
>
> (출처: 「연합뉴스」 2011.05.11.)

5 입소문 마케팅

호모임팩티쿠스(homoimpacticus)는 인간을 의미하는 'Homo'와 영향을 준다는 의미의 'Impact'를 결합한 신조어로, '사회가 변화할수록 영향력을 미치는 것을 추구하는 인간'이란 뜻이다. 호모임팩티쿠스는 인간의 욕구 중 가장 높은 단계인 자아실현의 욕구에서 나온 것으로, 소셜미디어 발달로 사람들의 소통방식이 고도로 진화되면서 등장한 새로운 현상이다. 입소문 마케팅의 대가인 조나 버거(Jonah Berger)는 특별하지 않은 인물이나 제품이 히트 친 비결을 연구했다. 그는 입소문이 퍼져 나간 배경에는 다음 여섯 가지 법칙, 즉 '자발적으로 이야기를 공유하는 이유'에 대해 설명하고 있다.

- 소셜 화폐의 법칙(Social Currency)
  사람들은 타인에게 좋은 인상을 남기는 이야기를 좋아한다.
- 계기의 법칙(Triggers)
  사람들은 머릿속에 쉽게 떠오르는 것을 공유한다.
- 감성의 법칙(Emotion)
  사람들은 마음을 움직이는 감성적 주제를 공유한다.
- 대중성의 법칙(Public)
  사람들은 눈에 잘 뛰는 것을 모방하고 공유한다.
- 실용적 가치의 법칙(Practical Value)
  사람들은 타인에게 도움이 될 만한 정보를 공유한다.
- 이야기성의 법칙(Stories)
  사람들은 흡인력 강하고 흥미진진한 이야기를 공유한다.

이렇듯 입소문 마케팅은 고객들이 자발적으로 메시지를 전달하게 하여 해당 점포의 제품이나 서비스에 대한 긍정적인 입소문을 내게 하는 방법을 말한다. 꿀벌이 윙윙거리는 소리(buzz)처럼 소비자들이 상품에 대해 말하는 것을 마케팅으로 삼는 것으로, 입소문 마케팅 또는 구전 마케팅(word of mouth)이라고도 한다.

컨설팅3.0 포커스

3.0마인드, 구멍가게 마인드

현대 기업인들에게 '구멍가게식 마인드'는 체계적이지 않고, 작은 것에 연연하며, 멀리 보지 못하는 사고로 각인되어 있다. 하지만 와인유통업체 '와인라이브러리'의 최고경영자이자 소셜네트워크업체의 구루로 통하는 게리 바이너척(36)은 도리어 "성공하기 위해서는 구멍가게식 마인드를 되찾으라"고 역설한다. 미국의 베스트셀러인 『생큐 이코노미(The Thank you economy)』의 저자이기도 한 그는 고객 한 사람 한 사람을 신경 쓰고 다가서는 방식으로 감동시켜야 살아남는 시대가 도래했다고 강조한다. 인터넷이나 트위터 등 소셜미디어의 발달에 맞춰 새로운 고객 감동 마케팅을 펼쳐야 한다는 주장이다. 70여 년 전까지만 해도 동네 양복점, 철물점, 푸줏간 주인들은 '단골 챙기기의 달인'이었다. 그들은 집집마다의 사정을 다 알고 있었다. 바이너척은 '인심이나 정이 많아서라기보다 살아남기 위해서'라고 말한다. 한 명의 고객에게 잘 못하면 그 불만은 마을 곳곳에 급속도로 퍼졌다. 문을 닫는 것으로 끝나는 게 아니라 마을에서 쫓겨날 수도 있었다. 그들은 살아남기 위해 정중히 사과해야만 했다.

작은 마을은 지구촌이라는 거대한 마을로 확대됐다. 빨래터 대신 소셜네트워크라는 새로운 대화의 장이 지구마을 곳곳의 사람들을 연결한다. 다시 구전(word of mouth)의 시대가 돌아온 것이다. 이제 기업들은 살아남기 위해 고객 한 사람 한 사람에게 집중하고 정성을 기울여야 할 때다. 글로벌 마케팅 조사분석기업 닐슨 컴퍼니에 따르면 70%의 사람들이 물건 구매 시 가족과 친구의 조언을 듣는다. 이 회사가 미국에서 진행한 지난해 취학 준비 시즌 구매 관련 설문조사에서는 학부모의 30% 이상이 트위터, 페이스북 등 소셜네트워크가 구매에 영향을 줬다고 답했다. 미국의 온라인 신발업체인 자포스는 한두 명의 고객을 감동시키는 방법으로 '생큐 이코노미'의 강자로 부상할 수 있었다. 지금처럼 '소비 형태를 혼자 결정짓지 않는 시대'에는 고객의 일상을 파고들어야 한다. 생큐 이코노미는 보다 적극적인 고객 감동 서비스를 통해 실질적인 수익을 창출하는 새로운 사회를 불렀다. 인터넷 트위터 등 급속도로 변하고 있는 경영환경 속에서 입소문 마케팅의 중요성을 인식해서 고안했다.

(출처: 『매일경제신문』 2011.05.13.)

5.1 구전이란?

구전이란 특정 제품이나 서비스에 관하여 소비자들 간에 개인적인 직간접 경험에 대해 긍정적 또는 부정적인 정보를 비공식적으로 교환하는 자발적인 의사소통 행위 또는 과정을 말한다.

5.2 구전의 기대효과

1) 광고는 브랜드 인지도를 높이고 제품에 대한 호의적인 태도를 유지시키지만, 긍정적인 구전은 히트상품의 성공 요인으로 작용한다.

2) 구전 전달 시 감정요소가 쉽게 개입되어 해당 점포의 아이템이나 서비스의 호의도 향상에도 유리한 영향을 미친다.

3) 적은 비용으로 신제품을 히트상품으로 만들거나 기존제품의 경우 고객을 감동시켜 충성도를 높일 수 있다.

4) 구전은 인터넷과 만날 때 더욱 효과적이다.

1980년대 중반 어느 가정집 지하실에서 탄생한 '요메가'라는 요요가 있다. 부모와 친지 몇 명이 처음 만든 새로운 요요는 1930년대에 전성기였던 전통적인 요요와는 달리 급속하게 소문이 퍼졌다. 예전의 입소문이 인터넷과 만남으로써 이제 바이러스처럼 빠르게 옮겨지고 있는 것이다.

5.3 입소문 성공사례[40]

1) 김치 냉장고 '딤채'

① 핵심고객
- 45세 전후의 중상류층

---

40) 참조: 2014년 소상공인시장진흥공단 e-러닝온라인교육

- NGO 지도자, 요리사 등을 포함한 3,000명의 오피니언 리더
- 주부들의 계모임

② 입소문 동기부여
- 김치냉장고의 핵심 사용 고객
- 6개월간 무료 사용 후 구입을 원하면 50% 할인→만족도 97%
- 1명이 구입하면 1대 무료 제공

③ 대성공
- 1997년 IMF 당시 대성공 400% 이상 성장, 400억 원의 매출 기록
- 1998년 대기업이 김치냉장고 시장에 진출했지만 이미 딤채가 좋다는 입소문이 확산
- 1998년 1만8천 대 판매

2) 하이트맥주 시음

 HITE는 기존 맥주보다 약 20% 고가로 가격전략을 수립하였다. 그러나 막대한 광고와 홍보, 판촉물 투입에도 불구하고 가격저항감이 예상외로 강해 판매증대에 어려움을 겪었다. 우수한 제품과 막대한 판매비 지출에도 불구하고 판매가 확산되지 않고 있는 현상과 가격저항감을 극복하기 위해 구전 홍보를 선택하였다. 제품 신뢰도 구축과 고가의 맥주지만 소비자 효용가치가 충분하다는 사실을 전달하기 위해 주요 거점지역에서 대규모 시음 캠페인을 전개하여 성공하였다.

① 1단계
- 중산층이 밀집한 전국의 아파트를 중심으로 하이트 맥주 2병, 제품소개 팸플릿, 오프너, 컵이 들어 있는 2본입 패키지 무상 배포
- 중산층이 주거하는 대규모 아파트 단지 입구에서 승용차를 타고 오는 소비자에게 하이트 펙케이스를 무상으로 배포

② 2단계
- 샤워효과[41]를 고려해서 오피니언 리더급 인사 30,000명에게 무상으로 택배 배포
- 주부사원 조직인 마케팅 레이디를 조직, 소매점을 집중 공략

---

[41] 샤워효과(shower effect): 백화점이나 아웃렛 위층의 이벤트를 찾았던 고객이 자연스럽게 아래층도 찾는 현상. 반대로 아래층에서 행해지는 이벤트가 위층의 고객을 유인하는 것을 분수효과(jet water effect)라고 한다.

③ 3단계
- 전국 주부 에어로빅 대회를 개최
- 대학교 축제 때는 하이트 열전이라는 코너를 통해 대학생과 함께 어울리는 자리를 마련

> **6선**
>
> "스토리텔링은
> 어떻게 해야 하나요?"

　스토리텔링은, 상대방에게 재미있고 감동적인 이야기를 설득력 있게 전달하는 것을 말한다. 사전적 의미로는 '이야기를 들려주는 활동이나 과정', 즉 언어, 글씨, 소리, 이미지, 그림, 영상 등을 활용해 콘텐츠를 전달하는 행위를 의미한다. 스토리텔링이 외식업소에 중요한 이유는 맛의 비결, 어머니 손맛, 대를 이어오는 전통 등 지난 과거에 대한 이야기에서 머무르지 않고 쌍방향 커뮤니케이션을 통해 고객과 함께 호흡하며 감정을 교환하기 때문이다. 스토리텔링은 소비자의 마음속에 해당 업소의 제품이나 서비스, 이미지 등을 강력하게 심는 차별적 마케팅 수단이다.

1 스토리텔링 마케팅[42]

저명한 미래학자인 롤프 옌센은 정보화 시대가 지나면 소비자에게 꿈과 감성을 제공하는 것이 차별화의 핵심이 되는 '드림 소사이어티(Dream Society)'가 올 것이라고 말했다. 미래에는 이야기가 부가가치를 만들며 이를 통해 새로운 시장이 형성된다는 것이다. 이제 사람들은 단순히 상품을 사는 것을 넘어 그 상품에 담긴 이야기를 사고 있다. 아이폰은 인터넷과 다양한 애플리케이션을 이용할 수 있는 휴대전화이기도 하지만, 사람들은 CEO인 스티브 잡스의 개인사, 애플 마니아들이 공감하는 브랜드 애착 관련 이야기도 즐긴다. 이야기는 소비자가 브랜드에 호감을 갖게 하는 설득의 힘이 있다. 효과적인 브랜드 커뮤니케이션 수단으로 자리 잡고 있는 스토리텔링 마케팅의 현황과 성공 방안을 살펴보자.

1.1 이야기로 승부하는 스토리텔링 마케팅

스토리텔링 마케팅은 상품에 얽힌 이야기를 가공·포장해 광고, 판촉 등에 활용하는 브랜드 커뮤니케이션 활동이다. 상품 개발 과정 등 브랜드와 관련된 실제 스토리를 여과 없이 보여줄 수도 있고 신화, 소설, 게임 등에 나오는 스토리를 원용해 가공하거나 패러디해 보여주기도 한다.

글로벌 생수업체인 에비앙은 세계 최초로 물을 상품화하기 위해 고유의 브랜드 스

---
42) 참조: 「매일경제신문」 2013.01.08.

토리를 개발해 활용한 사례로 유명하다. 1789년 한 귀족이 알프스의 작은 마을 에비앙에서 요양하면서 지하수를 먹고 병을 고친 후에 물의 성분을 분석해 보았다. 그 결과 물속에는 미네랄 등 인체에 좋은 성분이 다량 함유돼 있었다. 이후 마을 주민들이 물을 에비앙이라는 생수로 판매하기 시작했고 에비앙은 단순한 물이 아닌 약이라는 브랜드 스토리를 소비자들에게 들려주고 있다. 에비앙은 이러한 브랜드 스토리를 광고에 매력적으로 녹여냄으로써 여타 생수업체와 차별화된 고유 이미지를 만들어가고 있다. 예컨대 에비앙을 마시는 인어, 에비앙으로 비를 내리는 천사, 금붕어가 사는 어항에 물 대신 에비앙을 쏟는 소녀 등과 같은 시리즈 광고를 통해 사람들에게 '에비앙=순수와 건강'이라는 제품 이미지를 각인시키고 있다. 이처럼 꿈을 담은 에비앙의 이야기는 사람들이 에비앙을 선택하는 이유를 더욱 분명하게 만든다.

　스토리텔링 마케팅은 상품의 기능적 특성을 설명하는 내용 중심 광고나 판촉 활동과는 차이가 있다. 상품 자체를 강조하기보다 상품에 담긴 의미나 개인적인 이야기를 제공함으로써 소비자와 브랜드의 교감을 유도하는 감성 마케팅 활동이다. 딱딱하고 상업적인 광고 메시지보다 소비자의 입에 쉽게 오르내릴 수 있는 화젯거리를 제공한다.

　명품 구두 페라가모는 할리우드 여배우들이 신는 멋스럽고 편안한 신발이라고 잘 알려져 있다. 지하철 통풍구 위에서 마릴린 먼로가 하얀 치맛자락을 날리는 매혹적인 장면을 누구나 한 번쯤 보았을 것이다. 평소 페라가모 마니아였던 그녀가 영화 속에서도 자신의 각선미를 살리기 위해 이탈리아에서 페라가모 구두를 급히 공수했다고 한다. 페라가모는 이 이야기를 지금까지도 광고 메시지에 활용하고 있다.

　스토리텔링 마케팅은 이야기를 좋아하는 인간의 본성에 바탕을 두고 있다. 드라마 이야기, 연예가 소식, 정치인 이야기, 항간에 떠도는 소문 등 사람들은 이야기에 관심을 기울인다. 상품도 마찬가지다. 사람들은 평범한 목걸이보다 드라마 속 주인공이 착용했던, 이야기가 있는 목걸이를 더 좋아한다.

1.2　왜 스토리텔링 마케팅인가?

　소비자들의 라이프스타일을 지배하면서 고유의 소비문화를 만들고 있는 브랜드들의 성공 이면에는 항상 이야기가 있다. 디즈니랜드, 나이키, 할리데이비슨, 페라리…. 이 모든 것이 꿈과 이야기에서 시작됐고 그 꿈이 현실을 창조하게 된 것이다. 롤프 옌센은 기업이 이야기와 꿈을 마케팅에 접목한 드림케팅(Dreamketing)에 주력해야 한다고 강조했다. 이를 위해서는 자사 브랜드를 멋진 스토리로 포장해 판매하는 스토리텔링 마케팅이 효과적이다. 흥미로운 이야기가 담긴 상품은 단순히 우수한 품질과 디자인만을 내세운 제품보다 더욱 매력적일 수 있기 때문이다. 상품 기능을 따분하게 늘어놓기보다는 고객의 마음을 읽고 그들이 꿈꾸는 바를 흥미로운 이야기 속에 부드럽게 풀어 가면 고객에게 다가가기가 더욱 쉽다.

미국 주방용품업체인 윌리엄 소노마는 행복한 가정 이야기를 파는 것으로 유명하다. 요리기구와 그릇 등 제품별로 장인, 역사, 캐릭터 등을 테마로 한 브랜드 스토리를 광고 및 판촉 활동에 활용해 화제가 되게 함으로써 인기를 모으고 있다. 스토리텔링 마케팅은 상품 차별화에 매우 유용하다. 온갖 노력 끝에 개발한 상품이라 할지라도 이를 사람들의 머릿속에 각인시키기가 점점 더 어려워지고 있다. 브랜드가 범람하고 있는 상황에서 자사만의 차별화 요소를 전달하기 쉽지 않기 때문이다. 기업은 브랜드가 가지는 이야기를 통해 경쟁 브랜드와 다른 아우라(고유의 분위기)를 가질 수 있다. 예컨대 스타벅스는 매장을 집, 직장에 이어 이야기가 있는 제3의 공간으로 만들고 하나의 라이프스타일로 승화시켜 성공을 거두었다.

1.3 스토리텔링 마케팅 성공 포인트

소비자의 구매 요인이 제품의 기능 중심에서 감성 중심으로 이동함에 따라 스토리텔링 마케팅의 중요성이 과거보다 더욱 부각되고 있다. 이야기는 소비자들이 브랜드를 이해하고 호감을 갖게 만드는 감성적인 설득의 힘을 가지고 있다. 그렇다면 스토리텔링 마케팅을 효과적으로 실행하기 위한 방안은 무엇일까? 마케팅의 기본원리를 고려한 스토리텔링 마케팅의 성공적인 전략을 짚어보자.

1) 뻔한 스토리는 가라.

기업이 스토리텔링을 마케팅에 활용하기 위해서는 먼저 자사 브랜드에 적합한 스토리를 발굴하고 이를 적절히 상품에 녹여내야 한다. 소비자들도 좋아하고 자사 상품의 독특한 가치를 가장 잘 설명할 수 있는 매력적인 스토리를 만들 필요가 있다. 차별화된 스토리로 소비자의 매력타점(Sweet Spot; 야구, 골프 용어로서 마케팅에서는 소비자가 가장 크게 느끼는 심리적 혜택을 의미)을 타격해야 한다. 인터넷 등의 발달로 소비자의 정보력이 기업을 뛰어넘고 있는 상황에서 그저 그런 이야기는 소비자에게 외면당할 수밖에 없다.

매력적이고 차별화된 스토리를 발굴하기 위해서는 기업 내외부의 다양한 의견을 수집할 필요가 있다. 비단 마케팅 부서만이 아니라 내부 공모 등을 통해 다른 부서원들도 참여하는 방안을 고려해볼 수 있다. 맥도날드는 월트디즈니의 무대감독과 작사가, 작곡가를 고용해 브랜드 스토리를 창조하고 있다. 인간의 내면에 있는 유아성에 호소하기 위해서는 월트디즈니의 힘을 활용하는 게 효과적이라는 판단에서다. 소비자들에게 직접 브랜드 스토리와 관련된 아이디어를 얻어내는 것도 좋은 방법이다. 많은 기업이 브랜드 체험담, 사용수기 등을 공모하는 것은 이러한 추세를 반영한 것이다.

앱솔루트 보드카는 신제품인 바닐라 맛을 출시하기 전에 인터넷으로 브랜드 스토리를 공모하고 이를 실제 광고에 활용해 호응을 얻었다. 바닐라 보드카와 관련해 전개되는 주인공들의 흥미진진한 이야기가 소비자들의 눈길을 사로잡은 것이다. 앱솔루트의 브랜드 스토리는 이렇게 시작한다. 시간은 저녁 7시부터 새벽 3시까지, 장소는 남녀 주인공인 알렉사와 제이슨의 집에서 시작해 레스토랑, 바, 나이트클럽 등으로 옮겨진다. 그리고 결국 두 사람이 만나는 것으로 끝을 맺는다. 제이슨을 클릭하면 소비자들은 제이슨과 세 명의 친구가 나누는 이야기를 엿들을 수 있다. 또 알렉사를 클릭하면 알렉사와 네 명의 친구가 나누는 이야기를 들을 수 있다. 마지막에는 제이슨과 알렉사의 이야기를 듣게 된다. 두 남녀가 각각 남과 여의 입장에서 글을 써내려가는 소설 『냉정과 열정 사이』처럼 남과 여가 각각 다른 경로로 자신의 이야기를 풀어냄으로써 읽는 사람들의 궁금증을 자아낸다. 한편 스토리가 사람들의 일상과 동떨어져 있거나 공감하기 힘든 경우에는 오히려 스토리가 힘을 얻지 못하거나 반감을 살 수 있으므로 주의해야 한다. 유명인사 등 성공한 인물보다는 평범한 사람의 이야기가 더욱 설득력 있는 것은 바로 스토리의 공감 가능성 때문이다.

2) 재미와 경험이 생명이다.

격식에 얽매였던 과거와 달리 요즘엔 덜 심각하고 더 즐거운 상황이 대접받는다. 지속되는 내수 불안과 정치·사회적 불안 등이 사람들이 탈일상적인 재미를 찾는 데 일조하고 있다. 스토리텔링 마케팅 역시 이러한 추세를 반영해야 한다. '우리 브랜드는 이래서 좋아'라는 정보를 전달하는 것이 아니라 진지함을 벗고 때로는 일상적인 것을 약간 비틀 수도 있어야 한다. 그 중심에는 재미가 빠질 수 없다. 예컨대 LG생활건강 럭키스타 치약 광고는 '키스 배워서 남 주자'라는 브랜드 스토리를 젊은 남녀의 솔직한 사랑 법을 비유하는 키스학 입문 등의 테마로 재미있게 표현하고 있다.

스토리텔링 마케팅이 단순한 정보 전달에 그치지 않기 위해서는 소비자와 직접적인 커뮤니케이션을 통한 경험을 제공할 수 있어야 한다. 소비자가 느끼는 스토리 경험은 브랜드와 소비자의 교감을 형성하는 데 도움이 된다. 최근 버거킹은 '복종하는 닭(Subservient Chicken)'이라는 홈페이지를 개설해 자사 햄버거 스토리의 중심인 '마음대로 조리하세요'라는 메시지를 전달하고 있다. 복종하는 닭 사이트는 스토리 구현에 충실하기 위해 소비자의 체험을 목적으로 한다. 방문자가 행복 등 갖가지 단어를 입력하면 복종하는 닭은 그 명령에 따라 다양한 행동을 보여준다. 이러한 상호작용적 체험으로 개설 3주 만에 방문 수가 약 1억4300만 회에 이를 정도로 선풍적인 인기를 끌고 있다.

일본 기린맥주 광고 역시 자사 브랜드에 적합한 스토리를 발굴하고 이를 적절히 엔터테인먼트에 녹여낸 사례다. 기린맥주는 홈페이지에 '기린맥주 대학'이라는 사이트를 개설해 좋은 반응을 얻었다. 기린맥주 대학에는 재미있는 브랜드 이야기가 있다. 종합안내판에 주조학부, 문화인류학부, 사학부 등으로 안내하는 메뉴가 눈에 띈다. 학부들은 각각의 특성에 맞는 맥주에 관한 여러 정보를 재미있게 전달하는 역할을 한다. 예컨대 사학부의 경우라면 맥주의 역사 등에 대해 설명하는 식이다. 학부마다 실제 인물 혹은 캐릭터를 학과장으로 둔 것도 재미있다. 또 맥주 게임, 맥주 음악, 맥주 방송국 등과 같은 동아리 방은 기린맥주 고유의 가치를 매력적인 스토리로 전하고 있다.

3) 멀티채널의 활용도를 높여라.

기업은 브랜드 스토리를 전달하기 위한 수단으로 더욱 다양한 채널을 복합적으로 활용해야 한다. 소비자가 브랜드에 접할 수 있는 접점을 다원화시킴으로써 브랜드 스토리 전파의 효과를 극대화할 수 있다. 스토리를 전달할 수 있는 채널은 TV, 신문, 인터넷, 영화, 책, 기업 역사관, 강연 등으로 매우 다양하다. 그런데 그동안 기업이 소비자에게 브랜드 스토리를 전달하는 방식을 보면 대부분 TV 중심이거나 또는 TV와 인터넷 등을 별개로 운영하는 면이 적지 않다.

미국 광고 전문지인 애드버타이징 에이지(Advertising Age)가 스토리텔링 마케팅의 채널 활용 현황을 살펴본 결과, 응답 기업의 약 65%가 TV 중심이며 약 20%는 TV와 인터넷 등 다양한 채널의 유기적인 연결성이 부족했다고 한다. 단순히 TV 광고 하단에 브랜드의 웹사이트 주소를 보여주는 것만으로는 부족했다는 평가다. 기업은 멀티채널 활용 시 상호 간의 연계성을 더욱 높일 수 있어야 한다.

스토리텔링 마케팅의 새로운 채널로서 애드무비(Ad+Movie)를 주목할 만하다. 애드무비는 TV, 인터넷과 영화를 접목한 광고 영화다. 애드무비는 멀티미디어에 대한 욕구가 강한 최근 소비자의 성향을 반영한 것으로 브랜드 스토리에 대한 몰입도를 높이는 데 효과적이다. 또 단순히 TV 광고를 인터넷 사이트에 올린 것이 아니라 애초에 인터넷과 TV 광고, 옥외 광고 등을 티저화하고 인터넷으로 소비자를 유인해 이를 보도록 하고 있다.

BMW는 뉴3 시리즈 브랜드 광고로 각 10여 분 길이의 단편영화 3개를 만들어 인터넷과 TV에 동시 개봉, 폭발적인 인기를 얻었다. 국내에서도 기아자동차가 '로체'의 애드무비를 만들어 좋은 호응을 얻은 바 있다. 또 애드버토리얼(advertorial)의 활용도를 제고할 필요가 있다. 애드버토리얼은 언뜻 보기에 기사처럼 만들어진 논설·사설 형식의 광고를 말한다. 이처럼 새로운 형태의 광고가 최근 들어 국내의 많은 신문 및 잡지에 등장하는 추세다. 애드버토리얼을 이용한 스토리텔링 전략을 아주 멋지게 구사한 브랜드 중 하나는 테크노마린 시계다. 테크노마린은 스쿠버다이빙을 즐기는 프랑스의 한 귀족이 왜 스쿠버다이빙을 할 때 다이아몬드가 박힌 시계를 차면 안 되는지 의문을 제기한 데서 출발한다. 이러한 생각에서 기능성과 고급스러움을 혼합한 명품 스포츠 시계가 탄생한 것이다. 테크노마린은 드라마틱한 스토리를 적극적으로 이용하였는데, 애드버토리얼 형태의 기사 광고로 브랜드 신화를 만들어내는 것을 주요 PR 전략으로 활용하고, 다른 형태의 광고로 이를 보조하는 방법을 병행해왔다.

한편 책을 활용한 스토리텔링 마케팅은 사이버마케팅이라고 해도 그 효과가 떨어지지 않는다. 책은 독자들에게 브랜드 정보를 제공해줄 뿐만 아니라 브랜드에 대한 호의적인 태도를 형성하는 데 도움이 된다. 또 책 속의 브랜드 스토리가 끊임없이 인용·재생산되면서 브랜드 가치는 생명력을 가질 수 있다. 예컨대 스타벅스는 성공 신화를 소개하는 수종의 책을 통해 고유의 브랜드 스토리를 지속해서 알리고 있다. 명품업체인 불가리 역시 책을 통해 브랜드 스토리를 적극적으로 알리고자 노력하고 있다. 불가리는 베스트셀러 작가인 파이 웰던에게『불가리 커넥션』이란 제목의 소설을 쓰도록 했다. 이 소설의 책 표지에는 불가리 목걸이 사진이 나와 있고 스토리 전개상 불가리 목걸이가 중요한 역할을 한다.

4) 스토리 문화를 창출하라.

스토리텔링 마케팅의 궁극적인 목표는 스토리 문화를 창출하는 것이다. 기업은 제품 자체가 아니라 브랜드 스토리가 품고 있는 철학을 강조함으로써 소비 이상의 것, 즉 문화를 만들 수 있어야 한다. 할리데이비슨 오토바이는 반항적이면서도 낭만을 중요시하는 고유의 이야기 문화를 가지고 있는 것으로 유명하다. 사람들이 할리데이비슨을 생각할 때 떠올리는 가죽 재킷과 붉은 두건, HOG(Harley Owners Group)라는 커뮤니티 등은 바로 이야기 문화의 산물이다. 하지만 모든 브랜드 스토리가 자연스럽게 문화를 형성한다고 생각하면 오산이다. 우리가 문화라고 부르는 생활양식들은 일시적인 유행을 넘어 많은 사람의 공감을 이끌어내 살아남은 것들이기 때문이다. 스토리 문화를 구축하기 위한 왕도는 따로 없지만 다음과 같은 방안을 고려해 문화적 기반을 다질 수 있을 것이다.

첫째, 네버엔딩 스토리를 만들어야 한다. 단편적인 일회성 스토리로 머무는 것이 아니라 지속해서 연계되는 스토리를 창출해야 일관된 이미지를 형성할 수 있다. 미국의 인형 회사 '아메리칸 걸'은 새로운 인형을 선보일 때마다 그에 맞는 독특한 스토리를 만들어 어린이들이 이에 맞춰 다양한 옷, 인형 등을 계속 구매하게끔 하고 있다. 어린이들은 일종의 시리즈물로 나오는 브랜드 스토리를 지속적으로 수집하고 있는 것이다.

둘째, 소비자의 피드백을 반영해야 한다. 소비자의 피드백이 곧 자사 브랜드를 하나의 문화로 만들 수 있는 바탕이 된다. 피드백의 적극적인 반영은 그들의 공감을 이끌어내는 과정이기 때문이다.

마지막으로 소비자의 문화에 직접 빠져들어야 한다. 타깃 소비자의 라이프스타일을 직접 체험해야 소비자와 교감할 수 있는 살아있는 브랜드 스토리를 만들어낼 수 있다. 익스트림 스포츠 용품업체인 '퀵 실버'의 모든 직원은 매년 약 1개월 동안 스노보드 동호인들과 합숙하며 브랜드 스토리를 적극적으로 전파하고 있다. 이처럼, 일반 소비재뿐 아니라 애니메이션, 게임, 출판, 디자인, 건축 등 다양한 스토리텔링 마케팅의 궁극적인 목표는 스토리 문화를 창출하는 것이다.

기업은 제품 자체가 아니라 브랜드 스토리가 품고 있는 철학을 강조함으로써 소비 이상의 것, 즉 문화를 만들 수 있어야 한다. 산업에서도 활용해볼 필요가 있다. 탄탄한 스토리가 가지는 설득의 힘으로 상품과 서비스의 가치를 제고할 수 있을 것이다. 몇 해 전 출간 2년 만에 600만 부를 돌파한 만화 한자책『마법천자문』의 인기는 스토리텔링의 위력을 여실히 보여준다. 이런 경향은 과학이나 역사 서적에서도 비슷하게 나타나고 있다.

스토리텔링 마케팅의 효과는 관광 등 문화 산업에서도 주목할 만하다. 똑같은 남이섬이라 하더라도 '〈겨울연가〉 주인공이 거닐던 남이섬'이면 한번 더 보고 싶은 것이 사람의 마음이다. 지방자치단체 등 문화 산업 주체들은 스토리와 체험이 있는 문화 상품을 만들기 위해 노력할 필요가 있다. 최근 한국관광공사도 이러한 추세를 반영해 유명 관광지와 그곳에 얽힌 이야기를 결합한 다양한 한류 상품을 기획한다고 한다. 한편 기업은 스토리텔링을 마케팅뿐 아니라 조직 내에서 효과적인 커뮤니케이션 도구로 활용해볼 수도 있다. 숫자 중심의 딱딱한 프레젠테이션보다 회사에서 벌어진 이야기가 훨씬 더 공감을 얻을 수 있다. 예컨대 세계은행 지식경영 프로그램 기획자들은 조직 내에 지식경영의 중요성을 전파하는 데 스토리텔링을 이용해 효과를 보고 있다고 한다.

5) 호소력 있는 브랜드 스토리 구축 필요

최근 국내의 많은 기업이 스토리텔링 마케팅을 도입하고 있으나 주목할 만한 이야기를 담은 상품은 부족하다는 의견이 적지 않다. 셀링 포인트가 느껴지지 않는 이미지 광고, 브랜드 역사의 지루한 나열 등 전체적으로 이야기의 호소력이 부족하다는 평가다. 스토리는 사건과 인물, 구성의 3박자가 제대로 맞아야 힘을 발휘한다. 성공하는 브랜드에는 매력적인 이야기가 있음을 명심하자. 이제 기업들도 단순한 상품 판매자가 아닌 훌륭한 이야기꾼이 되어야 할 것이다.

2 음식자원의 스토리텔링 유형별 사례[43]

2.1 주류 스토리텔링

옛날 한 선비가 길을 가는 도중, 어떤 젊은이가 노인을 때리는 것을 보고, "너는 어린 것이 어찌 노인을 때리는가"하고 꾸짖자, 그 청년은 "아! 글쎄, 이놈은 내가 여든 살에 본 자식인데, 그 술을 먹지 않아 나보다 먼저 늙었기에 야단치는 중"이라고 하였다. 선비가 청년에게 절하고 그 술이 무엇이냐고 묻자, 구기자와 여러 가지 약초가 들어간 '구기 백세주'라고 답하였다. 이러한 스토리는 가격과 건강, 맛 세 가지를 모두 충족시키는 '오십세주'로 이어지면서 판매에 성공하고, 근래는 백세주 2병과 산 소주 1병을 혼합한 '백두산'이 인기를 끌고 있다. 이러한 국순당의 '백세주'는 실제로 세계 3대 식품박람회의 하나인 '프로도'와 국제식품음료전람회에서 잇달아 수상하여 지역 특성과 정서에 기초한 상품의 세계적 성공 가능성을 열어 놓았다(서울경제, 2008.08.06.).

---

43) 출처: 이종수, 「서울시 음식문화 스토리텔링 소재개발 연구」, 중앙대학교

2.2 전주의 콩나물밥 전설

전주에서 회자되는 이야기로 '삼백집' 이야기가 유명하다. 실제 박정희 전 대통령이 콩나물국밥을 먹으러 왔을 때 주인인 '욕쟁이 할머니'가 "이놈아, 누가 보면 영락없이 박정희인 줄 알겠다. 그런 김에 계란이나 덤으로 하나 더 먹고 가거라" 했다는 일화는 지금도 회자되는 '전주의 전설'이다(최기우, 전북일보, 2008.07.11.).

2.3 순창 된장

전북 순창은 장류 등을 만드는 데 최적의 기후조건을 갖추고 있다. 그래서 순창하면 장류, 장류하면 순창이 떠오른다. 2007년 현재 순창은 전통고추장 장류산업특구 및 민속마을과 장류연구소가 설립되어 연간 매출 1,300억 원을 돌파했다(조선일보, 2008.08.14.).

특히 장류체험관이 인기이며 고추장 만들기, 장류요리 만들기, 식혜 만들기 등이 인기이다. 또한, 외국인들도 매운맛을 즐기고 있어 외국인용 고추장 개발에도 나서고 있다. 한마디로 성공의 핵심은 전통방식으로 장독에 장을 담그는 것이다(양병우, 2007; 조선일보, 2008.08.14.).

3 기타 스토리텔링 사례

3.1 더운 여름날 어머님이 해 주셨던 콩국수

3.2 아르메니아 브랜딩 회사의 테이크아웃 컵

'Backborn Branding'이 디자인한 'Gawatt Emotions Cup'이라는 이름의 테이크아웃 컵.**44)** 백본이 만든 종이컵은 아래 컵의 이미지를 보면 알 수 있듯이 컵에는 캐릭터가 그려져 있고 컵을 감싸는 홀더는 마스크 형태로 디자인되어 있다.

3.3 가족사를 담는다(남이 아닌 내 이야기를 담는다)

외식업을 하는 이야기 속에 가족을 개입시킨다. 자랑이 아니라 안타까웠던 과거 이야기로 고객의 감성을 이끌어내고 즐거웠던 시간을 통해 희망을 심어주는 이야기 등을 전개한다.

3.4 식재료 구매현장을 담는다

노원구에서 횟집을 3곳이나 운영하는 이향림 사장은 몸이 열 개라도 모자란다며 피곤함을 호소했다. 손님들이 사장만 찾으니 잠시도 점포를 비울 수 없다고 했다. 생각한 끝에 어시장이 있는 남해에 내려가 활어와 각종 생선을 직접 구매하는 사진을 몇 장 찍

....
44) 출처: 비전(BIZION), 2014.08.08.

어 그것을 액자로 만들었다. 현장 사진을 보여주면 손님이 더 이상 찾지 않아서 몸이 쉴 수 있어 좋고, 신뢰가 더욱 쌓여 매출도 그전보다 올라 일거양득이라고 했다. 이 사장은 한 달에 한두 번은 현장에 직접 내려가 재료를 구입하며 그 사진을 날짜별로 정리해 액자에 담는다고 한다. 긴말 필요 없이 사진만으로도 훌륭한 스토리를 만들고 있는 것이다.

4 스토리텔링 소재 발굴 및 정리(스토리 뱅크)[45]

1) 음식 및 스토리 관련 사진: 음식의 스토리 소재를 이미지와 함께 정리
2) 역사 및 유래: 문헌 조사를 통해 음식의 역사와 유래를 정리
3) 관련 일화 및 재미있는 스토리: 음식이 소재가 된 관련 일화 등을 조사·정리
4) 건강 기능성: 음식 자체 혹은 음식의 재료가 가져다주는 효능을 정리

▷ **음식 이미지와 캐릭터를 활용하여 다양한 매체**(웹사이트, 뉴스레터, e-book, 게임 등)
  에 적용

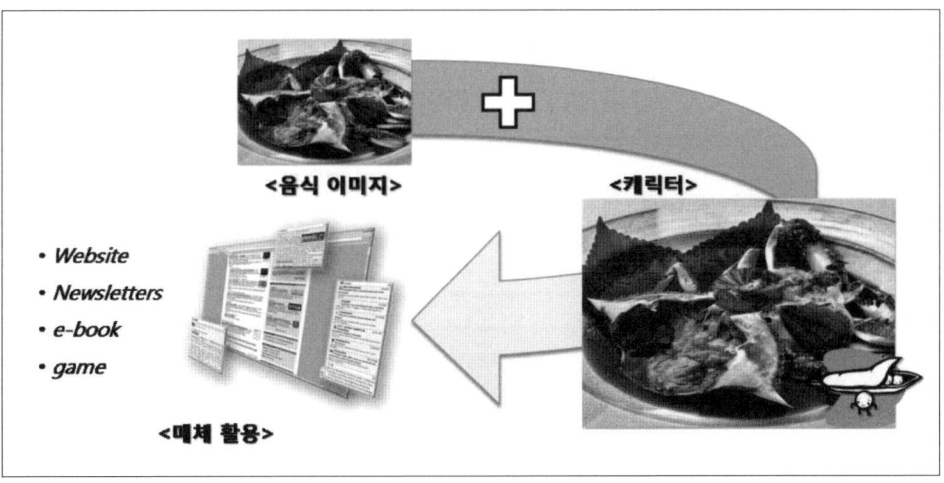

----
45) 출처: 백승국, 「스토리텔링을 이용한 음식문화 콘텐츠 개발」, 인하대학교 문화콘텐츠학과

5 리처드 맥스웰이 말하는 스토리텔링의 5가지 요소

리처드 맥스웰과 로버트 딕먼은 공동 저서 『5가지만 알면 나도 스토리텔링 전문가』에서 스토리텔링은 반드시 길 필요는 없고, 꼭 말로 할 필요도 없다고 말했다. 또한, 적시에 하는 적절한 이야기는 스스로 세계관을 형성하고 통제하는 데 도움이 된다면서 5가지 요소를 제시하고 있다.

첫째, 이야기에 담긴 열정(passion), 둘째, 자신의 관점에서 이야기를 볼 수 있게 하는 영웅(hero), 셋째 영웅과 맞서 싸우는 악당(antagonist), 넷째, 영웅을 성장하게 하는 깨달음(awareness), 그리고 다섯째, 영웅과 세상의 변화(transformation) 등이다.

'열정'은 이야기를 하고 싶게 만들거나 이야기를 갈망하는 열정으로 고객의 마음속에 이야기를 새겨 넣는 에너지를 뜻한다. '영웅'은 고객에게 관점을 제공하는 사람이다. 스토리에 현실성을 부여함으로써 고객이 이야기 속으로 들어갈 수 있게 만드는 역할을 하는 사람이다. '악당'은 문제와 갈등을 야기한다. 영웅에게 어려움이 없다면 스토리 자체가 형성되지 않는다. '깨달음'은 영웅이 문제를 파악하고 해결대안을 제공하는 영감을 말한다. 무릎을 치게 하는 대안에는 신비스런 힘이 있다. '변화'는 반드시 내재해야 할 요소이다. 영웅이 문제를 해결하고자 하면 그를 둘러싸고 있는 환경도 변한다.

컨설팅3.0 포커스

상인 이야기 담은 간판 있는 전통시장, 새 옷 입은 봉평장

하얗고 푸르스름한 감자꽃과 하얀 메밀밭 사이로 난 장터길 좌우엔 색색의 천막이 들어섰다. 쌀, 잡곡, 야채, 이불, 메밀전병, 건어물, 생활 잡화들을 파는 가게들이 들어선 천막마다 활짝 웃는 주인장 사진과 주인 전화번호가 걸린 간판이 내걸렸다. '직접 짓고 손수 만든 할매표 통곡물, 꽃보다 할매' '허생원도 염치불구 군침 흘릴 봉평 호떡' '20년 약초장이가 미소로 권하는 강원산 약초·산채' 등 간판의 가게 홍보 문구들은 손님들의 발걸음을 잡았다. 7일 오전 장(場)이 선 강원도 평창군 봉평장은 골목마다 상인과 손님들의 왁자지껄한 소리와 메밀전병, 호떡 부치는 냄새가 가득 찼다.

- **400년 된 시장에 찾아온 현대화의 위기**

봉평장은 400년 전 처음 열렸다. 소설가 이효석의 소설 「메밀꽃 필 무렵」 속 장돌뱅이 허생원이 나귀를 벗 삼아 전국을 떠돌아다니면서도 꼭 빠뜨리지 않고 찾았던 시장이었다. 한때는 전국에서 상인들이 몰려와 허생원처럼 달빛에 흐드러지게 핀 메밀꽃에 취해 막걸리를 마시며 하루를 마감했었다. 그러나 1970년대 말 영동고속도로가 뚫리고 사람들이 외지로 나가면서 장의 규모도 줄어들었다. 그나마 남아 있는 100여 가구 상인들만이 매월 끝자리가 2일인 날과 7일인 날에 열리는 '오일장'의 명맥을 이어왔다. 그러던 봉평장이 작년 3월 현대카드와 강원도청이 함께 진행한 '전통시장 활성화 프로젝트'를 통해 새 옷을 입었다. 먼저 현대카드는 그 지역을 대표하는 독특한 문화와 분위기를 훼손하지 않으면서 봉평장만의 특색을 최대한 살리는 방안을 연구했다. 현대카드 관계자는 "직원들이 가장 고심한 건 '어떻게 하면 전통은 남기되 시장은 활성화할 수 있겠느냐'는 질문이었다"며 "시설을 현대화하는 것보다 결국 사람들을 전통시장으로 오게 하는 힘은 '전통시장 고유의 맛과 멋'을 살리는 데 있다고 생각했다"고 말했다. 현대카드는 건물을 신·증축하는 대신 전통시장 고유의 특징을 살리는 것을 최우선 목표로 삼았다.

- **세련된 디자인에 '이야기' 입히기 프로젝트**

현대카드는 봉평장에서 수십 년간 장사해온 상인들을 주목했다. 상인들의 사진과 소개를 담은 '미니간판'과 '명함'을 가게마다 제작하기로 했다. 시장 옆에 세워진 간이 스튜디오에서 수개월에 걸쳐 상인 100여 명이 사진을 찍고 가게 소개를 적어냈다.

봉평산 메밀가루, 곤드레나물, 호박 등 농산물을 파는 '친환경 농산물' 원만식 사장(54)은 "처음엔 '장사 30년 했는데 이제 와서 무슨'하고 귀찮아했는데 이렇게 손님 반응이 좋을 줄 몰랐다"며 "해발 500m 이상 고랭지에서 나는 봉평 농산물은 향이 진하고 맛이 좋은데 이런 점도 간판으로 홍보할 수 있어서 좋다"고 말했다.

아기자기한 디자인의 미니 간판은 손님들의 시선을 끌기 충분했다. 2대째 잡곡 장사를 하는 '대흥상회' 주인 김형래(45) 씨의 간판 문구는 '아버지와 아들이 잇는 50년 전통의 잡곡 전문점'이다. 그는 "전통 잡곡 전문점이라는 간판을 달고 장사하니까 자부심도 나고 품질에도 더 신경 쓰게 됐다"며 "자연스럽게 손님들과 대화도 많이 하면서 단골손님도 늘었다"고 말했다. 장을 찾은 김정우(42) 씨는 "간판에 재치있는 소개에다가 전화번호까지 적혀 있으니까 정감 있고 믿음도 간다"고 말했다.

'봉평장 로고'도 만들었다. 2010년부터 과일가게·분식점·미용실 등 소상공인의 자활(自活)을 돕기 위해 가게 인테리어를 개선하고 사업 방향을 컨설팅한 현대카드의 사회공헌 '드림 실현 프로젝트' 직원들의 경험이 한껏 발휘됐다. 산과 들에 둘러싸인 봉평장을 상징하듯 둥근 원 모양의 로고를 만들어 거리 곳곳, 상품 여기저기에 붙였다. 품목(농산물·먹거리·수산물·의류·잡화)에 따라 천막도 다섯 가지 색상으로 새롭게 디자인하고, 손님들의 눈높이에 맞게 매대 높이를 낮췄다. 또 원산지와 가격을 표기할 수 있는 정보판을 제공하고 봉평장 로고를 새긴 스티커를 상품에 부착하도록 했다. 봉평장에서 구입한 상품은 믿어도 된다는 신뢰를 구축하기 위해서다.

- **입소문 타고 관광객 30% 늘어**

지난 4월 시장이 말끔하게 변하자, 사람이 모여들기 시작했다. 해마다 여름 때면 하루에 2,000여 명이던 손님이 올해는 30% 이상 더 늘었다고 한다. 봉평장이 변했다는 소문을 듣고 지역 주민들이 "나도 장사를 해보겠다"며 찾아와 3개월 만에 점포가 114개에서 152개로 늘었다.

봉평장 중앙에 만들어진 간이 안내데스크에서 관광지나 봉평장을 소개하는 봉평시장 매니저 박경록(43) 씨는 "전에는 지저분한 시장 바닥에 차량까지 다녀 정신이 없었는데, 이젠 시장이 아기자기하고 깨끗해졌다"고 말했다. 김형일 봉평전통상인회장은 "다음 달엔 손님들에게 설문조사를 해 상인들의 서비스 상태도 점검해 볼 생각"이라며 "전통시장 활성화의 좋은 예가 될 수 있도록 상인들이 뭉쳐 계속 고쳐나가겠다"고 말했다.

(출처: 「조선일보」 2014.08.18.)

7선

"메뉴판을 잘 만들고 싶어요."

1. 메뉴판에 대한 이해

외식업뿐 아니라 여러 산업 분야에서 디자인의 중요성은 아무리 강조해도 지나치지 않는다. 음식점의 첫인상이 간판에서 결정 나듯, 맛과 서비스는 우선 그 집의 메뉴판에서 결정이 난다. 메뉴판은 매출을 올리기 위한 계산된 마케팅 도구이다. 메뉴 구성은 물론 점포의 경영이념이나 철학 등 좋은 이미지를 고객에게 알리고 점포와 고객이 의사소통할 수 있는 중요한 수단이다.

해당 음식점의 콘텐츠를 구성하는 데 있어서 절대적인 것이 '가시성'이다. 고객에게 빠르고 명확하게 메시지를 전달하는 데 디자인만큼 중요한 것이 없다. 외식업에서 잘 디자인된 콘텐츠는 메시지 전달을 넘어 고객과 소통할 수 있는 중요한 도구이다. 해당 음식점의 콘텐츠 디자인 가공방법에 따라 고객이 느끼는 인식이 달라진다. 메뉴판은 단순히 판매하는 음식의 가격정보를 넘어 추가적인 정보와 메시지를 전달하는 매개체로서, 매출을 유도하고 재방문 동기를 제공하며 경쟁점포와의 차별성을 부각할 수 있는 전략적으로 치밀하고 섬세한 준비와 기획이 필요한 중요한 마케팅 도구이다.

2 메뉴판의 역할

1) 가격 및 메시지 전달 수단

해당 업소의 메뉴 가격은 물론 품목의 색, 양, 크기 등의 구성 형태와 이미지 등의 메시지를 함축해서 전달하는 영업수단이며 그 집의 얼굴 역할을 한다.

2) 고객과의 커뮤니케이션 도구

고객이 음식점에서 접하는 제품이나 서비스 및 이미지에 대해 업소와 고객이 양방향으로 소통할 수 있는 수단이며 해당 업소의 이해도를 높이는 연출 방법의 하나이다.

3) 고객과의 약속 수단

고객들이 음식이나 서비스를 제공받기 전에 믿고 주문할 수 있는 수단이 되며 실제 제공되는 제품을 확인하는 방법이 된다. 즉 제공되는 음식이나 서비스에 대해 고객의 지불로 이어지는 수단이 된다.

4) 내부자의 약속 수단

해당 업소에서 취급하는 품목에 대한 직원들의 이해도를 높이는 방법인 동시에 고객에게 제공되는 제품이나 서비스의 프로세스에 대해 서로 의식할 수 있는 도구이다.

5) 고객의 구매욕구 촉진

메뉴판은 단순히 음식의 종류와 가격을 알리는 도구라기보다는 구성요소와 시각적 효과를 극대화함으로써 맛보고 싶은 충동을 자극하는 마케팅 도구이다.

6) 업소에 대한 신뢰감 증진

메뉴판 하나로도 점포의 분위기를 느낄 수 있게 하면서도 사업자의 이념을 전달해 해당 업소에 대한 신뢰감을 더 할 수 있다.

3 메뉴판 디자인의 고려요인[46]

1) 언어
- 표준어를 주로 활용하고, 외국인을 고려한 외국어 표기도 고려한다.
- 농림축산식품부의 한식메뉴의 외국어 표기를 참조한다.

2) 배치와 활자
- 주력메뉴와 인기메뉴는 시선이동점을 고려하여 배치하면서 실제로는 디자인으로 시선집중점을 만들 수 있다는 점도 고려한다.
- 활자는 음식의 유형 및 분위기 등을 고려하여 선택한다.

3) 주변과의 조화
- 메뉴의 외관 및 디자인은 실내 디자인과 분위기 등 레스토랑의 콘셉트와 일치시킨다.

4) 크기와 포맷
- 음식점의 콘셉트에 맞는 적정 크기를 선택한다. 아기자기하게 작은 것부터 가독성이 높은 것까지 다양하게 고려한다.
- 단일 페이지부터 수십 장의 페이지로 구성하며 속지의 교환 가능성과 주기적으로 메뉴가 개편된다는 점을 고려한다.

----

46) 참조: 한양사이버대학교 호텔관광외식경영학과 외식창업론 수업자료

5) 정확성

- 메뉴의 가격과 특성을 정확히 이해할 수 있어야 한다.

6) 기타 관련성

- 음식점의 다양한 소모품들과 연관성을 고려한 설계 및 디자인을 해야 한다.

4 메뉴판 설계와 구성[47]

1) 메뉴판 설계

메뉴판 설계는, 메뉴판을 제작하기에 앞서 메뉴의 구성, 메뉴판의 페이지 수, 제작 형태, 크기 등을 기획하고 설계하는 과정을 말한다. 설계할 때는 매장의 경영 철학과 경영 목표가 메뉴판을 통하여 표출될 수 있도록 해야 한다. 예를 들어 일반 야채를 사용하지 않고 유기농 야채를 이용한다는 문구를 메뉴판에 표시함으로써 이윤 추구만을 목적으로 하는 기업이 아닌 고객의 건강도 중요시한다는 기업의 이념이나 철학이 나타낸다면, 고객에게 신뢰감과 아울러 호감을 줄 수 있을 것이다. 또한, 메뉴판을 설계할 때에는 메뉴판의 표지, 활자의 크기와 형태, 색상, 메뉴 사진의 배치 형태, 메뉴 안내 카피(copy) 등을 충분한 기획 과정을 거쳐 결정하여야 한다. 음식 사진과 글자를 기획 과정 없이 단순 나열하여 만든 메뉴판은 메뉴 정보 전달 이외에 전략적인 영업 목적을 달성할 수 없다. 메뉴판에는 고객에게 추천하는 음식과 많이 팔고 싶은 음식에 대한 전략적인 배치가 있어야 한다.

2) 메뉴판 구성

메뉴판 구성은 메뉴판을 만들기 위해 음식 사진, 문자, 도형 및 기타 디자인 요소들을 메뉴판 공간 내에 배열하는 과정을 말한다. 이미 앞에서 언급한 바와 같이 메

---

47) 출처: 동양매직, 「전략적 마케팅 도구 메뉴판」

뉴판은 사진과 문자의 단순 배열이 아니다. 따라서 메뉴판 구성을 할 때는 고객의 심리적 접촉 효과와 가독성, 심미적 기능, 메뉴의 가격군 등을 전략적인 구성에 따라 배열하여야 한다. 이를 메뉴판의 '상품구성'과 '가격구성'이라 분류할 수 있는데, 상품구성이란 예를 들어 메뉴를 육류, 탕류, 찜류, 면류(麵類), 주류(酒類) 등으로 나눠 메뉴판을 구성하는 것을 말하고, 가격구성이란 메뉴를 가격별로, 예를 들어 1만 원 미만, 1만 원~2만 원 등으로 나누어 가격별로 메뉴판을 구성하는 것을 말한다. 이렇게 메뉴판을 구성하면 고객들은 '어떤 음식'을 '어느 가격'대로 선택할 수 있는 매장인지 쉽게 가늠할 수 있고 편안하게 주문할 수 있다.

5 외국어 메뉴판 만들기

외국어 메뉴판을 직접 만드는 방법으로 한국관광공사 홈페이지를 이용하는 것도 한 방법이다. 한국관광공사 홈페이지(http://kto.visitkorea.or.kr)의 외국어 메뉴판 만들기 서비스 중 '상세메뉴판 만들기' 코너를 이용하여 개성 있는 메뉴판을 만들 수 있다.

1) 외국어 메뉴판 만들기

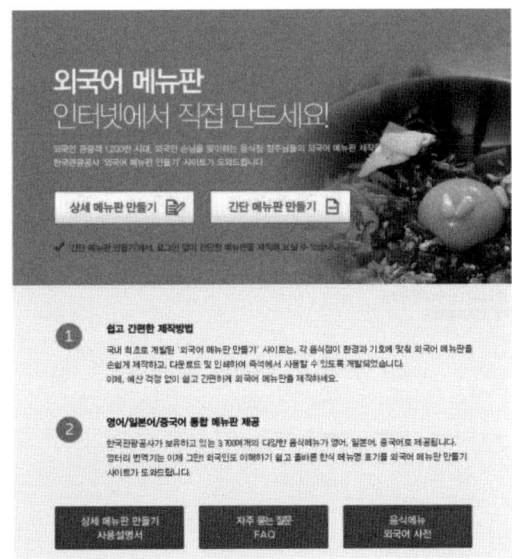

2) 음식점 정보

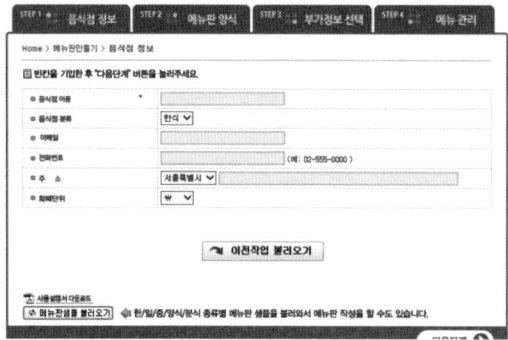

3) 메뉴판 양식

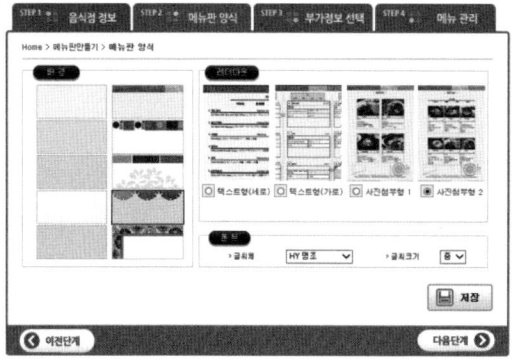

4) 사진첨부형 메뉴판

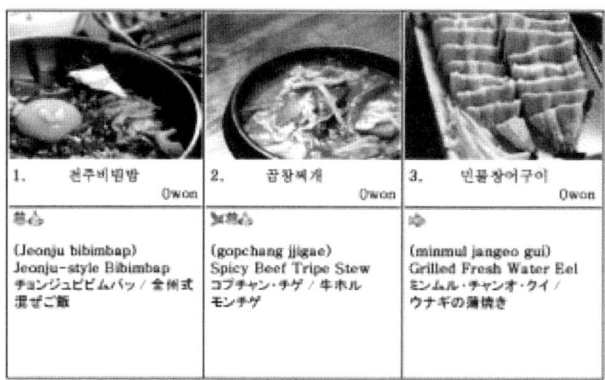

5) 부가정보 선택

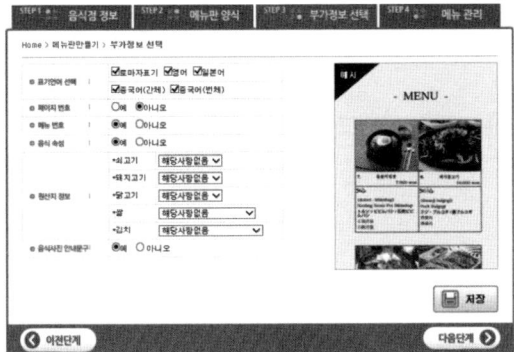

6) 메뉴 관리

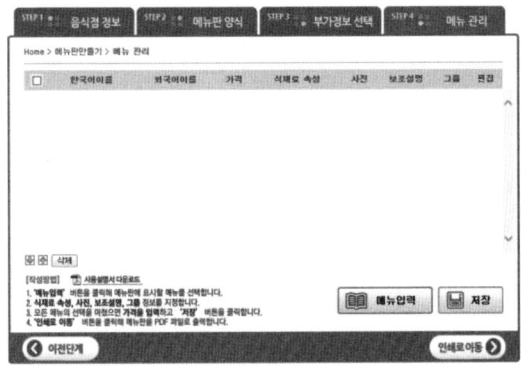

8선

> "POS를 잘 활용하고 싶어요."

1 POS란?

POS란, Point Of Sale의 약자로 음식점의 제품이나 서비스에 대한 대가로 고객이 화폐를 지불하는 순간, 즉 판매시점관리를 말한다. 처음에는 일부 개인이 운영하는 슈퍼마켓에서 단순히 돈을 바꿔주는 금전등록기로 출발하였으나, POS는 현재 매출관리는 물론 재고·재무 및 고객관리 등 다양한 목적을 수행하고 있다. POS는 제품이나 서비스의 판매정보를 단말기에 수집·보관·분석·가공함으로써 매출 분석은 물론 경영에 필요한 제반 자료를 제공한다. 특히 외식업소에서는 POS의 도입으로 일정 기간의 판매량뿐 아니라 고객과 관련된 제반 자료를 분석함으로써 별도의 조사 없이 더욱 효과적으로 고객 관리를 할 수 있게 되었다.

2. POS와 금전등록기의 차이점[48]

구분	기존(금전등록기)	POS 시스템
시스템 관리형	개별처리	온라인/실시간→집중관리
데이터 관리 방법	전표를 모아 수작업 관리	즉시 메인 서버에 자동 입력
점검방법	금전등록기 단위 점검	메인 서버로부터의 일괄 점검
상품분류 한계	제한 있음(Function-Key의 개수)	제한 없음(Data-Base 활용)
매상(매출) 조회	영수증, 메모 등에 의한 수작업 집계	고객별 즉시 조회
오입력 가능성	매우 높음	매우 희박함
일보 작성	영업 일의 익일	정산 후 즉시
신용카드 승인	금전등록기 사용 후 별도 기기 처리	POS 기기에서 직접 처리
기능 변경	불가능(기계적인 변경)	프로그램 수정만으로 가능
P.P(Prepaid)	금전등록기 사용 후 별도 기기 처리	POS 자동처리 (선택적 사용가능)
직불 처리	금전등록기 사용 후 별도 기기 처리	POS 자동처리 (선택적 사용가능)

3. POS의 주요 기능

1) 관리 업무

- 판매상품 관리
- 분류코드, 거래선 관리
- 행사상품 관리
- 단말기 권한 부여 관리

---

48) 출처: http://www.vpos.co.kr/about/about3.asp

2) 발주·매입·재고 업무
- 발주 등록 및 조회
- 매입 등록 및 조회
- 반품 등록 및 조회
- 수불데이터 생성 및 조회
- 재고 등록 및 조회

3) 매출관리 업무
- 일·월별 매출 분석
- 현금 및 신용카드 매출 분석
- 시간대별 매출 분석
- 쿠폰 매출 분석
- 영업일보 작성

4) 고객관리 업무
- 고객 등록 및 조회
- 고객매출 내용 조회
- 배달 및 외상 내역
- 고객 포인트 내역

5) POS 관리 업무
- 정산서 조회
- 판매 전표 조회
- 판매 속보 조회
- 담당자 재마감
- 영수증 문구 변경

4 POS 활용 사례[49]

POS는 외식업소에서 매우 다양한 용도로 쓰이고 있다. 대표적으로 시간대(요일)별 매출현황, 메뉴별 매출현황, 고객관리현황 등으로 그 활용 사례를 살펴볼 수 있다.

4.1 시간대(요일)별 매출현황 활용 사례

POS의 시간대별 매출현황을 분석함으로써 판매촉진과 고정비용감소 효과를 낼 수 있다. 날짜별로 시간대별 매출내역을 조회한다. 먼저 [시간대별 매출현황] 아이콘을 선택하고, 일자를 선택한 후 [새로고침] 버튼을 누르면 조회할 수 있다.

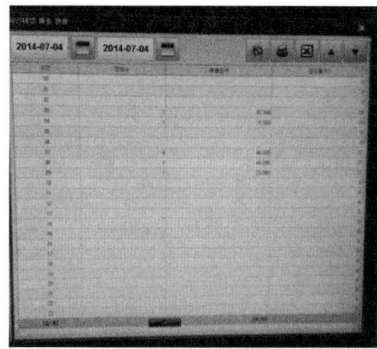

1) 가용한 좌석 시간당 수익[Revenue Per Available Seat Hour(RevPASH)]

= 전체수익÷(좌석수×영업시간)

= 고객당 수익×시간당 좌석 활용률

---

49) 참조: 현성운, 「고객증대로 이어지는 POS 사용법」

▷ **가용한 좌석 시간당 수익** (식재료비 30%로 계상)

구분	좌석수	고객수	객단가	총매출	식재료비	매출총이익
5~6 PM	150	0	0	-	-	-
6~7 PM	150	100	10,000	1,000,000	300,000	700,000
7~8 PM	150	150	11,000	1,650,000	495,000	1,155,000
8~9 PM	150	150	11,000	1,650,000	495,000	1,155,000
9~10 PM	150	20	10,000	200,000	60,000	140,000
총계	750	420	10,710	4,498,200	1,349,460	3,148,740

① 시간당 좌석 활용률: 56%(420÷750×100)

② 가용한 좌석 시간당 수익: 5,998원(4,498,200÷150×5)

2) 시간대별 마케팅이 절실한 이유

① 11:00~12:00　관광객 또는 단체고객

② 12:00~13:00　일반손님, 직장인, 가족

③ 13:00~14:00　쇼핑고객, 늦은 점심손님, 간편식

④ 14:00~18:00　Happy Hour, 특별쿠폰 손님

⑤ 18:00~20:00　접대, 가족손님

⑥ 20:00~22:00　늦은 저녁 손님, 극장손님

⑦ 22:00~24:00　심야손님, 와인손님

시간대별 구매 고객을 알게 되면 그들이 원하는 메뉴와 서비스를 사전에 준비하고, 유휴시간을 효율적으로 활용할 수 있다.

3) 김포 ○○점 11월 시간대별 누적 배달건수

해당 가맹점의 낮은 영업이익률 개선과 비효율적인 배달인건비 절감을 위한 목적으로 POS에 있는 누적 배달건수를 분석하였다.

▷ **시간대별 누적 배달건수**

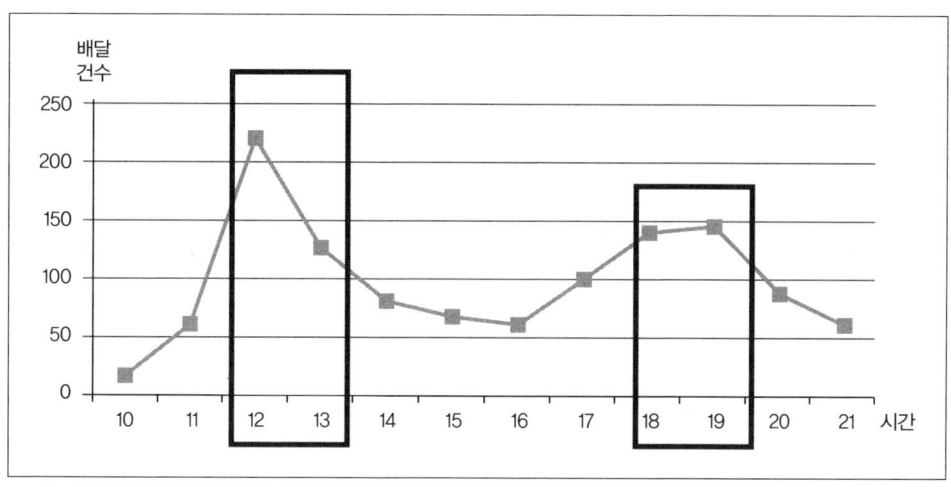

① 배달건수 분석결과

하루 매출의 60%가량이 12~14시 사이에 집중되었고 18시 이후 2차 피크타임에는 고객 수요가 다소 분산되어 나타나고 있다. 또한, 14시 이후에는 유휴인력이 발생하고 있다.

② 조치사항

- 김포 ○○점 테이크아웃 고객에게 20% 할인 제공→배달인건비 절감
- 기존의 배달 직원을 지역 배달용역서비스로 변경(월급제에서 건당 수수료 지급방법으로)

③ 테이크아웃 활성화를 위한 홍보활동

- 해당 점포를 위한 홍보물 별도 제작 및 게시→리플릿, 포스터, Y배너 등
- CID(Caller Id Service) 휴대전화 등록 고객 전원에게 테이크아웃 할인 안내 문자발송→김포 ○○점: 1,825명
- 배달 시 홍보물 전달 및 테이크아웃 혜택 안내하도록 교육 실시

④ 조치결과

- 매출 14.2% 향상
- 영업이익률 7.6% 개선

4.2 메뉴별 매출현황 활용 사례

시즌별 주력메뉴와 부진메뉴 확인, 판매촉진 및 신메뉴 개발을 위해 POS의 메뉴별 매출현황을 활용한다. 먼저 [메뉴별 매출현황] 아이콘을 선택하고, 일자를 선택한 후 [새로고침] 버튼을 누르면 조회할 수 있다.

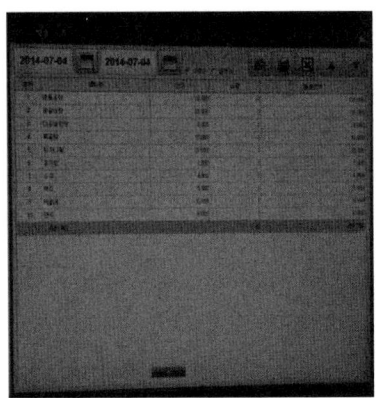

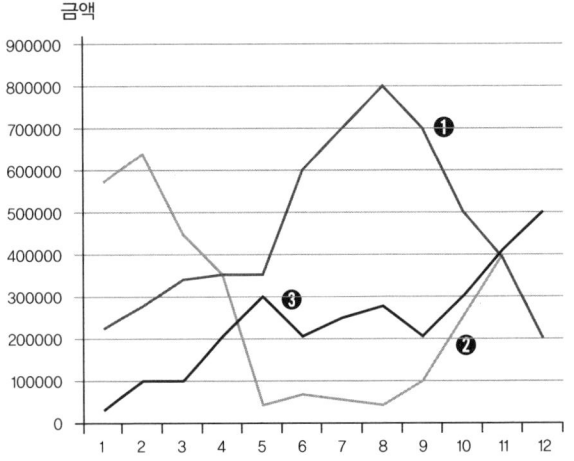

❶ 아이스스페셜커피
❷ 마시멜로 핫초콜릿
❸ 카페아메리카노

- 1번 메뉴: 여름철 메뉴판 제작 시, 인기메뉴 표시
- 2번 메뉴: 겨울철 메뉴판 제작 시, 인기메뉴 표시
- 3번 메뉴: POP로 제작하여 고객에 눈에 좀 더 잘 띄게 한다.

4.3 고객관리현황 활용 사례

고객의 재방문을 유도하고, 고객애호도를 높이기 위해 POS의 고객관리기능을 활용한다.

1) 고객관리 기능

- 회원관리: 회원 등록 및 수정
- 회원현황: 회원 현황 조회
- 기념일 관리: 옵션(생일, 기념일)별 회원 정보 조회
- 사은품 지급: 회원별 사은품 지급 등록
- 사은품 지급 내역: 사은품 지급 내역 조회
- 쿠폰등록: 할인쿠폰 및 금액쿠폰 발행 등록
- 쿠폰조회: 발행 쿠폰 조회

2) 차별적 문자 전략

① 전화고객
오늘도 ○○○점을 이용해주셔서 고맙습니다.
항상 행복한 일만 가득하시길 바랍니다.

② 단골고객
오늘같이 비가 오는 날엔 얼큰한 낙지김치죽 한 그릇 어떠세요?
금일 방문 후 해당 문자를 보여주시면 낙지김치죽을 무료로 제공해 드립니다.

③ 신규고객
20일 안에 재방문하셔서 해당 메시지를 보여주시면 결제 금액의 20%를 할인해 드립니다.

3) 광고 느낌이 나지 않고 친근감 있게

"안녕하세요. ○○○점입니다. 수능이 얼마 남지 않았습니다. 절대 떨어지지 않는 불낙죽을 예약 주문하셔서 자녀분이 시험 잘 볼 수 있도록 해주세요. 전날 보온병을 가져오시면 따뜻하게 포장 가능합니다."

> # 9선
> ## "경쟁점포와 차별화하는 방법을
> ## 알고 싶어요."

1 차별화에 대한 이해

고객은 높은 가치(value)나 혜택(benefit)을 원한다. 그것은 가격이나 품질일 수 있고 서비스나 점포 분위기, 아니면 그 밖에 것일 수도 있다. 외식업체는 고객의 욕구는 물론 고객의 구매행동에 대해 경쟁사들보다 더 잘 이해해야 한다. 고객은 새로우면서 자신에게 필요한 것을 찾는다.

음식점의 차별화는 무조건 경쟁업체와 다르고 새로운 것만을 의미하지 않는다. 새로우면서도 고객들의 필요와 욕구를 채울 수 있어야 한다. 일반적으로 구매 고객에게 제시할 수 있는 차별적인 방법으로는 제품·서비스·인력·이미지 등이 있다. 그 밖에 다양한 방법들이 있을 수 있다. 점포운영은 결국 차별화로 귀결된다. 모방하든 창의력을 발휘하든 새로운 가치를 만들어 내는 차별화가 사업의 성패를 가른다.

2 차별화 방법

1) 제품 차별화(Product Differentiation)

외식업소는 맛과 색, 소리, 데커레이션 등과 같은 제품의 물리적 특성을 차별화할 수 있다. 예를 들어 수제비를 장국에 끓이는 얼큰수제비나, 돼지고기가 아닌 멸치를 넣어 끓이는 멸치김치찌개 등이 있다. 일반 기업제품으로는 1990년대에 출시되어 관절염 치료제 시장에서 선두주자로 부상한 '케토톱'이 있다. 케토톱은, 그 이전의 먹는 관절염 치료제와 달리 붙이는 패치형의 관절염 치료제라는 점을 강조하여 소비자들에게 어필할 수 있었다.

2) 서비스 차별화(Services Differentiation)

제품의 물리적 특성 이외에 서비스 차별화로 경쟁우위를 점할 수 있다. 예를 들어 중국집의 빠른 배달, 잔돈을 신권으로 바꿔주는 서비스, 분실한 신발에 대해 더 좋은 신발을 제공하는 등의 서비스 차별화가 있다. 삼성전자도 A/S 사원들의 철저한 친절교육을 통해 차별적인 서비스를 제공하고 있다.

3) 인적 차별화(Personnel Differentiation)

경쟁점포보다 뛰어난 직원을 선발하여 교육과 훈련을 함으로써 경쟁적 우위를 누릴 수 있다. 고객에게 보내는 밝은 미소, 고객을 먼저 이해하고 배려하는 마음, 고객의 요구에 즉각 응하는 직원들의 차별적 서비스는 그 어느 것보다 높은 차별적 요소라고 말할 수 있다.

4) 이미지 차별화(Image Differentiation)

경쟁자들과 같은 메뉴를 제공해도 점포의 인테리어, 상표, 간판, 동선의 구조, 아이템에 대한 이미지 등은 고객에게 또 다른 인식을 심어준다. 심벌이나 로고 역시 이미지 차별화의 중요한 요소이며, 특히 해당 점포의 브랜드는 경쟁자와 다른 대표적인 차별화의 표상이 된다. 예를 들어 '원할머니보쌈'의 경우 할머니 모습이 있는 로고 자체가 강한 경쟁력을 발휘한다. 그리고 사업자의 명성이나 이미지 역시 또 다른 차별적인 요소가 된다.

3 구체적인 차별화 전략 11

3.1 전략1: '구르메' 전략

소비자는 '월마트'에서 싼 물건을 구매해서 좋지만, 경쟁에서 밀린 작은 소매업체들은 사업을 접어야 하는 운명에 처한다. 안타깝게도 이들 중 상당수가 다른 길을 찾아보지도 않고 무기력하게 사업을 접고 만다. 이처럼 큰 상대와의 가격경쟁에서 견디지 못하고 시장에서 퇴출되는 것을 '월마트 효과(The Wal-Mart Effect)'라고 한다. 월마트의 최저가격 정책에 맞설 수 없다면 월마트가 할 수 없는 일을 찾아야 한다. 월마트와의 저가 경쟁에서 벗어나 오히려 고가로 맞서야 한다. 즉 월마트보다 수준 높은 서비스와 가치를 제공하는 방법을 마련하는 것이다.

캐나다의 브랜딩 및 패키징 전문가인 빌 비숍은, 저서 『펭귄』에서 이런 기업들을 '패스트푸드 기업(Fast Food Companies)'이라고 칭했다. 비숍은 패스트푸드 기업으로는 경쟁에서 이기기 어렵다고 보고 '구르메 기업(Gourmet Companies)'으로 탈바꿈해야 한다고 주장한다. 구르메 기업은 패스트푸드 기업의 반대편에 선 개념으로 미식가들이 찾는 고급 요리처럼 빅 아이디어를 잘 포장해서 한 차원 높은 수준으로 끌어올린 것을 말한다. 그는 패스트푸드는 싼 가격표가 어울리고 구르메는 비싼 가격표가 어울린다고 주장한다.[50]

구르메 전략은 가격만 높이는 것이 아니다. 구르메 전략에는 고객에 대한 철저한 분석이 따른다. 목표고객의 가치, 즉 욕구를 충족시키는 맛과 서비스를 제공함으로써 가격 저항선이 무너져 고객이 쉽게 받아들이게 한다. 예를 들어 광희동 평양면옥은 1만 원이 넘는 가격에도 손님들이 줄을 서는 곳으로 유명하다. 양지머리로 우려낸 육수 때문에 가격이 비싸다고 하는데, 이 양지머리에 평양의 '원조' 육수라는 가

---

50) 참조: 빌 비숍(2011), 『펭귄』, 비전과 리더십, p39

치가 더해져서 고객의 만족감을 높인다.

구르메 전략은 아무 음식점에서나 찾을 수 없다는 인식을 심어줌으로써 고객이 우선 움켜쥐게 하는 당위성을 불러일으킨다. 이런 것이 고객이 저항 없이 받아들일 수 있게 하는 구르메 푸드의 역할이다. 결국, 고객이 높은 가격을 기꺼이 지불할 수 있는 맛과 서비스를 만들어 내는 것이 외식업체의 구르메 전략이다.

3.2 전략2: '최고의 이익' 전략

많은 음식점이 고객이 진정으로 원하는 '최고의 이익'을 잘 파악하지 못해 매상을 올리는 데 번번이 실패하고 만다. 많은 외식업소가 고객이 포만감을 느낄 수 있도록 노력하지만, 그것은 부차적인 이익이다. 고객의 입장에서는 음식을 먹으면서 느낄 수 있는 품위와 행복감이 최고의 이익이다. 예를 들어 장례를 치르는 상주에게는 원활한 장례절차와 함께 진정한 위로와 돌봄이 최고의 이익이 될 것이다. 또 치약의 경우, 충치예방이나 미백효과는 부차적인 이익이다. 고객이 사람들 앞에 당당하게 설 수 있게 하는 것이 최고의 이익이 될 것이다. 이렇듯 부차적인 이익이 아닌, 고객이 생각하든 생각하지 못하든 최고의 이익을 제공할 수 있을 때 높은 경쟁력을 유지할 수 있다.

▷ **아이템별 최고의 이익**[51]

서비스 이름	부차적인 이익	최고의 이익
반려동물 사료	맛과 영양	반려동물을 키우면서 느끼는 행복
업무용 소프트웨어	업무의 효율	업무의 성공적인 수행
테니스 라켓	스매싱이 수월하다	더 많은 경기에서 승리를 거둔다
투자정보 서비스	돈을 번다	평생의 꿈을 이룬다
의료서비스	질병 치료	건강한 삶을 누린다
피트니스 클럽	멋진 외모	자신감
비즈니스 컨설팅	사업 계획 수립	목표 달성

---

51) 출처: 빌 비숍(2011), 『펭귄』, 비전과 리더십, p70

3.3 전략3: '역발상' 전략 - 오만방자

"이 식당에 오면 줄을 한참 서야 한다고 했다. 그건 이해가 됐다. 줄 서는 건 맛집에 대한 예의니까… 그런데 들어가면 식권을 먼저 사야 한단다. 합석은 기본이다."
 명동 하동관은 듣던 대로 미운 짓만 골라서 하고 있었다. 손님의 존엄성이나 인격은 아예 안중에도 없었다. 그런데도 신기하게 기분이 나쁘지 않았다. 그 식당을 방문한 모든 손님의 얼굴에는 만족감이 가득했다. 참 이상한 일이다. 버럭 하는 박명수와 스스로 '짜증 대마왕'을 자처하는 정찬우가 최고의 인기를 누리고 있다. 뉴욕에 있는 '이트(Eat)'란 레스토랑은 이름부터가 건방지다. 여기에 한술 더 떠서 손님들이 말을 하면 쫓아낸다. 이곳은 몇 달 전에 예약해야만 입장이 가능하다. 이들은 고객들에게 오만하고 냉소적인 태도를 보이고 때로는 엽기적이기까지 한 역발상 상품으로 리마커블한 마케팅을 전개하고 있다. 이들은 판매활동에 적극적이지 않으며, 소비자의 비위를 맞추기는커녕 기분을 상하게 한다.
 역발상 전략은 경쟁사가 잘하는 일을 정반대로 하거나 다른 방법으로 해서 안전한 길을 만드는 전략이다. 수요는 경쟁이 아닌 창조에 의해 창출되며 높은 수익과 빠른 성장을 가능케 하는 기회가 존재한다. 경기법칙이 아직 정해지지 않았기 때문에 시장경쟁은 무의미하며 아직 기득권세력이 없기 때문에 핸디캡 기업에 가장 유리한 시장이 될 수 있다.
 역발상 전략의 하나인 '오만방자' 전략이 성공하는 데는 두 가지 이유가 있다. 첫 번째는 적대적 상품을 산다는 것은 단순한 소비의 차원을 넘어 고객 자신의 개성을 공격적으로 드러내는 사회적으로 의미 있는 행위로 비치기 때문이다. 두 번째는 "어디를 가도 친절한 데 염증을 느낀 사람들이 이제는 적당한 불편을 원한다"는 것이다. 오만방자 전략을 사용할 때 주의해야 할 것이 있다. 우선은 본원적 상품, 즉 소비의 목적이 되는 상품이 우월해야 한다는 것이다. 둘째로는 오만의 수준이 적절해야 한다는 것이다. 불편함, 욕설, 오만함 등 모두가 적절한 수위를 유지하고 있어야 한다. 농담도 지나치면 싸움이 되는 것과 같은 이치다. 안티마케팅의 핵심은 소비자들이 용인하고 즐길 수 있는 최적점을 찾아내는 것이다.[52]

....
52) 참조: 강시철 공저(2014), 『Handicap Marketing』, 지식공감, p173~184

3.4 전략4: 음식으로 계급장을 붙이는 전략

매운 돈가스는, 기존에 바삭바삭하게 구운 돈가스에 일반인은 먹기 어려울 정도의 매운 소스를 얹은 돈가스를 말한다. 여기에 재미난 것은 돈가스집 사장이 제한 시간을 정한 것이다. 여러 가지 제한 시간을 정한 뒤, 매운 돈가스를 먹을 수 있는 계급들과 먹지 못하고 포기한 사람들의 계급을 나누고 각각에 대해 상과 벌을 준다. 그리고 제한 시간 내에 도전에 성공한 고객들에게는 다양한 보상을 제공하고 성공 사진을 점포 내에 전시하고 있다. 또 다른 메뉴로 '대왕돈가스'가 있다. 이 두 가지 메뉴 모두 20분 안에 먹지 못할 경우 15,000원의 벌금을 내야 한다. 고객들의 도전의식을 자극하고, 돈가스를 도전하지 못할 정도로 맵게 만든 주인장의 솜씨와 대왕돈가스라는 추가 경쟁을 유발시킨 구성이 대단하다.

2010년 국민일보는 '온누리에 돈가스' 사장이 본인의 미니홈피에 직접 올린 '미모의 여성도전자 대왕돈가스 도전 성공기'를 기사화하게 된다. 거의 8인분 분량으로 나오는 돈가스를 제한 시간 20분보다 훨씬 빠른 16분 만에 돌파했다는 기사를 내고 돈가스집 사장과 인터뷰도 진행했다. 신문은 '네티즌이라면 죽기 전에 꼭 도전해봐야 할 일'로 칭하기도 한다는 내용을 전했다. 또한, 한국 및 아시아 문화를 소개하는 'CNN go'라는 프로그램에서 2012년에 특집으로 '한국에서 가장 매운 음식 5가지'를 선정해 소개했는데 '온누리에 돈가스'는 가장 매운 음식 1위를 차지하면서 해외에까지 알려지게 되었다.[53] 이렇듯 고객의 흥미와 참여를 유발하는 아이디어는 고객에게 또 다른 가치를 느끼게 한다. 입소문도 빠르게 타고 젊은이들의 호기심과 도전을 유발한다. 다른 집과 확연히 다른 형태의 콘셉트로 자기만의 고객을 유지하고 충성고객을 양산할 수 있다.

---

53) 참조: 강시철 공저(2014), 『Handicap Marketing』, 지식공감, p385~387

3.5 전략5: 초니치(the ultra-niches) 전략

잘 만든 킬러아이템 하나가 전체 소비자에게 적용되던 시대는 저물었다. 초니치란 사전적으로는 틈새를 가리키는 단어 '니치(niche)'에서 한 단계 더 들어가 소비자들에 의해 잘게 쪼개지고 부서져 생겨나는 매우 작고 협소하지만 명확하고 특출한 시장 가능성을 뜻한다. 기존의 니치가 소수를 이용해 시장을 찾기 위한 과정이었다면 '초니치'는 소수를 존중하며 시장 형성보다 '관계' 형성에 초점을 둔다. 초니치 시장을 겨냥한 상품으로 기존에는 보장받지 못했던 우울증, 정신·행동장애와 같은 질환을 보장해주는 상품, 애완견의 수술비나 치료비를 보장해주는 상품 등이 있다. 또 불과 4~5년 전에는 주요 고객의 범위에 포함되지 않던 보험계약 소외계층인 50~60대를 타깃으로 한 가교연금보험[54]도 3개사에서 출시되었다.[55]

우리나라 성인의 50% 이상이 고지혈증, 고혈압, 당뇨 등의 성인병이 있는 것으로 조사되고 있다. 예를 들어 초밥을 좋아하면서도 백미로 만들기 때문에 초밥을 꺼리는 소비자들에게, 현미 등 건강에 좋은 쌀로 초밥을 만들어 판매하는 것도 니치 시장을 선점하는 계기가 될 수 있다. 또한, 작은 시장으로 갈수록 시장점유율보다 '고객점유율'이 중요하다. 고객점유율은 자사의 제품이나 서비스를 지속해서 구매하는 '단골고객이나 충성고객의 보유율'을 나타낸다. 고객의 욕구가 다양해지고 라이프스타일이 수시로 변하는 상황에서 고객점유율은, 해당 사업의 유지·발전에 매우 중요한 요소가 된다.

3.6 전략6: '덤'을 활용한 전략

"The tail wags the dog"는 "꼬리가 개를 흔들다"는 의미이다. 주객이 전도되었다는 뜻이다. 즉 덤이나 부수적인 것이 본 제품을 사게 하는 것을 의미한다. 덤은 더 이상 부수적인 부속품이 아니다. 덤 자체가 고객이 지불한 가격에 대한 효익을 상승

----

54) 가교(브리지)연금이란 은퇴 뒤 국민연금 지급이 시작될 때까지의 소득공백 기간에 다리(가교) 역할을 해주는 연금보험상품을 말한다.
55) 출처: 김난도 공저(2014), 「트렌드 코리아 2015」, 미래의 창, p89~92

시키고 구매 만족도를 높이는 하나의 가치로 자리매김하고 있다. 예를 들어 김치냉장고를 사면 덤으로 주는 김치가 맛이 좋아 김치 자체가 어엿한 판매제품으로 출시되는 결과를 낳기도 했다. 또 '카카오 빵'의 경우 덤으로 들어있는 스티커만 빵 가격 이상으로 거래되고 있다. '서비스 반찬'이 좋아 식당을 찾는 경우는 매우 흔하다. 칼국수보다 김치 맛이 좋아 소문이 난 집이나, 백반집의 고등어 한 토막이 손님을 부르기도 하며, 젓갈 하나가 입소문의 수단이 되기도 한다.

『트렌드 코리아 2015』에서 김난도 교수는 이를 다음과 같이 설명한다.

"꼬리가 몸통을 흔드는 현상은 2015년 한국 소비시장의 새로운 트렌드로 진화할 것이다. 제품의 품질 수준이 유사해지고 브랜드에 대한 고객 충성도가 갈수록 희미해지는 시대에, 소비자가 우리 기업의 제품을 구매하도록 유인하기 위해서는 '몸통(메인제품)'을 내미는 전략보다 살랑살랑 '꼬리(덤)'를 흔드는 전략은 매우 유효하다. 그동안 소비자에겐 '공짜'로, 기업에겐 그저 '비용'으로 인식되었던 '덤'이 새로운 경쟁의 룰을 만들고 있다."

3.7 전략7: 고객을 일하게 하는 전략

호주 도미노피자는 2014년 하반기 순이익이 사상 최대인 2,910만 호주달러(미화 2,260만 달러)로 67% 급증했으며 매출은 29% 증가했다. 고객의 아이디어로 순이익과 매출이 급증했고, 또 고객이 직접 피자를 디자인해 소셜미디어에 홍보하고 매출액 일부를 가져갈 수 있게 했다. 돈 메지 도미노피자 CEO는 "열정적인 피자 애호가들이 엄청난 양의 콘텐츠를 창출하고 있다. 기대 이상이다"라고 말했다. 고객의 참여는 새로운 마케팅 전략을 선도하며 사업체와 고객이 함께 원원하는 결과를 가져오고 있다.

> 컨설팅3.0 포커스

도미노피자 사상최고 실적의 비결 '고객을 일하게 하라'

호주 도미노피자는 베이컨, 비프, 치킨, 햄, 페퍼로니, 훈연한 돼지고기, 이탈리안 소시지가 들어간 '메가 미트 러버스' 피자를 선보였다. 고객의 아이디어로 만든 메뉴다. 도미노스 피자엔터프라이즈(이하 도미노피자)는 고객의 아이디어를 크라우드 소싱한 메뉴와 시드니, 도쿄 등지에 수십 개 매장을 연 전략이 효과를 발휘해 이익이 급증했다. 호주와 뉴질랜드, 일본, 프랑스, 네덜란드에서 도미노 브랜드에 대한 마스터 프랜차이즈 권한을 가지고 있는 도미노피자는 2014년 실적 가이던스도 상향조정했다. 지난해 도미노피자는 호주에서 '피자 모굴(Pizza Mogul)'이라는 모바일 앱을 론칭해 고객이 직접 피자를 디자인해 소셜미디어에 홍보하고 매출액 일부를 가져갈 수 있게 했다.

도미노피자는 지금까지 5만 5,000명 이상이 이 캠페인에 참여해 16만 개의 피자 메뉴가 추가됐다고 밝혔다. 돈 메지 도미노피자 CEO는 "열정적인 피자 애호가들이 엄청난 양의 콘텐츠를 창출하고 있다. 기대 이상이다"고 말했다.

페이스북 같은 소셜미디어 플랫폼상에서 도미노피자의 마케팅 여력도 확대되는 결과를 가져왔다. 또한, 고객에게 매출액 일부를 지급하는 방식 덕분에 참여자들이 알아서 도미노피자 제품을 친구들에게 광고하니, 마케팅 비용을 늘리지 않아도 자동으로 마케팅 효과를 얻을 수 있었다.

도미노피자의 지난해 하반기 순이익은 사상 최대인 2,910만 호주달러(미화 2,260만 달러)로 67% 급증했다. 매출은 29% 증가했다. 간단한 토핑의 피자를 4.95호주달러에 제공하는 할인행사도 실적에 긍정적으로 작용했다. 한편 유럽과 일본 시장 실적은 늘어난 매장 수와 인건비 통제 등으로 강화됐다. 몽고메리투자관리의 로저 몽고메리 최고투자책임자는 "도미노피자는 기술을 활용한 마케팅 기법으로 인기몰이를 하고 있다"고 평했다. 하지만 현재 주식이 PER 50~55배 수준에 거래되고 있어서 신규 투자자들이 과도한 믿음을 가질 수도 있다고 지적했다.

브리즈번에 본사를 둔 호주 도미노피자는 '실비오의 다이얼 어 피자(Silvio's Dial-A-Pizza)'라는 지역 사업체로 시작했으며, 1990년대 미국 도미노피자로부터 프랜차이즈 권한을 사들인 후 리브랜딩했다. 2009년 이래 주가는 8배나 뛰었다. 피자 배달시간을 단축하기 위해 수백 개의 신규 점포를 오픈하고 디지털 기반 마케팅 전략을 포용하면서다. 일본 시장에서는 일련의 '스마트폰 전용(smartphone only)' 홍보행사와 페이스북 캠페인을 통해 상반기 매출을 강화했다. 또한, 호주에서는 최근 고객이 TV 화면으로 피자 배달상황을 확인할 수 있는 '피자 트래커(pizza tracker)' 기능을 도입했다.

(출처: 『월스트리트 저널』 2015.02.13.)

3.8 전략8: 우선 '좋아 보이게' 하는 전략

우리나라 격언 중에 "보기 좋은 떡이 먹기도 좋다"라는 말이 있다. 일단 먹음직스럽고 군침이 돌게 만들어야 한다. 맛은 그다음이다. 음식이 독특하거나 신뢰가 가는 모습을 하고 있어야 고객이 접근한다. 아무리 맛이 좋아도 손길이나 눈길이 안 가는 음식은 먹기도 전에 식욕을 잃게 한다. 숭실대 경영학부 김근배 교수는 소비자는 좋은 제품을 구매하는 것이 아니고, 좋아 '보이는' 제품을 구매한다고 말한다. 그리고 제품이 좋아 보이게 하기 위해서는 품질 단서를 활용해야 한다고 말한다. 여기에는 언어 표현 외에도 감각 기호를 사용할 수 있으며 감각 기호는 도상, 지표, 상징을 사용할 수 있다고 주장한다.

컨설팅3.0 포커스

'좋은 제품'보다 '좋아 보이는 제품'이 우선

동원데어리푸드는 2007년 커피 용량을 180mL에서 310mL로 늘리면서 카톤팩에 프랑스 화가 마네의 '피리 부는 소년'을 넣었다. 또 '진하고 부드러운 유럽풍'을 표방하며 모딜리아니의 '목이 긴 여인'을 넣은 '모카라떼'도 새롭게 개발했다. 이렇게 탄생한 프리미엄 브랜드 '덴마크'는 2008년 매출 750% 성장이라는 대기록을 세웠다. 외식 프랜차이즈인 '계절밥상'은 2013년 7월에 '제철 식재료를 이용한 건강한 밥상'이란 콘셉트로 사업을 시작해 외식업체들의 벤치마킹 대상이 되고 있다. 매장에는 콘셉트를 전달하는 도구로 식재료 사진을 걸어 놓았다. 명장이라는 농부가 직접 기른 마늘, 파, 우엉을 들고 환하게 웃고 있는 사진이나, 수확한 식재료를 클로즈업한 사진이다. 또 매장 앞에서는 농부가 기른 재료를 직접 파는 제철 장터가 매일 열린다. 이는 고객들에게 현지에서 생산되는 청정 식재료임을 강조하여 신뢰를 주기에 충분하다.

▶ '기대'는 '경험'을 좌우한다!
소비자는 맨 처음에 제품을 직접 써보고 사지 않는다. 제품 포장이나 겉모습만 보고 구매한다. 실제로 제품이 좋을지 어떨지 아직은 정확한 평가가 어렵기 때문에, '제품이 좋아 보이도록 해주는' 여러 단서를 이용하는 것이다.

이때 단서가 되는 것을 '품질 단서(quality cue)' 또는 '품질 신호(quality signal)'라고 한다. 이를테면 공인기관의 인증이라든가 브랜드명, 가격, 원산지, 그리고 광고 문구 같은 것이다.

이런 것은 대부분 언어로 표현이 가능해 콘셉트 일부를 이루고 있지만, 언어로 표현되지 않는 품질 단서도 있다. 제품 외형이나 디자인, 포장이 그것이다. 동원데어리푸드의 커피 포장에 등장한 명화가 여기에 해당한다. 계절밥상 매장 입구에 개설된 제철 장터나 농부가 수확하는 모습이 담긴 매장 사진도 마찬가지다. 우리가 콘셉트 개발 단계에서부터 품질 단서에 주목해야 하는 것은, 이것이 소비자에게 제품 품질을 적절히 기대하도록 유도할 뿐 아니라, 실제 사용 경험에도 영향을 미치기 때문이다.

지난 2008년 캘리포니아 공대에서 한 실험을 했다. 피실험자들에게 똑같은 와인을 주면서 한쪽 그룹에는 10달러짜리라고 알려주고, 다른 그룹에는 90달러짜리라고 알려준 뒤 뇌를 관찰했다. 그 결과, 90달러라고 알려준 그룹의 뇌 쾌락 부위가 10달러 그룹보다 더 많이 활성화되는 것을 발견했다. 똑같은 와인을 마셨는데도 더 비싼 와인이라는 기대치가 실제 뇌가 느끼는 쾌락의 경험을 한층 '업(up)'시켜 준 것이다. 그렇다면 소비자의 기대를 높여줄 수 있는 품질 단서는 어떤 것이 있을까? 기호학을 창시한 미국 철학자 퍼스(Peirce)의 기호 분류에서 통찰을 얻을 수 있다. 퍼스는 기호의 종류를 도상(icon), 지표(index), 그리고 상징(symbol)으로 구분했다. 도상은 주민등록증에 붙어 있는 사진처럼 있는 모습을 그대로 그린 것을 의미한다. 만약 '덴마크 우유'에 우유 마시는 장면을 그려 넣었다면 이는 '도상' 기호에 해당한다. 지표란 어떤 사물을 간접적으로 인식할 수 있게 하는 표지를 말한다. 예를 들어 연기는 먼 산에 불이 난 것을 알 수 있게 하는 지표가 된다. 계절밥상의 식당 입구에 걸어 놓은 식재료 사진은 지표 기호에 해당한다. 마지막으로 상징은 대상과 기호 사이에 직접적 연관이 없지만, 둘을 임의로 결합해 의미를 부여하는 것을 말한다. '덴마크 우유' 포장의 명화가 여기에 해당한다. 우유와 직접적 연관성이 없지만, 명화 그림을 통해 이 우유는 고급이라는 것을 나타내려는 것이다. 명화 대신 영화배우 그림을 넣어도 아무 상관이 없다. 우유 마시는 사진을 집어넣은 도상 기호는 이해하기는 쉽지만, 고급이라는 상징적 의미는 살릴 수가 없다. 기대를 끌어올릴 수 없는 것이다. 소비자는 좋은 제품을 구매하는 것이 아니고, 좋아 '보이는' 제품을 구매한다. 그리고 제품이 좋아 보이도록 하기 위해서는 품질 단서를 활용한다. 여기에는 언어 표현 외에도 감각 기호를 사용할 수 있다. 그리고 감각 기호는 도상, 지표, 상징을 사용할 수 있다.

(출처: 「조선일보」 김근배 교수의 '콘셉트 경영', 2015.02.14.)

3.9 전략9: 모방하는 전략

오하이오주립대학교 오데드 셴카(Oded Shenkar) 교수는 저서 『카피캣』에서 모방을 혁신의 발판으로 삼아 성공한 기업들의 다양한 사례를 제시하면서 모방 전략의 우월성을 강조했다. 셴카 교수는 애플을 비롯해 월마트, IBM, 프록터앤드갬블(P&G) 등 흔히 '혁신적'이라고 평가되는 기업들 역시 '모방을 잘하는' 기업들이라고 주장한다. 셴카 교수는 그의 책에서 혁신보다 모방이 더 큰 가치를 창출할 수 있음을 보여준다. 그리고 후발 기업이 혁신 기업을 모방하면서 제품과 서비스를 차별화해 시장에서 승자가 되는 경우가 더 많다고 주장한다. 최초로 신용카드를 선보였던 다이너스클럽은 비자카드에, 미국 최초의 패스트푸드 전문업체인 화이트 캐슬은 맥도날드 등에 밀려 이류회사로 전락하고 말았다. 하지만 '좋은 예술가는 그대로 복사(copy)하지만 위대한 예술가는 도용(steal)한다'는 피카소의 말처럼, 셴카 교수는 경쟁 제품이나 서비스를 그대로 베끼는 대신 그 장점을 자신의 것으로 소화해 더 좋은 콘텐츠를 만들어내는 '창조적 모방'을 강조하고 있다.

컨설팅3.0 포커스

오데드 셴카 교수의 '모방전략'

MP3 플레이어의 대명사로 자리 잡은 애플 아이팟의 원조는 무엇일까. 옛 새한미디어가 세계 최초로 내놓은 MP맨이다. 애플은 MP맨을 혁신적으로 모방한 것이다. IBM, 맥도날드, 월마트도 알고 보면 모방이 성공과 성장의 비결이었다. 오하이오주립대학교 오데드 셴카 교수는 모방 비즈니스가 혁신보다 더 많은 가치를 창출한다고 주장한다. 혁신에 치중하기보다 모방(imitation)과 혁신(innovation)을 버무린 '이모베이션(imovation)'이 비즈니스 정글에서 살아남을 수 있는 전략이라고 권고한다. 애플과 삼성이 서로 제품 디자인과 기술을 모방하거나 침해했다면서 특허전쟁을 벌이고 있는 가운데 그와 이메일로 인터뷰했다. 셴카 교수는 모방을 예찬해 주목받은 베스트셀러 『모방자들(copycats)』의 저자다.

▼ 모방이 훌륭한 비즈니스, 때로는 위대한 비즈니스라고 강조하는 이유가 궁금합니다.

"비자, 마스터 카드, 아메리칸 익스프레스는 다이너스클럽의 신용카드 사업을 모방했습니다. 월마트 창업자는 코르베트라는 기업을 모방해 사업을 키웠다고 시인했습니다. 피터 드러커는 IBM을 '세계에서 가장 창의적인 모방 기업'이라고 평가했습니다. 모방 기업이 원조 혁신 기업을 능가하기도 합니다. 화이트 캐슬을 모방한 맥도날드, 새한의 MP맨을 모방한 애플의 아이팟이 그런 사례죠. 혁신이 창출한 가치 중 약 98%는 모방 기업들이 활용했습니다. 일본인들은 모방으로 기업을 키웠습니다. 미국이 원조인 산업용 로봇과 VCR을 모방하다가 그 시장을 점령해버렸습니다."

▼ 애플이 삼성에 대해 소송을 제기했습니다. 삼성이 애플의 아이폰과 아이패드를 모방했다고 주장하고 있습니다.

"제가 보기에 두 기업 모두 왕성한 모방 활동을 하는 기업들입니다. 최근 10년 동안 아이맥에서부터 아이팟, 아이폰에 이르기까지 거의 모든 애플 제품이 출시 직후 모방됐습니다. 그러나 애플 자체도 최고의 모방 기업 중 하나입니다. 애플의 매킨토시 기술 대부분도 애플에서 창조된 게 아니라고 존 스컬리 전 애플 최고경영자도 고백한 적이 있습니다."

▼ 아이팟이 새한의 MP맨을 모방한 제품이라고 했는데, 애플의 모방과 삼성이 자기 회사 제품을 모방했다는 애플의 주장 사이에는 어떤 차이가 있습니까.

"제가 답변할 입장이 아닙니다만, 합법적 모방과 불법적 모방 사이에는 분명한 경계선이 있습니다. 두 회사 간의 문제는 법원에서 결론 날 것입니다."

▼ 모방과 혁신의 경계선은 무엇이라고 생각하십니까.

"혁신은 완전히 새로운 아이디어와 제품, 비즈니스 모델을 의미합니다. 모방은 기존 제품이나 아이디어를 변형하는 것입니다. 단순히 눈에 보이는 요소들만 모방해서는 제대로 된 모방이라고 할 수 없습니다. 진정한 모방(true imitation)이 필요합니다. 혁신 아이디어와 제품의 본질을 꿰뚫고 개선해 더 매력적인 아이디어와 제품을 내놓는 일입니다."

▼ '진정한 모방'이라는 것은 무슨 뜻입니까.

"창의적인 모방(creative imitation)을 말하는 것입니다. 영감이 반영되고 창의적인 변형으로 추가적인 가치가 보태진 모방입니다. 애덤 스미스는 '모방은 독창성에 기반을 두며, 창조적인 예술의 반열에 오를 만하다'고 말했습니다.

모방에 실패한 기업들은 모방 대상의 성공 비밀을 담고 있는 블랙박스를 해독하지 못했기 때문입니다. 원조를 모방하기만 하면 똑같은 성공을 거둘 것이라고 오판한 것입니다. 한때 만화영화 산업을 리드했던 미국의 플라이셔 스튜디오는 후발 주자인 디즈니에 뒤처지자 디즈니를 모방하려고 했습니다. 하지만 디즈니처럼 컬러 기술을 효과적으로 사용할 수 있는 능력이 부족해 실패했습니다. 애플은 기존의 외부 기술과 아이디어를 혁신적으로 다시 조합하는 창의력을 보유하고 있습니다."

▼ 창의적인 모방이 적극 권장돼야 한다는 얘기로 들립니다.

"당연합니다. 대부분의 기업들은 다른 기업의 아이디어와 제품, 비즈니스 모델 등을 모방하면서도 그 사실을 인정하길 주저하는데, 바람직하지 않습니다. 모방에도 전략이 필요합니다. '모방 게임'에서 성공하려면 무엇보다 모방을 수용할 수 있는 기업 문화와 자세를 갖춰야 합니다. 또 혁신만큼 모방을 격려해야 합니다. 애플 창업자 스티브 잡스는 혁신 제품을 만들겠다고 처음부터 덤비지 말고 스마트하고 소비자들이 손쉽게 사용할 수 있는 제품을 만들라고 직원들에게 주문했습니다. 모방은 치열한 비즈니스 정글에서 생존할 수 있는 능력입니다."

▼ 혁신은 특허나 저작권 등으로 보호돼야 한다고 생각합니다. 그렇지 않으면 모방이 혁신을 위축시킬 테니까요. 미국 기업들도 중국 기업에 자신들의 혁신 제품을 불법으로 베끼지 말라고 요구하고 있지 않습니까.

"특허나 저작권으로 혁신을 보호하는 데는 한계가 있습니다. 어떤 경우 무용지물일 때도 있습니다. 중국에서는 특허와 저작권 보호가 아주 제한적입니다. 미국 정부와 기업들은 중국과의 전선에서 거의 실패했다고 봅니다."

▼ 글로벌 리더 기업이 되기 위해선 모방보다는 혁신에 집중해야 하지 않나요. 혁신은 모방보다 더 많은 가치를 창출하고, 혁신이 있어야 모방도 가능하지 않습니까.

"많은 사람이 그렇게 여기고 있지만, 잘못된 시각입니다. 모방은 혁신만큼이나 중요합니다. 모방과 혁신에 능해야 생존하고 발전할 수 있죠. 경제학자 시어도어 레빗의 말처럼 어떤 기업도 혼자만으로는 모든 분야에서 원조가 될 수는 없습니다. 혁신과 모방을 동등하게 여기지 않고 혁신만 고집할 때 위험에 빠지고, 투자 자금만 날릴 수 있습니다. 경쟁자들은 혁신과 모방을 혼합해 성공공식을 만들어 갑니다. IBM과 애플을 포함해 성공한 기업들은 모방과 혁신을 버무렸습니다. 효과적인 혁신에 필요한 많은 기술과 능력은 효과적인 모방에도 필요하기 때문입니다."

> ▼ 한국 기업들은 이제 다른 글로벌 기업을 모방하거나 추격하는 위치에서 벗어나 창의적인 선도 기업으로 거듭나야 한다는 지적이 많습니다.
> "대부분의 기업이 법적인 문제 때문에, 그리고 모방꾼이라는 딱지(stigma) 때문에 모방을 인정하길 싫어합니다. 모방에 소홀하면 외부의 혁신에 애써 눈을 감는 것과 다를 바 없습니다."
>
> (출처: 「한국경제신문」, 2011.07.21.)

3.10 전략10: '필요성'에 부합하는 전략

간혹 차별화를 너무 강조하다 보면 고객의 존재를 잊곤 한다. 남과 무조건 달라야만 한다는 강박관념이 낳은 결과이다. 고객을 잊어버리면 차별화의 초점이 흐려진다. 차별화에 성공하는 제품이나 서비스는 경쟁에서 벗어나면서도 고객에게는 가까이 다가간다. 반대로, 차별화에 실패하는 제품의 경우 경쟁자와 다르긴 한데 고객의 니즈와 욕구와는 더 동떨어지는 결과를 낳고 만다. 숭실대 경영학부 김근배 교수는 고객의 니즈를 '필요성'이라 할 때, 차별성과 필요성의 곱이 콘셉트 력(力)을 결정하며 실패한 차별화는 차별화만 생각하고 필요성은 살피지 않는다고 말한다.

| 컨설팅3.0 포커스 |

콘셉트 력(力)=차별성×필요성

'손자병법'에 이런 내용이 나옵니다. "지혜로운 자는 이로움(利)과 해로움(害)을 동시에 고려하기 때문에, 이로움(利)에도 해로움(害)이 섞여 있음을 알고, 해로움(害)에도 이로움(利)이 섞여 있음을 안다(智者之慮 必雜於利害, 雜於利而務可信也, 雜於害而患可解也)." 모든 일에는 양면성을 살펴야 하듯이 콘셉트 개발에도 양면성에 유의해야 합니다. 마케터들은 차별화에 목을 매고 있지만, 차별화 속에도 해(害)가 있음을 살펴야 합니다. 또한, 마케터는 소비자에게 많은 혜택을 제공하면 성공할 것으로 생각하지만, 혜택 속에도 해(害)가 있음을 살펴야 합니다.

▶ 성공한 차별화와 실패한 차별화

위니아만도(현 대우위니아)가 1995년 출시한 김치냉장고 딤채는 차별화에 성공한 대표적인 제품이죠. 1995년 만도에서 김치냉장고를 출시할 때만 해도 냉장고가 있는데 별도로 김치만 보관할 냉장고를 누가 사겠느냐고 생각했습니다. 하지만 이제는 김치냉장고가 없는 집을 찾기 어려울 정도로 대중화되었죠. 딤채는 출시 첫해인 1995년 4,000대를 시작으로 1997년 8만대, 2002년에는 74만대가 팔렸습니다. 기존의 일반 냉장고와 성공적으로 차별화한 제품 콘셉트 덕분에 대박을 친 경우인데요. 하지만 안타깝게도 시장에는 성공한 차별화만 존재하는 건 아닙니다.

2007년 동원 F&B는 '즉석 발아 현미밥'이라는 콘셉트로 즉석밥 시장에 도전장을 내밉니다. 이미 CJ '햇반'을 비롯해 농심과 오뚜기라는 굵직굵직한 경쟁자들이 시장에 진출한 상태였기 때문에, 기존 제품과 동일한 '쌀밥' 콘셉트는 승산이 없다고 생각한 거죠. 하지만 신제품의 인기는 기대에 미치지 못했습니다. 매출이 계속해서 부진하자 2009년 동원 F&B는 센쿡의 콘셉트를 바꾸기로 합니다. '즉석 현미밥'에서 '즉석 쌀밥'으로! 잘나가는 선도 브랜드와 같은 콘셉트로 바꾼 겁니다. 그런데 재미있는 건, 이렇게 콘셉트를 바꾼 이후 오히려 매출이 증가하기 시작했다는 사실입니다. 차별화하지 않고, 남들을 따라갔더니 오히려 매출이 늘어났다? 도대체 어떻게 된 일일까요?

▶ 콘셉트 경영, 일러스트 사용 혜택만 보아서는 안 된다

1990년대 후반 DVD플레이어가 등장했을 때 이보다 혁신적인 티보(Tivo)라는 디지털 녹화기가 출시되었습니다. DVD플레이어의 기능은 TV프로그램 녹화가 전부였습니다. 반면에 티보는 TV를 보다가 잠깐 어디 다녀와도 멈췄던 부분부터 다시 볼 수 있었습니다.

기능적으로는 훨씬 우수했죠. 하지만 티보는 DVD플레이어와 경쟁에서 승리하지 못했습니다. 기존의 '비디오테이프(VHS) 플레이어'와 확실하게 차별화된 티보보다는 덜 차별화된 DVD플레이어가 시장에서 승리하였죠.

앞의 사례처럼 어떤 차별화는 성공하기도 하고 실패하기도 합니다. 성공한 차별화 콘셉트는 그 차별성이 고객의 니즈에도 부합했다는 공통점을 가지고 있습니다. 고객의 니즈를 '필요성'이라 합니다. 차별성과 필요성의 곱이 콘셉트 력(力)을 결정합니다. 실패한 차별화는 차별화만 생각하고 필요성은 살피지 않습니다. '즉석 발아 현미밥'의 경우, 경쟁 제품과 차별화하는 데는 성공했지만, 대다수 고객이 그 필요성을 느끼지 못했기 때문에 매출이 기대에 미치지 못했던 것이죠. 반면에 딤채 김치냉장고는 기존의 경쟁자와 차별화하면서도 대다수 고객이 그 필요성을 공감한 경우입니다.

여러분이 치킨집을 하나 낸다고 한번 생각해보시죠. 경쟁 치킨집에서 멀어질수록 차별성이 높다고 할 수 있고, 고객에게 가까워질수록 필요성이 높다고 할 수 있습니다. 여러분이라면 어떤 곳에 치킨집을 내시겠습니까? 다른 점포와의 경쟁이 두려워 유동 인구가 많은 대로변이 아니라 한적한 골목에 가게를 내는 경우가 생각보다 많습니다. 하지만 이런 결정은 고객의 니즈에는 전혀 부합하지 않는, 다시 말해 필요성을 전혀 고려하지 않은 결정입니다. 차별화에 성공하는 콘셉트는 경쟁자와 멀어지면서도 고객에게는 가까이 다가갑니다. 반대로 차별화에 실패하는 콘셉트는 경쟁자와 멀어지면서 동시에 고객과는 더 멀어지고 말죠. 다른 점포와의 경쟁이 두렵다고 외딴섬에 점포를 낼 수는 없지 않겠습니까?

차별성의 이면(裏面)인 필요성을 살펴야 하듯 제품이 제공하는 사용 혜택과 아울러 사용 비용도 고려해야 합니다. 티보가 실패했던 건 사용 혜택이 많은 반면, 그 혜택을 다 즐기려면 복잡한 사용법을 새로 익혀야 했기 때문입니다. 그래서 사용법이 간단하고 기존의 제품과 덜 차별화된 DVD플레이어가 성공한 것입니다. 자신이 개발하려는 콘셉트의 혜택만 생각하고 감추어진 사용 비용은 전혀 고려하지 않는 외눈박이로 일하지 않는지 고민해 보시기 바랍니다.

(출처: 「조선비즈」 숭실대 김근배 교수의 '콘셉트 경영', 2015.01.03.)

3.11 전략11: '감응식 터치스크린' 전략

세계 유행을 선도하는 뉴욕, 런던, 파리 등지에서 '감응식 터치스크린' 테이블로 무장한 식당들이 인기라고 한다. 터치스크린은 그릇에는 반응하지 않고 사람의 손가락에만 응답하며 고객이 원하는 정보를 그 자리에서 제공해준다. 이와 같은 감응식 스크린은 고객의 니즈와 함께 감성적 욕구를 충족하는 데에도 상당한 기여를 할 것으로 기대된다. 그 외에도 구글 안경과 같은 첨단 스마트기기가 고객 정보의 활용은 물론 각종 사물인터넷 마케팅 기법으로 활용되고 있다. 구글 안경에는 실시간 동영상 촬영이 가능하고, 사람의 얼굴을 바라만 봐도 그 사람의 개인 정보가 바로 옆에 뜨는 네임테그 기능도 탑재되어 있다고 한다. 즉 고객이 식당에 들어오면 언제, 누구와, 무엇을, 얼마나 구매했는지에 대한 정보를 얻을 수 있다. 이런 첨단기기들은 고객의 존재를 더욱 부각함으로써 고객서비스의 질을 한층 더 업그레이드 할 것으로 예상된다.

창업3.0 포커스

▶ **식당 테이블 위의 터치스크린**

'창업'하면 무작정 음식점부터 떠올리는 사람이 많다. 하지만 어디 세상이 만만한가. 화려한 인테리어로 야심 차게 고급식당을 열었지만, 생각보다 시원찮은 반응에 좌절하기 일쑤다. 이런 사람들이라면 '터치스크린' 테이블에 주목하라.

세계 유행을 선도하는 뉴욕, 런던, 파리 등지에서는 요즘 '감응식 터치스크린' 테이블로 무장한 식당들이 인기다. 이곳 터치스크린은 그릇에는 반응하지 않고 사람의 손가락에만 응답한다. 터치스크린 테이블의 장점은 고객이 원하는 정보를 그 자리에서 제공해준다는 것인데, 요리과정을 영상으로 보여주고 음식에 대한 자세한 설명을 제공하기도 한다. 손님은 그 자리에서 손가락 하나로 마음에 드는 음식을 주문할 수도 있다. 와이파이로 연결된 메뉴판과 주문시스템이 종업원의 도움 없이 주문을 가능하게 한다. 첨단 스마트기기는 고객에게 즐거움과 다채로운 메뉴 제공의 기회를, 사업자에게는 '인건비 절감 효과'를 안겨줄 것이다.

(출처: 「매일경제신문」 2011.12.16.)

> **10선**
>
> "목표관리를
> 잘하고 싶어요."

'목표관리'는 전략을 바탕으로 조직의 효율과 효과를 극대화하는 것을 의미한다. 목표관리는, 수치보다 목표 설정의 배경과 어떻게(전략) 그 목표를 달성할 것인지가 핵심이다. 경영의 아버지 피터 드러커(Peter Drucker)는 1954년에 경영관리방식의 하나로 MBO(management by objectives, 목표관리)의 원리를 제시했다. 그가 처음 설파했던 '목표에 의한 경영과 자기통제(self-control)'에서 목표는, 외부에서 정해주는 것이 아니라 조직의 공동 목표에 부합하도록 각 부서 조직원들이 스스로 정하자는 취지였다. 외식업체의 목표도 사장을 비롯한 구성원들이 객관적인 자료를 바탕으로 설정하는 것이 바람직하다. 보통 목표는 조직이 생각하는 도달수준에서 10%~ 20% 정도 높게 잡는 게 일반적이다. 이렇게 설정한 목표를 95% 정도 달성하는 게 가장 이상적이라고 말할 수 있다. 달성 가능한 수치보다 목표를 높게 잡으면 처음부터 의욕이 꺾일 수 있으며 또 반대로 낮게 잡으면 목표에 대한 개념이 희박해질 수 있다. 다음은 매출계획과 구매계획 및 달성방안에 대한 사례이다.

▷ 1. 이탈리언 레스토랑의 2016년 1월 판매계획 사례 (단위: 원, 휴무 1일)

구분	시간	회전율	객단가	테이블 수	테이블당 인원	일매출	월매출
평일 (20일)	점심시간	1	8,000	15	2.5	300,000	6,000,000
	비타임	0.2	8,000	15	2	48,000	950,000
	저녁시간	1.5	15,000	15	3	1,012,000	20,240,000
	소계	2.7	평균 10,300	15	2.5	1,360,000	27,190,000
주말 (10일)	점심시간	1	12,000	15	2.5	450,000	4,500,000
	비타임	0.5	12,000	15	2.5	225,000	2,250,000
	저녁시간	2	18,000	15	3	1,620,000	16,200,000
	소계	3.5	평균 14,000	15	2.7	2,295,000	22,950,000
1월	합계	3.1	평균 12,150	15	2.6	1,827,000	50,140,000

▷ 2. 장어집의 2016년 1월 판매계획 사례 (단위: 천원, 휴무 1일)

구분		민물 장어구이	장메추탕	장어 덮밥	기타	합계	증감 (%)
평일 (20)	일매출	800	200	300	150	1,450	
	소계	16,000	4,000	6,000	3,000	29,000	
주말 (10)	일매출	600	170	80	95	945	
	소계	5,500	1,400	700	400	8,000	
합계		21,500	5,400	6,700	3,400	37,000	12.1 ↑
2015년 실적		19,000	4,500	5,000	4,500	33,000	

▷ 3. 장어집의 2015년 실적 및 2016년 월별 판매계획 사례

메뉴	년도	월별 실적 및 판매 계획(단위: 만원)												계	증감율(%)
		1	2	3	4	5	6	7	8	9	10	11	12		
민물장어구이	2015	1900	1850	2000	1800	2100	2250	2400	2600	2150	2000	2300	2400	25,750	
	2016	2120	2000	2200	1950	2400	2500	2650	2800	2600	2450	2500	2600	28,770	11.7 ↑
장메추탕	2015	450													
	2016	550													
장어덮밥	2015	500													
	2016	650													
기타	2015	450													
	2016	380													
계	2015	3300	3100	3300	3200	3500	3600	3750	3900	3700	3600	3600	3800	42,350	
	2016	3700	3400	3700	3500	3800	4000	4300	4500	3800	3900	3900	4200	46,700	10.3 ↑

▷ 4. 장어집의 2016년 1월 구매계획 사례   (단위: 만원)

구분		민물장어	바다장어	메기, 미꾸라지	부재료	기타(음료 및 주류)계	계	전년비(%)
2016년	계획	950	250	180	185	185	1,750	
	매출대비(%)	23.0	5.4	3.9	5.0	5.0	47.3	2.7 ↓
2015년	실적	792	148	297	231	182	1,650	
	매출대비(%)	24.0	4.5	9.0	7.0	5.5	50.0	

▷ 5. 장어집의 2015년 실적 및 2016년 월별 구매계획 사례

메뉴	년도	월별 실적 및 구매 계획(수치는 kg에 소요량을 곱한것임. 단위: 만원)												계	매출 대비 (%)
		1	2	3	4	5	6	7	8	9	10	11	12		
민물 장어	2015	792												11,350	
	2016	950												12,880	13.5 ↑
바다 장어	2015	148													
	2016	250													
메기, 미꾸라지	2015	297													
	2016	180													
부재료	2015	231													
	2016	185													
기타 (음료, 주류 등)		182													
		185													
계	2015	1650	1500	1700	1600	1750	1850	1700	1850	1850	1850	1800	1900	20,950	49.5
	2016	1750	1700	1750	1650	1850	1900	2150	2150	1850	1900	1950	2000	22600	48.4 ↑

355

▷ 6. 마케팅 전략의 도구와 내용

전략도구	정의	내용
Product (메뉴 및 서비스)	고객에게 전달하는 핵심효익	• 메뉴 개발, 보조메뉴, 서비스, 이미지, 브랜드, 보증제도, 품질, 디자인, 패키지, 크기, 보증, 반환 • 메뉴퇴진전략(단순화전략, 철수전략)
Price (가격)	가격수준 결정	• 가격차별화 및 가격 층화, 가격조정, 거래조건 결정, 가격제시방법 등(표시가격, 세금공제할인, 지불기간, 신용조건)
Promotion (촉진)	촉진 믹스 결정	• 광고, 인적판매, 판매촉진, 홍보(PR), 다이렉트마케팅(DM), 텔레마케팅, 인터넷 판매
Place (유통)	경로유통 결정	• 유통경로 관리, 프랜차이징, 서비스 업체/매장의 위치, 범위, 운송, 시장 접근성, 중개상과의 인적 관계 등
People (사람)	고객, 직원 및 구매 등과 연결된 인적요소	• 종업원 선발 및 교육, 훈련, 고객믹스관리, 고객만족관리, 고객충성도, 내부마케팅, TQM, 관계마케팅(CRM)
Process (과정)	서비스 접점 관리	• 서비스청사진 및 흐름도, 표준화/개별화의 정도, 효율적 서비스 전달체계를 위한 지원시스템 개발, 고객-서비스업체간 의사소통 등
Physical evidence (물리적 증거)	유형적 환경요소	• 조명, 음악, 표지판, POP, 매장 인테리어, 점포분위기, 장비, 설비 설계, 종업원 유니폼, 메뉴, 팜플렛, 계산서 디자인, 서비스의 가시적성과 제시 등

▷ Product 과제별 실천과제

구분	전략과제명	핵심추진내용	실행목표	실행기간	실행자
제1과제	신메뉴 개발 및 보조메뉴				
제2과제	품질 수준				
제3과제	보증 및 반환				
제4과제	메뉴퇴진전략				
제5과제	기타				

▷ Price 과제별 실천과제

구분	전략과제명	핵심추진내용	실행목표	실행기간	실행자
제1과제	가격조건				
제2과제	할인정책				
제3과제	가격층화				
제4과제	가격제시 방법				
제5과제	기타				

▷ Promotion 과제별 실천과제

구분	전략과제명	핵심추진내용	실행목표	실행기간	실행자
제1과제	광고				
제2과제	판촉				
제3과제	홍보				
제4과제	텔레마케팅, 인터넷 판매				
제5과제	기타				

▷ Place 과제별 실천과제

구분	전략과제명	핵심추진내용	실행목표	실행기간	실행자
제1과제	판매경로 조정				
제2과제	프랜차이징				
제3과제	운송				
제4과제	범위				
제5과제	기타				

▷ Process 과제별 실천과제

구분	전략과제명	핵심추진내용	실행목표	실행기간	실행자
제1과제	접객매뉴얼				
제2과제	서비스 흐름도				
제3과제	효율적 의사소통				
제4과제	서비스 지원시스템				
제5과제	기타				

▷ Physical evidence 과제별 실천과제

구분	전략과제명	핵심추진내용	실행목표	실행기간	실행자
제1과제	인테리어				
제2과제	스토리텔링				
제3과제	메뉴판, POP				
제4과제	익스테리어				
제5과제	기타				

▷ People 과제별 실천과제

구분	전략과제명	핵심추진내용	실행목표	실행기간	실행자
제1과제	종업원 선발 및 교육				
제2과제	고객만족도 조사				
제3과제	FGI				
제4과제	관계마케팅				
제5과제	기타				

4부

컨설팅보고서 사례연구

▷ 컨설팅보고서

사업 관련 개요

주 제	내 용
컨설팅 과제	• 효과적인 사업경영을 위한 교육 및 경영 개선
사업장 주소	• 서울특별시 강남구 강남대로94길
대표자성명 및 나이	• 강성민, 최민수 (27세, 초·중·고 동창)
컨설팅기간	• 2015.07.16.~2015.07.24.
성공키워드	• 점포운영에 필요한 매뉴얼과 실용적인 경영시스템 정착
월 매출액 및 경상이익	• 매출 : 9천만원, 경상이익: -5백만원(누적 임대료 및 대출금상환)

목 차

Ⅰ. 컨설팅 개요 ---------------------------------- 4
Ⅱ. 업체 현황 ----------------------------------- 7
Ⅲ. 환경분석 ----------------------------------- 11
Ⅳ. 경영진단 ----------------------------------- 20
Ⅴ. 전략과제도출 -------------------------------- 39
Ⅵ. 전략수립 ----------------------------------- 42
Ⅶ. 기대효과 및 사후관리 방안 ---------------- 65

I. 컨설팅 개요

1. 컨설팅 목적 및 추진과제

2. 컨설팅 수행일정 및 내용

---

1. 컨설팅 목적 및 추진과제
I. 컨설팅 개요

1) 컨설팅 목적
대표자들이 신림동에서 실내포장마차를 할 때는 크게 느끼지 못했지만, 강남 현 점포에서 거의 1억원에 이르는 매출을 올리면서 체계적인 관리와 경영노하우의 필요성을 느껴 컨설팅을 신청함.

2) 컨설팅 추진과제
- 환경분석
  - 거시·산업환경분석
- 경영진단
  - 상권 및 입지·경쟁점포·고객 분석
  - 사업자역량 및 사업장 분석
- 원가관리를 비롯한 경영에 필요한 전반적인 교육
  - 신규고객 창출 및 재 방문률 제고 전략
  - 효과적인 점포운영 매뉴얼 작성

2. 컨설팅 수행일정 및 내용

I. 컨설팅 개요

1) 컨설팅 기간 : 2015.07.16~2015.07.24
2) 수행방법 : 문헌조사 및 현장조사

구 분	수행일자	수행내용
1일차	2015.07.16	• 컨설팅협약서 및 성실이행서약서 작성 • 진단보고서 작성을 위한 대표와의 면담 • 업종현황에 대한 의견교환
2일차	2015.07.18	• 지역 위치 특성 파악 및 현지 답사 • 강남역 상권의 소비자트렌드 조사(점포 내외부 상태, 매출구성 등) • 내부역량진단- 사업장 및 대표자 역량분석 • 예상 매출현황에 따른 재무적진단과 사업성분석
3일차	2015.07.20	• 경쟁점포 및 잠재고객분석 • 환경분석에 따른 SWOT분석 • 문제 및 문제점에 대한 이해와 해결을 위한 로직트리 교육
4일차	2015.07.22	• 판촉현황분석 • 전략과제 도출 및 구체적인 해결방안 모색 • 수익성분석에 대한 교육
5일차	2015.07.24	• 전략과제의 해결방안에 대한 신청인과의 의견 교환 • 추가 보완할 사항 점검 및 지속적인 모니터링과 피드백을 위한 의견 교환 • 효과적인 점포운영을 위한 각종 매뉴얼 교육

II. 업체 현황

1. 업체 개요 및 사업장 현황

2. 교육 현장 및 실내 전경

1. 업체 개요 및 사업장 현황

II. 업체 현황

업체명	사업개시일	업태/종목	경영형태	사업장주소
「　」	2014.10.30	숙박/음식업	독자 창업	서울 강남구 강남대로 94길

성명	업종경험	전화/메일	성별 및 나이	특이사항
강성민/최민수(동업)	실내 포차경험 있음	070-( )-1116	남, 27세	좋은 입지를 위해 1년 이상 노력함

면적	입지	소유구분	종업원수	보증금/월세
임대평수 78평 : 45평(매장) + 33평(B2주방)	강남역 11번출구에서 150m 떨어진 이면도로 지하상가	임대 점포	4명, 시간제알바 6명	1억5천/860 (만원)

2. 실내·외 전경

II. 업체 현황

주방 바   점포 실내   학습 전경

III. 환경분석

1. 거시 환경 분석

2. 산업 환경 분석

---

1. 거시환경분석

III. 환경분석

	기회요인	위협요인
정 치	• 경제민주화 및 일자리 창출 노력 • 규제완화 등 경제살리기 캠페인	• 세대간 갈등 심화 • 여야의 끝없는 대립으로 민생뒷전
경 제	• 정부의 골목상권 살리기 • 소상공인을 위한 지원확대(금융지원)	• 저성장기조로 구매력 하락 • 절약형 소비 추세 • 외식업체 포화 상태
사회·문화	• 외식확대 트랜드 • 소비자의 욕구 다양화 • 라이프스타일에 따른 소비지향	• 메르스 여파 확산가능성 • 주5일 근무 정착으로 휴무일 증가 • 인구증가율 감소
기 술	• 퓨전요리 각광 • 자극적인 음식의 양극화 • 감성에 호소하는 데코레이션과 분위기 연출	• 소비트렌드의 급격한 변화(짧아짐) • 고객의 욕구가 다양하고 수시로 변화함 • 서비스에 대한 높은 욕구 증대

2. 산업환경분석   III. 환경분석

[사업자 업종별 신규사업자 현황]

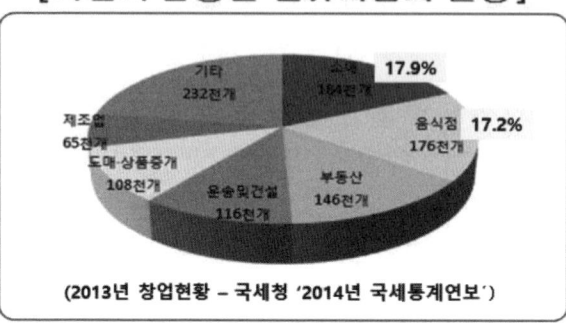

(2013년 창업현황 – 국세청 '2014년 국세통계연보')

- 창업 점포 102만 7000개 중 서울·인천·경기에 52만 9000개
- 40대(32.1%)→30대(26.2%)→50대(23.6%)→30대 미만(9.2%)

2. 산업환경분석   III. 환경분석

❖ 음식점의 이익과 비용구조

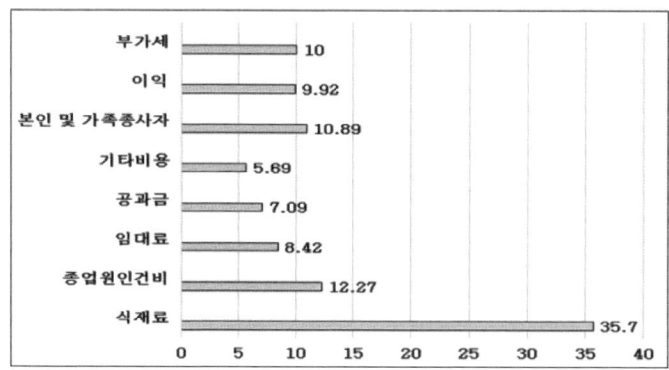

(사)한국외식업중앙회 소속 3,000여개 회원사를 대상으로 한 설문조사 내용

2. 산업환경분석

Ⅲ. 환경분석

❖ 음식점 현황 및 시사점

- 음식점 현황
  - 최근 3년 동안 신규로 192,295명이 시장에 진입했고 약 177,302명이 폐업, 음식점 시장에 매년 14,992명의 추가적인 진입이 발생한 것으로 파악되었음 (국세통계연보, 2013)
  - 2012년 전체 산업 폐업률은 15.3%, 외식업 폐업률은 26.47%로 전체 산업 대비 1.7배 정도로 높은 것으로 조사되었음(국세통계연보, 2013)
  - 2012년 음식점업의 비용 상승률은 인건비 3.5%(전체1.7%)증가, 원재료비 12.1%(전체 7.7%)증가, 임대료 3.2%(전체 2.1%)증가 한 것으로 확인되었음 (소상공인 실태조사 2013)

- 시사점
  - 비용중심의 가격결정을 통해 이익율 제고하는 것은 한계가 있으며 가치 중심적인 프레미엄(premium) 가격결정을 통해 매출을 높이고 이익률을 제고해야 할 것임. 고객에 대한 가치제고를 통한 매출을 높이든지 높은 가격으로 수익성을 제고해야 한다.

Ⅳ. 경영진단

1. 상권분석

2. 경쟁업체 분석

3. 자사 분석

1. 상권분석

IV. 경영진단

❖ 강남역 상권

- 강남역 상권은 북부 상권과 남부 상권으로 나눌 수 있다.

- 북부상권은 강남역(2호선, 신분당선)~신논현역(9호선), 남부상권은 강남역~삼성화재 서초타워로 나눌 수 있다.

- 주거시설밀도가 낮으며 상업시설 및 업무시설 밀도가 매우 높은 복합지역으로 형성되어 있다.

- 하루평균, 유동인구가 100만명 이상이며 예상 매출액은 200억원이 넘는 우리나라 최고의 상권이다.

- 상권 내부로 연결되는 다양한 대중교통을 바탕으로 서울 인구의 약 10%를 차지하는 강남구, 서초구를 직접적인 배후지로 갖고 있으며, 성남, 분당, 용인, 수원 등의 넓은 배후지를 확보하고 있다.

- 강남역 상권은 오피스·판매·학원·서비스·문화 상권 등 5가지 복합 상권으로 볼 수 있다.

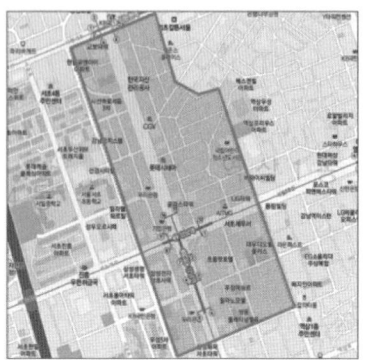

● 상권 주요 정보 요약

상권명	상권 유형	면적	가구수	인구수		주요 시설수	접객 시설수	상가/업소 수			
				주거인구수	직장인구수			전체	음식	서비스	도/소매
제1상권	복합지역	495,465㎡	2,721	5,596	141,081	390	11	2,245	1,370	612	263

1. 상권분석

IV. 경영진단

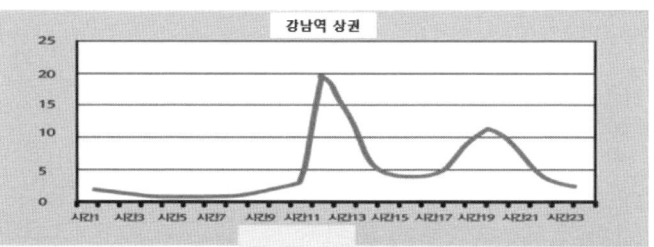

강남역 상권은, 배후에 사무실이 있는 상권으로 점심식사 시간인 12시에서 오후 2시, 오후 7시에서 9시까지 가장 높은 매출이 발생하는 쌍봉형 매출형태를 보이고 있으며, 점심시간 이후와 저녁 9시 이후에도 매출이 지속적으로 발생하는 복합상권으로 볼 수 있다. 강남역 주변에는 밥집, 1차 술집, 치킨호프, 삼겹살집들이 모여 있으며, 패스트푸드점과 유명 의류점들이 대로변에 위치하며 가장 높은 임대료를 지불하고 있다.

1. 상권분석

IV. 경영진단

❖ 신청인 점포 상권 현황

➢ 해당상권은 3개 상권으로 나눌 수 있다.

- 1상권은 강남역 11번 출구로 나오는 CGV와 롯데시네마가 있는 지역이며,
- 2상권은 강남역 9번 출구로 나오는 뉴욕제과가 있는 지역이고,
- 3상권은 강남역 7번 출구 삼성전자 서초사옥이 있는 지역과 2번 출구방향에 있는 메르츠 타워 부근으로 설정했음

➢ 해당 점포는 강남역에서 156m, 신논현역에서 632m 떨어져 있음

➢ 1상권에는 CGV와 롯데시네마가 위치함으로써 목표고객층이 접근하기 용이한 특징을 갖고 있음

1. 상권분석

IV. 경영진단

❖ 강남역 상권 유형 및 고객정보

상권명	상권 유형	면적	가구수	인구수		주요 시설수	집객 시설수	상가/업소 수			
				주거인구수	직장인구수			전체	음식	서비스	도/소매
제1상권	복합지역	182,263㎡	999	1,666	36,112	127	4	821	547	163	111
제2상권	복합지역	102,467㎡	597	1,693	37,153	143	4	626	417	136	73
제3상권	복합지역	169,520㎡	1,115	2,224	67,816	107	2	751	368	309	74

시사점

➢ 1상권의 상가 업소수가 821개로 3개 상권 중에 가장 많으며 음식점의 수도 547로 제일 많은 상황임
➢ 3차상권의 주거인구와 직장인의 수는 각각 2,224명과 67,816명으로 1,2상권에 비해 월등하게 높게 나타나고 있음
➢ 신청인의 점포가 있는 1상권의 경우 CGV영화관이 있으므로 일반 젊은 층의 비율이 높게 나타나고 있음

1. 상권분석
IV. 경영진단

❖ 1상권 주중/주말, 요일별 매출비율

업종	주말/주중		요일별						
	주말	주중	일	월	화	수	목	금	토
정통양식/경양식	46.9%	53.1%	16.9%	9.1%	10.2%	9.3%	10.1%	14.5%	30.0%

❖ 1상권 시간대별 매출비율

업종	00-06시	06-11시	11-14시	14-17시	17-21시	21-24시
정통양식/경양식	4.0%	1.8%	13.9%	17.7%	40.3%	22.4%

❖ 1상권 성별, 연령대별 매출비율

업종	남성	여성
정통양식/경양식	46.1	53.9

업종	10대	20대	30대	40대	50대	60대
정통양식/경양식	0.4	55.1	32.4	6.9	4	1.2

2. 경쟁업체 분석
IV. 경영진단

구분	소르떼르	이타리아노	쎄시몽
주 메뉴	이탈리언 피자, 파스타	안티파스토, 파스타	피자, 파스타
가격대	12,000~20,000원	13,000~25,000원	9,000~18,000원
고객층	20~30대	20~40대	20대
영업시간	12:00~24:00	12:00~22:00	12:00~02:00
촉진방법	잡지광고, 쿠폰	현수막, 쿠폰, 네이버	전단지, 소극적
인원현황	주방4, 홀5	주방4, 홀3,카운터1	주방3,홀4
매장평수	30평	35평	30평
월 추정매출액	6천만원	5천5백만원	4천5백만원
기타	40대 사장상주, 피자매출 높음	외국인요리사가 직접요리	27,000원 복합메뉴

3. 자사 분석
IV. 경영진단

❖ 사업자 역량진단

구분	진단내용
업무 경험	▪ 공동대표자 강성민과 최민수는 신림동에서 실내포차를 2년여 동안 운영하면서 높은 수익을 올린 경험을 바탕으로 강남역 상권으로 진출하였음 ▪ 현 위치에서 실내포차 형태로 점포를 운영하면서 적자를 면치 못하고 고전했으나, 지난 2014년 10월부터 지금의 컨셉트로 바꾼 뒤로 흑자를 내고 있음
인적 네트 워크	▪ 공동대표자 두 사람은 초·중·고 동창으로 서로 의지하고 격려하며 사업을 해나가고 있음 ▪ 점포 실장과 홀 매니저도 고등학교 동창이며, 서로 도우며 매출 신장을 위해 노력하고 있음
지역연관성	▪ 거주지역은 강남역과 다소 떨어진 신림동에 살고 있으며, 강남역과는 직접적인 연관성이 없는 것으로 사료됨
자금조달	▪ 전체 투자금(3억8천만원)의 50%인 2억원을 소상공인지원자금과 지인의 도움으로 충당했음
점포운영 및 사업화 역량	▪ 지난 4년간의 업소운영 경험과 신선한 사고 및 인화단결로 점포 운영을 순조롭게 하고 있음 ▪ 방송국을 찾아가 탐방을 요청할 정도로 적극적이며 사업에 대한 열정이 대단한 것으로 사료됨
영업/마케팅 역량	▪ '마녀 손톱쿠키'와 마녀를 주제로 한 소품을 개발하는 아이디어를 발휘함으로써, 고객들과 방송국으로부터 좋은 이미지를 얻고 있음

강점
- 대표자의 집념과 성실로, 문제해결 능력이 우수한 것으로 사료됨
- 창의적 아이디어로 다른 외식업소와 차별화를 보이고 있음
- 배우려는 의지가 강하고, 사업을 발전시켜 이루고자 하는 비전이 분명함
- 직원들과 소통하고 격려하며 수평 조직을 몸소 실천하는 경영을 하고 있는 것으로 사료됨

약점
- 의욕에 비해 사업체를 경영하는데 필요한 지식이 다소 부족한 것으로 사료됨
- 사업규모에 비해 체계성과 디테일이 부족함
- 손익 분석 능력이 다소 떨어지는 것으로 사료됨
- 거주지가 안양 석수로 이사함에 따라 업소와의 거리가 상당히 멀어짐

3. 자사 분석
IV. 경영진단

❖ 사업장 현황분석

구분	진단내용
매출 및 손익	▪ 6월 현재 매출 9천만원, 경상이익 -5백만원으로 적자를 보이고 있음 ▪ 누적 임대료와 차입금을 지출하는데 많은 비용이 소요되고 있으며, 비합리적인 경영으로 낭비적 요소가 산재하는 것으로 사료됨
사업장 내· 외부 시설 및 환경	▪ 강남역 11번 출구에서 150m 떨어진 이면도로 지하에 있어 가시성과 접근성이 다소 떨어짐 ▪ 주방은 지하 2층에 있어 음식을 나르는데 다소 어려움이 있으나, 실내 인테리어가 창의적이고 독특하며 젊은 층에 어필할 수 있을 것으로 사료됨
고객특성	▪ 강남역 상권은 60~70%의 20대와 20~30%의 직장인, 그리고 일부 거주자로 구성되어 있음 ▪ 주 고객은 20대로 독특하고 자기들만의 라이프스타일에 맞는 음식과 분위기 및 인테리어를 선호함 ▪ 대학이 방학일 경우 평일 매출이 높아지는 경향이 있음
마케팅/ 촉진	▪ 마녀 손톱쿠키와 독특한 마녀 컨셉트를 가지고 고객에게 어필하고 있음 ▪ 모바일 홈피 개설 ▪ 방송국과 연계 노력 중(생생정보통을 비롯 방송 3회 노출)
교육	▪ 합리적인 점포운영이 요구되고 있음 ▪ 관리요소에 대한 해석 능력이 필요함

강점
- 방송에 나간 이후로 점포가 좀 더 알려진 상황임
- 젊은층의 취향에 맞는 음식과 분위기 및 인테리어가 타 업소와 차별적 우위에 있음
- 강남역 11번 출구에서 150m 떨어진 관계로 약속장소로 정하는 데 유리한 점이 있음
- 사장과 종업원 모두 20대로 여성 고객과의 소통에 많은 도움이 되고 있음

약점
- 가시성과 접근성이 다소 떨어짐
- 지하층이라는 핸디캡을 지니고 있음
- 밀린 임대료와 외부차입금으로 인해 이익이 발생하지 못하고 있음
- 점포운영에 대한 체계가 잡혀있지 않고, 문제해결에 대한 의지는 강하나 무엇을 어떻게 해야 할지 잘 모르고 있음

3. 자사 분석
IV. 경영진단

❖ 사업장 현재 및 3개월 후 추정손익계산서

구 분	현재 월별 실적	%	3개월 후 실천 계획	%	비 고
Ⅰ. 매출액	93,600,000		103,000,000		월평균 10% 증가
Ⅱ. 매출원가	36,400,000	38.9	36,000,000	35.0	원재료, 부재료
Ⅲ. 매출이익	57,200,000	61.1	67,000,000	65.0	Ⅰ-Ⅱ
Ⅳ. 판매관리비	45,000,000	48.0	46,200,000(44.9)	44.9	* 1~7의 합계
1. 급료	22,600,000		23,700,000(23%)		1. 인건비(24%, 주5일 근무)
2. 임차료	8,600,000		9,000,000(8.7%)		2. 임차료 및 관리비(9.2%)
3. 통신비	900,000		900,000(0.87%)		3. 인터넷, 통신, 잡코리아(0.96)
4. 수도광열비	2,700,000		2,600,000((2.5%)		4. 전기, 가스, 수도(2.9%)
5. 복리후생비	1,500,000		1,500,000(1.5%)		5. 회식 및 직원지원비(1.6%)
6. 감가상각	1,300,000		1,300,000		6. 감가상각(24개월 남음)
7. 기타경비	7,400,000		7,200,000(7.0%)		7. 접대비,홍보,인테리어,비품4대 보험, 기타경비 등(7.9%)
Ⅴ. 영업이익	12,200,000	13.0	20,800,000	20.2	Ⅲ-Ⅳ
Ⅵ. 영업외 비용	17,300,000	18.5	10,000,000	9.7	1. 대출금 원금 및 지급이자 2. 밀린 임차료(8,600,000)
Ⅶ. 경상이익	-5,100,000	-5.4	10,800,000	10.5	Ⅵ-Ⅴ

3. 자사 분석
IV. 경영진단

❖ 사업장 손익분기점 분석

➢ 고정비와 변동비   단위: 원

매출원가	36,400,000	재료비
판매 관리비	45,000,000	급료, 임차료 등
영업외비용	17,300,000	밀린 임차료, 원금 및 지급이자
고정비	60,300,000	급료, 임차료, 기타경비 등(카드수수료 제외)
변동비	38,400,000	총비용-고정비 → (매출원가+카드수수료)

➢ 손익분기점 분석

손익분기점율	109.2%	(손익분기점매출액/매출액)/100
안전한계율	-9.2%	100-손익분기점율
손익분기점매출	102,200,000	(고정비)/(1-변동비/매출액)

➢ 손익분기점 평가

50% 미만 : 초 안전	50~60% : 안전	60~70 : 건전	아주 위험한 상황(109.2%)
70~80% : 요주의	80~90% : 위험	90% 이상 : 초 위험	

*손익분기점율은 가능한 70% 이하로 관리하는 것이 중요함

V. 전략과제 도출

1. SWOT 분석

2. 문제 및 전략과제 도출

1. SWOT 분석

내부환경 \ 외부환경	강점 strengths • 사업에 대한 집념과 성실성 • 4년여의 외식업 운영 경험 • 창의적 아이디어 창출능력보유 • 경영에 대해 배우려는 의지 강함 • 구성원들과의 원활한 소통 • 방송노출 3회로 인지도 상승 • 전직원 20대로 고객에 강한 어필	약점 weaknesses • 경영관련 지식 부족 • 관리 매뉴얼이 없음 • 과다차입 및 누적적자 상존 • 거주지가 점포와 원거리에 있음 • 주5일근무로 인건비 높음 • 가시성과 접근성이 떨어짐 • 지하층의 핸디캡
기회 opportunities • CGV, 롯데시네마 유동인구증가 • 지속적인 시장성장 • 주말에 유입인구증가 • 거주인구보다 직장인구가 30배 많음	S/O 강점-기회 전략 • 창의적 아이디어로 고객유입 • 주말과 평일의 가격차별화 • 체계적인 학습으로 문제해결 • 온라인 등으로 판촉 증대 • 강남역에서 판촉활동 강화	W/O 약점-기회 전략 • 전문가를 통한 교육 실시 • 점포운영 매뉴얼 정립 • 효율적인 업무분장으로 인력 효율화 • 가시성을 높이기 위한 외부광고
위협 threats • 인건비 증가와 구인의 어려움 • 1상권에 경쟁업체 72곳 상존 • 대학교 방학과 개학 때의 매출차 • 소비트렌드의 신속한 변화	S/T 강점-위협 전략 • 디테일한 관리능력 배양 • 창의적 아이디어로 차별화 • 모바일과 블로그 홍보 • 방학과 개학의 가격차별화	W/T 약점-위협 전략 • 손익분석에 대한 매뉴얼 마련 • 주5일근무로 유능한 직원선발 • FGI로 고객의 니즈 파악 • 점포정리 후 새로운 점포 물색

2. 문제 및 전략과제 도출

V. 전략과제 도출

❖ 전략과제 도출

문제	원인(문제점)
관리력 부족	• 경영지식 부족 • 각종 매뉴얼 부재 • 학습에 대한 시간을 확보하지 못함
과다 차입금과 미지급 임대료	• 그 동안의 누적 적자 • 손익 및 재무적 분석 자료 부재 • 문제 해결 방법 부족
체계적 시스템 부재	• 디테일과 시스템적 사고 부족 • 명확한 업무분장이 되어 있지 않음 • 체계적인 소통 부족
목표고객에 대한 구체적인 정의나 접근방법 부족	• 차별성은 있으나 고객의 필요성에 대한 구체적인 피드백이 없음 • 서비스의 차별성 부재 • 판촉활동에 대한 아이디어 부족

전략과제
- 경영지식에 대한 학습
- 점포경영 매뉴얼 마련
- 전략적 사고 학습
- 마케팅 7P 전략 마련
- 리스크 관리 전략 수립

VI. 전략수립

1. 경영지식 학습
2. 점포경영 매뉴얼 마련
3. 전략적 사고 습득
4. 마케팅 7P전략 수립
5. 리스크 관리 전략 마련

1. 경영지식 학습

Ⅵ. 전략수립

◆ 목표관리 방법
◆ 손익계산서 작성 및 이익의 의미
◆ 전략과제 도출 및 개선대안 마련 기법
◆ 온라인 홍보 마케팅 방법 등은
  이틀 8시간 교육 실시 함

2. 점포경영 매뉴얼 마련

Ⅵ. 전략수립

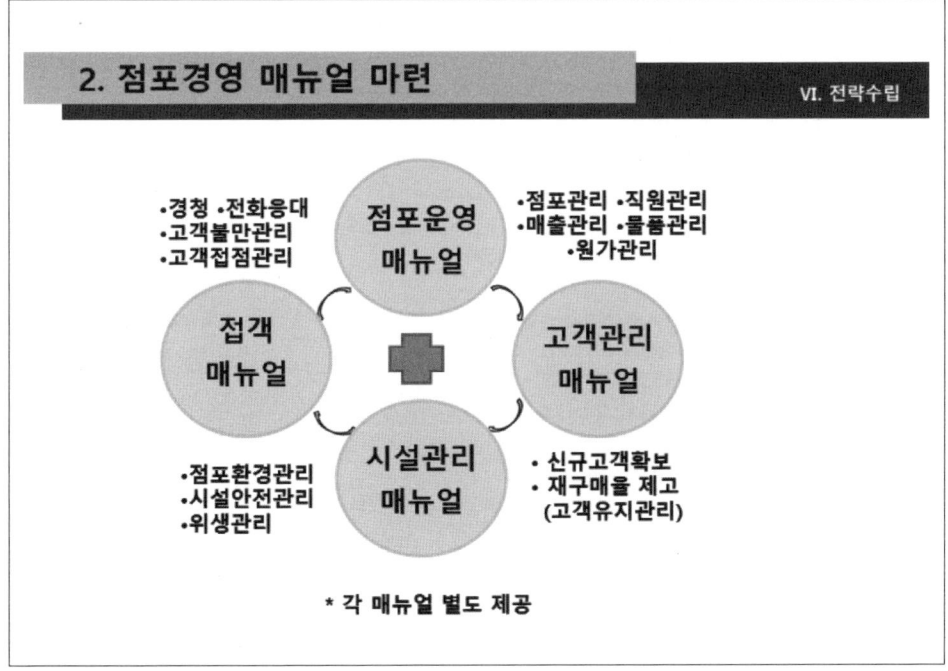

* 각 매뉴얼 별도 제공

3. 전략적 사고

VI. 전략수립

	진단	도출 가능한 대안들
피상적인 분석	매출이 줄고 있다	매출을 올린다
	↓ 전부 아니면 일부?	
	삼겹살의 점유율이 줄고 있다	삼겹살의 매출을 올린다
	↓ 왜?	
	기온이 높아지며 더욱 심하다	실내온도를 낮춘다
통찰할 수 있는 분석	↓ 왜?	
	기온이 높으면 직화를 고객이 꺼리는 경향이 있다	주방에서 반쯤 익혀 나온다
	↓ 왜?	
	고객은 더위에 불을 피하려한다	불이 위로 올라오지 않게 요리한다

구체적인 해결책이 떠오를 때까지 "왜"라는 질문을 반복한다.

4. 마케팅 7P전략

VI. 전략수립

❖ 4P 전략

전략	내용	비고
Product (메뉴 및 서비스)	• 20대 라이프스타일에 맞는 음식 개발 • 오피스맨을 위한 테이크아웃(도시락 등) 음식 개발 • 연인을 위한 스페셜 메뉴 개발 • 오늘의 스페셜티 선정	• 마녀 정식 메뉴 개발 • 저녁 웨이팅 고객 특별 메뉴 제공
Price (가격)	• 테이크아웃 가격 차별화 • 기존 메뉴와 프리미엄 메뉴의 차별화	• 합리적 가격으로 테이크아웃 활성화
Promotion (촉진)	• 바이럴 마케팅을 위한 오피니언 리더 선정 • 강남역 11번 출구에서 점포까지 1시간 피켓데모 • 온라인 예약 활성화 및 오후 2~4시 고객 차별적 대우 • 프로포즈 연인들 특별 음식 및 선물 제공 • 예)월 1회 스파게티 먹기대회 개최(매운, 큰) • 외국인 강남 방문과 연계	• 커뮤니티 활성화 • 페이스북, 인스타그램 위주 실시간 관리 (전직원 참여) • 여행사 연계
Place (유통)	• 유사동종업소와 연계해 재료 할인 구입 • 물류비 및 구매가격 절약을 위한 공동 구매(교대로 산지 출장)	• 라이벌과 합종연행 전략 전개

4. 마케팅 7P전략

VI. 전략수립

❖ 3P 전략

전략	내용	비고
Process (과정)	• 고객접점 관리로 고객응대 서비스 강화 (교육 및 자료 제공)	• Process는 고객이 서비스를 느끼는 접점의 순간 관리 • MOT의 응대매뉴얼 마련
Phisical Evidence (물리적 증거)	• 스토리 텔링 (마녀시리즈, 구매현장 사진 게재) • 20대 대학생들 선호하는 음악과 조명을 설치하고 특히 마녀 컨셉트를 살릴 것 • 점포가 지하에 있으므로 1층 입구에 산뜻한 POP와 프랭카드 설치 • 1층 POP를 사실적이고 대표 메뉴 부각 • 고객이 좋아하는 형식으로 메뉴판 만들기 (방법에 대한 내용 제공)	• 외식업소와 고객의 상호작용이 이루어지는 환경으로서의 유형적 요소. 조명, 음악, 표지판, POP 등
People (사람)	• 6개월에 한 번 '고객만족도' 조사와 FGI 실시(방법과 설문지는 컨설턴트가 제공) • 지속적인 점포운영 교육	• 고객, 직원 및 사업자 등 구매와 연결 된 인적 요소

5. 리스크 관리 전략

VI. 전략수립

❖ 리스크 관리 전략

개월 차	리스크 내용	리스크 관리 방안
향후 8개월 차	▶경쟁점포 등장으로 고객 20% 감소	□핵심전략: 경쟁업체 분석 및 효과적인 차별화 방안 개발 • 목표고객을 중심으로 신제품 시식회 • 온라인 커뮤니티 운영자들 초청 및 동호회 모임 활성화 • GPS를 활용한 모바일 쿠폰행사 (인근지역 휴대폰소지자에게 쿠폰발송) • POINT 카드의 포인트별 행사주체 • 직장인들 서비스 차별화
향후 16개월 차	▶사회적 현상으로 3개월간 월평균 매출 40%감소(1월60%, 2월 40%, 3월20%)	□핵심전략: 고객유지전략 강화 및 불필요한 비용해소 • 단골고객을 중심으로 음식의 안정성 홍보 • 조리과정 비디오 상영 • 저조한 판매실적 메뉴 축소
향후 26개월 차	▶건물 리모델링으로 인한 제한적 점포 영업(3개월)	□핵심전략: VIP고객유지전략 및 바이럴 유포자 강화 • 충성고객 중심으로 집중적 마케팅 • 전화, 우편 및 이메일로 공사진행현황 알림 • 판매 우위를 점하는 음식점 방문 벤치마킹

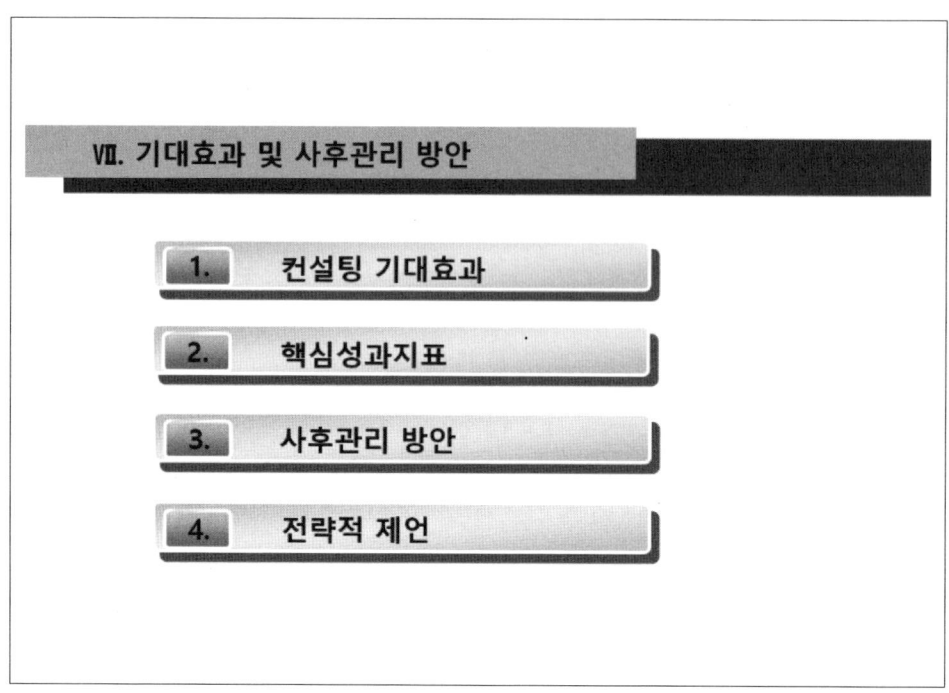

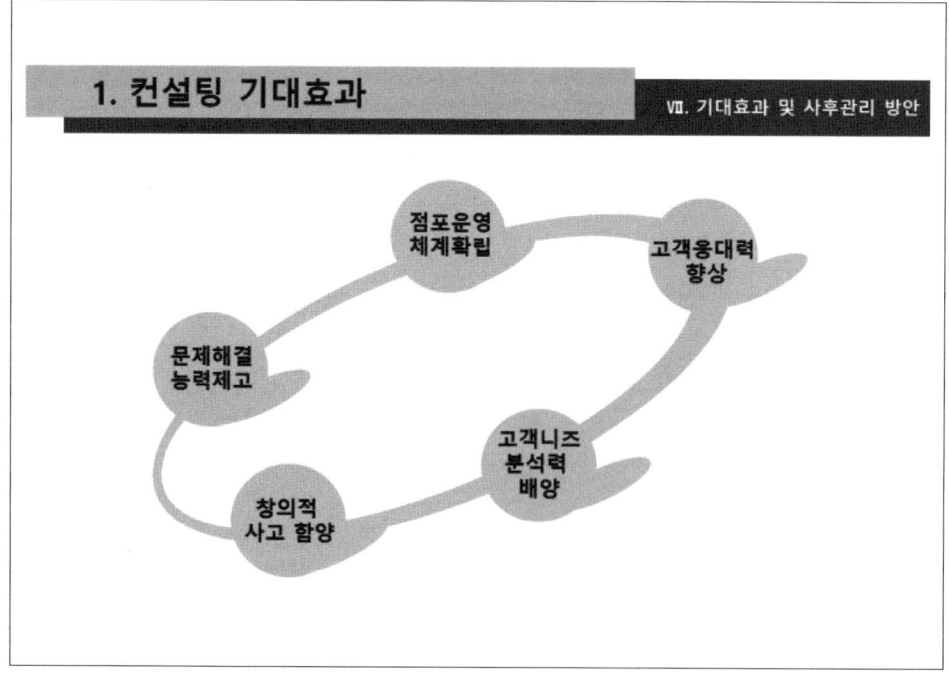

2. 핵심성과지표(KPI)

Ⅶ. 기대효과 및 사후관리 방안

핵심성과지표 (KPI)	현재	수행 목표			산출식(측정방식)
		3개월 후	6개월후	1년후	
매출액 증가율	3%	5%	7%	10%	[(금월매출액-전월매출액)/금월매출액]*100
직원교육시간	0	2시간	3시간	3시간	월 운영매뉴얼 교육시간
단골고객 수	35%	40%	45%	50%	[(전체고객수-신규고객수)/전체고객수]* 100
촉진활동비율	0.7	0.8	1.0	1.3	(금월촉진비/금월매출액)×100
경상이익률	-5%	10%	15%	20%	(금월경상이익/금월매출액)×100

2. 핵심성과지표(KPI)

Ⅶ. 기대효과 및 사후관리 방안

KPI	KPI 해석	측정주기	목적
매출액 증가율	매출액의 변화를 나타내는 지표	월별	시장성과 성장성의 문제와 기회 발견
직원 교육시간	핵심인력과 종업원의 교육시간을 나타내는 지표	월별	접객능력 강화 및 사업 관련 이해도 제고
단골고객 수	단골고객(1개월 1회 이상3개월 지속방문)의 변동을 나타내는 지표	월별	신규고객과 단골고객의 변동에 따라 마케팅전략 변화 모색
촉진 활동비율	광고,인적판매,판촉,홍보, DM을 실행하는 지표	월별	소비 트렌드에 적합한 촉진의 지속화
경상이익률	경영의 실제적 결과를 나타내는 지표	월별	관리력과 현금흐름의 문제와 기회 발견

3. 사후 관리 방안

Ⅶ. 기대효과 및 사후관리 방안

- 지원 사항
  - 컨설팅 결과에 따른 수시로 자문
  - 향후 경영에 필요한 교육 수시로 실시

- 실행 점검
  - 매주 첫째 월요일 전화 통화(1개월)
  - 추가 권고 사항 제시

- 실행 보완
  - 미 이행된 권고사안 원인 파악
  - 미 이행된 권고 사항에 대한 수정 및 보완

4. 전략적 제언

Ⅶ. 기대효과 및 사후관리 방안

◆ 현재 누적임대료와 대출금이 다소 많지만, 지금 같이 매출을 계속 올리게 되면 충분히 해소할 수 있으므로 자신감을 갖고 사업에 임해도 좋을 듯싶습니다.

◆ 지금처럼 수평조직의 장점을 살리고 창의적 아이디어를 지속적으로 개발하면, 평당 매출과 이익율은 보다 높아질 것으로 기대됩니다.

◆ 외식업체로서 혁신적 운영방식인 '주5일' 근무제를 정착하기 위해서는 효율적인 업무분장과 책임근무형태를 효과적으로 운영하는 것이 바람직하다고 생각합니다.

◆ 사업에 도움이 되는 양서를 꾸준히 읽고 토론하는 문화를 만들며, 해당사업에 꼭 필요한 지식을 수렴하는 데 시간을 아끼지 않으면 훌륭한 경영인으로 거듭날 것으로 기대됩니다.

◆ 제가 전해드린 '고객만족도 조사표'와, '점포운영매뉴얼'은 사장님 두 분은 물론, 함께 일하는 구성원들까지 숙지하여 사용하시면 많은 도움을 얻을 것입니다.

<바쁘신 상황에서도 컨설팅을 진행하는 동안 협조해주셔서 진심으로 감사를 드립니다. 귀하의 무궁한 발전을 기원합니다. (각종 매뉴얼은 별도로 첨부합니다.)>